Oswald Loretz

Habiru-Hebräer

Oswald Loretz

Habiru-Hebräer

Eine sozio-linguistische Studie
über die Herkunft des Gentiliziums
ʿibrî vom Appellativum *ḫabiru*

Walter de Gruyter · Berlin · New York
1984

Beiheft zur Zeitschrift für die alttestamentliche Wissenschaft
Herausgegeben von Otto Kaiser
160

Gedruckt mit Unterstützung der Deutschen Forschungsgemeinschaft

CIP-Kurztitelaufnahme der Deutschen Bibliothek

Loretz, Oswald:
Habiru-Hebräer : e. sozio-linguist. Studie über d. Herkunft d. Gentiliziums ᶜibrî vom Appellativum ḫabiru / Oswald Loretz. – Berlin ; New York : de Gruyter, 1984.
(Beiheft zur Zeitschrift für die alttestamentliche Wissenschaft ; 160)
ISBN 3-11-009730-3
NE: Zeitschrift für die alttestamentliche Wissenschaft / Beiheft

Printed in Germany
Satz und Druck: Saladruck, Berlin 36
Bindearbeiten: Lüderitz & Bauer, Berlin 61

Frau Dr. Annie Kraus
ex stirpe Hebraeorum
gewidmet

Vorwort

Der vorliegende Versuch einer Auseinandersetzung mit den Zeugnissen über die *ḫabirū* und die *ᶜibrîm* «Hebräer» hat einen weit zurückliegenden Grund in Gesprächen, die ich noch mit den Heroen der neueren *ḫabirū*- – Hebräer-Forschung B. Landsberger und F. Schmidtke führen konnte. Ihnen verdanke ich, nicht zuletzt wegen der von ihnen verteidigten höchst unterschiedlichen Positionen, eine lebendige Einführung in die *ḫabirū-ᶜibrîm*-Problematik.

Für Hinweise danke ich den Herren Prof. J. von Beckerath, Prof. W. von Soden, Dr. K. Füssel, Münster, und Prof. J. Bottéro, Paris. Prof. O. Kaiser, Marburg, förderte als Herausgeber der Serie BZAW die Fertigstellung des Buches durch geduldiges Abwarten.

Frau A. Köster stellte mit Akribie das druckfertige Manuskript her.

Meine Frau hat durch Zuspruch, Geduld und vielfache Hilfe in Einzelheiten Fortgang und Abschluß der Arbeit ermöglicht.

Die Deutsche Forschungsgemeinschaft hat durch einen namhaften Druckkostenzuschuß das Erscheinen des Buches gefördert.

Oswald Loretz

Inhalt

Zeichenerklärung

=	gleich, Gleichheit.
≡	identisch, Identität.
≠	ungleich, Ungleichheit.
≢	nicht identisch, Nicht-Identität.
/	1. in Umschriften steht / zwischen Varianten, z. B. *b/p*. 2. In Jahresangaben steht z. B. 1974/75 verkürzend für 1974–1975. 3. in Bandzahlen 1/2 = 1, Teil 2.
⟨ ⟩	Konsonanten im Original versehentlich ausgelassen.
‖	parallel.
[ ]	sekundäre, eingefügte Texte, Glossen in hebr. Texten.

Bedeutung der Determinative

d	(dingir ‹Gott›) vor Götternamen.
lú	(sum. ‹Mensch›) vor Berufen, Stammes- und Volksnamen.
m	(masculinum) das Zeichen I vor Männernamen.
meš	(sum. ‹sie sind›) nach Pluralen.
mí	(sum. ‹Frau›) vor Frauen.

Angaben zur Kolometrie hebr. Texte

Kolon	einzelne Kola werden in poetischen Texten mit Kap. oder Nummer des Psalms, Vers, Nummer des Kolons im Vers angegeben, z. B. Ps 88.3.1. = Ps 88, Vers 3, erstes Kolon in Vers 3, siehe Kap. 10.3.2.
Anzahl der Konsonanten in einem Kolon	rechts von einem Kolon wird jeweils die Anzahl der Konsonanten desselben angegeben, um die parallelen Verhältnisse oder Disproportionen besser zu veranschaulichen, siehe hierzu UF 7 (1975), 265–279.

Transkription hebr. Wörter

Transkription hebräischer Wörter: Konsonanten: ᵓ b g d h (mit Mappiq h) w z ḥ ṭ j k l m n s ʿ p ṣ q r ś š t.

Dageš lene wird nicht berücksichtigt, Dageš forte durch Verdoppelung des Konsonanten ausgedrückt.

Vokale: ָ *a(h)* (Qamæṣ ḥaṭûf å), ַ ă, ֶ æ, ֵ e, ִ i, ֹ o, ֻ u, ָיו âw;
mit mater lectionis: ֶי æ̂, ֵי ê, ִי î, וֹ ô, וּ û, ָה ā, ֶה ǣ, ֵה ē, ֹה ō;
als Hatef-Laute: ֳ å, ֲ a, ֱ æ; Š^{e}wa mobile ^{e}; Pătăḥ furtivum ^{a}.

Kapitel 1: Probleme der *ḫabirū*-Hebräer-Forschung

Mythos und Theologie oder historische Rekonstruktion in der Darstellung der Frühgeschichte Israels?

Die neueren Darstellungen der Entstehungs- oder der sogenannten Frühgeschichte des Volkes Israel sind ohne eine positive bzw. negative Stellungnahme zum Verhältnis zwischen den *ḫabirū* und den Hebräern, sowie deren Beziehungen zum Volke Israel undenkbar. Während auf der einen Seite angenommen wird, daß die *ḫabirū*-Hebräer wesentlich zur Bildung Israels beigetragen haben, lehnen es auf der anderen Seite Forscher ab, die *ḫabirū* (Hebräer) in die Betrachtung der Entstehung Israels mit einzubeziehen. Sie nehmen jedoch gleichfalls zur Frage *ḫabirū*-Hebräer Stellung, da auch sie dieses neuere Standardproblem der wissenschaftlichen Geschichtsschreibung über das Volk Israel nicht umgehen können.

Die Behandlung der *ḫabirū*-Hebräer-Frage innerhalb der Ägyptologie, Altorientalistik und Bibelwissenschaft seit der Entdeckung der *ʿprw* in den ägyptischen und der *ḫabirū* ($^{\text{lú.meš}}$ SA.GAZ) in den keilschriftlichen Dokumenten in der letzten Hälfte des vergangenen Jahrhunderts geschah in der ersten Phase der Forschung in Abhängigkeit vom traditionellen wissenschaftlichen Bild über die Entstehung des Volkes Israel. Dieses hat zur Voraussetzung, daß einer Geschichtsschreibung über das jüdische Volk das Thema gestellt sei, die Entstehung des einwandernden Volkes Israel oder der einwandernden Stämme, die sich dann zusammen mit anderen erst im Lande zum Stämmeverband Israel zusammenfinden, und dessen Geschichte bis zum Ende Israels zu erklären.

M. Noth, der als ein unverdächtiger Zeuge dieser wissenschaftlichen Problemstellung gelten darf, spricht z. B. davon, daß «Israel» der Gegenstand einer «Geschichte Israels» sei.[1] Er geht davon aus, daß die echte Geschichtlichkeit Israels auch das Element des nicht mehr wirklich Wahrnehmbaren und des jedenfalls nicht mehr auf die Zusammenhänge bekannter Ursachen und Wirkungen Zurückführbaren und damit des nicht mehr Erklärbaren enthalte. Denn dieses Element sei nicht nur in aller Menschengeschichte enthalten, weil die ganze Fülle ungezählter Ursachen und Wirkungen schon in der geschichtlichen Gegenwart und erst recht in der Vergangenheit nicht im entferntesten überschaut werden könne, sondern weil der Geschichtsverlauf überhaupt nicht einfach nur in ständigen kom-

[1] M. Noth, Geschichte Israels, 1956³, 9.

plizierten Verkettungen von Ursachen und Wirkungen bestehe, wenn Gott in der Geschichte nicht nur als ein erster Beweger (πρῶτον κινοῦν), sondern als der stets gegenwärtige Herr wirksam sei, der in und mit dem vordergründigen Zusammenspiel von Ursachen und Wirkungen zugleich sein Werk tue. Es könne daher nicht anders sein, als daß überall in der Menschengeschichte das Element des nicht Deutbaren, ja des überhaupt nicht mehr Faßbaren, des «Unhistorischen» sich finde, dessen Vorhandensein an den Grenzen des geschichtlichen Erkennens sich kundtue. An diesem Sachverhalt habe auch die Geschichte «Israels» teil.[2]

Obwohl die seit mehr als einem Jahrhundert sich in Gang befindliche Erschließung der geschichtlichen Welt des Alten Orients die Geschichtlichkeit Israels aufs deutlichste in Erscheinung treten ließe, erscheine doch «Israel» gerade angesichts dieser Zusammenhänge als ein Fremdling in dieser seiner Welt, der zwar deren Gewand getragen und sich auf die in ihr übliche Weise gebärdet habe, in seinem Wesen jedoch von ihr geschieden gewesen sei. Er schreibt hierzu: «...und das nicht nur so, wie jede geschichtliche Größe ihre individuelle Sonderart hat und daher niemals anderen geschichtlichen Größen wirklich gleich ist, sondern vielmehr so, daß im Zentrum der Geschichte ‹Israels› Erscheinungen begegnen, für die es keine Vergleichsmöglichkeiten mehr gibt, und zwar nicht deswegen, weil dazu bislang noch kein Vergleichsmaterial zur Verfügung steht, sondern weil nach allem, was wir wissen, dergleichen Dinge in der sonstigen Völkergeschichte überhaupt nicht begegnen. Dies deutlich zu machen, wird eine der Aufgaben einer Darstellung der Geschichte ‹Israels› sein müssen.»[3]

Mit dieser theoretischen Fixierung des historischen und unhistorischen Elementes in der Geschichte «Israels» wird erst recht die Frage dringend, «was ‹Israel› gewesen sei».[4] M. Noth führt hier seine zentrale These von «Israel» als einer Vereinigung von zwölf Stämmen ein. Er schreibt: «Die alttestamentliche Überlieferung kennt den Namen ‹Israel› ... nur als Gesamtbezeichnung für eine Gruppe von zwölf Stämmen, die als ganze eine bestimmte Geschichte gehabt hat».[5] Wir gelangten hinter die Angaben der alttestamentlichen Überlieferung nicht mehr zurück und müßten uns mit der Feststellung begnügen, daß die älteste uns bekannte Bedeutung des Namens «Israel» die der Gesamtbezeichnung jener Zwölfstämmegruppe sei. Diese Zwölfstämmegruppe bilde also den Gegenstand einer «Geschichte Israels».[6]

Die alttestamentliche Überlieferung pflege, wo immer sie überhaupt eine bestimmte appellative Bezeichnung brauche, «Israel» als ein Volk zu charakterisieren und damit in den Kreis der zahlreichen Völker des alten

[2] M. Noth, Geschichte Israels, 1956³, 9–10.
[3] M. Noth, Geschichte Israels, 1956³, 11.
[4] M. Noth, Geschichte Israels, 1956³, 11.
[5] M. Noth, Geschichte Israels, 1956³, 11.
[6] M. Noth, Geschichte Israels, 1956³, 12.

Orients einzubeziehen. Aber in diesem Punkt fehle Wesentliches von dem, was für den Begriff Volk als konstitutiv anzusehen sei. Denn das Ganze der israelitischen Stämme sei kaum jemals und jedenfalls nie für längere Dauer das Subjekt gemeinsamen geschichtlichen Handelns gewesen. Es könne deshalb hier nicht ganz in demselben Sinne von einem Volk die Rede sein, wie es sonst bei den Völkern der Geschichte der Fall sei. Man tue daher vielleicht überhaupt besser, von «Israel» statt vom «Volke Israel» zu sprechen.[7]

Daß Israel eine einmalige Erscheinung im Kreise der geschichtlichen Völker gewesen sei, das ergebe sich jedoch schon aus einer allgemeinen Erwägung. So gewiß es gründlich falsch wäre, das spätere Judentum mit «Israel» gleichzusetzen und diese beiden durchaus verschiedenen geschichtlichen Erscheinungen miteinander zu identifizieren, so bestehe doch auf der anderen Seite ein unmittelbarer geschichtlicher Zusammenhang. Das bis heute geschichtlich Einmalige des Judentums innerhalb der Völkerwelt müsse im Ansatz bereits in jenem «Israel» gegeben gewesen sein, aus dem es hervorgewachsen sei.[8]

Wesentlich innerhalb der Konzeption M. Noths ist die Feststellung, daß die Stämme, die das größere Ganze «Israel» bildeten, sich erst mit der Landnahme auf dem Boden des palästinischen Kulturlandes vollzählig zusammengefunden hätten, so daß erst damit die eigentliche Geschichte «Israels» beginne. Die Verzahnung dieses «Israels» der zwölf Stämme mit deren Vorgeschichte löst er dabei folgendermaßen: «Eine ältere Gestalt ‹Israels› als eben die Vereinigung der zwölf Stämme kennt, wie nachdrücklich betont werden muß, die alttestamentliche Überlieferung nicht. Auch das, was sie von den Vorgängen vor der Landnahme zu berichten weiß, erzählt sie von eben diesem ‹Israel›, das sie nur in seiner späteren geschichtlichen Gestalt zu sehen vermag. Und dieses ‹Israel› ist für sie ziemlich unvermittelt da als die Nachkommenschaft der zwölf Stämmeeponymen mit ihrem gemeinsamen Vater, in denen wiederum nur der geschichtliche Zustand *nach* der Landnahme personifiziert erscheint. Über das geschichtliche Werden ‹Israels› haben wir keinerlei Nachrichten mehr, sondern nur noch Traditionen über Geschehnisse der Vorgeschichte, die zwar inhaltlich von entscheidender Bedeutung sind, aber in der vorliegenden Form schon das nachmalige geschichtliche ‹Israel› voraussetzen. Wir besitzen also auch keinerlei Mitteilungen mehr über etwaige ältere soziologische Organisationsformen, in denen vielleicht ein ‹Ur-Israel› existiert haben könnte, um dann in das volkartige ‹Israel› der zwölf palästinischen Stämme überzugehen; und auch für reine Vermutungen in dieser Richtung fehlt es an sicheren Anhaltspunkten.»[9]

---

[7] M. Noth, Geschichte Israels, 1956^3, 13.
[8] M. Noth, Geschichte Israels, 1956^3, 13.
[9] M. Noth, Geschichte Israels, 1956^3, 13–14.

Nachdem M. Noth den Einsatzpunkt der «Geschichte Israels» gefunden hat, erläutert er noch das Problem, bis zu welchem Zeitpunkt mit einer Existenz «Israels» zu rechnen und also eine Darstellung seiner Geschichte zu führen sei.[10] Da die Stämme und «Israel» auch nach den Jahren 733/721 und 587 v. Chr. weiterbestanden hätten, sei es sachlich geboten, die Geschichte «Israels» über die Zeit der Eigenstaatlichkeit hinaus weiterzuführen. Erst von den Geschehnissen der römischen Zeit werde man sagen müssen, daß sie dem geschichtlichen Dasein «Israels» ein Ende bereitet und aus ihm das unter die Völker zerstreute Judentum gemacht hätten. Der Untergang «Israels» spiele sich zur Zeit der Aufstände von 66–70 n. Chr. und 132–135 n. Chr. ab. Mit der Darstellung dieser Ereignisse könne eine Geschichte «Israels» einen sachgemäßen Abschluß finden.[11]

Wenn wir vorläufig von der Frage absehen, wie die theoretische Konstruktion der Geschichte mit dem Einsatzpunkt «Israel als Zwölfstämmebund» zu beurteilen ist, ob hier wirkliche Geschichtsschreibung, nur eine Arbeitshypothese, oder gar der sogenannte Irrtum eines berühmten Mannes vorliegt[12], so dürfte doch festzuhalten sein, daß M. Noth im Vergleich mit anderen Forschern relativ spät mit der Geschichte Israels einsetzt. Dies trifft jedoch nur in einem ganz bestimmten Punkt zu. Es handelt sich hier um die Traditionen des sakralen Zwölfstämmebundes, zu denen die Befreiung aus Ägypten, die Erzväter und der Bund vom Sinai zählen, die er noch nicht zur eigentlichen Geschichte Israels, sondern zu dessen Vorgeschichte rechnet.[13]

In einem nur vordergründigen Gegensatz hierzu steht, daß M. Noth die Entstehung «Israels» letztlich doch noch früh – vorexilisch – ansetzt. Dieser Gesichtspunkt ergibt sich, wenn wir davon ausgehen, daß die «Traditionen des sakralen Zwölfstämmebundes» und die Landnahme als Tatbestand biblischer Geschichtsschreibung, was sie auf den ersten Blick nun einmal sind, spät, d. h. in der nachexilischen Zeit erst entstanden sind.

Innerhalb dieser Geschichtskonzeption M. Noths, die mit dem Zwölfstämmebund der israelitischen Stämme, deren Landnahme und deren sakralen Traditionen über die Frühzeit argumentiert, ergibt sich notwendig, daß die Problematik Israel–Hebräer ihre Dringlichkeit ganz verliert. Denn «Israel» entsteht bei M. Noth im Gegensatz zur traditionellen Bibelwissenschaft nicht mehr aus den *ḫabirū*-Hebräern der Amarnabriefe, sondern aus den israelitischen Stämmen.

---

[10] M. Noth, Geschichte Israels, 1956³, 14.

[11] M. Noth, Geschichte Israels, 1956³, 14–15.

[12] Siehe O. Bächli, Amphiktyonie im Alten Testament, 1977, 180–181. Siehe zur Debatte über die Amphiktyonie-Hypothese ferner u. a. C. H. J. de Geus, VT 29 (1979), 238–241; R. Smend, VT 29 (1979), 242–244; H. Donner, Geschichte 1, 1984, 62–70.

[13] M. Noth, Geschichte Israels, 1956³, 105–130.

Es wird später noch auszuführen sein, daß und wie M. Noth eine Geschichtskonstruktion entworfen hat, die die Hebräer als Bildungselement der Geschichte «Israels» eliminiert und die Hebräer von der völkischen Ebene auf die soziologisch-rechtliche verpflanzt. Es erhebt sich so die Frage, ob die in der Bibel enthaltene Darstellung der Geschichte der Gemeinschaft der Jahwegläubigen tatsächlich als eine «Geschichte Israels» verstanden sein will, und wenn ja, ob und inwieweit diese biblische Geschichtstheorie geeignet ist, uns über die Geschichte des Volkes der jahwegläubigen Hebräer-Israeliten-Juden Klarheit zu verschaffen.

Daß die Bibel eine Geschichte «Israels» enthalte und von daher der Wissenschaft die Aufgabe gestellt sei, eine Geschichte «Israels» zu schreiben, bildet auch die Überzeugung von A. H. J. Gunneweg.[14] Er bestimmt die wissenschaftliche Disziplin der Geschichte Israels als eine synthetische. Er hält hierzu folgendes fest: «... sie beruht auf der Synthese exegetischer Ergebnisse, die mittels der historisch-kritischen Exegese der alttestamentlichen Texte gewonnen werden. Ihre Notwendigkeit wurzelt in der exegetischen Einsicht, daß das vom AT selbst entworfene Bild von der Geschichte Israels (die «biblische Geschichte») Ausdruck von Israels Glaube und Glaubenszeugnis und nicht reine Beschreibung des wirklichen Verlaufs von Geschichtstatsachen ist und sein will.»[15]

Von dieser Vorentscheidung her folgert A. H. J. Gunneweg, daß die Geschichte Israels nach den Ereignissen und Vorgängen zu fragen habe, die in und von den biblischen Geschichtsbildern und Glaubenszeugnissen reflektiert würden. Sie versuche diese Ereignisse chronologisch und im Zusammenhang auch mit der übrigen Geschichte des Alten Vorderen Orients zu rekonstruieren und zu verstehen. Diese historische Rekonstruktion, welche für Israels Vor- und Frühgeschichte infolge der bruchstückhaften Überlieferung und des Zeugnischarakters alttestamentlicher Texte teilweise immer hypothetisch bleiben werde, beabsichtige nicht, das biblische Geschichtsbild wissenschaftlich zu überbieten oder gar zu ersetzen, sondern habe eine theologisch dienende Funktion.

Von diesen Voraussetzungen her gelangt A. H. J. Gunneweg zwar auch zu einer altisraelitischen Amphiktyonie, aber er lagert dieser eine Vorgeschichte Israels, in der er die Patriarchenüberlieferungen, den Exodus und die Errettung am Schilfmeer, die Wüstenwanderung und die Ereignisse am Sinai unterbringt[16], sowie Israels Seßhaftwerdung in Kanaan vor.[17]

Durch die Entschärfung der Konzeption M. Noths gewinnt A. H. J. Gunneweg für die *ḫabirū*-Hebräer einen Freiraum. Sie treten bei ihm gelegentlich wieder als ein Element auf, das auch einen ethnischen Beitrag

---

[14] A. H. J. Gunneweg, Geschichte Israels, 1982⁴, 9.

[15] A. H. J. Gunneweg, Geschichte Israels, 1982⁴, 9.

[16] A. H. J. Gunneweg, Geschichte Israels, 1982⁴, 18–33.

[17] A. H. J. Gunneweg, Geschichte Israels, 1982⁴, 34–43.

zu Israel liefert.[18] Im Falle der galiläischen Stämme geht er sogar so weit, diesen eine *ḫabirū*-Position zuzuschreiben und zu fragen, ob diese Stämme überhaupt jemals aus der Steppe eingewandert oder nicht vielmehr ausgewandert seien aus dem sozialen Gefüge der kanaanäischen Städte und Stadtstaaten.[19]

Ganz im Gegensatz zu M. Noth spricht A. H. J. Gunneweg sodann von einer kanaanäischen Vorgeschichte der Amphiktyonie Israels, die spätestens in der Amarnazeit beginne. Aus dieser Epoche stammten Nachrichten über *ḫabirū*, die als Exponenten einer sozialen Reaktion gegen das kanaanäische Feudalsystem verstanden werden könnten. In Anlehnung an G. E. Mendenhall[20] schreibt er hierzu: «Es ist insbesondere und konkret auch von Fronarbeitern in der Gegend von Sunem in Galiläa die Rede. Aus etwa derselben Zeit stammt die Nachricht, aus der mit einiger Wahrscheinlichkeit auch die Existenz des Stammes Asser geschlossen werden konnte. Das deutet darauf hin, daß in Galiläa die frühesten Anfänge der Amphiktyonie Israels zu suchen sind. In einer gemeinsamen Abwehrhaltung gegen das feudale Rittertum haben sich diese Chabiru und möglicherweise auch landsuchende Elemente von außerhalb zusammengetan.»[21]

Während M. Noth noch meinte, daß man vielleicht überhaupt besser von «Israel» statt vom «Volke Israel» spreche[22], kehrt bei A. H. J. Gunneweg die «Geschichte des Volkes Israel»[23] wieder und im Gefolge dieser Terminologie auch die Rede von *ḫabirū*-Gruppen, die ein Element der «Anfänge der Amphiktyonie Israels»[24] und des «ältesten Israel»[25] bilden. Von der Hypothese her, daß die Geschichte Israels nach den Ereignissen und Vorgängen zu fragen habe, die in und von den biblischen Geschichtsbildern und Glaubenszeugnissen reflektiert würden[26], ergibt sich von selbst die Notwendigkeit, der Amphiktyonie eine «Vorgeschichte Israels» voranzustellen. Das Wiedererscheinen der *ḫabirū*-Hebräer wird so zu einer Notwendigkeit. In völliger Übereinstimmung mit M. Noth wird die Entstehung Israels dem Königtum vorgeordnet.

Von einer «Geschichte Israels in alttestamentlicher Zeit» handelt auch S. Herrmann.[27] Zur Frage, wo der Einsatzpunkt für «Israel» zu finden sei, bemerkt er folgendes: «Denn was für alle anderen ‹Völker› gilt, trifft auch

---

[18] A. H. J. Gunneweg, Geschichte Israels, 1982[4], 23–24.42.

[19] A. H. J. Gunneweg, Geschichte Israels, 1982[4], 42; ähnlich H. Donner, Geschichte 1, 1984, 126–127.

[20] Siehe Kap. 7.1.3.

[21] A. H. J. Gunneweg, Geschichte Israels, 1982[4], 49–50.

[22] M. Noth, Geschichte Israels, 1956[3], 13.

[23] A. H. J. Gunneweg, Geschichte Israels, 1982[4], 8.

[24] A. H. J. Gunneweg, Geschichte Israels, 1982[4], 49.

[25] A. H. J. Gunneweg, Geschichte Israels, 1982[4], 50.

[26] Siehe Anm. 14–17.

[27] S. Herrmann, Geschichte Israels, 1980[2].

für ‹Israel› zu. Seine Anfänge liegen nicht dort, wo die Bezeichnung des Gesamtvolkes zum ersten Mal urkundlich erscheint, sondern wo jene Gruppen zum ersten Mal faßbar werden, die sich später zu einem ganzen Volk formieren sollten, das sich als ‹Israel› verstand.»[28]

Im Anschluß an biblische Texte sieht er dann in den Patriarchen Glieder einer aramäischen Wanderbewegung, die bereits zur Phase des Werdens des Volkes Israel gehörten.[29]

Auf diese Väter des Volkes Israel folgten dann die einwandernden israelitischen Stämme, die sich aus solchen zusammensetzten, die direkt von östlich des Jordans und südlich gelegenen Gebieten eingewandert seien und aus den Gruppen, die aus Ägypten ausgezogen seien.[30] Für einzelne Verbände des nachmaligen Israel sei Kadesch von sammelnder und bestimmender Kraft gewesen. Dort sei Jahwe der für diese Stämme überragende Gott geworden. Wir haben so hier ein Beinahe-Israel. S. Herrmann schreibt hierzu: «Das will nicht heißen, daß in Kadesch das nachmalige Israel sich schon mit allen seinen Gliedern formierte.»[31]

Die kompliziert verlaufende Landnahme durch die eindringenden Stämme wird von S. Herrmann der aramäischen Bewegung zugeordnet, und zwar so, daß nomadische Gruppen aus den Wüsten- und Steppenzonen in das Kulturland vordringen, ohne ihre ursprüngliche Wesensart und ihr Selbstbewußtsein aufzugeben.[32]

Er lehnt es als verfrüht ab, sogleich nach der Landnahme mit einem in sich geschlossenen, funktionierenden Stämmeverband zu rechnen. Er schreibt hierzu zusammenfassend folgendes: «Die These von der Amphiktyonie hat, wie sich sogleich zeigen wird, nur einen Schein des Rechts. Die Entwicklung muß im einzelnen so weiterverfolgt werden, wie es hier begonnen wurde, als eine Entwicklung partikularer Größen je auf eigenem Grund und Boden. Ihr Zusammenwirken hat nicht nur okkasionellen Charakter. Die Stämme müssen sich, kaum angekommen, je an ihren Grenzen überraschend schnell gegen fremde Übergriffe verteidigen, und eben das scheint das Bewußtsein schicksalhafter Gemeinschaft gefordert und gestärkt zu haben, ohne zunächst zu perfekter Geschlossenheit zu führen. Die Epoche des Übergangs bis zur Staatenbildung heißt mit einem umstrittenen Begriff die ‹Richterzeit›.»[33]

Während der Richterzeit erfolgte nach S. Herrmann ein weiteres Zusammenwachsen einzelner israelitischer Stämme. Mindestens der mittel- und nordpalästinische Stämmezusammenhang habe unter dem Namen

---

[28] S. Herrmann, Geschichte Israels, 1980^2, 63.
[29] S. Herrmann, Geschichte Israels, 1980^2, 78.
[30] S. Herrmann, Geschichte Israels, 1980^2, 82.
[31] S. Herrmann, Geschichte Israels, 1980^2, 109.
[32] S. Herrmann, Geschichte Israels, 1980^2, 115.
[33] S. Herrmann, Geschichte Israels, 1980^2, 146.

«Israel» eine Einheit gebildet, aber noch keinen «Staat Israel».[34] Der erste König Israels sei dann erst Saul gewesen.[35]

Die Entstehung Israels wird bei S. Herrmann wieder in einen langen Entwicklungsprozeß von den Patriarchen bis zu Saul und David zerdehnt. Ob bei diesem Prozeß auch Hebräer beteiligt waren, bleibt eine Randfrage[36], da alle israelitischen Stämme der aramäischen Bewegung zugeordnet werden.

Bei M. Noth, A. H. J. Gunneweg und S. Herrmann wird die Entstehung Israels grundsätzlich mit einwandernden Stämmen begründet, die den gleichfalls von außen kommenden Jahweglauben akzeptieren und so durch einen einzigen Zusammenschluß (Amphiktyonie) oder ein langsames Zusammenwachsen am Ende die Stufe eines Staates Israel unter König David erreichen.

Für diese Rekonstruktion der Geschichte «Israels» liefert die Bibel das Ausgangsmaterial und die Leitlinie. Die außerbiblischen Quellen werden mit dieser rekonstruierten Geschichte Israels entweder in Übereinstimmung gebracht oder zu deren Rechtfertigung in die Argumentation mit eingebaut. An der Behandlung der außerbiblischen Texte über die *ḫabirū* läßt sich dieser Umgang mit den Quellen besonders gut erkennen.

Ein von der Entstehung Israels durch Einwanderung auf den ersten Blick grundlegend verschiedenes Geschichtsbild entwerfen jene, die eine innerhalb Palästinas autochthone Entwicklung zum Ausgangspunkt nehmen.[37] Da in dieser Rekonstruktion die aramäische Wanderung als ethnisches Reservoir für die «israelitischen Stämme» wegfällt, entsteht ein Freiraum, der durch die *ḫabirū*-Hebräer ausgefüllt wird. Die dem soziologisch-rechtlichen Stand der *ḫabirū* angehörenden Gruppen führen dieser Hypothese zufolge eine soziale Revolution aus, an deren Ende dann «Israel» steht.

Das von dieser Gruppe der Historiker angestrebte Ziel unterscheidet sich in nichts von dem der Vertreter der Einwanderung der israelitischen Stämme. Denn auch sie sehen ihre Aufgabe in der historischen Rekonstruktion «Israels». Während die Verfechter der Landnahme durch Einwanderung ihren Überlegungen die «historisch-kritische Exegese» zugrundelegen[38], bekennen sich die Befürworter der von innen her durch eine soziale Umwälzung erfolgten Landnahme doch mehrheitlich für eine sogenannte fundamentalistische Sicht einzelner Bibeltexte. Daß diese zwei Rekonstruktionen der Entstehung Israels nicht so verschieden sind, wie es auf den

---

[34] S. Herrmann, Geschichte Israels, 1980^2, 169.

[35] S. Herrmann, Geschichte Israels, 1980^2, 170.

[36] S. Herrmann, Geschichte Israels, 1980^2, 78.88–89.

[37] Siehe zu G. E. Mendenhall, Kap. 7.1.3.

[38] A. H. J. Gunneweg, Geschichte Israels, 1982^4, 9.

ersten Blick erscheinen könnte, zeigen die Versuche einer Kombination derselben[39] und die kritische Stellung zur Amphiktyonie.[40]

In einem tiefgreifenden Gegensatz zur Darstellung der Geschichte «Israels» der christlichen Autoren, die einem Einsatzpunkt auch einen totalen oder relativen Endpunkt «Israels» in römischer Zeit folgen lassen[41], befindet sich die jüdische Geschichtsschreibung, die von einer Geschichte des jüdischen Volkes spricht und diese bis in die Gegenwart fortführt.[42]

In der Darstellung der sogenannten Ursprünge und Frühgeschichte wird aber in Übereinstimmung mit den christlichen Autoren von den Anfängen Israels bei den Patriarchen und der israelitischen Landnahme gesprochen.[43]

Die trotz der Differenzen im Grundsätzlichen fortwirkende Einheitlichkeit der Problematik «Israels» und daraus folgende Gemeinsamkeit in der Sicht der Frühgeschichte «Israels» folgt notwendig aus der Annahme, daß die direkte historische Quelle für die Ursprünge «Israels» in der Bibel zu finden sei.[44]

Diesem Gedanken und Axiom jüdischer und christlicher Geschichtsschreibung über «Israel» wurden grundsätzlich, wie noch zu zeigen wird, auch die außerbiblischen Dokumente über die *ᶜprw* und *ḫabirū* dienstbar gemacht. Man sah in ihnen erfreut den ersten außerbiblischen Beitrag zur Frühgeschichte der israelitischen Hebräer und verstand sie zugleich als Bestätigung biblischer Geschichtsschreibung, sowie traditioneller jüdischer und christlicher Bibelinterpretation.

Wenn man mit der Erkenntnis ernst macht, daß die Bibel eine der Quellen für die Rekonstruktion der Geschichte der mit «Israel» bezeichneten Menschen ist, dann ergibt sich zuerst die Frage, welchen historischen

---

39 A. H. J. Gunneweg, Geschichte Israels, 1982^4, 42–43.

40 S. Herrmann, Geschichte Israels, 1980^2, 146.

41 M. Noth, Geschichte Israels, 1956^3, 15, bis zum Jahre 132–135 n. Chr.; A. H. J. Gunneweg, Geschichte Israels, 1982^4, 191–192, gleichfalls bis 132–135 n. Chr.; S. Herrmann, Geschichte Israels, 1980^2, 9, führt die Darstellung bis zum Auftreten der Römer in Jerusalem in Judaea im Jahre 63 v. Chr. weiter. Er schreibt hierzu folgendes: «Damit ist dem Titel ‹Geschichte Israels in alttestamentlicher Zeit› mehr als Genüge getan, da die jüngsten Zeugnisse im Alten Testament dem 2. Jahrhundert v. Chr. zuzuweisen sind. Die römische Herrschaft eröffnet einen neuen Abschnitt der Geschichte Israels».

42 Siehe z. B. H. H. Ben-Sasson, Geschichte des jüdischen Volkes, 1978.

43 A. Malamat, Ursprünge und Frühgeschichte, 1978, 35–83; ders., Die Frühgeschichte Israels – eine methodologische Studie. Frühgeschichte versus Geschichte, ThZ 39 (1983), 1, definiert den Begriff Frühgeschichte im Hinblick auf Israel folgendermaßen: « ‹Frühgeschichte› dagegen bezeichnet die Zeitspanne, in der ein embryonales Israel Gestalt annahm, bis es als ethnisch-territoriale Größe in Kanaan vollends auf den Plan der Geschichte trat.» A. Malamat verlegt den Übergang von der Frühgeschichte zur Geschichte in die erste Hälfte oder in die Mitte des 12. Jahrhunderts v. Chr. (a. a. O., S. 3–4).

44 R. de Vaux, Histoire ancienne d'Israël I, 1971, 153.

Wert diese Quelle hat und ob ihre Darstellung der Anfänge «Israels» als historische Nachricht oder als ein mythisch-theologischer Entwurf zu begreifen ist[45], der als Ergebnis einer bestimmten geschichtlichen Situation erklärt werden muß. Das Herzstück der biblischen Konzeption, ein «Israel», das sich von «außen» her – sei es durch Wanderungen oder durch eine soziale Revolution – im Lande «der Väter» festsetzt und zum Gottesvolk wird, erhielte dann historisch gesehen fürs erste nur den Wert einer historischen Quelle[46], nicht aber den Rang eines Dokumentes mit historischen Aussagen, die nur ein wenig von ihrer bekenntnishaften, legendären und mythischen Einkleidung entlastet zu werden brauchten, auf daß dadurch ihr historischer Kern frei werde.

Von dieser Position aus gesehen müßte mit der Möglichkeit gerechnet werden, daß das Problem der Anfänge Israels mit den Themen Patriarchen, Israel in Ägypten, Exodus und Offenbarung am Berg Sinai, Einbruch in Kanaan und Seßhaftwerdung mit der daraus folgenden Endgestalt «Israel» nur ein Gegenstand innerbiblischer Geschichtsentwürfe ist und die außerbiblischen Quellen über die *ḫabirū* keineswegs diese biblische Historiographie weiter als geschichtlich zuverlässig bestätigen und untermauern müssen, sondern, bei richtigem Licht besehen, eher als eine jüdische, religiös-mythische Rekonstruktion der Vergangenheit erweisen könnten. Es ist m. a. W. zu fragen, welches Bild der möglichen Beziehungen zwischen *ḫabirū* und biblischen Hebräern–Israeliten sich ergibt, wenn wir z. B. den Anfang des Volkes «Israel» als historische Erscheinung entgegen allgemeiner biblischer und bibelwissenschaftlicher Tradition erst bei Saul und David ansetzen.[47]

---

[45] Siehe z. B. C. H. J. de Geus, The Tribes of Israel, 1976, 210–212.

[46] Siehe zur Funktion von Dokumenten als Quellen für die Geschichtswissenschaft u. a. H. Albert, Geschichte und Gesetz. Zur Kritik des methodologischen Historismus, 1979, 120–123.

[47] W. W. Hallo, Biblical History in its Near Eastern Setting: The Contextual Approach, 1980, 9–11, setzt sich mit J. A. Soggin, The History of Ancient Israel: A Study in Some Questions of Method, ErIs 14 (1978), 44*–51*, auseinander, der als «starting-point» israelitischer Geschichte das Reich Davids gefordert hat. Dem Argument, daß mit Geschichtsschreibung Geschichte beginne, setzt W. W. Hallo die These entgegen: "I prefer to maintain the proposition that history begins where writing begins and see no reason to exempt Israel from this working hypothesis." (a. a. O., S. 10). Es ist jedoch kaum einzusehen, wie W. W. Hallo dieses Prinzip für den Einzelfall «Israel» folgerichtig einsetzen könnte. W. W. Hallo selbst (a. a. O., S. 16) entscheidet sich für die Hypothese A. Malamats, demzufolge israelitische Geschichte da beginnt, wo die Stämme die Gebiete einnehmen, die ihnen dann in allen «historiographical traditions» zugesprochen werden. Auch in dieser Hypothese wird letztlich mit einer Einwanderung im Sinne A. Alts und M. Noths argumentiert. A. Malamat, Die Frühgeschichte Israels – eine methodologische Studie. Frühgeschichte versus Geschichte, ThZ 39 (1983), 2–3, lehnt sowohl die Position von W. W. Hallo, die

Wenn wir offen lassen, wie die Beziehungen zwischen Saul und David im einzelnen auch historisch zu deuten sind, so dürfte doch allgemein als anerkannt gelten, daß mit David und seiner Dynastie zum ersten Mal ein Ganzes in Erscheinung tritt und von diesem Einsatzpunkt ab das weitere Geschehen so faßbar wird, daß es als Teil der Geschichte des Vorderen Orientes begreifbar wird. Auf diesem Wege melden wir zugleich Skepsis gegenüber all jenen Darstellungen der Geschichte Israels an, die das für die Existenz und Besonderheit Israels entscheidende Geschehen früh, vor David ansetzen. Es wird gerade anhand der *ḫabirū*-Texte und der biblischen *ʿibrî*-Stellen zu untersuchen sein, ob hier nicht ein romantisches und evolutionistisches Denken seine Vorherrschaft betreibt, das die Anfänge und das Dunkel der Frühzeit mit einer Wesentlichkeit befrachtet, die aus den Dokumenten selbst nicht aufweisbar ist und keinesfalls evident aus ihnen hervorgeht.[48]

Nachdem ausgeführt worden ist, welche Voraussetzungen einer Diskussion über die Entstehung «Israels» jeweils zugrundeliegen können und weshalb der Einsatz der außerbiblischen *ḫabirū*-Belege zur Erhellung der Geschichte «Israels» von Vorentscheidungen abhängt, haben wir uns der engeren Problematik *ḫabirū*-Hebräer zuzuwenden.

---

praktisch mit der des biblischen Geschichtsschreibers zusammenfalle, der Ex 1,9 zum erstenmal den Ausdruck «das Volk der Kinder Israels» gebrauche und somit Israels Geschichte in Ägypten beginnen lasse, als auch die von J. A. Soggin mit dem Einsatzpunkt David-Salomo ab. Seinen eigenen Ausgangspunkt beschreibt er folgendermaßen: «Die Wahrheit liegt wahrscheinlich irgendwo zwischen diesen beiden Auffassungen. Wie gesagt sehe ich den Übergang von der isrealitischen Frühgeschichte da, wo sich die israelitischen Stämme in Kanaan herauskristallisierten und dort zur überlegenen und dominierenden Macht wurden. So käme die Grenze zwischen Früh- und eigentlicher Geschichte in die Zeit zu liegen, als die Wanderbewegungen der Israeliten innerhalb Kanaans endgültig zum Abschluß gekommen waren und die Stämme ihren Erbbesitz auf Jahrhunderte hinaus festgelegt hatten. Diese Situation ergab sich offensichtlich in der ersten Hälfte oder um die Mitte des 12. Jahrhunderts v. Chr. – nach biblischen Begriffen: irgendwann zur Zeit der Richter – von da an und weiter blieben die Stammesgebiete ‹auf Dauer› fixiert. Diese geschichtlich-territoriale Verknüpfung war es, die die Grundlage für die nachfolgende Geschichtserzählung der Bibel abgab.» (a. a. O., S. 3–4.)

[48] A. Malamat, Charismatische Führung im Buch der Richter, 1981, 110–111, ist z. B. der Meinung, daß die biblische Überlieferung insgesamt eine tragbare und legitime Basis für die Rekonstruktion der geschichtlichen Ereignisse selber bilde, nicht zuletzt wegen des tief verwurzelten Geschichtsbewußtseins, das Israel von Beginn an eigen gewesen sei. Die biblisch schon äußerst schwer und historisch noch mühsamer zu beantwortende Frage ist jedoch, wo der Beginn «Israels» anzusetzen ist und wo und wann der Einsatzpunkt des jüdischen Geschichtsbewußtseins. Es steht nicht die historische Vertrauenswürdigkeit der Bibel und ihre Legitimität zur Debatte, sondern die bibelwissenschaftlichen Bemühungen, die in Form einer mehr oder weniger kritischen Nacherzählung der Bibel dann eine historische Rekonstruktion oder Geschichtsschreibung im modernen Sinn sehen.

Die Frage, ob zwischen den in ägyptischen Texten beschriebenen *ʿprw* (sg. *ʿpr*)[49], in Keilschriftdokumenten erwähnten *ḫabirū* (sg. *ḫabiru*)[50], in den keilalphabetischen Texten aus Ugarit aufgeführten *ʿprm* (sg. *ʿpr*)[51] und den aus der Bibel geläufigen *ʿibrîm* (sg. *ʿibrî*) «Hebräern»[52] ein Zusammenhang bestehe, wird in der Ägyptologie, Altorientalistik und Bibelwissenschaft seit dem letzten Jahrhundert höchst unterschiedlich beantwortet. Zweifelsfreie Bejahung[53] findet sich auch in der Diskussion der letzten Jahre ebenso wie strikte Ablehnung.[54] Auch die Skeptiker beanspruchen Mitspracherecht.[55] Archäologische Funde aus dem letzten Jahrhundert bis zu den neuesten in Ebla[56] oder Ausgrabungen in Israel[57] werden gleichfalls pro und contra in der Argumentation verwendet.

Die positiven bzw. negativen Stellungnahmen in Sachen *ḫabirū-ʿibrîm* gehen von unterschiedlichen Deutungen der Schreibungen *ḫap/biru*, *ʿpr*, *ʿprw* und *ʿibrî*, der ethnischen oder der soziologisch-rechtlichen Auffassung über die *ḫabirū* und «Hebräer» aus. Auch der große zeitliche Abstand zwischen den Belegen für die *ḫabirū* und den wenigstens teilweise als spät eingestuften biblischen *ʿibrîm*-Belegen, sowie Fragen des Bedeutungswandels von *ḫabirū* zu *ʿibrîm* können in der Argumentation, je nach den Voraussetzungen, ganz verschiedenen Stellenwert erhalten.

Während wir bei den keilschriftlichen und ägyptischen Dokumenten, die von den *ḫabirū*, *ʿprm* und *ʿprw* handeln, zeitlich und auch inhaltlich auf ziemlich sicherem Boden stehen, trifft dies bei den biblischen Schriften weniger zu. Auf diesem Teilgebiet der Diskussion hängt alles von der Entscheidung ab, ob die biblischen *ʿibrî*(m)-Belege insgesamt der nachexilischen Zeit oder wenigstens teilweise der vorexilischen zuzuordnen sind. Es stehen sich hier die Ein- und die Mehrphasentheorie, jede in mehreren Ausbildungen, gegenüber.

---

[49] Siehe Kap. 2.

[50] Siehe Kap. 3.

[51] Siehe Kap. 4.

[52] Siehe Kap. 5.

[53] N. P. Lemche, ‹Hebrew› as a National Name for Israel, StTh 33 (1969), 1–2.

[54] H. Schult, Eine einheitliche Erklärung für den Ausdruck «Hebräer» in der israelitischen Literatur, DBAT 10 (1975), 23, schreibt z. B., «daß die *ʿapiru*-Hypothesen zur Erklärung der Texte, in denen ‹Hebräer› vorkommen, nichts beitragen.»; A. F. Rainey, IEJ 30 (1980), 251, schreibt: "The *ʿapiru* ... have nothing to do either linguistically or socially with the *ʿibrîm*, 'Hebrews' ".

[55] H.-P. Stähli, *ʿbr*, in: THAT 2, 1976, 201, bemerkt z. B. hierzu: «Die Herkunft des Wortes *ʿibrî* ‹Hebräer› ist dunkel.»

[56] Siehe z. B. A. F. Rainey, IEJ 30 (1980), 251; siehe auch Kap. 8.1.5.

[57] Siehe z. B. V. Fritz, Die kulturhistorische Bedeutung der früheisenzeitlichen Siedlung auf der Ḫirbet el-Mšāš und das Problem der Landnahme, ZDPV 96 (1980), 134; ders., The Israelite «Conquest» in the Light of Recent Excavations at Khirbet el-Meshâsh, BASOR 241(1981), 71.

Die Vertreter der einphasigen Verwendung von *ʿibrî* treten entweder für eine konsequente Früh- oder Spätdatierung aller *ʿibrîm*-Belege ein.

Die Verfechter der Spätdatierung gehen davon aus, daß das Wort *ʿibrî* eine andere Bezeichnung für «Israelit» sei und als Ethnikon zu gelten habe.[58] Dies sei die älteste und einfachste Annahme über die Bedeutung von *ʿibrî* und *hebraios* für alle Belege im israelitisch-jüdischen Schrifttum. Die *ḫabirū*-Hypothesen trügen zur Erklärung der Texte, in denen «Hebräer» vorkommen, nichts bei.[59] Ignoriere man jedoch die aktuelle Bedeutung des Wortes «Hebräer» in der «Gegenwartssprache» der biblischen Texte und unterschiebe ihnen eine oder vielmehr die verschiedensten Bedeutungen einer historischen Vergangenheit, dann begehe man einen entscheidenden Fehler. Das *ʿapiru*-Material möge zur Aufhellung der Vorgeschichte des hebr. Wortes *ʿibrî* einen nützlichen Beitrag leisten, zum Verständnis der Bedeutung des Wortes in den biblischen Texten trage es jedoch nicht das mindeste bei.[60]

Von einem nur auf einer Phase der alttestamentlichen Entwicklung beschränkten Gebrauch sprechen auch einige Vertreter der Frühdatierung. K. Koch geht z. B. davon aus, daß man bei Außerachtlassung des rätselhaften Kapitels Gen 14 und unter Berücksichtigung der Tatsache, daß die Gesetzesbestimmungen im Deuteronomium und bei Jeremia nur die ältere Fassung des Bundesbuches widerspiegelten, zu dem Ergebnis komme, daß die *ʿibrî*-Belege dem Ende der vorstaatlichen Zeit und dem Anfang der Königszeit entstammten. Nur der exilische Beleg im Jonabüchlein falle aus dem Rahmen und werde deshalb von den Exegeten als Archaisierung empfunden.[61] K. Koch rechnet damit, daß der Gedanke einer Zusammengehörigkeit der Hebräer bis in die frühe Königszeit hineinreiche und für bestimmte Kreise Israels von religiöser Bedeutung gewesen sei.[62]

Eine konsequente einphasige Interpretation der *ʿibrî*-Belege führen auch jene durch, die Gen 14 als alt ansehen und im Falle von Jon 1,9 der griechischen Tradition den Vorzug geben.[63]

Die Mehrphasenerklärung weist gleichfalls ein breites Spektrum von Meinungen auf. Die Differenzen zeigen sich auch hier vor allem in der Deutung der Frühphase der Geschichte Israels.

Die *ḫabirū-ʿibrîm* werden mit dem «Hebräer Abra(ha)m», insgesamt den Patriarchen, ihren Wanderungen und ihrer Lebensweise, einer oder

---

58 H. Schult, DBAT 10 (1975), 22–40.

59 H. Schult, DBAT 10 (1975), 23. 35.

60 H. Schult, DBAT 10 (1975), 35.

61 K. Koch, Die Hebräer vom Auszug aus Ägypten bis zum Großreich Davids, VT 19 (1969), 40; so auch H. Cazelles, The Hebrews, 1973, 1–3.

62 K. Koch, VT 19 (1969), 81, gründet diese Hypothese wiederum auf die Voraussetzung, daß J in die frühe Königszeit zu datieren sei.

63 J. Lewy, HUCA 28 (1957), 6–7; M. P. Gray, HUCA 29 (1958), 186.

mehreren Wellen von einwandernden *ḫabirū*-«Hebräern», dem Aufenthalt der späteren Israeliten oder wenigstens eines Teils derselben in Ägypten und der sog. Landnahme in Verbindung gebracht.[64]

Während die meisten Autoren dieser Richtung im Wortgebrauch von *ʿibrî* nur zwischen einer älteren und jüngeren Phase unterscheiden[65], gibt es auch den Versuch, mehrere Zyklen des Wortgebrauchs als Erklärung anzubieten.[66]

Daß die *ḫabirū-ʿprw-ʿibrîm*-Frage auch ein mehrschichtiges methodische Problem darstellt, haben M. Weippert[67], H. Schult[68] und H. Engel[69] mit Nachdruck hervorgehoben.

M. Weippert sah das Methodenproblem darin, ob bei einer Betrachtung der Bezeugungen der *ʿibrîm* im Alten Testament ohne Rücksicht auf die *ḫabirū* mit Sicherheit zu sagen sei, daß das Wort *ʿibrî* eine andere Bezeichnung für Israelit sei und als Ethnikon zu gelten habe.[70] Brächten wir jedoch die *ḫabirū* mit ins Spiel, so ergäben sich an gewissen Punkten Berührungen oder zumindest Vergleichsmöglichkeiten, so daß wir hinter dem vordergründigen Sinn der Bezeichnung *ʿibrî*, der schließlich auch den im Laufe der Traditionsgeschichte vorgenommenen redaktionellen Modifikationen der Überlieferung zugeschrieben werden könne, auf eine ältere und ursprünglichere Begrifflichkeit zu stoßen meinen, die uns näher an die historische Wirklichkeit zu bringen scheine. Die unausweichliche Entscheidung zwischen beiden methodischen Ansätzen sei schwer zu treffen. Betrachteten wir nämlich in der Absicht, zu einem möglichst objektiven, d. h. von vorgefaßten Meinungen über Identität oder Verschiedenheit freien Urteil zu gelangen, das alttestamentliche Material allein, so brächten wir uns in die Gefahr eines subjektiv bedingten Fehlurteils, weil wir nicht alle eventuell zur Verfügung stehenden Materialien ausgewertet hätten. Nähmen wir aber bei unserer Untersuchung *ḫabirū* und *ʿibrîm* zusammen, so beeinflusse diese unsere Vorentscheidung von Anfang an in hohem Maße unser Ergebnis. M. Weippert folgert, daß nur der Weg des Kompromisses beschritten werden könne, «daß wir zwar der zweiten Möglichkeit folgen, ihre Grenzen und die Einseitigkeit unseres Ansatzes aber stets im Auge behalten.»[71]

Die von M. Weippert entwickelte Problemstellung der Methodik ist auf die Identität von *ḫabirū* und Hebräern ausgerichtet.[72] Dabei geht er von

---

[64] Siehe hierzu im einzelnen Kap. 5–6.

[65] N. P. Lemche, StTh 33 (1979), 20–23.

[66] A. Arazy, The Appellation of the Jews, 1977, 20. 36–40.

[67] M. Weippert, Landnahme, 1967, 84–85.

[68] H. Schult, DBAT 10 (1975), 22—40.

[69] H. Engel, Die Vorfahren Israels in Ägypten, 1979, 13–15. 176–177.

[70] M. Weippert, Landnahme, 1967, 84.

[71] M. Weippert, Landnahme, 1967, 85.

[72] M. Weippert, Landnahme, 1967, 84–85. 101.

der Voraussetzung aus, daß uns *ḫabirū* «auf eine ältere und ursprünglichere Begrifflichkeit ..., die uns näher an die historische Wirklichkeit zu bringen scheint»[73], hinweisen könnte. Diese Problemstellung beruht aber bei M. Weippert auf der erst zu erweisenden Voraussetzung, daß wenigstens einige *ᶜibrîm*-Stellen alt seien.[74] Seine These von der «Identität» gründet deshalb auf einer bibelwissenschaftlichen Vorentscheidung und der gleichfalls fragwürdigen Disjunktion, daß *ḫabiru* entweder mit einer älteren und ursprünglichen Begrifflichkeit und historischen Wirklichkeit von *ᶜibrî* in Berührung bringen könnte oder nicht.[75] Denn es ist entgegen M. Weippert leicht möglich, daß zwischen *ḫabiru* und *ᶜibrî* Beziehungen bestehen, diese aber nicht unbedingt unter die Kategorie einer älteren und ursprünglicheren Begrifflichkeit und historischen Realität zu subsumieren sind. Es bleiben auch andere Formen historischer Beziehungen denkbar. So ist es z. B. möglich, daß die Gruppe der *ḫabirū* zwar aus der Geschichte verschwindet, das Wort aber weiterlebt und zu einer nationalen Bezeichnung für die Juden wird.

Einen von M. Weippert abweichenden methodischen Weg beschreitet H. Schult.[76] Er entscheidet sich von Anfang an gegen eine Verbindung der *ḫabirū*-Hypothese mit den biblischen Hebräern zwecks Erklärung der biblischen *ᶜibrîm*-Belege. Das *ḫabirū*-Material möge zur Aufhellung der Vorgeschichte des hebräischen Wortes *ᶜibrî* einen nützlichen Beitrag leisten, zum Verständnis der Bedeutung des Wortes in den biblischen Texten trage es nicht das mindeste bei.[77]

Aus Sorge über die Erhaltung des zeitlichen Abstandes zwischen den *ḫabirū*-Belegen und den als nachexilisch datierten biblischen *ᶜibrîm*-Stellen wirft H. Schult zwischen beiden Begriffen einen unnötig tiefen Graben auf. Denn inwieweit vermag er a priori zu entscheiden, daß *ḫabirū* zwar zur Aufhellung der Vorgeschichte von *ᶜibrî* beitragen möge, aber zum Verständnis der Bedeutung des Wortes in den Texten nicht das mindeste beitragen könne? In diesem Falle wird mehr vorausgesetzt, als im Verlauf der Argumentation von ihm selbst aufgewiesen werden kann. Selbst wenn aus den biblischen Texten hervorgeht, daß das Wort *ᶜibrî* eine andere Bezeichnung für Israelit ist, bleibt immer noch die Frage bestehen, auf welchem Wege *ᶜibrî* zu dieser Bedeutung gelangen konnte, wie H. Schult durch seinen Verweis auf die Vorgeschichte des Wortes selbst hervorhebt.

In seiner Darstellung der Forschungsgeschichte der Auswertung ägyptologischer, philologischer und archäologischer Erkenntnisse für das Verständnis der Bibel stellt auch H. Engel die Methodenfrage in den Vorder-

---

[73] M. Weippert, Landnahme, 1967, 85.

[74] M. Weippert, Landnahme, 1967, 85–102.

[75] M. Weippert, Landnahme, 1967, 85.

[76] H. Schult, DBAT 10 (1975), 22–40.

[77] H. Schult, DBAT 10 (1976), 35.

grund.[78] Er weist auf, daß angefangen von dem ersten Vergleich der *ʿprw* mit dem *ʿibrîm* durch F. J. Chabas im Jahre 1862, bis zur Gegenwart das literarische Problem der biblischen Schriften zu schnell abgedrängt wurde und alle oder einzelne Aussagen der Bibel, unbesehen, aus ideologischen oder dogmatischen Gründen als historisch zuverlässige Nachrichten interpretiert worden sind.

Es wird im folgenden vor allem darzulegen sein, warum die Übernahme der soziologisch-rechtlichen Deutung der *ḫabirū-ʿprw* durch die Ägyptologie und Altorientalistik (Kap. 2–7), was eine Distanzierung dieser Wissenschaften von bibelwissenschaftlichen Fragestellungen eingeleitet hat, auf seiten der Bibelwissenschaft paradoxer Weise mit innerer Notwendigkeit zu einer Vermehrung der Hypothesen über das Verhältnis zwischen den *ḫabirū* und *ʿibrîm* und zu einem unerwarteten Wiedererstarken der ethnischen Auffassung geführt hat (Kap. 5–7). Die Herausarbeitung der altorientalistischen und bibelwissenschaftlichen Argumentationsmodelle unter besonderer Berücksichtigung der logischen Zusammenhänge, die mit dem Begriff Kategorienfehler bezeichnet werden können, verdient deshalb vorrangige Beachtung. Denn nur so wird zu verdeutlichen sein, daß das *ḫabirū-ʿibrîm*-Problem auf hervorragende Weise geeignet ist, die Besonderheit alttestamentlicher Überlieferung und deren Eingebundensein in den Alten Orient zu veranschaulichen. Nachdem offenkundig geworden ist, daß die altorientalischen Quellen keine geradlinige Erweiterung und triviale Bestätigung der bibelwissenschaftlichen Anschauungen über die Hebräer darstellen, ergibt sich die Frage, ob die außerbiblischen Dokumente eine Revision der bisherigen bibelwissenschaftlichen Positionen in der Hebräerfrage erlauben und welche Rückwirkungen sich hieraus vielleicht für die sogenannte Frühgeschichte Israels ergeben könnten.

Abschließend wird dann noch zu untersuchen sein, welches Licht von einer klaren Trennung zwischen den altorientalischen Zeugnissen über die *ḫabirū* und den spät zu datierenden biblischen Stellen über die Hebräer auf die Etymologien zu *ʿibrî* fällt[79], wie *ʿibrî* «Hebräer» im nachexilischen Schrifttum und das Problem der hebräischen Sprache zu verstehen sind.[80] Außerdem soll dargelegt werden, daß eine Bedeutungsentwicklung von *ḫabiru* zu *ʿibrî* auch durch das Wort *ḥåpšî* «Freier» als möglich erwiesen wird.[81]

Durch die Herausarbeitung des engen Zusammenhanges zwischen Sklavenfreilassung und nachexilischer Sabbat- und Sabbatjahrgesetzgebung

[78] H. Engel, Die Vorfahren Israels in Ägypten, 1979, 29. 101.135. 176–177.

[79] Siehe Kap. 8.

[80] Siehe Kap. 9.

[81] Siehe Kap. 10.

soll schließlich ein weiterer Ansatzpunkt für die Spätdatierung von Ex 21,2 und Dtn 15,12 gewonnen werden.[82]

Im letzten Kapitel[83] soll dann noch zusammenfassend auf den Ertrag verwiesen werden, der sich von den altorientalischen Quellen her bei einem Vergleich mit den biblischen Schriften in der *ḫabirū-ʿibrîm*-Frage erzielen läßt. Zugleich werden nochmals Vorbedingungen und Grenzen eines solchen Vergleichs zur Sprache zu bringen sein, sowie der besondere Charakter historischer Traditionsbildung im nachexilischen Judentum.

---

[82] Siehe Kap. 11.

[83] Siehe Kap. 12.

Kapitel 2: Die *ᶜprw* der ägyptischen Texte

Das Problem ihrer Identifikation mit den *ḫabirū* und *ᶜibrîm* «Hebräern» in der Ägyptologie

Die Identifikation der in ägyptischen Texten erwähnten *ᶜprw* (Plural zu *ᶜpr*) mit den *ḫabirū* der Keilschriftquellen, den *ᶜprm* der keilalphabetischen Texte von Ugarit und den biblischen *ᶜibrîm* «Hebräern» wurde vornehmlich zum Beweis herangezogen, daß die Hebräer-Israeliten sich in Ägypten aufgehalten hätten und von dort dann zur Eroberung von Palästina ausgezogen seien. Die aus der Gleichsetzung *ᶜprw* = *ᶜibrîm* abgeleiteten historischen Folgerungen dienten und dienen der Bestätigung des historischen Charakters der biblischen Erzählung über das Werden Israels, in der Ägyptenaufenthalt und nachfolgende Landnahme wesentliche Elemente darstellen, wobei es nicht von Belang sei, ob Israel im ganzen oder nur ein Teil desselben am Nil war und der Bericht unter Mythos, Sage oder Ausschmückung das Ereignis verberge.

An den Ägyptenaufenthalt der Hebräer ist nach biblischer Geschichtsauffassung auch das bedeutsamste Ereignis im Leben des Volkes Israel gebunden. Denn die Verehrung Jahwes, die die Hebräer von allen anderen, besonders von den Ägyptern unterscheidet, setzt den Exodus und die Ereignisse außerhalb Ägyptens am Sinai, vor dem Einzug ins Land der Väter, voraus.

Dem Eindruck, daß Israel als großes Volk aus Ägypten ausgezogen sei, werden seit langem auch Argumente entgegengesetzt, die entweder alle Berichte über einen Aufenthalt Israels in Ägypten dem Bereich der Fiktion zuweisen oder nur einen Teil des späteren Israel aus dem Nilland kommen lassen.[1] Es wird argumentiert, daß die Vorstellung, die israelitischen Stämme hätten das Land Palästina nicht wie ihre Väter von Norden und Osten, sondern in ihrer Hauptmasse von Süden her betreten, mindestens mit dem Einsetzen des Buches Exodus zur dominierenden Tradition im Alten Testament geworden sei. Es hänge damit zusammen, daß der Jahwe-Glaube aus dem Süden gekommen sei und seine Traditionsträger ihn in

---

[1] Siehe zu den verschiedenen positiven und negativen Lösungen über einen Aufenthalt Israels in Ägypten und einen Exodus des Volkes aus dem Nilland H. Engel, Die Vorfahren Israels in Ägypten, 1979; ders., Die Siegesstele des Merenptah, Bib 60 (1979), 373–399; W. H. Schmidt, Exodus, Sinai und Mose. EdF. 191. 1983, 20–31; siehe zur Israelstele ferner G. Fecht, Die Israelstele, Gestalt und Aussage, in: FS Brunner (1983), 106–138; E. Hornung, Die Israelstele des Merenptah, in: FS Brunner (1983), 224–233.

Palästina durchzusetzen vermocht hätten. Darum seien diese Süd-Traditionen später auch zu «gesamtisraelitischer» Bedeutung aufgestiegen. Für das Verständnis der alttestamentlichen Theologie sei dieser Vorgang schlechthin konstitutiv geworden, für das Verstehen der Geschichte Israels habe er jedoch katastrophale Folgen gehabt. Er suggeriere die Meinung, daß das ganze Israel tatsächlich in Ägypten gewesen sei und also auch von dort seinen Ausgang genommen habe. Dies sei aber historisch unwahrscheinlich. Vielmehr könne es nur eine Komponente des späteren Israel gewesen sein, die mit Ägypten Berührung gehabt habe, deren Erinnerungen und Erfahrungen aber so durchschlagend geworden seien, daß sie schließlich sogar Bekenntnischarakter angenommen hätten in der Formel «Jahwe, der Gott, der uns aus Ägypten herausgeführt hat». Diese Überzeugung sei das Endprodukt eines Traditionsvorgangs von höchster Komplexität, dessen geschichtliche Voraussetzungen aber noch rekonstruierbar seien, nicht zuletzt aus dem Alten Testament.[2] Dieser Hypothese, daß Israel in irgendeiner Weise aus Ägypten komme, stimmen auch Ägyptologen zu.[3]

Der mit Ägypten verbundenen mehr oder weniger reduzierten Gruppe von Hebräern oder späteren Israeliten wird auch in der Geschichte der Jahwe-Verehrung eine zentrale Funktion zugewiesen. Denn «(Jahwe,) der Gott der Hebräer» sei besonders mit jenen Hebräern zu verbinden, die aus Ägypten gekommen seien.[4]

Die Beziehung der *ʿprw* zu den aus Ägypten stammenden *ʿibrîm* «Hebräern» wird auf unterschiedliche Art und Weise bewertet. Auf bibelwissenschaftlicher Seite wird die Identifikation der *ʿprw* mit den Hebräern zumeist als willkommene Bestätigung oder grundlegende Rechtfertigung

---

[2] S. Herrmann, Geschichte Israels, 1980², 82.

[3] Siehe z. B. A. H. Gardiner, The Geography of the Exodus, 1922, 204, der hierzu folgendes schreibt: "That Israel was in Egypt under one form or another no historian could possibly doubt; a legend of such tenacity representing the early fortunes of a people under so unfavourable an aspect could not have arisen save as a reflexion, however much distorted, of real occurrences"; W. Spiegelberg, OLZ 26 (1923), 203: «So gewiß der Kern der Exodussage historisch ist – Israel war zweifellos einmal in Ägypten – so sicher ist die Überlieferung dieses Ereignisses als durchaus sagenhaft zu betrachten.»; siehe auch W. Helck, TLZ 97 (1972), 178–182. Einen grundsätzlich anderen Weg der Erklärung des Ägyptenaufenthaltes Israels beschreitet J. von Beckerath, Tanis und Theben, 1951, 68, der diesen nicht den *ḫabirū* = Israeliten zuschreibt, sondern den Kanaanäern. Er formuliert seine These folgendermaßen: «Der Kern der Erzählung vom Aufenthalt der Väter in Ägypten entstammt also unserer Ansicht nach kanaanäischer Tradition und bezieht sich auf die Hyksoszeit.»

[4] Siehe zu Anm. 2; ferner K. Koch, Die Hebräer vom Auszug aus Ägypten bis zum Großreich Davids, VT 19(1969), 60–62; H. H. Schmid, Ich will euer Gott sein, und ihr sollt mein Volk sein, 1980, 2.7, spricht von Ägypto-Hebräern, die die Jahweverehrung mitgebracht hätten; siehe auch F. Crüsemann, Die Eigenständigkeit der Urgeschichte, 1981, 26 Anm. 68.

einer der Hypothesen über den Aufenthalt Israels in Ägypten angesehen. Es gibt jedoch auch in der Bibelwissenschaft ablehnende oder vorsichtige Stellungnahmen.

In der Ägyptologie bietet sich ein noch vielschichtigeres Bild der Argumentation an. Die Interessen der Bibelauslegung stehen hier nur teilweise im Vordergrund. Es dürfte deshalb geboten sein, die Diskussion über die Gleichsetzung oder Identifikation *ᶜprw* ≡ *ᶜibrîm* in der Ägyptologie von der in der Bibelwissenschaft und Altorientalistik getrennt zu behandeln.

2.1. Forschungsgeschichtliche Aspekte zur Gleichung *ᶜprw* = *ḫabirū* = *ᶜibrîm* in der Ägyptologie

Das unbestrittene Verdienst, als erster auf die Parallelität der in einigen Papyri erwähnten *ᶜprw* mit den als Bauarbeitern geschilderten Hebräern hingewiesen zu haben, gebührt François Joseph Chabas (1817–1882).[5] Mit seiner Entdeckung, die er 1862 zum erstenmal bekannt gegeben hat[6], verbindet F. J. Chabas mehrere Hypothesen, die von seinen Anschauungen über die Bibel bestimmt sind und die in der Folge die Diskussion beeinflussen sollten.

Aus den Leidener Papyri 348 und 349[7] und anderen Dokumenten hat F. J. Chabas unmittelbar abgeleitet, daß er mit *ᶜprw* den Namen entdeckt habe, mit dem die Ägypter die Hebräer bezeichnet hätten.[8] Außerdem nimmt er an, daß mit *ᶜprw* eine Volksbezeichnung oder der Name einer ausländischen Rasse gegeben sei.[9] Die Gleichsetzung *ᶜprw* = *ᶜibrîm* hält er auch trotz der Differenz von *p* und *b* für möglich.[10]

---

[5] W. R. Dawson – E. P. Uphill, 1972^2, 57; H. Engel, Die Vorfahren Israels in Ägypten, 1979, 24–25; 179 Anm. 1.

[6] F. J. Chabas, Les Hébreux en Egypte, Mélanges égyptologiques I Ser. (1862), 42–54; ders., Ramsès et Pithom II. Ser (1864), 143–148; ders., Recherches pour servir à l'histoire de la XIX dynastie, 1873, 99–105; ders., Hebraeo-Aegyptiaca II, 1873, 301–311; ders., Note, 1873, 373–377.

[7] Siehe auch Kap. 2.2 zu Pap. Leiden 348 und 349.

[8] F. J. Chabas, Hebraeo-Aegyptiaca II, 1873, 303, schreibt: «A côté de ces importantes constatations, il me sera permis de rappeler que j'ai retrouvé dans les papyrus de Leyde le nom sous lequel les Egyptiens désignèrent les Hébreux.»

[9] F. J. Chabas, Note, 1873, 375, bemerkt: «la nation du peuple étranger nommé *Aperiou*» oder «Tenant désormais pour bien démontré que les *Aperou* étaient une race sémitique assujetties à l'Egypte, portant le même nom que les Hébreux».

[10] F. J. Chabas, Mélanges égyptologiques I Ser. (1862), 48; H. J. Heyes, Bibel und Ägypten, 1904, 147–150, verteidigt F. J. Chabas ausführlich gegen Einwände, die mit der Differenz *b-p* argumentieren.

Obwohl F. J. Chabas letztlich nur die Ähnlichkeit von *ᶜprw* mit *ᶜibrî* entdeckt hatte, leitete er daraus die Identität *ᶜprw* ≡ *ᶜibrîm* ab, wobei er beide als Namen für ein und dasselbe Volk ansah. Seine Gleichsetzung von *ᶜprw* mit *ᶜibrîm* geht von der Voraussetzung aus, daß das Wort von den Hebräern ins Ägyptische übernommen worden sei. Die Diskussion über die Möglichkeit, ein semitisches *b* mit *p* im Ägyptischen wiederzugeben und seine ganze Argumentation gegen G. Maspero beruhen auf dieser Annahme.[11]

F. J. Chabas hatte mit seinen ägyptologischen Erkenntnissen bibelwissenschaftliche Anschauungen verbunden, die die Historizität der biblischen Darstellung über den Aufenthalt Israels in Ägypten voraussetzten.[12] Die Ähnlichkeit der Wörter und die Gemeinsamkeit der Beschäftigung der *ᶜprw* und der *ᶜibrîm* bei Bauarbeiten[13] schienen diese Zusammenschau der ägyptischen und biblischen Dokumente zu rechtfertigen. Die Gegenwart von *ᶜprw* nach dem von ihm selbst postulierten Auszug der *ᶜprw* = *ᶜibrîm* unter Ramses II und Merenptah rechtfertigte er mit dem Hinweis, daß nie ein Volk ganz wegziehe, sondern einige Elemente stets zurückblieben.[14]

In G. Ebers (1837–1898)[15] fand F. J. Chabas einen beredten Verteidiger[16], obwohl ihn neuere Textfunde letztlich dann doch zu größerer Vorsicht veranlaßten.[17]

Ein bedingungsloser Anhänger F. J. Chabas' war H. J. Heyes.[18] In seinem Kapitel «Findet sich der Name *ᶜibrî* resp. *ᶜibrîm* in den ägyptischen Texten? (Gen 39,14)»[19] legt er seiner ägyptologischen Argumentation strikt konservative bibelwissenschaftliche Anschauungen zu Grunde. Von den ägyptischen Dokumenten her hofft er, den Leser in der Überzeugung stärken zu können, daß das Alte Testament eine historische Quelle ersten Ranges sei.[20]

H. J. Heyes nimmt Gen 39,14 als Ausgangspunkt seiner Überlegungen. Es sei zu untersuchen, ob das Gentilizium *ᶜibrî*, das von Potiphars

---

11 F. J. Chabas, Recherches pour servir à l'histoire de la XIXme dynastie, 1873, 101–106.

12 H. Engel, Die Vorfahren Israels in Ägypten, 1979, 24–25.

13 F. J. Chabas, Hebraeo-Aegyptiaca II, 1873, 304; ders., Note 1873, 376. Dieses Argument hat M. B. Rowton, JNES 35 (1976), 19, wieder aufgefrischt.

14 F. J. Chabas, Mélanges égyptologiques I Ser. (1862), 53–54.

15 W. R. Dawson – E. P. Uphill, 1972², 94; H. Engel, Die Vorfahren Israels in Ägypten, 1979, 28.

16 G. Ebers, Durch Gosen zum Sinai, 1881², 76. 505–506; ders., Ägyptische Studien, 1900, 11–12, 34–38.

17 G. Ebers, Durch Gosen zum Sinai, 1881², 506.

18 W. R. Dawson – E. P. Uphill, 1972², führen H. J. Heyes nicht an; siehe H. Engel, Die Vorfahren Israels in Ägypten, 1979, 69 Anm. 114.

19 H. J. Heyes, Bibel und Ägypten, 1904, 146–158.

20 H. J. Heyes, Bibel und Ägypten, 1904, VI; ders., Joseph in Ägypten, 1911, 36.

Frau zur Bezeichnung Josephs gebraucht werde, auch auf den ägyptischen Denkmälern zu finden sei.[21]

Da H. J. Heyes, der in dieser Sache eine von seinem Lehrer A. Wiedemann abweichende Meinung vertrat[22], in der Folge auf bibelwissenschaftlicher Seite gerne als Autorität zitiert wurde und als Wiederbeleber der These F. J. Chabas' gilt[23], dürfte in diesem Rahmen seine Argumentation ausführlicher zu beschreiben sein.

Die von F. J. Chabas vorgebrachte Behauptung, die in den Leidener Papyri aufgeführten *ᶜprw* seien die *ᶜibrîm*, akzeptiert auch er. Denn philologisch sei die Gleichstellung nicht schwer zu rechtfertigen. Aus mehreren Beispielen gehe hervor, daß einem sem. *b* im Ägyptischen ein *p* entsprechen könne. Es sei deshalb durchaus nicht regelwidrig, wenn die Ägypter *ᶜibrîm* durch *ᶜprw* wiedergegeben hätten.[24] Die Sprachwissenschaft vermöge keine Gründe vorzubringen, die uns die Gleichsetzung von *ᶜprw* und *ᶜibrîm* aufzugeben zwängen. Es sei jedoch zu untersuchen, wie sich die historische Forschung zu derselben verhalte.[25]

Die Texte der Leidener Papyri, die *ᶜprw* enthalten und von Bauarbeiten berichten, würden bei der Lektüre unwillkürlich an die Hebräer erinnern, die zum Bau von Pithom und Ramses herangezogen worden seien. Es würden einem die drückenden Arbeiten der Juden ins Gedächtnis gerufen. Der Pharao habe versucht, die Juden im Zaume zu halten und einer rasch fortschreitenden Vermehrung derselben vorzubeugen durch strenge Arbeitsforderungen. In den Rahmen dieser Gewaltpolitik passe sicherlich die Verwendung zum Steintransport, eine Arbeit, die bei der glühenden Hitze Ägyptens besonders anstrengend und aufreibend gewesen sei.[26]

Die Identifikation der *ᶜprw* mit den *ᶜibrîm* treibt H. J. Heyes so weit, daß er folgende Argumentation wagt: «Wenn die Juden einer Erwähnung auf Stein oder Papyrus gewürdigt werden sollten, so konnte es bei der Gepflogenheit der ägyptischen Historiographen, die von der Nation erlittenen Demütigungen zu verheimlichen, nur geschehen in einer für das auserwählte Volk wenig günstigen Weise. Die Leydener Papyri bewegen sich in dieser Richtung und so ist es ganz natürlich, daß man in den *Āperu* die unterdrückten Hebräer wiederzusehen glaubte.»[27]

---

[21] H. J. Heyes, Bibel und Ägypten, 1904, 146.

[22] Siehe Anm. 48.

[23] Siehe z. B. R. Kittel, Geschichte des Volkes Israel. I, 1923$^{5-6}$, 301 Anm. 1; M. Noth, Erwägungen zur Hebräerfrage, 1934, 101 Anm. 2.

[24] H. J. Heyes, Bibel und Ägypten, 1904, 149.

[25] H. J. Heyes, Bibel und Ägypten, 1904, 150.

[26] H. J. Heyes, Bibel und Ägypten, 1904, 151.

[27] H. J. Heyes, Bibel und Ägypten, 1904, 151.

Dem Einwand gegen die Gleichstellung *ʿprw* = *ʿibrîm*, daß die *ʿprw* nicht nur zur Zeit Ramses II., der die Juden unterdrückt habe, angetroffen würden, sondern auch zu einer Zeit, wo die Söhne Jakobs den Boden des Niltales noch nicht betreten hätten, sowie auch dann noch, als ihre Nachkommen bereits längst den Staub Ägyptens von den Füßen geschüttelt hätten, setzt er die Antwort F. J. Chabas' entgegen, daß auf der Stele Neferheteps II. aus der 13. Dynastie zwar *ʿprw* vorkomme, hier aber kein Volksstamm, sondern eine bestimmte Berufsklasse gemeint sei.[28]

Das Volk der *ʿprw* begegne uns in der ägyptischen Geschichte zuerst unter Thutmosis III. Der Bericht über *ʿprw* in Joppe zeige, daß die *ʿprw* einer Nation angehörten, deren Heimatland außerhalb der Grenzen Ägyptens zu suchen sei. Die Stele enthalte kein Moment, das uns verbieten könne, an die Hebräer zu denken.[29] Es stehe auch nichts der Annahme im Wege, daß es Hebräer gewesen seien, die zur Zeit Thutmosis' III. schon sicher im Lande Gosen ansässig gewesen seien.

Da H. J. Heyes den Auszug der Juden aus Ägypten unter Ramses II. ansetzt, bereitet ihm die Anwesenheit von *ʿprw* unter Ramses III. und IV. gewisse Unannehmlichkeiten. Zu den *ʿprw* unter Ramses III. bemerkt er deshalb folgendes, das besonders gut die apologetische Art seiner Argumentation beleuchtet: «Wenn nun die Juden, was meistens angenommen wird, bereits vor diesem Herrscher Ägypten verlassen hatten, so läßt sich doch daraus nicht folgern, daß die zu seiner Zeit und folglich auch die unter Ramses II. im Niltale ansässigen *Āperu* nichts mit den Hebräern zu tun haben könnten. Da die letzteren sich zu einer bedeutenden Anzahl vermehrt hatten, war es leicht möglich, daß ein kleiner Bruchteil von ihnen im Pharaonenland zurückblieb, wenn auch das Gros der Juden der Aufforderung des Moses folgte und das Land der Knechtschaft verließ. Wie eine große Menge Ägypter sich ihnen anschloß, um aus dem Heimatland auszuwandern, so werden andererseits manche Juden entweder gezwungen oder aus freier Selbstentscheidung zurückgeblieben sein. Das ist eine Erscheinung, die stets bei der Auswanderung eines Volkes wahrgenommen wird und derer, als einer für die Entwicklung des israelitischen Volkes nicht weiter in Betracht kommenden Angelegenheit, das Alte Testament nicht Erwähnung zu tun braucht. Diejenigen, die wenig Energie und Gemeinsinn besitzen, oder sich eine bessere soziale Stellung erworben haben, sind gewöhnlich einem Wechsel des Lebens abgeneigt.»[30]

Der Überlegung von G. Maspero[31], daß die Verwendung des Fremdenpfahls bei *ʿprw* bloß eine bestimmte Klasse von Arbeitern anzeige, setzt

---

[28] H. J. Heyes, Bibel und Ägypten, 1904, 153.
[29] H. J. Heyes, Bibel und Ägypten, 1904, 153–154.
[30] H. J. Heyes, Bibel und Ägypten, 1904, 156.
[31] Siehe Anm. 37.

er entgegen, daß die Determination von *ʿprw* mit dem Fremdenpfahl und dem Zeichen für Land unverrückbar feststelle, daß es sich um «die fremde Nation der *Āperu*»[32] handle.

Am Ende seines Plädoyers für die Gleichung *ʿprw* = *ʿibrîm* hält H. J. Heyes dann noch fest, daß die Einwände, welche gegen die von F. J. Chabas energisch verfochtene Meinung bis jetzt erhoben worden seien, nur gezeigt hätten, daß in dieser Angelegenheit das letzte Wort noch nicht gesprochen sei.[33] Für die Hypothese ließen sich jedoch folgende Gründe zusammenfassend angeben:

1. Nach den Resultaten der philologischen Untersuchungen könnten die *ʿprw* mit den *ʿibrîm* identifiziert werden.
2. Beide seien zur Leistung drückender Fronarbeiten herangezogen worden, und zwar:
3. Die *ʿprw* bei der Ausführung baulicher Anlagen, die nach Ramses II. benannt gewesen seien; die Israeliten außer bei dem Bau der Stadt Pithom auch bei dem der Stadt Ramses.
4. Die *ʿprw* hätten nach Angabe der Papyri, die Israeliten nach derjenigen der Bibel an Lebensmitteln keinen Mangel gehabt.[34]

H. J. Heyes kommt zu einem in gewisser Weise überraschenden, äußerst schwachen Gesamtergebnis, das ihn zu folgendem Resümee zwingt: «Wenn diese auffallenden Übereinstimmungen einzeln auch wenig ins Gewicht fallen, so sprechen sie in ihrer Gesamtheit doch zugunsten derjenigen, welche die *Āperu* und *ʿibrîm* für identisch halten ... Die Hypothese, daß in dem Worte *Āperu* der Volksname *ʿibrîm* enthalten sei, besitzt noch immer eine nicht geringe Wahrscheinlichkeit.»[35]

Gegen die Identifikation *ʿprw* = *ʿibrî* haben sich von Anfang an aus unterschiedlichen Gründen mehrere Ägyptologen gewandt. Mit G. Maspero (1846–1916)[36], der die Gleichsetzung bezweifelte, weil die *ʿprw* kein Volk seien, sondern Handwerker und fremde Sklaven sein könnten[37], hat sich F. J. Chabas noch selbst auseinandergesetzt.[38] In diesem Zusammenhang erwähnt er auch A. A. Eisenlohr (1832–1902)[39] als Gegner.[40] Dieser

---

[32] H. J. Heyes, Bibel und Ägypten, 1904, 157.

[33] H. J. Heyes, Bibel und Ägypten, 1904, 157.

[34] H. J. Heyes, Bibel und Ägypten, 1904, 158.

[35] H. J. Heyes, Bibel und Ägypten, 1904, 158.

[36] W. R. Dawson – E. P. Uphill, 1972², 197–198.

[37] G. Maspero, Les *Âperiou* sonst-ils les Hébreux?, 1873, 131–134; ders., Les contes populaires de l'Égypte ancienne, 1911⁴, 119 Anm. 3: «M. Chabas avait pensé reconnaître dans ce nom [= *ʿprw*] celui des Hébreux; diverses circonstances ne me permettent pas d'admettre cette hypothèse et les conclusions qu'on s'est trop empressé d'en tirer.»

[38] F. J. Chabas, Note, 1873, 374–377.

[39] W. R. Dawson – E. P. Uphill, 1972², 96.

[40] FJ. Chabas, Note, 1873, 373–374.

hatte die Identifikation mit dem Hinweis teilweise bestritten, daß auch noch nach dem Aufenthalt der Hebräer *ᶜprw* in Ägypten anzutreffen seien.[41]

Aus Gründen der Differenz von *p* und *b* in *ᶜprw* und *ᶜibrî* hat lange Zeit H. F. K. Brugsch (1827–1894)[42] die Identifikation abgelehnt[43], bis er dann zuletzt die Frage als unentschieden betrachtete.[44]

Der Bestreitung eines Zusammenhanges zwischen den *ᶜprw* und den *ᶜibrîm* durch H. F. K. Brugsch hatten sich auch J. Lieblein[45] (1827–1911)[46] und K. A. Wiedemann[47] (1856–1936)[48] angeschlossen.

In der Beurteilung des Vorschlags von F. J. Chabas ging W. M. Müller (1862–1919)[49] einen besonderen Weg. Er trennte *ᶜprw* ganz von *ᶜibrî* und verband letzteres mit *ḥbr*. Er nannte die Hebräer die «konföderierten, verschworenen» *(ḫabiri)* Abtrünnigen Westpalästinas.[50] Er übernahm hiermit eine damals geläufige Etymologie für *ḫabirū*/*ᶜibrî*, die von *ḫ*/*ḥbr* «Genosse, Verbündeter» ausging.[51] Da er der Ansicht war, daß der vorausgesetzte *b*/*p*-Wechsel nicht zu rechtfertigen sei, trennte er sodann später *ᶜprw*, *ᶜibrî* und *ḫabiru* vollständig voneinander.[52] Die in einem ägyptischen Text bezeugte Anwesenheit von *ᶜprw* in Joppe deutete er als Namen der Landesbewohner. Er folgerte, daß *ᶜprw* der Volksname der Einwohner von Joppe sei oder wahrscheinlicher der Gesamtname der vorphilistischen Einwohner des palästinischen Flachlandes, die den im Gebirge wohnenden Israeliten, Hochländern, entgegengesetzt seien. Der Name *ᶜprj* sei gleich

---

41 A. A. Eisenlohr, TSBA 1 (1872), 355–357, bemerkte gegen F. J. Chabas, daß wegen der Anwesenheit von *ᶜprw* nach dem Auszug diese nicht mit den Hebräern voll identifiziert werden können. Er schreibt hierzu folgendes: "It therefore seems rather hazardous to identify completely the Aperiu with the Hebrews of the Bible, though we have an analogous case in the Shardanas, who at the same time constituted a body of auxiliaries in the Egyptian army, and were a nation, with which Egypt had been in war."

42 W. R. Dawson – E. P. Uphill, 1972², 42–43; H. Engel, Die Vorfahren Israels in Ägypten, 1979, 25–28.

43 H. K. Brugsch, Geschichte Ägyptens unter den Pharaonen, 1877, 582–583; ders., Dictionnaire géographique, 1879, 113–117, setzt gegen F. J. Chabas *ᶜpr* «avoir la couleur rougeâtre de la gazelle, du sable etc.» an; ders., Steininschrift und Bibelwort, 1891, 136–137.

44 H. Brugsch, Die Ägyptologie, 1891, 38, schreibt dann: «Es ist immer noch unentschiedene Frage, ob die von den Zeiten des dritten Thotmosis an bis gegen das Ende der Ramessidenherrschaft erwähnten *ᶜprw*, wie Chabas es angenommen hat, Ebräer waren oder nicht.»

45 W. R. Dawson – E. P. Uphill, 1972², 304.

46 J. Lieblein, Handel und Schiffahrt, 1886, 142–144, bringt die *ᶜprw* mit den Leuten von Ophir zusammen.

47 W. R. Dawson – E. P. Uphill, 1972², 304.

48 A. Wiedemann, Ägyptische Geschichte, 1884, 491–492.

49 W. R. Dawson – E. P. Uphill, 1972², 209.

50 W. M. Müller, Asien und Europa, 1893, 239. 396; ders., Zu den Keilschriftbriefen aus Jerusalem, ZA 7 (1892), 65.

51 Siehe H. H. Rowley, From Joseph to Joshua, 1950, 50–51 mit Anm. 1.

52 W. M. Müller, Die Afri in Palästina, OLZ 16 (1913), 260.

mit dem der Afri, den die kanaanäischen Kolonisten des Landes Afrika aus der syrischen Heimat mitgebracht hätten.[53]

Einen eigenen Weg der Auseinandersetzung mit der These F.J. Chabas' wählte W. Spiegelberg (1870–1930)[54], der die erste eigene Monographie eines Fachägyptologen zum Thema der Vorfahren Israels in Ägypten veröffentlicht hat.[55] Im Gegensatz zu H.J. Heyes, der sein Buch gleichfalls 1904 herausgebracht hatte[56], geht W. Spiegelberg von der modernen Bibelkritik, im besonderen von J. Wellhausen und H. Gunkel aus.[57] Im Anschluß an H. Gunkel bezeichnet er die Berichte über den Aufenthalt Israels in Ägypten als Sage, aus der durch eine kritische Betrachtung der Überlieferung der historische Kern auszuscheiden sei.[58]

In seiner Rekonstruktion des historischen Kerns des ägyptischen Sagenkreises gelangt er sodann zu folgendem Bild der Ereignisse um den Aufenthalt Israels in Ägypten: Unter den semitischen Stämmen, welche sich etwa im 17. und 16. Jh. v. Chr. in Ägypten niederließen, hätten sich die Clans befunden, welche im Lande Gosen Aufnahme gefunden hätten. So lange in der Blütezeit des ägyptischen Staates die Ostgrenze des Deltas sicher gewesen sei, so lange Syrien und Palästina die ägyptische Oberhoheit anerkannt hätten, seien die Gosenstämme im ungestörten Besitz ihres ägyptischen Wohnsitzes geblieben. Als aber unter Ramses II. die Lage des Reiches ernst geworden sei, hätte die ägyptische Regierung begonnen, die Fremdlinge zu beobachten und zu bedrücken. Unter Merenptah, dem Sohn und Nachfolger Ramses' II., seien von allen Seiten Gefahren hereingebrochen, die das ägyptische Reich an den Rand des Verderbens gebracht hätten. Im Süden hätten sich die nubischen Völkerschaften empört, an der Westgrenze des Deltas sei eine Koalition lybischer Stämme erschienen, in Verbindung mit abenteuerlichen Scharen von Seevölkern und wohl gleichzeitig sei in Syrien und Palästina ein großer Aufstand ausgebrochen. Die hebräischen Stämme *(Chabiri)*, die schon im 14. Jh. zur Zeit Amenophis' IV. die palästinischen Vasallen Ägyptens gefürchtet hätten, bis Sethos I., der Vater Ramses' II., sie wieder zur Ruhe gebracht habe, hätten die günstige Gelegenheit benutzt, um sich abermals im Bunde mit anderen aufständischen syrischen Vasallen gegen den Pharao zu erheben. Zu diesen hebräischen Stämmen, die von Merenptah später besiegt worden seien, habe auch der Stamm Israel gehört, der möglicherweise mit den damals

[53] W. M. Müller, Die Afri in Palästina, OLZ 16 (1913), 258–260.

[54] W. R. Dawson – E. P. Uphill, 1972^2, 278–279; H. Engel, Die Vorfahren Israels in Ägypten, 1979, 58–59.

[55] W. Spiegelberg, Der Aufenthalt Israels in Ägypten, 1904.

[56] Siehe Anm. 18–35.

[57] W. Spiegelberg, Der Aufenthalt Israels in Ägypten, 1904, 9–11.

[58] W. Spiegelberg, Der Aufenthalt Israels in Ägypten, 1904, 9. 20–21. 24. 26. 49–50; ders. OLZ 26 (1923), 203.

noch im Delta befindlichen Gosenstämmen Fühlung gehabt habe. Möge letztere Vermutung richtig sein oder nicht, jedenfalls hätten die durch die harte Bedrückung erbitterten Gosenstämme die Notlage des ägyptischen Staates benutzt, um freien Abzug zu verlangen. Merenptah habe sich angesichts der auf allen Seiten drohenden Gefahren sowie auch aus anderen politischen Erwägungen fügen müssen. Die Gosenstämme seien aber in ihr altes Stammland zurückgekehrt und hätten an den Kämpfen teilgenommen, welche Syrien und Palästina schließlich (um 1100 v. Chr.) von der ägyptischen Oberhoheit befreit hätten.[59]

Aus dieser Darstellung ergibt sich bereits, daß W. Spiegelberg die *ḫabirū* Palästinas mit hebräischen Stämmen identifiziert, wobei die Israeliten nur einen Teil der *ḫabirū*-Hebräer stellen.[60] Er nimmt sodann an, daß die in Gosen weilenden Stämme, die dann auswanderten, mit Israel verwandt gewesen seien.[61] Die Gosenstämme seien in der Person des Jakob verkörpert worden und dieser wiederum mit den palästinischen Stämmen Israels vereinigt. Er folgert deshalb: «Die Doppelgestalt Jakob-Israel könnte also sehr wohl die Erinnerung an die beiden hauptsächlichen Stammesgruppen festgehalten haben, aus denen das Volk Israel, ‹die Kinder Israel›, erwachsen ist, die palästinischen Mutterstämme und die lange in Ägypten angesessenen Gosenclans.»[62]

Auf die ägyptischen Texte über die *ᶜprw* geht W. Spiegelberg in seinem Werk von 1904 nicht ein. Da er meint, daß in der späteren Tradition der Auszug aus Ägypten und der Kampf gegen die ägyptische Oberhoheit in Palästina zu einem einheitlichen Bild verschmolzen worden seien, den Israel gegen das ägyptische Joch geführt habe, dürfte er sich vielleicht die Benennung der Gosenclans als *ḫabirū*-*ᶜibrîm* als Teil der Sage denken.

Aus seinen Bemerkungen zum Namen der Hebräer[63] geht dann hervor, daß er die *ḫabirū* und *ᶜibrîm* miteinander gleichsetzt. Er sieht darin nach H. Winckler eine Bezeichnung für eine große Gruppe von Beduinenstämmen. *ᶜibrî* leitet er sodann von *ᶜbr* «durchziehen» ab. Es bezeichne vortrefflich den Beduinen im Gegensatz zum seßhaften Kulturmenschen. Der Name *ḫabiru* = *ᶜibrî* werde in der Amarnaperiode, vielleicht auch schon früher, von der semitischen seßhaften Bevölkerung Syriens den Wüstenstämmen gegeben worden sein. Ursprünglich der Name eines großen Kreises solcher Beduinenstämme, habe er später, wir wüßten nicht wie, den engeren Kreis der «Kinder Israels» bezeichnet. Der Name Hebräer (*ḫabiru* = *ᶜibrî*) «Umherziehender» sei also ursprünglich einer der vielen

[59] W. Spiegelberg, Der Aufenthalt Israels in Ägypten, 1904, 49–50.

[60] W. Spiegelberg, Der Aufenthalt Israels in Ägypten, 1904, 50; siehe ferner 32–35.40.

[61] W. Spiegelberg, Der Aufenthalt Israles in Ägypten, 1904, 40. 42–43.

[62] W. Spiegelberg, Der Aufenthalt Israels in Ägypten, 1904, 43–44.

[63] W. Spiegelberg, Der Aufenthalt Israels in Ägypten, 1904, 43–44.

[63] W. Spiegelberg, Der Name der Hebräer, OLZ 12 (1907), 619–620.

Namen, mit welchen der seßhafte Kanaanäer den Beduinen bezeichnet habe.

Entschieden hat auch J. H. Breasted (1865–1935) die Hypothese von F. J. Chabas zurückgewiesen.[64] In seiner vorsichtigen Abwägung von pro und contra gelangte Th. E. Peet (1882–1934)[65] zum Ergebnis, daß die Differenz *p-b* in den Schreibungen *ʿprw* und *ʿibrî* es ratsam erscheinen ließe, bei der zur Verfügung stehenden Evidenz eine Identität der beiden Gruppen zurückzuweisen.[66]

Im Wörterbuch der ägyptischen Sprache wurde 1926 zu *ʿpr* nur «Art fremdländischer Arbeiter» vermerkt.[67] Es findet sich dort weder ein Hinweis auf *ḫabiru* noch auf *ʿibrî*.[68]

Als vorläufiges Ergebnis der Auseinandersetzungen von 1862 bis zum Wörterbuch von 1926 können wir festhalten, daß sich der Vorschlag von F. J. Chabas, in den *ʿprw* ein Volk zu sehen und dieses mit den biblischen *ʿibrîm* gleichzusetzen, nicht durchsetzen konnte. Diese unentschiedene Lage war durch mehrere Faktoren bedingt. Denn es war unklar geblieben, welcher Herkunft das ägyptische *ʿprw* ist und ob die *ʿprw* als eine ethnische oder soziologische Einheit einzustufen sind. In der Folge sollte es sich alsbald zeigen, daß neue Keilschrifttexte auch ein besseres Verständnis der *ʿprw* ermöglichen.

Von seiten der Altorientalistik dürfte J. Lewy als erster auch die *ʿprw*, die er den SA.GAZ = *ḫabirū* = *ʿibrîm* gleichstellte, appellativisch verstanden haben.[69] Dieser neue Ansatz sollte jedoch keine unmittelbare Auswirkung auf die Ägyptologie ausüben. Dies könnte auch dadurch bedingt gewesen sein, daß er mit der appellativischen Deutung von *ḫabirū* = *ʿprw* die Gleichstellung der biblischen *ʿibrîm* verbunden hatte. Denn so war von Grund aus eine Differenzierung der *ʿprw* = *ḫabirū* von den *ʿibrîm* erneut unterbunden. Zu dieser Entwicklung dürfte auch beigetragen haben, daß B. Landsberger, der seit 1924 am wirkungsvollsten gegen die «problemati-

---

[64] J. H. Breasted, Ancient Records of Egypt. IV, 1906, 150, § 281 Anm. e, schreibt hierzu folgendes: "These [= *ʿprw*] are the people supposed by Chabas to have been Hebrews, a theory long time exploded."

[65] W. R. Dawson – E. P. Uphill, 1972^2, 223–224; H. Engel, Die Vorfahren Israels in Ägypten, 1979, 106–109.

[66] T. E. Peet, Egypt and the Old Testament, 1923, 125, schreibt hierzu folgendes: "If the philological equivalence of Hebrew and *Aper* were perfect there would be much to be said for this conclusion, but, as it is not, it would seem safer to refuse to accept on present evidence the identity of the two peoples."

[67] Wb I, 1926, 181:17.

[68] Aus den Bemerkungen von P. C. Labib, Die Herrschaft der Hyksos in Ägypten und ihr Sturz, 1936, 14, geht hervor, daß H. Grapow (1885–1967; W. R. Dawson – E. P. Uphill, 1972^2, 121–122), der Herausgeber des Wörterbuches, der Identifikation der *ʿprw* mit den Hebräern ablehnend gegenüberstand.

[69] J. Lewy, Ḫabiru und Hebräer, OLZ 30 (1927), 739. 743. 829 Anm. 1.

sche Gleichung» *ḫabiru* = *ᶜibrî* als Prämisse ethnischer Schlußfolgerungen Stellung genommen hatte[70], die *ᶜprw* aus seiner Betrachtung ausgeklammert hatte.[71]

Eine neue Deutung des Problems der *ᶜprw* sollte dann erst durch die Textfunde in Nuzi von amerikanischer Seite angeregt werden. E. Chiera (1885–1933)[72] hatte auf Grund der neuen Belege über die *ḫabirū* in den Texten aus Nuzi dargelegt, daß die *ḫabirū* an diesem Ort Kriegsgefangene gewesen seien, die man an den Staat, den Palast oder an führende Personen verteilt habe.[73] Er nimmt an, daß *ḫabiru* mit «a foreigner who is also an enemy» zu übersetzen sei.[74] In Syrien–Palästina würden diese *ḫabirū* auf unfreundliche Weise in das Land eindringen.[75] Diese Invasion sei teilweise erfolgreich, so daß die *ḫabirū* sich ansiedelten. Die ansässige Bevölkerung nenne sie jedoch weiterhin *ḫabirū* anstelle der Stammesnamen, die sie unter sich gebraucht hätten. Die Eindringlinge hätten dann diesen Namen selbst übernommen, nachdem ihr schlechter Ruf langsam in Vergessenheit geraten sei. Das Wort *ḫabirū* gebe somit keinen Aufschluß über Rasse und Sprache der in Palästina Eindringenden. Die Ironie der Geschichte sei es jedoch, daß die Hebräer Palästinas für sich selbst einen Namen übernommen hätten, der sie für immer als «outsiders» gebrandmarkt habe.[76]

Diese Gedanken und Deutung der neuen *ḫabirū*-Belege aus Nuzi machte J. A. Wilson zum Ausgangspunkt seiner Diskussion des *ᶜprw*-Problems.[77] Er legt zu Beginn seiner Ausführungen dar, daß die Gleichung *ᶜprw* = *ᶜibrîm* besonders wegen chronologischer Schwierigkeiten von den meisten Gelehrten aufgegeben worden sei und man bei der Behandlung dieses Problems große Vorsicht walten lasse. Das neue Material aus Nuzi werfe jedoch ein neues Licht auf einen Begriff für unterworfene Leute, die bei einem anderen Volk Arbeit zu leisten hätten. Es sei deshalb die Frage zu stellen, ob *ᶜprw* ein Gentilizium sei oder nicht.[78] Er überprüft dann sechs ihm zur Verfügung stehende *ᶜprw*-Belege und kommt zum Ergebnis, daß das Wort Ausländer in ägyptischen Diensten im Status eines Sklaven oder

---

70 B. Landsberger, ZA 35 (1924), 213.

71 M. Noth Erwägungen zur Hebräerfrage, 1934, 101 mit Anm. 1, bemerkt dies kritisch, verbindet damit aber die Anschauung, daß *ᶜibrî* nicht ethnisch zu verstehen sei. Wäre *ᶜibrî* wirklich eine ethnische Bezeichnung, dann müßte man nach M. Noth *ḫabiru* und *ᶜpr* davon trennen.

72 M. Sprengling, AJSL 49 (1932/33), 273–274.

73 E. Chiera, *Ḫabiru* and Hebrews, AJSL 49 (1932/33), 123.

74 E. Chiera, AJSL 49 (1932/33), 123.

75 E. Chiera, AJSL 49 (1932/33), 123–124.

76 E. Chiera, AJSL 49 (1932/33), 124, zieht aus dieser Prämisse folgenden Schluß: "Fortunately for the Zionists, their name for Palestine is 'the land of Israel' and not 'the land of Hebrews'."

77 J. A. Wilson, The *ᶜEperu* of the Egyptian Inscriptions, AJSL 49 (1932/33), 275–280.

78 J. A. Wilson, AJSL 49 (1932/33), 275.

Dieners beschreibe.[79] Die von E. Chiera für Nuzi ermittelte Bedeutung von *ḫabiru*[80] erkläre auch bestens das ägyptische Wort *ᶜprw*. Er folgert deshalb: «... they would then be foreigners captured in war and brought to Egypt to labor for the temples, for the state in the quarries, or for an Egyptian general on campaign (unless that one *ᶜEper* may have been one of the *Ḫabiru* in the Service of the Prince of Joppa)».[81]

Mit der Erklärung des Wortes *ḫabiru* E. Chieras verbindet J. A. Wilson dann noch eine weitere, die H. Parzen vorgetragen hatte.[82] Dieser hatte den biblischen und nachbiblischen Belegen für *ᶜibrî* entnommen, daß *ᶜibrî* erst eine geringschätzende, verachtende Bezeichnung der mehr zivilisierten Völker für die Nichtseßhaften in ihrer Umgebung gewesen sei, für den Fremden, Barbar oder Beduinen. Die Bibel benütze dieses Wort absichtlich, wenn sie die Stellung eines Sklaven oder Unterworfenen beschreibe. Dieser Gebrauch von *ᶜibrî* sei gleichfalls auf *ᶜprw* anwendbar.[83]

J. A. Wilson geht dann zur Behandlung der Frage über, ob die Gleichung *ᶜpr* = *ᶜibrî* möglich sei.[84] Da ägyptisches *p* auch ein semitisches *b* wiedergeben könne und ägyptisches sowie hebr. *ᶜ* einem keilschriftlichen *ḫ* entsprechen könne, hätten wir eine vollkommen mögliche Gleichung von *ᶜprw* = *ḫabirū*. Die wenigen Belege erlaubten zwar keine Gleichsetzung *ᶜprw* = *ḫabirū*, aber es bestehe doch die Möglichkeit, daß *ᶜprw* und *ḫabirū* ein und dasselbe bezeichneten. Jeder Ausländer, mit dem die Ägypter in feindlicher Beziehung standen, habe zu einem *ḫabiru* werden können. Die ethnische Beziehung sei in diesem Zusammenhang ohne Bedeutung, so daß er zu folgendem Schluß kommt: «... the *Ḫabiru* were rather any or all of these people treated as a group in the same category, just as our words ‹alien› and ‹immigrant› carry no sense of a definite race. If one grants that the Egyptians may have applied this term *ᶜEperu-ᶜApiru-Ḫabiru* to their foreign captives, it will be another example of the unity of culture throughout the ancient Near East.»[85]

In der von J. A. Wilson angestrebten Beweisführung erscheinen die *ᶜibrîm* «Hebräer» nicht.[86] Er beschränkt sich ausschließlich auf die *ᶜprw* und *ḫabirū*. Neu ist jedoch, daß die bis dahin in der Ägyptologie gültige, aber

[79] J. A. Wilson, AJSL 49 (1932/33), 278.
[80] Siehe Anm. 73–76.
[81] J. A. Wilson, AJSL 49 (1932/33), 278.
[82] H. Parzen, The Problem of the *Ibrim* («Hebrews») in the Bible, AJSL 49 (1932/33), 254–261.
[83] J. A. Wilson, AJSL 49 (1932/33), 278.
[84] J. A. Wilson, AJSL 49 (1932/33), 279.
[85] J. A. Wilson, AJSL 49 (1932/33), 280.
[86] J. A. Wilson, The Burden of Egypt, 1951, 201, setzt *ᶜprw* in etymologische Beziehung zu *ᶜibrî*, wobei er im einzelnen betont, daß es sich nicht auf die Israeliten beziehen müsse, sondern z. B. auf nomadische Gruppen aus Transjordanien. Siehe ferner zu J. A. Wilson Anm. 142 und 216.

bereits von Beginn der Diskussion an durch G. Maspero bezweifelte Anschauung, die *ʿprw* seien ein Volk, grundsätzlich in Zweifel gezogen wird und sich auch von dieser Seite die soziologische Auffassung ankündigt, die bereits durch B. Landsberger und J. Lewy für die Diskussion über die *ḫabirū* entscheidend geworden war.[87]

Nach den Texten von Nuzi sollten die syllabischen und keilalphabetischen Texte aus Ugarit auch für die Diskussion über *ʿprw* neue Aspekte bringen. Denn 1939 wurden Texte bekannt, aus denen unmittelbar hervorging, daß *ḫabiru* im Ug. mit *ʿpr* geschrieben wird.[88] In Übereinstimmung mit ägyptisch *ʿprw* und hebr. *ʿibrî* war somit *ʿ* gegenüber dem *ḫ* in *ḫabiru* als ursprünglich sowie der dritte Radikal *r* weiterhin für alle Schreibungen als gesichert erwiesen.

Eine Reihe von Gelehrten wollte in ug. *ʿpr* die originale Schreibung erblicken, die einerseits zeige, daß die ägyptische Schreibung von *ʿprw* mit *p* gleichfalls dies bestätige und sich daraus ergebe, daß auch *ḫabiru* durch die Schreibung *ḫapiru* zu ersetzen sei.[89] Es erschien nun folgerichtig hebr. *ʿibrî* von *ḫapiru* abzuleiten[90] oder ganz aus der Diskussion über *ʿprw* = *ḫabirū* auszuscheiden. R. Weill (1874–1950)[91] leitete z. B. aus ug. *ʿpr* ab, daß das sem. *ʿpr* höchstwahrscheinlich mit *ʿprw* identisch sei.[92] Dagegen könnten ug. *ʿpr* und hebr. *ʿibrî* wegen des *p*/*b*-Wechsels nicht gleichgesetzt werden. Es ergebe sich deshalb *ʿprw* = *ʿpr* = *ḫapiru* ≠ *ʿibrî*.[93]

A. H. Gardiner (1879–1963)[94] hielt dagegen fest, daß kein Zweifel darüber bestehen könne, daß die *ʿprw* mit den *ḫabirū* der Amarna-Texte identisch seien und daß der Name dem späteren hebr. Wort *ʿibrî* entspreche.[95] Diese These hat dann R. A. Caminos erneut aufgegriffen und noch deutlicher artikuliert. Er vertritt zwar noch die ethnische Auffassung der *ḫabirū*, gelangt aber doch zu einer schärferen Erfassung des mit *ʿprw*-*ʿibrî* gestellten Problems, indem er zwischen den Wörtern *ʿprw* und *ibrî* sowie den Menschengruppen der *ʿprw* und Hebräer unterscheidet. Denn R. A. Caminos schreibt zu *ʿprw* folgendes: "This ethnic name appears as *ʿpr*

[87] Siehe Anm. 69–70; Kap. 3 zu Anm. 62–64.66–78.

[88] Siehe Kap. 4 zu Anm. 1.

[89] Siehe Kap. 4 zu Anm. 15.

[90] Sieh Kap. 4 zu Anm. 34.

[91] W. D. Dawson – E. P. Uphill, 1972², 300.

[92] R. Weill, Les *ʿprw* du Nouvel Empire sont des Ḫabiri des textes accadiens; les *Ḫabiri* (exactement *Ḫapiri*) ne sont pas des «Hebreux», RE 5 (1946), 251.

[93] R. Weill, RE 5 (1946), 251–252.

[94] W. D. Dawson – E. P. Uphill, 1972², 111–112.

[95] A. H. Gardiner, Ancient Egyptian Onomastica. Text. Vol. I, 1947, 184 Anm. 1. Diese Formulierung dürfte im Sinne von A. Gardiner, Egypt of the Pharaos. An Introduction, 1961, 203, zu korrigieren sein, wo er erklärt, daß noch vor einigen Jahren mit Selbstverständlichkeit behauptet worden sei, die *ʿprw* seien mit den Hebräern des Alten Testaments identisch gewesen, daß diese Ansicht aber dann von fast allen Wissenschaftlern aufgegeben worden sei.

in Ugaritic and *Ḫabiru* in the ᶜAmārnah letters and other cuneiform sources, and though it may correspond to the later term *ᶜibrî*, 'Hebrew', it does not seem at all likely that the *ᶜpr*-people met with in Egyptian texts should be identical with the Hebrews."[96]

Inzwischen hatte sich auch die Überzeugung durchgesetzt, daß die *ᶜprw* sicher mit den *ḫabirū* zu identifizieren sind, die Frage *ᶜprw* = *ᶜibrî* jedoch am besten davon abgekoppelt wird. Der Ansicht A. Alts[97] dürfte hierin E. Edel ohne Abstriche gefolgt sein, wobei er besonders betont, daß das ägyptische *ᶜprw* auf *ḫabirū* zurückzuführen ist.[98]

Im Rahmen der Diskussion über die *ḫabirū*, die anläßlich der Zusammenkunft der internationalen Vereinigung der Assyriologen im Jahre 1954 in Paris stattfand, hat G. Posener darauf hingewiesen, daß die ägyptische Schreibung *ᶜpr* über die ursprüngliche Form des zweiten Radikals *p/b* keine Entscheidung zulasse. Der wirkliche Wert des ägyptischen *ᶜpr* liege im ersten Buchstaben ᶜ. Denn diese Schreibung habe schon vor der Entdeckung der ug. Schreibung *ᶜpr* gezeigt, daß *ḪBR* aus der Diskussion auszuscheiden sei.[99]

Aus den Belegen ergebe sich der Eindruck, daß die *ᶜprw* am Rande der Gesellschaft gelebt hätten, sie seien aber normalerweise keine Beduinen gewesen.[100] In Ägypten selbst seien die *ᶜprw* aus uns unbekannten Gründen als solche weiterhin benannt und von anderen Fremden unterschieden worden.[101]

Die bereits seit der Arbeit von J. A. Wilson[102] innerhalb der Ägyptologie beachtete Wandlung vom ethnischen zum soziologischen Verständnis der *ḫabirū* wird von G. Posener ohne Einschränkungen auch für die Deutung der *ᶜprw* übernommen.[103]

Eine ausführliche Erörterung des *ᶜprw-ḫabiru-ᶜibrî*-Problems bietet auch W. Helck.[104] Er bezieht von Anfang an in seine Betrachtung auch die Hebräer mit ein. Sowohl der Anklang des Wortes *ḫabiru* an den Namen der Hebräer als auch ihr Auftreten, das an das der Hebräer bei ihrer Land-

---

[96] R. A. Caminos, Late-Egyptian Miscellanies, 1954, 494.

[97] A. Alt, Die Ursprünge des israelitischen Rechts, 1934, 293, Anm. 2.

[98] E. Edel, Die Stelen Amenophis' II. aus Karnak und Memphis, ZDPV 69 (1953), 170–171; ders., in: TGI, 1968², 35, schreibt hierzu folgendes: «Das ägyptische Wort beruht auf der Übernahme des akkadischen *ch/ᶜapiru*.»; siehe auch Anm. 265. Kurz vorher haben B. Grdseloff und Ch. Kuentz noch auf Grund der Stele aus Beth Schean die Identifikation der *ḫabirū* mit den *ᶜibrîm* gefordert, siehe B. Grdseloff, Une stèle scythopolitaine du roi Séthos Ier, EtEg 2 (1949), 26–28. 32.

[99] G. Posener, Textes égyptiens, 1954, 165.

[100] G. Posener, Textes égyptiens, 1954, 174.

[101] G. Posener, Textes égyptiens, 1954, 175.

[102] Siehe Anm. 77–86.

[103] Vgl. dagegen noch zu Anm. 95–96.

[104] W. Helck, Beziehungen, 1971², 486–490; ders., TLZ 97 (1972), 181.

nahme erinnere, habe diesen Begriff in der Diskussion stark in den Vordergrund geschoben. Wo die *ʿprw* unter syrischen Verhältnissen erwähnt werden, bezieht W. Helck auch die *ḫabirū* in die Diskussion ein, die sprachlich nicht von den *ʿprw* zu trennen seien.[105] Die Erwähnung der *ḫabirū* in den Texten aus Māri, Alalaḫ und Ugarit zeige, daß die Idee, die der Vorstellung vom *ḫabiru* zugrunde liege, die des Flüchtlings sei, der seinen bisherigen Lebenskreis verlasse, Banden bilde, aber sich auch verdingen könne. Dabei möge B. Landsbergers Definition «Fremdling, der die Grenze überschritten hat», die Bedeutung wieder zu sehr einengen, während A. Alts Annahme, daß von dem Auftreten der *ḫabirū* auf schwere soziale Störungen im inneren Gefüge Syriens und Palästinas geschlossen werden müsse, zu weit gehe.[106] Es gehöre zu den Möglichkeiten der damaligen Gesellschaft, übermächtigem Druck jeglicher Art dadurch auszuweichen, daß man sich aus der Gesellschaft entfernte und in die freie Steppe oder ins Ausland gegangen sei. Dabei habe man sich entweder einer freien Gesellschaftsordnung an einer dafür bestimmten Stelle anschließen können – dies sei bei den *ḫabirū* in Nuzi der Fall – oder man sei mit ihr als Söldnertruppe in eine geregelte Verbindung getreten oder man habe sich ganz von allen gesellschaftlichen Beziehungen getrennt und Räuberbanden gebildet. Ausgehend von der primären Bedeutung «Flüchtling», hätten sich die Sekundärbedeutungen «Räuber» bzw. «Söldner» entwickelt. In den Amarnabriefen erschienen sie als die natürlichen Feinde der Städter und besonders der Stadtfürsten, da unzufriedene Elemente immer die Unterstützung der Räuberbanden erhielten. Andererseits beziehe sich aber nicht jede Nennung der SA.GAZ bzw. *ḫabirū* in den Amarnabriefen auf diese Räuberbanden, sondern es werde üblich, jeden Gegner zunächst erst einmal dadurch zu diskreditieren, daß man ihn als «Räuber» bezeichne.[107] Dabei liege darin immerhin der Wahrheitskern, daß die hauptsächlichsten Truppen auch der Stadtfürsten aus angeworbenen Räuberbanden bestanden hätten. Diese Bande ließen sich auch im Alten Testament noch klar erkennen (Jdc 11,1 ff. – Jephtah und seine Leute; Jdc 9,4 – Abimelek; I Sam 22 – Geschichte Davids).[108]

Aus all diesen Angaben und Vergleichen zeige es sich also, daß wir unter den *ḫabirū* nicht ein besonderes Volk zu verstehen hätten, sondern eine bestimmte soziale Schicht, eben die «Freibeuter» und «Räuber», die sich nicht mehr in die bestehende Gesellschaftsform einordnen wollten. Ihre Gefährlichkeit zeige sich auch darin, daß Sethos I. gegen sie eine regelrechte Schlacht geführt habe. Daß sie als eine Gesellschaftsschicht empfunden worden seien, ergebe sich wohl aus der Beuteliste Amenophis'

---

105 W. Helck, Beziehungen, 1971², 487.

106 W. Helck, Beziehungen, 1971², 488.

107 W. Helck, Beziehungen, 1971², 488–489.

108 W. Helck, Beziehungen, 1971², 489.

II., die nach Nennnung der Fürsten und ihrer Brüder anscheinend die soziale Rangordnung von unten her angehe mit *ᶜprw*, Beduinen, Hurritern und Nuḫašše-Leuten.

Da die *ḫabirū*, wenn sie als Söldner verwandt worden seien, als Fußtruppen eingesetzt worden seien und nicht als Wagenkämpfer, bildeten sie in Ägypten dann ebenfalls die Infanterie. Wenn also im ramessidischen Ägypten *ᶜprw* erwähnt würden, so seien dies nicht unbedingt die «Räuber» aus dem syrisch-palästinischen Gebiet, sondern im ägyptischen Vokabular bedeute dann *ᶜprw* «Infanterie».[109]

Ob das Wort *ᶜibrîm* «Hebräer» damit zusammenhänge, ist nach W. Helck noch heftig umstritten.[110] Es hänge dabei zum Teil auch davon ab, wie das Wort *ḫabiru* konsonantisch genau zu schreiben sei: Die Lesung *ḫapiru* beruhe allein auf der Schreibung *ᶜprm* in Ugarit, da die akkadische Schreibung wegen der Doppeldeutigkeit des Zeichens BI nicht sicher sei. Aber auch die ägyptische Schreibung *ᶜpr* sei, wie G. Posener gezeigt habe[111], nicht eindeutig. Außerdem sei hier unbedingt daran zu denken, daß das echt ägyptische Wort *ᶜpr* «Abteilung»[112] eingewirkt haben könnte.[113] Es sei sicher richtig darauf hingewiesen worden, daß die Israeliten sich Fremden gegenüber meist als *ᶜibrîm* bezeichnet hätten oder von den Fremden so genannt worden seien. Und da a priori anzunehmen sei, daß sich bei der Landnahme *ḫabirū*-Banden an die Israeliten angeschlossen hätten, sei vielleicht die Übernahme dieses Wortes durch die Israeliten verständlich, wobei die Bezeichnung womöglich volksetymologisch als *ᶜibrî* «der von jenseits (des Jordans)» verstanden und verändert worden sei. Nur in dieser Weise sei also eine Verbindung zwischen den *ḫabirū* und den *ᶜibrîm* gegebenenfalls herzustellen. Sicher sei aber, daß die *ḫabirū* der Amarnabriefe noch nicht mit den Israeliten zu identifizieren seien.[114]

Auf die Beziehungen zwischen den *ᶜprw* und den *ḫabirū* sowie *ᶜibrîm* «Hebräern» kommt auch R. Giveon zu sprechen.[115] Er geht offensichtlich von der Identität der *ᶜprw* mit den *ḫabirū* aus.[116] Die möglichen Beziehungen zu den *ᶜibrîm*, den Hebräern der Bibel, seien umstritten.[117] Aus den ägyptischen Dokumenten ergebe sich eine gemeinsame Sonderstellung der *ḫabirū* = *ᶜprw*, die sich selber in Sklaverei verdingten oder als Söldner dienten, allgemein eine Gruppe am Rande der Gesellschaft. Stammesorganisierung werde nicht erwähnt, noch wiesen die Personennamen auf

109 W. Helck, Beziehungen, 1971², 489–490; ders., TLZ 97 (1972), 181.

110 W. Helck, Beziehungen, 1971², 490.

111 G. Posener, Textes égyptiens, 1954, 165.

112 Wb I, 1926, 180–181.

113 W. Helck, Beziehungen, 1971², 490.

114 W. Helck, Beziehungen, 1971², 490.

115 R. Giveon, Hapiru, 1977, 952.

116 R. Giveon, Hapiru, 1977, 952.

117 R. Giveon, Hapiru, 1977, 952.

gemeinsame Abstammung hin.[118] Im Gegensatz zu den Belegen, in denen die *ḫabirū* als Gruppe erscheinen, stehe ein demotischer Papyrus in Wien (D 6278–89 + 6698 + 10111). Denn dort werde neben vier anderen Ländern auch *ᶜybr* «Ibrim» erwähnt.[119] Dieser Papyrus der römischen Zeit gehe wahrscheinlich auf die Perser-Zeit zurück und zeige eine Entwicklung des Begriffes im Sinne eines geographischen und ethnischen Inhaltes, die dem Ausdruck *'rṣ hᶜbrjm* «Land der Hebräer» (Gen 40,15) entspreche. Diese Auffassung des Begriffes *ᶜibrî* in manchen Bibelstellen beruhe auf historischen «Erinnerungen», welche die Patriarchen, etwas ungenau, dem Lebensstil und der gesellschaftlichen Stellung der *ḫabirū* anglichen. In der Bibel werde *ᶜibrî* gerne gebraucht, wenn vom Umgang mit Fremden die Rede sei. Bezeichnungen wie «Israel», im internationalen Umgang wenig üblich, würden durch den bekannteren Begriff *ḫabirū* ersetzt. Reminiszenzen an gewisse Gemeinsamkeiten des frühen Israel mit den *ḫabirū* gingen hier zusammen mit dem Willen, den Dialog Israels mit den Völkern, vor allen Ägypten, zur Zeit Josephs und des Exodus authentisch darzustellen.[120]

Zusammenfassend dürfte vorläufig festzuhalten sein, daß die von F. J. Chabas seit 1862 vorgetragene ethnische Deutung der *ᶜprw* und deren Identifikation mit den Hebräern durch die nachfolgende Entdeckung der keilschriftlichen und keilalphabetischen Dokumente über die *ḫabirū* und *ᶜprm* sowie durch die soziologische Deutung der *ḫabirū* langsam und grundsätzlich gleichfalls durch ein soziologisches Verständnis der *ᶜprw* ersetzt wurde. Untrennbar mit diesem Vorgang ist die Annahme der Gleichung *ḫabirū* = *ᶜprm* = *ᶜprw* verbunden. Gleichzeitig gewinnt der Eindruck an Boden, daß die *ḫabirū* = *ᶜprw* von den *ᶜibrîm* «Hebräern» ganz zu trennen sind.[121]

2.2. Belege für *ᶜprw*

Die Belegstellen für *ᶜprw* liegen gesammelt (und kommentiert) bei G. Posener[122], J. Bottéro[123] und R. Giveon[124] vor, so daß dadurch frühere Zusammenstellungen ersetzt oder ergänzt werden.[125]

[118] R. Giveon, Hapiru, 1977, 953.

[119] R. Giveon, Hapiru, 1977, 953–954.

[120] R. Giveon, Hapiru, 1977, 954.

[121] Nach der Besprechung der Belege für *ᶜprw* (2.2.) wird dieses Problem nochmals aufzugreifen sein (2.3.).

[122] G. Posener, Textes égyptiens, 1954, 165–172.

[123] J. Bottéro, Ḫabiru, 1972/75, 21, Nr. 236–249; ders., DHA 6 (1980), 212 f., Anm. 2, mit Hinzufügung von Nr. 250 (Ostrakon von Strasbourg). Zu diesem Ostrakon siehe Anm. 50.

[124] R. Giveon, Hapiru, 1977, 953–954.

[125] Siehe u. a.: H. J. Heyes, Bibel und Ägypten, 1904, 146–157; B. Gunn, AASOR 13, 1931/32. 1933, 38–39 Anm. 93; J. A. Wilson, AJSL 49 (1934/33), 275–280; Grdseloff, EtEg 2 (1949), 22–24; T. Säve-Söderbergh, OS 1 (1952), 5–9; A. de Buck, De Hebreeën in Egypte, 1954, 3–9; M. Greenberg, The Ḫap/piru, 1955, 19. 55–57, M. P. Gray, HUCA 29 (1958), 163–165.

Die ältesten ägyptischen Erwähnungen der *ᶜprw*, die als Winzer tätig sind, kommen nach T. Säve-Söderbergh aus den Gräbern 39 und 155 in Theben.[126] Für das Grab 155 nimmt er für *ᶜprw* die Schreibung 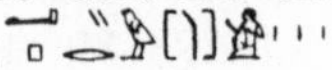 an.[127] Sowohl diese als auch die *ᶜprw* von Grab 39, die mit 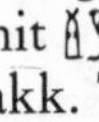 wiedergegeben werden[128], sieht er als identisch mit den *ḫabirū* der akk. Texte und den *ᶜprm* von Ugarit an. Diese zwei Beispiele seien die ersten Belege aus Ägypten und den westlichen Gebieten des Vorderen Orients und seien die einzigen bildlichen Darstellungen derselben.[129] Die Differenz in der Schreibung erklärt T. Säve-Söderbergh so, daß in Grab 39 das fremde Wort eher so geschrieben werde wie sein ägyptisches Homonym (= *ᶜprw* Schiffsmannschaft; Wb I, 181), als daß ein gut bekanntes ägyptisches Wort wie ein fremdes Wort in Grab 155 wiedergegeben werde.[130] Er datiert die Belege ins 15. Jh. v. Chr.[131]

G. Posener hält es auf Grund anderer Berichte über Arbeiter für möglich, daß die *ᶜprw* der Gräber 39 und 155, die Wein herstellen, Fremde (Asiaten, Semiten) sind.[132] Er meldet jedoch insoweit Bedenken an, als der Beleg von Grab 155 auf Grund einer Textrestitution gewonnen sei, die an Hand einer alten Kopie vorgenommen wurde, und daß im Grab 39 die *ᶜprw* ägyptisches Aussehen hätten sowie ihr Name wie ägyptisch *ᶜpr* «Schiffsmannschaft»[133] geschrieben sei. Diese Schreibung finde man in den sicheren Belegen für *ᶜprw* dann nicht mehr. Die Belege für *ᶜprw* aus den thebanischen Gräbern seien deshalb mit Vorsicht aufzunehmen.[134] Sowohl J. Bottéro[135] als auch R. Giveon[136] nehmen beide Stellen als Belege für *ᶜprw* auf.

Die älteste allgemein anerkannte syllabische Schreibung findet sich in der Gefangenenliste Amenophis' II. (1428–1402).[137] Die *ᶜprw* werden

---

[126] T. Säve-Söderbergh, The *ᶜprw* as Vintagers in Egypt, OS 1 (1952), 5–7; ders., Four Eighteenth Dynasty Tombs, 1957, 17.

[127] T. Säve-Söderbergh, Four Eighteenth Dynasty Tombs, 1957, 17.

[128] T. Säve-Söderbergh, Four Eighteenth Dynasty Tombs, 1957, 17.

[129] T. Säve-Söderbergh, Four Eighteenth Dynasty Tombs, 1957, 17; ders., OS 1 (1952), 7, bemerkt zu den Bildern, daß sie enttäuschend seien. Er schreibt: "The figures in tomb No. 39 are quite conventional, and those of No. 155 are also stereotyped and rather sketchy, so that no conclusions can be drawn with regard to the ethnic type of the men."

[130] T. Säve-Söderbergh, OS 1 (1952), 6–7.

[131] T. Säve-Söderbergh, OS 1 (1952), 7; R. Giveon, Hapiru, 1977, 953.

[132] G. Posener, Textes égyptiens, 1954, 166.

[133] Siehe Wb I, 1926, 181, 6–8.11.

[134] G. Posener, Textes égyptiens, 1954, 167, kommt deshalb zu folgendem Ergebnis «Ces remarques n'éliminent pas les deux exemples des tombes thébaines, mais elles incitent à la prudence:»; E. Edel, in: TGI, 1968², 34–36, verzichtet auf diese Belege; W. Helck, Beziehungen, 1971², 486, schreibt: «Wir haben also vielleicht diese Beleggruppe auszuscheiden.»

[135] J. Bottero, Ḫabiru, 1972/77, 21, Nr. 236–237.

[136] R. Giveon, Hapiru, 1977, 953.

[137] A. M. Badawi, Die neue historische Stele Amenophis' II., ASAE 42 (1943), 1–23; W. Helck, Urkunden der 18. Dynastie, 1955, 1309, 1; J. Bottéro, Ḫabiru, 1972/75, 21,

zusammen mit anderen Gefangenen aufgeführt: «Große von Syrien 127, Brüder von Großen 179, *ᶜprw* 3600, lebende š3sw 15020, Hurriter 36300, Nuḫašše-Leute 15070, ihre Angehörigen 30652; zusammen 89600 Leute.»[138]

Der hier vorliegende Beleg für die *ᶜprw* ist der älteste ägyptische Beleg, der die *ḫabirū* = *ᶜprw* außerhalb Ägyptens bezeugt.[139] Aus ihrer Stellung nach den *mariannu*[140] in Pap. Harris I 31,7–8[141] und der Stellung in dieser Liste nach den «Fürsten» und «Brüdern der Fürsten» wird geschlossen, daß sie nicht als ethnisches Element, sondern als soziale Gruppe gelten, die man sich als zu Fuß kämpfende Landsknechte vorzustellen haben werde.[142]

In der kleineren Bet-Schean-Stele Sethos' I. (1290–1279) wird von Kämpfen gegen die *ᶜprw*[143] nördlich der Stadt berichtet.[144] Der Bericht lautet: «...die *ᶜprw* des Gebirges von Zrmt und Tjr [...] bedrängen andauernd die Asiaten (*ᶜ'm*) von Rhm.»[145]

Diesem Bericht wird zu entnehmen sein, daß lokale Auseinandersetzungen unter den Stadtstaaten Mittelpalästinas die Ägypter zum Eingreifen

---

Nr. 238; R. Giveon, Hapiru, 1977, 953; E. Edel, ZDPV 69 (1953), 170 Anm. 116, bemerkt zu der ganz ungewöhnlichen Schreibung *ᶜprw*, daß es sich sicherlich um eine Zeichenumsetzung für *ᶜprw* (mit Andeutung des vokalischen Auslauts *u* durch *w* wie in *'rntw* für Arantu «Orontes») handle.

138 W. Helck, Urkunden der 18. Dynastie. Übersetzung zu den Heften 17–22, 40; ders., Beziehungen, 1971², 486–487; siehe auch E. Edel, Die Stelen Amenophis' II. aus Karnak und Memphis mit dem Bericht über die asiatischen Feldzüge des Königs, ZDPV 69 (1953), 135–136. 167–173; ders.; in: TGI, 1968², 35, A; J. A. Wilson, in: ANET, 1969³, 247 mit Anm. 47; G. Posener, Textes égyptiens, 1954, 167.

139 E. Edel, ZDPV 69 (1953), 170 Anm. 116.

140 AHw, S. 611: *mari(j)annu* «eine Kriegerkaste»; CAD M/1, 281–282: *mariannu* «chariot driver».

141 Siehe Anm. 149.

142 E. Edel, ZDPV 69 (1953), 170–171; G. Posener, Textes égyptiens, 1954, 167, hält es dagegen nicht für möglich, aus der Stellung der *ᶜprw* innerhalb der Aufzählung entnehmen zu können, ob sie eine soziologische Gruppe oder ein Ethnikon darstellen. Dagegen hat A. M. Badawi, Die neue historische Stele Amenophis' II., ASAE 42 (1943), 22, aus der Liste gefolgert, daß die *ᶜprw* im äußersten Süden lokalisiert würden und damit das Volk der Hebräer bezeichnet werde und dadurch die These A. Jirkus über die Hebräer (siehe Kap. 7.2.2.) bestätigt werde. J. A. Wilson, in: ANET, 1969³, 247 Anm. 47, beläßt es bei der Bemerkung, daß die *ᶜprw* eine von anderen Leuten unterscheidbare Einheit seien.

143 *ᶜprw* ist mit dem Determinativ des «Kriegers» versehen, siehe E. Edel, ZDPV 69 (1953), 171 Anm. 117; K. A. Kitchen, Ramesside Inscriptions, 1975, 16, 10, mit Fragezeichen.

144 K. A. Kitchen, Ramesside Inscriptions, 1975, 16,9–11; J. Bottéro, Ḫabiru, 1972/75, 21 Nr. 239; R. Giveon, Hapiru, 1977, 953; siehe auch W. F. Albright, BASOR 125 (1952), 24–32; G. Posener, Textes égyptiens, 1954, 168 (Z. 10); W. Helck, Beziehungen, 1971², 487; A. J. Spalinger, The Northern Wars of Seti I. An Integrative Study, JARCE 16 (1979), 32.

145 K. A. Kitchen, Ramesside Inscriptions, 1975, 16, 10–11; E. Edel, in: TGI, 1968², 35; J. A. Wilson, in: ANET, 1969³, 255 mit Anm. 2; A. J. Spalinger, JARCE 16 (1979), 32.

gezwungen hatten. Von einer Einwanderungswelle von *ᶜprw*[146] spricht der Text kaum, so daß dem Vorschlag A. Alts, in ihnen Gruppen von *ḫabirū* zu sehen, die in diesem Gebiet angesiedelt waren, am ehesten zuzustimmen sein wird.[147]

In der Erzählung über die Einnahme von Joppe (Pap. Harris 500 verso, col. 1–3) wird berichtet, daß man Pferde versorgt, «damit sie nicht ein *ᶜpr* [stiehlt[148]]».[149] Aus diesem Text ist nur zu erschließen, daß es im Gebiet von Joppe einen *ᶜpr* gegeben hat. Es bleibt demzufolge unsicher, ob die Gegenwart des *ᶜpr* in die Zeit Thutmosis III. (1479–1425)[150] zu datieren ist oder an den Anfang der 19. Dynastie, in der dieser Text entstanden ist.[151]

Wenig läßt sich auch über die *ᶜprw* dem Turiner Papyrus Nr. 1940, recto Page 1,9[152] entnehmen. Der aus dem 13. Jh. v. Chr. stammende Bericht[153] über Unternehmungen Thutmosis III.[154] in Asien in der ersten Hälfte des 15. Jh. v. Chr. enthält das Wort *ᶜprw* in einem stark beschädigten Kontext.[155]

---

[146] W. Helck, Die Bedrohung Palästinas durch einwandernde Gruppen am Ende der 18. und am Anfang der 19. Dynastie, VT 18 (1968), 477–479, nimmt an, daß *ᶜprw* in diesem Dokument die einwandernden Stämme bezeichne, nicht mehr die *ḫabirū*. Mit der Erwähnung Israels auf der Stele des Merenptah werde die alte Fiktion der unruhestiftenden *ᶜprw* in diesem Gebiet fallen gelassen und der Name des einbrechenden Stammes genannt. B. Grdseloff, Une stèle scythopolitaine du roi Séthos Ier, EtEg 2 (1949), 26–28. 32, hat die *ᶜprw* dieses Dokumentes erneut mit den Hebräern identifiziert.

[147] A. Alt, Neue Berichte über Feldzüge von Pharaonen des Neuen Reiches nach Palästina, ZDPV 70 (1954), 62–75; ders., WO 2 (1954/9. 1956), 242 Anm. 1.

[148] Die Ergänzung ist unsicher, siehe G. Posener, Textes égyptiens, 1954, 168–169; E. Edel, in: TGI, 1968[2], 35; W. Helck, Beziehungen, 1971[2], 487.

[149] Transkription, A. H. Gardiner, Late-Egyptian Stories, 1932, 82–85; Übersetzung, G. Lefebvre, Romans et contes égyptiens de l'époque pharaonique, 1949, 125–130; E. Edel, in: TGI, 1968[2], 35 «... Laß die M[rjn die Pferde] hineinbringen, damit ihnen Futter gegeben werde, oder ein *ᶜpr* soll gehen (...)»; J. A. Wilson, in: ANET, 1969[3], 22, mit Anm. 4.

[150] J. von Beckerath, Ein Wunder des Amun bei der Tempelgründung in Karnak, MDIK 37 (1981), 44–49.

[151] G. Posener, Textes égyptiens, 1954, 169; R. Giveon, Hapiru, 1977, 953, läßt es gleichfalls offen, ob die Nachricht über den *ᶜpr* zum historischen Kern der Erzählung gehöre oder zu den Ausschmückungen des ramessidischen Erzählers.

[152] G. Botti, A Fragment of the Story of a Military Expedition of Thutmosis III to Syria (P. Turin 1940–1941), JEA 41 (1955), 65 mit Anm. 3. G. Botti bemerkt zur Übersetzung von *ᶜprw* mit «workmen» folgendes: «In view of the defective state of the papyrus it seems better to render *ᶜprw* thus, as in Wb. I, 181, without attempting to see here a reference to the Hebrews.»; J. Bottéro, Ḫabiru, 1972/75, 21, Nr. 241; R. Giveon, Hapiru, 1977, 953; siehe ferner G. Posener, Textes égyptiens, 1954, 169; W. Helck, Beziehungen, 1971[2], 487.

[153] G. Posener, Textes égyptiens, 1954, 169; G. Botti, JEA 41 (1955), 65, datiert den Papyrus in die 20. Dynastie.

[154] G. Botti, JEA 41 (1955), 65.

[155] Das Wort *ᶜprw* kommt hier vielleicht innerhalb einer Aufzählung vor, siehe G. Posener, Textes égyptiens, 1954, 169.

In zwei hieratischen Texten aus der Zeit Ramses' II. (1279–1212), die als Briefe anzusprechen sind, werden die *ʿprw* gleichfalls erwähnt. Es sind dies die Texte, die F. J. Chabas zur Identifizierung der *ʿprw* und der *ʿibrîm* veranlaßt haben.[156] Im ersten Dokument Pap. Leiden 348 verso col. 6,6[157] werden die *ʿprw* mit Transport von Steinen für einen Tempel beschäftigt. Es wird deshalb befohlen, sie mit Proviant zu versorgen. Der Brief lautet folgendermaßen: «Eine andere Botschaft an meinen Herrn: Ich habe den Brief empfangen, den mein Herr mit folgendem Inhalt an ‹mich› gesandt hat: ‹Gib Getreideproviant den Leuten des Heeres und den *ʿprw*, welche für den großen Pylon von ‹... Ramses Miamun›[158] Steine ziehen.› »[159]

Im Pap. Leiden 349[160] behandelt der Briefschreiber eine ähnliche Situation.[161]

Papyrus Harris I, 31,8[162], der in die Mitte des 12. Jh.s zu datieren ist[163], enthält eine Liste von Geschenken Ramses' III. (ca. 1186–1155) an den Tempel des Atum in Heliopolis. Als Siedler in einer Militärkolonne auf ägyptischem Boden werden sie entsprechend der Rangordnung nach Wagenkämpfern, Fürstenkindern und den *marijannu* als letzte aufge-

---

[156] Siehe Anm. 6.

[157] A. H. Gardiner, Late-Egyptian Miscellanies, Bruxelles 1937, 134 (= Vs. 6,6); J. Bottéro, Ḫabiru, 1972/75, 21 Nr. 242; R. Giveon, Hapiru, 1977, 953.

[158] Unvollständig erhaltener Name eines Gebäudes, siehe E. Edel, in: TGI, 1968^2, 35 Anm. 4.

[159] R. A. Caminos, Late-Egyptian Miscellanies. London 1954, 491; siehe auch G. Posener, Textes égyptiens, 1954, 169; E. Edel, in: TGI, 1968^2, 35.

[160] C. Leemans, Aegyptische Hieratische Papyrussen van het Nederlandsche Museum van Oudheden te Leiden, 1853/62, Taf. 56: Papyrus Leiden I 349, b 7; J. Bottéro, Ḫabiru, 1972/75, 21, Nr. 243; R. Giveon, Hapiru, 1977, 953; G. Posener, Textes égyptiens, 1954, 169–170 mit Anm. 6; siehe auch R. A. Caminos, Late-Egyptian Miscellanies. London 1954, 493.

[161] Prof. J. von Beckerath stellte mir dankenswerter Weise folgende Übersetzung zur Verfügung: «Der Schreiber Ony-Jmn erfreut seinen Herrn, den Wagenlenker des Marstalls des Ramses-Miamun, Ḥwy. (Mögest du sein) in Leben, Heil und Gesundheit. Ich schreibe [dies], um meinen Herrn zu informieren. Etwas anderes, das meinen Herrn erfreut, nämlich: ich habe gehört, was mir mein Herr geschrieben hat, sagend: Kümmere dich um die Leute, die vor mir sind. Nicht werde ich den Tadel meines Herrn veranlassen. Etwas anderes zu sagen, nämlich: die Pferde meines Herrn sind in sehr gutem Zustand. Ich gebe ihnen täglich Getreide. Etwas anderes zu sagen, nämlich: ich habe gehört, was mir mein Herr geschrieben hat, sagend: Gib die Rationen den Leuten von der Truppe und den Aperu (geschrieben ), die ausbeuten (lit.: herausziehen) den Steinbruch des Rê für den Rê des Ramses-Miamun im Süden von Memphis. Gut sei [Deine] Gesundheit!»; siehe ferner R. A. Caminos, Late-Egyptian Miscellanies. London 1954, 491; zur Beschreibung der *ʿprw*-Leute durch R. A. Caminos (a. a. O. 494) siehe zu Anm. 96; G. Posener, Textes égyptiens, 1954, 170; R. Giveon, Hapiru, 1977, 953.

[162] W. Erichsen, Papyrus Harris I, 1933, 36; J. Bottéro, Ḫabiru, 1972/75, 21, Nr. 244; R. Giveon, Hapiru, 1977, 953.

[163] G. Posener, Textes égyptiens, 1954, 170; W. Helck, Beziehungen, 1971^2, 487.

führt.[164] Der Text lautet: «... Wagenkämpfer, (ausländische) Fürstenkinder, *mrjn*, *ʿpr* und die Leute der Siedlung, die sich dort befindet, 2093 Köpfe.»[165]

An der großen Expedition Ramses' IV. (1155–1149) ins Wadi Hammamat sind 800 *ʿprw* beteiligt.[166] Sie werden beim Transport von Steinen nach Theben beschäftigt.[167] Es werden 800 *ʿprw*[168] aufgezählt, deren Zuordnung zu einer erwähnten größeren Einheit umstritten ist.[169]

An diese Dokumente über die Verwendung von *ʿprw* bei Steinarbeiten schließt auch das Ostrakon Strasbourg H 187 + H 183 + H 192 an.[170]

Wenig Schlüssiges ergibt sich aus dem Eigennamen *pꜣ–ʿpr*.[171]

G. Posener zieht in seine Betrachtung auch Ortsangaben über ein Klein-*ʿpr* und Groß-*ʿpr* ein, das Thutmosis III. erobert hat.[172] Diese Ortsnamen wären nur als Belege für *ʿprw* = *ḫabirū* zu werten, falls sie z. B. dem ug. *ḫlb ʿprm*[173] vergleichbar wären. G. Posener stellt diese Ortsangaben wegen der Vieldeutigkeit von *p* und *r* nicht zu den Belegen für *ʿprw*.[174] M. Noth[175] und W. Helck[176] setzen für ägyptisches *ʿpr* sem. *ʿpl* an.

[164] E. Edel, in: TGI, 1968^2, 35–36; J. A. Wilson, in: ANET 1969^3, 261 mit Anm. 9.

[165] E. Edel, in: TGI, 1968^2, 35–36; J. A. Wilson, in: ANET, 1969^3, 261 mit Anm. 9.

[166] J. Couyat – P. Montet, Les Inscriptions hiéroglyphiques du Ouadi Hammâmât, 1912, Nr. 12, Z. 16 f.; L. Christophe, La stèle de l'an III de Ramsès IV au Ouâdi Hammâmât (no. 12), BIFAO 48 (1949), Plate I, 17; J. Bottéro, Ḫabiru, 1972/75, 21, Nr. 245; R. Giveon, Hapiru, 1977, 953.

[167] L. Christophe, BIFAO 48 (1949), 20–21; E. Edel, in: TGI, 1968^2, 36.

[168] L. Christophe, BIFAO 48 (1949), 24, bestimmt die *ʿprw* folgendermaßen: «Il semble s'agir de prisonniers de guerre d'origine asiatique spécialisés dans les durs travaux du transport et de la construction des monuments, depuis la XIXe dynastie.»

[169] L. Christophe, BIFAO 48 (1949), 21, übersetzt: «800 *Aperou* de la tribu de ʿny.t»; G. Posener, Textes égyptiens, 1954, 171: «*ʿpr.w* des arcs des *ʿnt* (ou plutôt, je crois, *ʿnr*: 800 hommes»; E. Edel, in: TGI, 1968^2, 36 mit Anm. 6, übersetzt «800 *ʿpr* der Stämme der *ʿnt*» und bemerkt hierzu «Oder *ʿnr*? Unbekannter Stammesname mit Determinativen für Ausländer.»; W. Helck, Beziehungen, 1971^2, 487, spricht davon, daß 800 *ʿprw* von der Truppe der *ʿnt* beteiligt seien.

[170] Das Ostrakon, das von G. Posener identifiziert wurde, ist veröffentlicht bei H. Cazelles, The Hebrews, 1973, 15; siehe auch R. Giveon, Hapiru, 1977, 953; J. Bottéro, DHA 6 (1980), 211 f. Anm. 2, wo dieser Text unter Nr. 250 an die Liste in RlA 4, 1972/75, 21, angefügt wird.

[171] Siehe G. Posener, Textes égyptiens, 1954, 171–172. 175; J. Bottéro, Ḫabiru, 1972/75, 21, Nr. 248.

[172] G. Posener, Textes égyptiens, 1954, 172; J. Bottéro, Ḫabiru, 1972/75, 21, Nr. 248.

[173] Siehe Kap. 4 zu Anm. 24–25.

[174] G. Posener, Textes égyptiens, 1954, 173.

[175] M. Noth, ZDPV 61 (1938), 49, vermerkt, daß man an das hebr. *ʿpl* «Anschwellung» denken könne – aber ohne Sicherheit.

[176] W. Helck, Beziehungen, 1971^2, 131.

Eine Reihe von ägyptischen Personennamen enthalten ein semitisches theophores Element mit *ᶜpr* an erster Stelle: *ᶜpr*-Baal, *ᶜpr*-Reschef, *ᶜpr*-El.[177] Mehr als fünfzehn Namen dieses Typs sind für die Zeit vom 19. bis zum 12. Jh. v. Chr. belegt. Die Alternativen, die bei der Wiedergabe von *p* und *r* zu berücksichtigen sind, lassen eine Zuordnung dieser Namen zu *ᶜprw* kaum zu.[178] W. F. Albright trennt diese Namen gleichfalls von *ᶜprw*.[179]

Besondere Aufmerksamkeit verdient ein demotischer Papyrus in Wien (D 6278–89 + 6698 + 10111).[180] Der Text stellt eine Kopie dar, die um 200 n. Chr. hergestellt wurde und auf ein babylonisches Vorbild zurückgeht, das zwischen ca. 625 bis ca. 482 v. Chr. Ägypten erreicht hat.[181] Innerhalb einer Reihe von Ländernamen wird auch *ᶜybr* oder *ybr* aufgeführt.[182] Aus der Stellung von *ᶜybr* oder *ybr* in der Liste neben *grty* «Kreta», *ᶜymr* «Amurru», *Išwr* «Assur» und *Kmy* «Ägypten» hat R. A. Parker geschlossen, daß *ᶜybr* (oder *ybr*)» (Das Land der) Hebräer» bezeichne.[183] Diese Angaben stimmten genau mit dem überein, was für die letzte Hälfte des ersten Jt.s zu erwarten sei.[184].

R. Giveon hat aus diesen Angaben des Wiener Papyrus geschlossen, daß der Begriff *ᶜprw* eine Entwicklung im Sinne eines geographischen und ethnischen Inhalts aufweise, die dem Ausdruck *'rṣ hᶜbrjm* «Land der Hebräer» (Gen 40,15) entspreche.[185]

Diese Deutung von *ᶜybr* und dessen direkter Anschluß an *ᶜprw* dürften jedoch problematisch sein. Da in der Zwischenzeit die *ḫabirū* und *ᶜprw* aus der Geschichte seit Jahrhunderten verschwunden sind[186], kann *ᶜybr* nicht als

---

177 G. Posener, Textes égyptiens, 1954, 172–173; J. Bottéro, Ḫabiru, 1972/75, 21, Nr. 249.

178 G. Posener, Textes égyptiens, 1954, 173; vgl. jedoch J. Bottéro, Ḫabiru, 1972/75, 21, Nr. 249.

179 W. F. Albright, Northwest-Semitic Names in a List of Egyptian Slaves from the Eighteenth Century B. C., JAOS 74 (1954), 225.233, leitet das Element *ᶜpr* in diesen Namen von *epēru* I «verköstigen, versorgen» (AHw, S. 223; CAD E, S. 190) ab. Siehe zu *epēru* in PNN die Angaben in AHw, S. 223: *epēru* I G2; CAD E, S. 190: *epēru* b. W. F. Albright, YGC, 1968, 66 Anm. 49, schließt sich R. Borger an und übersetzt *ᶜpr*-Bᶜl nicht mehr mit «Fosterling of Baal», sondern mit «Dust (on which) Baal (Treads)». Entgegen W. F. Albright leitet M. P. Gray, HUCA 29 (1958), 1972, das Element *ᶜpr* in PNN von *ḫabiru* = *ᶜpr* ab und fordert einen by-sense «servant». J. Lewy, Origin and Signification of the Biblical Term ‹Hebrew›, HUCA 28 (1957), 10–12, befürwortet eine Übersetzung von *ᶜpr* in PNN mit «Stranger».

180 R. A. Parker, A Vienna Demotic Papyrus, 1959, 2.

181 R. A. Parker, A Vienna Demotic Papyrus, 1959, 1.30.

182 R. A. Parker, A Vienna Demotic Papyrus, 1959, 7, 56 s. v. *ᶜybr* «Hebrew».

183 R. A. Parker, A Vienna Demotic Papyrus, 1959, 7.

184 R. A. Parker, A Vienna Demotic Papyrus, 1959, 7.

185 R. Giveon, Hapiru, 1977, 954.

186 Siehe Kap. 3 zu *ḫabiru*; G. Posener, Textes égyptiens, 1954, 173, datiert die Belege für *ᶜprw* in die Zeit vom 15. bis zum 12. Jh. v. Chr.

eine weiterentwickelte Form von *ʿprw* in Betracht kommen. Es liegt deshalb eher näher, daß in den Papyrus ein Wort aufgenommen wurde, das in persischer Zeit üblich geworden war und damals zur Bezeichnung des Wohnsitzes der Hebräer (= Juden) diente. *ʿybr* wird deshalb nicht von *ḫabirū* = *ʿprw*, sondern von *ʿibrî* abzuleiten sein. Es entfällt deshalb grundsätzlich jede Möglichkeit, von *ʿibrî* und *ʿybr* her an historische Erinnerungen der biblischen Schriftsteller beim Gebrauch von *ʿibrî* in den Berichten über Josephs und Israels Aufenthalt in Ägypten zu denken.[187]

Nach D. B. Redford entspricht der Ländername *ʿybr* dem hebr. Ausdruck *ʾrṣ hʿbrjm* (Gen 40,15) und gebe einen Hinweis auf die späte Entstehung der Josephsnovelle.[188] Er datiert ferner den Papyrus in die Saitenzeit (ca. 664–500 v. Chr.).[189] R. J. Williams identifizierte dagegen *ʿybr* mit akk. *eber (nāri)*.[190] Dieser Vorschlag stört jedoch die Reihenfolge der Länder [191] und bringt *ʿymr* «Amurru» und *ʿybr* zu eng zusammen.[192]

Die Probleme, die sich aus den möglichen Beziehungen zwischen den geographischen Bezeichnungen *ʿybr* und *ʾrṣ hʿbrjm* «Land der Hebräer» (Gen 40,15) ergeben, sind im Rahmen der Behandlung der Josephserzählung zu besprechen.[193] In diesem Zusammenhang ist jedoch hervorzuheben, daß die geographische Bezeichnung *ʿybr* in mehrfacher Hinsicht von größter Bedeutung für die Geschichte der Wörter *ʿprw* und *ʿibrî* ist. Sollte R. A. Parker mit der Vermutung Recht haben, daß in col. IV,10 Darius genannt wird[194], dann wäre der 22. März 482 v. Chr. als oberste Grenze gegeben.[195] Da in früherer Zeit *ʿybr* als Ländername oder im archaischen Sprachgebrauch der offiziellen Dokumente unbekannt war[196], haben wir hier einen neuen bezeugt.[197]

---

[187] Vgl. R. Giveon, Hapiru, 1977, 954.

[188] D. B. Reford, The «Land of the Hebrews» in Gen XL 15, VT 15 (1965), 529–532; ders., A Study of the Biblical Story of Joseph, 1970, 201–203.

[189] D. B. Redford, VT 15 (1965), 531; ders., A Study of the Biblical Story of Joseph, 1970, 201. M. Weippert, Landnahme, 1967, 93–94 Anm. 7, lehnt diese Datierung ab, da sie nicht einfach aus dem Vorkommen der Ausdrücke *pꜣ nsw* «der König» bzw. *pꜣ nsw kmy* «der König von Ägypten» abgeleitet werden könne. Diese Formulierungen könnten nach M. Weippert Transponierung von akk. *šarru* (bzw. LUGAL) der anzunehmenden babylonischen Vorlage ins Ägyptische sein.

[190] R. J. Williams, JNES 25 (1966), 69 Anm. 1.

[191] Siehe Anm. 183.

[192] M. Weippert, Landnahme, 1967, 93–94 Anm. 7, bemerkt, daß sich dann *ʿybr* geographisch mit *ʿymr* stieße.

[193] Siehe Kap. 5.2.2.

[194] R. A. Parker, A Vienna Demotic Papyrus, 1959, 21. 30.

[195] R. A. Parker, A Vienna Demotic Papyrus, 1959, 30.

[196] D. B. Redford, A Study of the Biblical Story of Joseph, 1970, 201–202 mit Anm. 3.

[197] D. B. Redford, A Study of the Biblical Story of Joseph, 1970, 202.

Sollte ferner die Deutung von *šmrḫt ᶜbrtt* als «jüdisches Harz» durch B. Ebbell zutreffen, dann läge ein weiterer Beweis für diesen Sprachgebrauch aus ptolemäischer Zeit vor.[198]

Anhand dieser Belege ergibt sich somit notwendig eine Trennung in die Belege für *ᶜprw* und *ᶜybr (ᶜbrtt)*, die durch eine große Zeitspanne voneinander zu unterscheiden sind. Diese zeitliche Differenz erlaubt wohl kaum den Schluß, daß *ᶜybr* eine unmittelbare Fortsetzung von *ᶜprw* darstelle. Es liegt vielmehr näher, an eine ganz neue Entwicklung zu denken, die ihren Ursprung in *ᶜibrî* hat. Es wäre demnach grundsätzlich zwischen *ᶜprw*, das von *ḫabiru-ᶜpr* abzuleiten ist, und *ᶜybr*, das mit *ᶜibrî* in Beziehung steht, zu unterscheiden.

Für die Gleichung *ḫabirū* = *ᶜprw* sprechen auch zwei Briefe aus Kāmid el-Lōz, die ein ägyptischer Herrscher nach Kumidi gesandt hat. In den Briefen KL 69:277,6 und KL 69:279,7 wird von den LÚ[meš] SA.GAZ.ZA *a-bu-ur-ra* gehandelt.[199] Der Auftrag, den der Pharao in gleichlautender Form an Zalaja von Damaskus und an ᶜAbdi-milki in Šaza'ena erteilt, betrifft den Austausch von *ḫabirū*, die in Städten Nubiens angesiedelt werden, nachdem der Pharao einen Teil der Bevölkerung dieser Städte weggeführt hatte. Das dem Sumerogramm beigegebene *a-bu-ur-ra* dürfte als Glosse zu verstehen sein, die die ägyptische Aussprache von *ᶜpṙ(=ḫabiru)* wiederzugeben versucht.[200] Durch die Verwendung des Silbenzeichens *b/pu*[201] bleibt unklar, ob in Ägypten neben *ᶜprw* auch ein *ᶜbr* denkbar war. Sollte letzteres zutreffen, dann würde auch von dieser Seite her deutlich, daß von der Schreibung *ᶜprw* her keine Schlüsse für eine Schreibung *ḫapiru* gegenüber *ḫabiru* ins Treffen geführt werden können.

Inwieweit die von Wangstedt angekündigten demotischen Belege das Bild über die *ᶜprw* ergänzen werden, bleibt abzuwarten.[202].

Das bedeutsamste Ergebnis dürfte sein, daß die Hauptgruppe der Belege für *ᶜprw* von der ersten Hälfte des 15. Jh., sicher aber etwa 1430, bis zur Hälfte des 12. Jh. v. Chr. reicht.[203] Davon abzuheben ist die Bezeugung von *ᶜybr* «Hebräer» in einem demotischen Papyrus in Wien, der frühestens

---

198 B. Ebbell, Die ägyptischen aromatischen Harze der Tempelinschriften von Edfu, Acta Orientalia 17 (1939), 96.110–111; D. B. Redford, A Study of the Biblical Story of Joseph, 1970, 201–202.

199 D. O. Edzard, SBA 7, 1970, 55–57, nimmt an, daß es sich aller Wahrscheinlichkeit nach um denselben Text handle, nur die Empfänger seien verschieden; J. Bottéro, Ḫabiru, 1972/75, 20, Nr. 204–205.

200 O. Loretz, Zu LÚ.MEŠ SA.GAZ.ZA *a-bu-ur-ra* in den Briefen vom Tell Kāmid el-Lōz, UF 6 (1974), 486.

201 W. Röllig – W. von Soden, Das akkadische Syllabar, 1967², Nr. 213.

202 Siehe hierzu vorläufig T. Säve-Söderbergh, OS 1 (1952), 8 Anm. 9; M. Greenberg, The Ḫab/piru, 1955, 57.

203 G. Posener, Ṭextes égyptiens, 1954, 173.

in die persische Zeit zu datieren sein dürfte. Es wird später noch eingehend zu untersuchen sein, inwieweit dieses grundsätzlich durch eine erhebliche zeitliche Spanne getrennte ägytische Material geeignet ist, das Vorkommen von *ᶜibrî* in der Bibel zu beleuchten und dessen historische Deutung zu erleichtern.[204] Da die ersten Belege für die *ᶜprw* zeitlich mit dem Einsetzen der ägyptischen Züge nach Asien unter Thutmosis III. (1479–1425)[205] zusammenfallen, ergibt sich die Frage, ob die *ᶜprw* anfänglich als Kriegsgefangene nach Ägypten gebracht wurden.

Hierin dürfte der Wahrheitskern jener Deutungen zu suchen sein, die die *ᶜprw* bzw. Israeliten generell zu Kriegsgefangenen erklärten und damit jedoch die Hypothesen von hebräischen Stämmen[206] oder israelitischen verbunden haben.[207] H. R. Hall fordert, auch noch nach dem Exodus mit kriegsgefangenen *ᶜprw* aus Israel in Ägypten zu rechnen.[208]

Daß auch noch andere gewaltsame Methoden wie z. B. Deportation für die Verpflanzung nach Ägypten in Frage kommen, zeigen die in Kāmid el-Lōz gefundenen Briefe des Pharao.[209] Es wird deshalb offen bleiben müssen, ob *ḫabirū* = *ᶜprw* auch auf dem Wege der Einwanderung oder Infiltration nach Ägypten gelangen konnten.

2.3. Ergebnisse und Perspektiven der Diskussion über die Gleichsetzung *ᶜprw* = *ḫabirū* = *ᶜprm* = *ᶜibrîm*

Die von F. J. Chabas seit 1862 eingeleitete Auseinandersetzung über die Gleichsetzung der *ᶜibrîm* «Hebräer» der biblischen Berichte über den Aufenthalt Israels in Ägypten mit den *ᶜprw* ägyptischer Dokumente war von Anfang an mit philologischen, historischen und biblischen Problemen

---

204 Siehe Kap. 7.

205 Siehe Anm. 150.

206 W. N. Groff, Lettre à M. Revillout sur le nom de Jacob et de Joseph en égyptien, REg 4 (1885), 95–101. 146–151, postuliert, daß unter Thutmosis III. die Stämme Jakob und Joseph als Kriegsgefangene nach Theben gebracht worden seien. Bis zu Mose, der unter Ramses II. geboren sei, hätten sich diese Kriegsgefangenen dann zu zwölf Stämmen vermehrt. Siehe zu W. N. Groff auch H. Engel, Die Vorfahren Israels in Ägypten, 1979, 185 Anm. 11; 187.

207 J. V. Prášek, On the Question of Exodus, ET 11 (1899/1900), 205–208. 251–254. 319–322. 400–403. 503–507, die Stämme Joseph und Jakob seien nach der Schlacht von Megiddo als Kriegsgefangene in Ägypten angesiedelt worden, während Juda, Ascher und Simeon in Palästina geblieben seien (a. a. O., S. 402–403. 503–507). Der Einbruch der *ḫabirū* und SA.GAZ nach Palästina, der in den Amarnabriefen beschrieben werde, erfolge nach dem Abzug der israelitischen Stämme nach Ägypten (a. a. O., S. 403).

208 H. R. Hall, PEFQSt 1925, 118.

209 Siehe Anm. 199.

belastet. Die Diskussion wurde deshalb auch innerhalb der Ägyptologie nur teilweise mit ausschließlich ägyptologischen Argumenten geführt.

Der mögliche Zusammenhang der *ᶜprw* mit der Welt Syrien-Palästinas wurde dann in ein neues Licht gerückt, als in den Briefen aus Amarna Nachrichten über die *ḫabirū* zugänglich wurden. Von diesem Zeitpunkt an war neben die Gleichung *ᶜprw* = *ᶜibrîm* noch die weitere *ᶜprw* = *ḫabirū* zu stellen. Die Erforschung der *ᶜprw* sollte von diesem Moment an nicht nur von der Vermehrung der Belegstellen für *ᶜprw* abhängen, sondern zu einem wesentlichen Teil auch von den weiteren Erkenntnissen über die *ḫabirū*. Das Abrücken von einer ethnischen Deutung der *ḫabirū* innerhalb der Assyriologie sollte sich ebenso auf die Ägyptologie auswirken wie der gleichzeitige Übergang zu einem soziologischen Verständnis derselben.

Im einzelnen dürfte festzuhalten sein, daß die Auffassung, die bereits F. J. Chabas vorgetragen hatte, die *ᶜprw* stellten ein Volk, eine Nation oder eine Rasse dar[210], inzwischen ganz aufgegeben werden mußte. Nachdem F. J. Chabas die *ᶜprw* mit den *ᶜibrîm* identifiziert hatte, war die Bestimmung der *ᶜprw* als Ethnikon eine notwendige Folge dieser Beweisführung, die dann auch auf die später entdeckten *ḫabirū* Syrien-Palästinas sowie anderer Keilschriftdokumente übertragen wurde.[211] Erst durch die zahlreichen Belege über die *ḫabirū* in den Texten aus Nuzi wurde ein grundlegender Wandel in dieser Auffassung möglich. Der Ägyptologe J. A. Wilson hat durch Aufnahme der assyriologischen Diskussion dann auch auf ägyptologischer Seite ab 1933 eine Veränderung der Anschauung über die *ᶜprw* bewirkt.[212] Seitdem hat sich auch in der Ägyptologie die Auffassung der Assyriologen, die in den *ᶜprw* eine soziologisch zu bestimmende Gruppe sehen[213], durchgesetzt.[214] Nur noch vereinzelt wird die ethnische Deutung vorgetragen.[215]

In der Ägyptologie dürfte jetzt allgemein als anerkannt gelten, daß die *ᶜprw* mit den *ḫabirū* gleichzusetzen sind.[216] Durch die Herkunft von *ᶜprw*

---

210 F. J. Chabas, Note, 1873, 375–376: «... la nation du peuple étranger nommé *Aperiou* ... Tenant désormais pour bien démontré que les *Aperiou* étaient une race sémitique».

211 Siehe Kap. 3.

212 Siehe Anm. 85–104.

213 Siehe Kap. 3.

214 Siehe z. B. E. Edel, ZDPV 69 (1953), 170–171; G. Posener, Textes égyptiens, 1954, 173–175; W. Helck, Beziehungen, 1971², 489; R. Giveon, Hapiru, 1977, 952.

215 Siehe z. B. J. von Beckerath, Tanis und Theben, 1951, 53. 68; E. Otto, Der Weg des Pharaonenreiches, 1966⁴, 164; R. J. Williams, Egypt and Israel, 1971², 258–259; ders., Ägypten und Israel, in: TRE 1, 1977, 493, zurückhaltender.

216 A. H. Gardiner, Ancient Egyptian Onomastica, 1947, 184 Anm. 1; T. Säve-Söderbergh, OS 1 (1952), 5–9; E. Edel, ZDPV 69 (1953), 170–171; ders., in: TGI, 1968², 35, stellt ausdrücklich fest, daß das ägyptische Wort *ᶜprw* auf der Übernahme des akkadischen *ḫabiru* beruhe; R. A. Caminos, Late-Egyptian Miscellanies, 1954, 491; G. Posener, Textes égyptiens, 1954, 163. 172; J. A. Wilson, in: ANET, 1969³, 22 Anm. 2; 261 Anm. 9.

aus Syrien-Palästina, von Berichten über *ʿprw* in Syrien-Palästina und die Kennzeichnung der *ʿprw* als Fremder besteht in der Ägyptologie Einmütigkeit über die Gleichung *ʿprw* = *ḫabirū*. Dadurch wird die alte Fixierung auf die Gleichung *ʿprw* = *ʿibrîm* aufgehoben und eine ganz neue Fragestellung möglich:

akk. *ḫabirū* = ug. *ʿprm*

↙ ↘

äg. *ʿprw* hebr. *ʿibrîm*

Es wird zu untersuchen sein, ob diese Beziehungen in erster Linie als mögliche Verbindungen zwischen den Wörtern allein zu verstehen sind, gelöst von der Frage, welche sozialen oder ethnischen Gruppierungen hiermit verbunden sein können.[217]

Die Bestimmung der *ʿprw* als einer Nation oder eines fremden Volkes[218] war innerhalb der Hypothese der Gleichung *ʿprw* = *ʿibrîm* insoweit notwendig, als allen Überlegungen die Anschauung zugrundelag, das Volk Israel sei aus Ägypten ausgewandert. Die traditionelle Deutung der biblischen Quellen wurde somit von F. J. Chabas direkt auf die *ʿprw* übertragen.

Eine weitere Bestätigung für die Gleichsetzung *ʿprw* = *ʿibrîm* konnte man anfangs auch in der Art der Beschäftigung der *ʿprw* bei Bauarbeiten[219] und der reichlichen Verpflegung der Bauarbeiter sehen.[220] Mit dem Anwachsen der Belegstellen und der Auswertung der Tätigkeiten der *ʿprw* wurde auch dieses Argument wertlos.[221]

Die Identifikation der *ʿprw* mit dem aus Ägypten fliehenden Volk der *ʿibrîm* «Hebräer»-Israeliten setzte grundsätzlich in Übereinstimmung mit dem biblischen Bericht voraus, daß alle *ʿprw* = *ʿibrîm* das Land am Nil verlassen haben.[222] Auf den Einwand, daß auch noch nach dem von

---

[217] W. Helck, TLZ 97 (1972), 181, hält an der These von einer entflohenen Arbeiterabteilung als der Keimzelle des späteren Israel und damit auch an der Historizität des Aufenthalts «Israel» in Ägypten unter den erwähnten Einschränkungen fest. Er verbindet damit die weitere Hypothese, daß *ʿibrî* von der ägyptischen Bedeutungsvariante der *ḫabirū* = *ʿprw*-Bezeichnung abzuleiten sei. Siehe zu dieser These W. Helcks auch H. Engel, Die Vorfahren Israels in Ägypten, 1979, 189–190.

[218] Siehe Anm. 210.

[219] F. J. Chabas, Hebraeo-Aegyptiaca II, 1873, 304; ders., Note, 1873, 375–376; G. Ebers, Durch Gosen zum Sinai, 1881², 76; H. J. Heyes, Bibel und Ägypten, 1904, 150–151.

[220] F. J. Chabas, Hebraeo-Aegyptiaca II, 1873, 304; H. J. Heyes, Bibel und Ägypten, 1904, 151–152.

[221] Siehe zu den verschiedenen Tätigkeiten und Verwendungen der *ʿprw* unter Kap. 2.2.

[222] Siehe bereits zu den Einwänden von G. Maspero und A. A. Eisenlohr Anm. 31–40; A. Mallon, Les Hébreux en Egypte, 1921, 64 Anm. 2, begründet z. B. hiermit gleichfalls seinen energischen Widerspruch gegen die These von F. J. Chabas.

F. J. Chabas vorausgesetzten Exodus unter Ramses II.[223] die Anwesenheit von *ᶜprw* in Ägypten nachweisbar sei, antworteten er und seine Anhänger, daß von einem auswandernden Volk immer einige Elemente zurückblieben.[224].

Auch diese Erklärung wurde als völlig ungenügend und in Widerspruch zu den biblischen Aussagen abgelehnt.[225]

Wenden wir uns nochmals dem Kern der Hypothese F. J. Chabas', der Gleichung *ᶜprw* = *ᶜibrîm*, zu. Von den jetzt zur Verfügung stehenden Schreibungen *ḫabiru* und *ᶜpr* her gesehen ist sicher, daß die Elemente *ᶜ* und *r* von ihm richtig erkannt wurden.[226] Von ihnen aus gesehen lag es nahe, *ᶜprw* und *ᶜibrîm* miteinander in Verbindung zu bringen. Die von *ḥbr* «sich vereinigen» her argumentierenden Gegner F. J. Chabas' haben deshalb einen falschen Weg beschritten.[227]

F. J. Chabas hatte sich bereits mit dem Einwand auseinanderzusetzen, daß die Differenz der Schreibung von *p* und *b* gegen eine Gleichsetzung von *ᶜprw* und *ᶜibrîm* spreche. Die Anhänger F. J. Chabas' suchten den Widerspruch gleichfalls mit dem Argument zu entkräften, daß die anderen Beispiele ägyptischer Schreibung semitischer Fremdwörter diese Differenz erlaubten.[228]

---

[223] F. J. Chabas, Recherches pour servir à l'histoire de la XIXme dynastie, 1873, 174.

[224] F. J. Chabas, Mélanges égyptologiques, Ière Série (1862), 53–54; Dieses Argument bemüht G. Ebers, Durch Gosen zum Sinai, 1881², 506; H. J. Heyes, Bibel und Ägypten, 1904, 156, schreibt hierzu: «Da die letzteren [= *ᶜprw* = *ᶜibrîm*] sich zu einer bedeutenden Anzahl vermehrt hatten [= Ex 12,37], war es leicht möglich, daß ein kleiner Bruchteil von ihnen im Pharaonenland zurückblieb, wenn auch das Gros der Juden der Aufforderung des Moses folgte und das Land der Knechtschaft verließ ... das ist eine Erscheinung, die stets bei der Auswanderung eines Volkes wahrgenommen wird und derer, als einer für die Entwicklung des iraelitischen Volkes nicht weiter in Betracht kommenden Angelegenheit das Alte Testament nicht Erwähnung zu tun braucht.» Ähnlich auch F. Hommel, Die altisraelitische Überlieferung, 1897, 259; C. F. Burney, The Book of Judges, 1920², CXIV Anm. 2.

[225] Siehe z. B. K. Miketta, Der Pharao des Auszuges, 1903, 54–55; A. Mallon, Les Hébreux en Egypte, 1921, 64 Anm. 2.

[226] G. Posener, Textes égyptiens, 1954, 165.

[227] Siehe Anm. 50 zu W. M. Müller.

[228] G. Ebers, Durch Gosen zum Sinai, 1881², 505–506; H. J. Heyes, Bibel und Ägypten, 1904, 149, schreibt: «Diese Beispiele belehren uns, daß dem semitischen *b* auf ägyptischer Seite wenigstens in manchen Fällen nicht ein ... ‹*b*› entsprach, das eine sehr weiche Aussprache hatte, sondern ein schärferer Laut... ‹*bp*› oder ... ‹*bpa*› oder . . ‹*p*› und daß es deshalb durchaus nicht regelwidrig wäre, wenn die Ägypter *ᶜibrîm* durch *Āperu* wiedergegeben hätten.»; P. C. Labib, Die Herrschaft der Hyksos in Ägypten und ihr Sturz, 1936, 14–15; A. H. Gardiner, Ancient Egyptian Onomastica, 1947, 184 Anm. 1; ders., Egypt of the Pharaos, 1961, 203, bemerkt dagegen zu *ᶜprw* folgendes: «... a few years ago it was confidently asserted that these peoples were identical with the Hebrews of the Old Testament, but this is now denied by all but a few scholars.»; T. Säve-Söderbergh, OS 1 (1952), 9.

Die vor allem von H. F. K. Brugsch[229] verfolgte Argumentation, ägyptisches *ᶜprw* setze ein sem. *ᶜpr* voraus, wurde mit etymologischen, biblischen und geographischen Gesichtspunkten verbunden, die sich als wenig überzeugend erwiesen haben. Denn es dürfte als allgemein anerkannt gelten, daß der etymologische Ansatz *ᶜpr* «rötlich sein» zur Klärung von *ᶜprw* = *ḫabirū* = *ᶜprm* nichts beiträgt. Unter dem Eindruck der neuen Information der Amarna-Briefe über die *ḫabirū* dürfte H. F. K. Brugsch seine Hypothese dann selbst aufgegeben haben.[230]

Von W. F. Albright wurde sodann aus der ägyptischen Schreibung *ᶜprw* gefolgert, daß sie ein sem. *ᶜpr* voraussetze.[231] In der keilalphabetischen Schreibung *ᶜpr* aus Ugarit erblickte er dann eine Bestätigung für diese These.[232] Die Schreibung *ᶜibrî* wird in dieser Deutung auf *ᶜpr* zurückgeführt.[233]

Dem Argument von W. F. Albright, daß wegen äg. *ᶜprw* und ug. *ᶜpr* anstelle des bisherigen akk. *ḫabiru* die Schreibung *ḫapiru* zu treten habe[234], pflichtete u. a. auch R. Weill bei.[235] Er leitete dagegen aus der Differenz der Schreibungen ab, daß *ᶜibrî* von *ᶜprw* = *ᶜprm* = *ḫapirū* ganz zu trennen sei.[236]

Eine abwägende Stellungnahme nimmt G. Posener ein. Er schreibt hierzu folgendes: «Le *p* correspond d'habitude au *p* sémitique, mais on trouve parfois le *p* représentant un *b*, et cela se produit généralement quand ce *b* est suivi ou précédé d'un *r/l*, comme c'est le cas dans *ᶜpr*.»[237]

W. Helck ergänzt diese Darlegung G. Poseners noch mit dem Hinweis, daß hier unbedingt daran zu denken sei, daß vielleicht das echt ägyptische Wort *ᶜpr* «Abteilung»[238] eingewirkt habe.[239]

---

229 Siehe zu H. K. Brugsch, J. Lieblein und A. Wiedemann die Anm. 43–48.

230 Siehe Anm. 44.

231 W. F. Albright, BASOR 77 (1940), 32–33, betont, daß er seit 1930 die Schreibung *ḫapiru* gefordert habe. Er schreibt: «Incidentally, I have maintained that cuneiform *Ḫa-bi-ru* should be read *Ḫa-pi-ru* and equated with a Canaanite *ᶜApiru* (= Egypt. *ᶜa-pi-ir*, *ᶜA-pi-ru*) since about 1930.»

232 W. F. Albright, BASOR 77 (1940), 32–33.

233 W. F. Albright, BASOR 77 (1940), 77, schreibt hierzu folgendes: «I is still quite possible that Heb. **ᶜIbr* (Eber) stands for **ᶜIpr* (which is found in the Bible as the name of the Midianite tribe Epher, if the Massoretic vocalization is correct), from *ᶜApir* (just as Can. *milk*, 'king', stands for older *malik*.» Später hat W. F. Albright (YGC, 1968, 66) dann die Etymologie *ᶜapiru* «dusty» übernommen.

234 Siehe Kap. 4 zu Anm. 15.

235 R. Weill, RE 5 (1946), 251–252.

236 R. Weill, RE 5 (1946), 252; zur Kritik an R. Weill siehe T. Säve-Söderbergh, OS 1 (1952), 9 Anm. 5.

237 G. Posener, Textes égyptiens, 1954, 165.

238 Siehe Anm. 67.

239 W. Helck, Beziehungen, 1971², 490.

Von Anfang an hat F. J. Chabas seine philologische Gleichung *ᶜprw* = *ᶜibrîm* mit historischen Argumenten abgestützt.[240] Auch die anderen Verteidiger dieser Auslegung haben in der Ähnlichkeit der Arbeiten und Verpflegung Übereinstimmungen gesehen, die in ihrer Gesamtheit für eine Identität der *ᶜprw* mit den *ᶜibrîm* der Bibel sprächen.[241] Auch das in diesem Zusammenhang aus der Ausführung von Bauarbeiten unter Ramses II. abgeleitete Datum des Auszugs hat sich gleichfalls nicht bewährt.[242]

Da diese historische Argumentation, die auf einem unkritischen Vergleich biblischer und ägyptischer Texte aufbaute, aufgegeben werden mußte[243], sind wir wieder allein auf die philologische Beweisführung in Sachen *ᶜprw-ᶜibrîm* zurückverwiesen. Es bleibt dabei offen, inwieweit von einer neuen philologischen Fragestellung her wieder ein Zugang zum Historischen möglich wird.

Wenn die Gleichung *ᶜprw* = *ḫabirū* = *ᶜprm* = *ᶜibrîm* den Ausgang bildet, dann gilt es festzuhalten, daß in ihr allein die Schreibungen *ᶜprw*, *ᶜprm* und *ᶜibrîm* als sichere Aussagen – die erste allerdings mit Vorbehalten, da offen bleibt, ob *ᶜprw* auf ein sem. *ᶜbr* bzw. *ᶜpr* zurückgeht – anzusetzen sind. Denn bislang konnte nicht mit Sicherheit nachgewiesen werden, daß wir anstelle von *ḫabiru* von der Schreibung *ḫapiru* auszugehen haben.[244] Die Gleichung *ᶜprw* = *ᶜibrîm* bleibt jedoch weiterhin über die Brücke *ḫabiru* = ug. *ᶜpr* möglich. Trotzdem kann sie nicht mehr im Sinne F. J. Chabas' verstanden werden. Denn seine Hypothese, daß in dem Wort *ᶜprw* der Volksname *ᶜibrîm* enthalten sei, von der H. J. Heyes meinte, daß sie noch immer eine nicht geringe Wahrscheinlichkeit besitze[245], bedarf jetzt folgender Formulierung: Sowohl *ᶜprw* als auch *ᶜibrî* sind mit ug.. *ᶜpr* und keilschriftlich *ḫabiru* in Beziehung zu setzen. Aus der Gleichsetzung der Wörter *ᶜprw* und *ᶜibrî* könnte jedoch erst dann auf eine Identität der damit bezeichneten Menschen geschlossen werden, wenn der biblische Wortgebrauch mit dem ägyptischen als identisch erwiesen wäre. Die Gegner F. J. Chabas' haben zu Recht gespürt, daß er von seinen traditionellen Anschauungen über die Bibel her einem Kategorienfehler[246] erlegen war. Ihre eigenen Fehlschlüsse und das mangelnde ägyptische, keilschriftliche und keilalphabetische Material über die *ᶜprw*, *ᶜprm* und *ḫabirū* ermöglichten es andererseits noch nicht, der im wesentlichen doch zutreffenden Einsicht

---

240 F. J. Chabas, Les Hébreux en Égypte, Mélanges égyptologiques, Ière Série (1862), 42–54.

241 H. J. Heyes, Bibel und Ägypten, 1904, 150. 158; T. Säve-Söderbergh, OS 1 (1952), 9, meint z. B. «The plausibility of the equation can only be judged on historical grounds.»

242 Siehe H. Engel, Die Vorfahren Israels in Ägypten, 1979, 17–177, zu den verschiedenen Datierungen des Exodus.

243 Wb I, 1926, 181: 7–8.

244 Siehe hierzu Kap. 3 und 4.

245 H. J. Heyes, Bibel und Ägypten, 1904, 158.

246 Siehe Kap. 7.3.

F. J. Chabas' über einen Zusammenhang zwischen den Wörtern *ʿprw* und *ʿibrî* differenziert gerecht zu werden.

Die vom Beginn der Diskussion an gestellte Forderung nach einer Kombination von philologischen und historischen Argumenten besitzt weiterhin Gültigkeit. Fraglich ist nur, ob die biblischen Aussagen über die *ʿibrîm* in Ägypten als historische Angaben zu werten sind. Aus den ägyptischen Texten über die *ʿprw* lassen sich jedenfalls keine Hinweise hierfür entnehmen.

Aus dem Gesamtverlauf der Diskussion dürfte deutlich geworden sein, daß die Voraussetzung der ganzen Überlegungen zum Verhältnis zwischen den *ʿprw* und den *ʿibrîm* «Hebräern» eine biblische Problematik darstellt. Diese wiederum gründet in der traditionellen Überzeugung, daß das Volk Israel in der von der Bibel überlieferten Weise oder in einer anderen Form – die biblische Berichterstattung wird in diesem Fall von den Elementen der Sage und des Mythos gereinigt[247] oder als spätere Ausschmückung und Bearbeitung von ganz kleinen Erinnerungssplittern verstanden[248] – in Ägypten gewesen sei. Die Ähnlichkeiten der Schreibungen und des Lautbestandes von *ʿprw* und *ʿibrî* wurden dann als willkommene Bestätigungen für diese Hypothese aufgegriffen.

Die von F. J. Chabas initiierte philologisch-historische Identifikation der *ʿprw* mit den *ʿibrîm* hat sich jedoch als undurchführbar erwiesen. Denn das Gesamtbild, das die biblischen Schriften über die *ʿibrîm* in Ägypten entwerfen, läßt sich mit den Aussagen der ägyptischen Texte über die *ʿprw* weder sachlich noch zeitlich zur Deckung bringen. Auf bibelwissenschaftlicher Seite fehlt jede Möglichkeit, den von der Bibel her geforderten Exodus der Hebräer aus Ägypten zu datieren oder als historisches Ereignis nachzuweisen. Dies steht wiederum in Einklang mit der Notwendigkeit, die biblischen Berichte, die von den *ʿibrîm* handeln, in die exilisch-nachexilische Zeit zu datieren.[249] Wenn das letzte ägyptische Zeugnis für die *ʿprw* in der Mitte des 12. Jh. v. Chr. anzusetzen ist[250], ergibt sich eine Zeitdifferenz von mindestens sechs Jahrhunderten zwischen den ägyptischen und biblischen Belegstellen.[251]

---

[247] Siehe zu W. Spiegelberg und A. H. Gardiner Anm. 3.

[248] W. Helck, Beziehungen, 1971^2, 580; siehe auch R. Giveon, Hapiru, 1977, 954.

[249] Siehe Kap. 5.8.

[250] G. Posener, Textes égyptiens, 1954, 173.

[251] W. Helck, Beziehungen, 1971^2, 580–581, ist deshalb grundsätzlich zuzustimmen, wenn er betont, daß es sich bei den biblischen Erzählungen über Abrahams Aufenthalt in Ägypten (Gen 12,10), die Josephsgeschichte und die Moseerzählung nicht um Überlieferungen aus dem Ägypten des 2. Jt.s handle, sondern um Texte aus späterer Zeit. Sie seien auf keinen Fall für das Bild Ägyptens etwa in der Ramessidenzeit zu benutzen, sondern höchstens für die Betrachtung der Vorstellungen, die man etwa um 700 v. Chr. in Israel von Ägypten gehabt habe. Abgesehen von der zu frühen Datierung dieser biblischen Erzählungen (siehe

Von der großen zeitlichen Differenz zwischen den biblischen und ägyptischen Texten her werden nicht nur die abweichenden Darstellungen der *ᶜprw* und der *ᶜibrîm* in den Texten erklärt, sondern auch die Unterschiede in Schreibung und Lautbestand von *ᶜprw* und *ᶜibrî*. Daß diese Verschiedenheit auf zeitlich und historisch getrennten Entwicklungen beruht, zeigt auch die Erkenntnis, daß *ᶜprw* direkt von akk. *ḫabiru* – ug. *ᶜpr* abzuleiten ist. Die anfangs von F. J. Chabas und seinen Anhängern geforderte Ansicht, *ᶜprw* sei als Wiedergabe von *ᶜibrî* zu deuten, erweist sich somit gleichfalls als gegenstandslos.

Obwohl F. J. Chabas und seine Anhänger ein biblisch-ägyptologisches Pseudoproblem geschaffen haben, gebührt ihnen doch das Verdienst, auf eine Wortähnlichkeit hingewiesen zu haben, die es sowohl philologisch als auch historisch zu erklären gilt.

Die Identifizierung der *ᶜprw* (= *ḫabirū*) mit den biblischen *ᶜibrîm* stößt jetzt innerhalb der Ägyptologie auf erhebliche Widerstände und dürfte insgesamt als undurchführbar angesehen werden. Sie gilt zumindest als umstritten[252], als völlig offen oder unwahrscheinlich.[253] Die lange Reihe der Skeptiker unter den Ägyptologen von G. Maspero an findet hier ihre Bestätigung. Auch jene Ägyptologen sind hier zu erwähnen, die zwar einen Aufenthalt «Israels» in Ägypten grundsätzlich annehmen, aber dann die «Hebräer» der biblischen Erzählungen über Ägypten doch den mythischen oder legendären Zügen der Bibel zurechnen.[254]

Gegenstandslos dürfte auch der Versuch sein, zwischen den *ᶜprw*, Hyksos, *ḫabirū* und *ᶜibrîm* einen Zusammenhang herauszustellen.[255] Denn auch dieser Vorschlag ging noch von einem ethnischen Verständnis der

Kap. 5) hält W. Helck insoweit noch an früheren Anschauungen über die Historizität derselben fest, als er mit späteren Anschauungen und Bearbeitungen «ganz kleiner Erinnerungssplitter» rechnet, die er z. B. bei Joseph in der «Erinnerung an einen Palästinenser, der in Ägypten Macht erlangte» sieht oder bei Moses in dem einzig wirklich überlieferten Ereignis, nämlich der Flucht aus Ägypten. Noth habe recht, daß eine Gruppe kanaanäischer Arbeitssklaven entflohen sei, die die Erschütterung dieses wider Erwarten geglückten Versuches dann dem Nomadenstamm mitgeteilt habe, dem sie sich angeschlossen hätten. Daß der Führer dieser Abteilung – nach ägyptischer Sitte ein «Vorarbeiter» aus der Gruppe der Sklaven selbst – in den ägyptischen Akten *Mśw* geheißen habe, sei sehr wahrscheinlich; doch damit sei der Ansatzpunkt der Moseerzählung, soweit er für Ägypten in Frage komme, erschöpft. Siehe auch W. Helck, TLZ 97 (1972), 178–182. Es dürfte selbst gegenüber dieser zurückhaltenden Beurteilung zu betonen sein, daß weder aus den ägyptischen noch den späten biblischen Quellen Gründe ersichtlich sind, die es erlaubten, mit «Erinnerungen» irgendwelcher Art zu arbeiten.

252 R. J. Williams, Ägypten und Israel, 1977, 493; siehe auch E. Drioton – J. Vandier, L'Égypte, 1962⁴, 409.414.416.420, die die *ḫabirū-ᶜprw* noch als Nomaden ansehen.

253 Siehe Anm. 66; Anm. 95.

254 Zu W. Spiegelberg siehe Anm. 61–63.

255 M. Pieper, Zum Hyksos-Problem, OLZ 28 (1925), 417–419.

ḫabirū[256] und deren unkritischer Gleichsetzung mit den Hebräern und Hyksos[257] aus.

Innerhalb der Ägyptologie wurde auch die ausschließliche Bestimmung der *ʿprw* als Gefangener aufgegeben.[258] Denn es hat sich gezeigt, daß bei Berücksichtigung des gesamten ägyptischen und keilschriftlichen Materials diese Deutung zu eng gefaßt ist.[259]

---

256 M. Pieper, OLZ 28 (1925), 418.

257 Siehe zur Hyksos-Frage M. Bietak, Hyksos, LdÄ 3, 1980, 93–103, wo die *ḫabirū* im Zusammenhang mit den Hyksos nicht mehr erwähnt werden. Siehe ferner H. Engel, Die Vorfahren Israels in Ägypten, 1979, 191–196 (Exkurs VI. Hyksos und Vorgeschichte Israels) der zu folgendem Ergebnis gelangt: «Die Hypothese einer historischen Verbindung der Hyksos mit den Vorfahren Israels stellt sich schließlich als nicht stichhaltig begründet und unwahrscheinlich heraus.»

258 Siehe zu Anm. 205–209.

259 H. Engel, Die Vorfahren Israels in Ägypten, 1979, 187–190 (Exkurs V. Die Vorfahren Israels als Kriegsgefangene in Ägypten), bietet eine Zusammenfasung der Diskussion. Er bespricht die Hypothesen von W. N. Groff (1885), J. V. Prášek (1899/1900), H. R. Hall (1925), J. A. Wilson (1932/33), W. Helck (Beziehungen, 1971^2, 581; ders., VT 18 (1968), 480 Anm. 1; ders., TLZ 97 (1972), 178–182), S. Herrmann (Israels Aufenthalt in Ägypten, 1970; ders., Geschichte Israels, 1973) und G. E. Mendenhall (The Tenth Generation, 1973). W. Helck (TLZ 97 [1972], 178–182) sieht in den Vorfahren Israels in Ägypten nicht eine einkassierte Beduinen(*šꜣsw*)gruppe (a. a. O., 180), sondern eine »Gefangenenabteilung heterogener ethnischer Zusammensetzung aus wohl vorwiegend südpalästinischen Nomaden(*šꜣsw*)stämmen» (a. a. O., 180). Am Berge Jahwes habe sich die geflohene Arbeiterabteilung mit ihren Erinnerungen in einen Bund Israel integriert (a. a. O., 180–181).
S. Herrmann (Geschichte Israels, 1980^2, 89–90) bemerkt zur These W. Helcks, daß es logisch korrekt erscheine, daß es sich lediglich um eine aus mutmaßlich verschiedenen Elementen zusammengesetzte Arbeiterabteilung gehandelt habe, die schließlich aus Ägypten entflohen sei und der sich trotz wahrscheinlicher ethnischer Komplexität in der Sinai-Wüste Gruppen angeschlossen hätten, die später nach Palästina weitergezogen seien. Diese These der «geflohenen Arbeiterabteilung» könne sich mit einem gewissen Recht auch auf das Alte Testament berufen. Denn es sei auffällig, daß gerade im Exodus-Bericht die dort unterdrückten Leute «Hebräer» hießen. Vorausgesetzt, daß hier eine Erinnerung an die *ḫabirū* = *ʿprw* vorliege und damit nach verbreiteter Auffassung ein soziologischer Status minderen Rechts angesprochen sei, könne diese Bezeichnung für eine Arbeitergruppe aus verschiedenen Volkselementen gerade die richtige sein. Rechne man andererseits damit, daß für diese Leute eine ethnische Gemeinsamkeit und ein daraus erwachsener innerer Zusammenhalt gegeben gewesen sei und auch die Hebräer-Bezeichnung weniger soziologisch als ethnisch zu verstehen sei, so wäre die Identifikation dieser «Hebräer» mit den nomadischen Schasu, nach Art der Schasu von Edom im Brief des Grenzbeamten, nicht von vornherein auszuschließen. Die Frage sei aber dann, ob eine vorübergehend weidesuchende Schasu-Gruppe zum Bau einer pharaonischen Residenz habe gepreßt werden können. Dies seien jedoch Überlegungen, die davon ausgingen, daß auf jeden Fall analoge Umstände oder Vorgänge zur richtigen Erklärung dieses Ägyptenaufenthaltes nötig seien oder erbracht werden müßten. Es scheine jedoch ratsam, das Alte Testament und seine Aussagen dabei nicht gänzlich zu vernachlässigen. Unter diesen Voraussetzungen solle eine solche Erklä-

In der Ägyptologie beobachten wir letztlich eine Parallelentwicklung zur Behandlung der *ᶜprw-ᶜibrîm*-Frage in der Keilschriftforschung. Auf eine erste Phase der Forschung, in der biblische und außerbiblische Dokumente so zusammengesehen werden, daß letztere zur Bestätigung des angeblich historischen Charakters der ersteren dienen, folgt eine langsame Verselbständigung der Fragestellung und Loslösung von der streng biblischen Thematik. Am Ende steht dann eine allein auf dem außerbiblischen Material beruhende Betrachtung des Problems. Die biblischen *ᶜibrî*-Belege rükken an den Rand des Interesses, wobei im einzelnen dann doch wieder Themen der traditionellen fundamentalistischen Bibelauslegung aufscheinen.

Die Auseinandersetzungen über die Gleichung *ᶜprw* = *ᶜibrîm* innerhalb der Ägyptologie wirkten sich unmittelbar auch auf die Behandlung der Frage in der Altorientalistik, Alten Geschichte und Bibelwissenschaft aus.

In der Altorientalistik wurde nach dem Bekanntwerden der *ḫabirū* notgedrungen die Frage nach deren Zusammenhang mit den *ᶜprw* und *ᶜibrîm* «Hebräern» aufgeworfen. F. Böhl hat dieses Problem ausführlich behandelt. Er gliedert seine Darlegungen in einen philologischen und historischen Teil. Im ersten kommt er zum Ergebnis, daß die Gleichsetzung *ᶜprw* = *ᶜibrîm* von der sprachlichen Seite her möglich, aber nicht wahrscheinlich sei.[260] Die sachlich-historischen Gegebenheiten dagegen bestimmen ihn zu einer eindeutigen Verneinung der Gleichsetzung. Da im fünften Jahr Merenptahs Israel im Lande Kanaan sei und von Ramses II. bis Ramses IV. *ᶜprw* in Ägypten bezeugt seien, könnten letztere keine Hebräer (= Israeliten) sein. Die Gleichsetzung der *ᶜprw* mit den Hebräern sei deshalb sachlich nicht möglich, so daß nur noch die sprachliche Unwahrscheinlichkeit übrig bleibe.[261] Er kommt deshalb zu folgendem Ergebnis: «Sprachlich

rung für das Ägypten-Geschehen als die beste gelten, die die heterogenen Gegebenheiten in alttestamentlicher und außertestamentlicher Überlieferung zutreffend verbinden könne. Auch in dieser Argumentation wird mit einem «historischen Kern der Überlieferung» (a. a. O., 90 Anm. 32) gerechnet sowie *de facto* mit einer Gleichsetzung *ḫabirū* = *ᶜprw* = Hebräer (ethnische Auffassung) argumentiert. R. Giveon, The Shosu of egytian sources and the Exodus, 1967, 195; ders., Les bédouins Shosou, 1971, 4–5, setzt sich mit E. Meyer, der als erster die Shasu mit den *ḫabirū* und Hebräern identifiziert hat (Glossen zu den Tontafelbriefen von Tell el Amarna, 1897, 75–76; ders., Die Israeliten und ihre Nachbarstämme, 1906, 225; J. H. Breasted, Ancient-Records of Egypt 3, 1906, § 99) sowie F. Hommel, der Shasu von SA.GAZ abgeleitet hat (die Altisraelitische Überlieferung, 1897, 210; so auch F. Bilabel, Geschichte Vorderasiens, 1927, 104 Anm. 1) auseinander. Er gelangt zum Ergebnis, daß diese Argumentation durch die Stele Amenophis II. aus Memphis, wo die Shasu neben den *ḫabirū* aufgeführt werden, widerlegt sei.

[260] F. Böhl, Kanaanäer und Hebräer, 1911, 76, schreibt: «Von der sprachlichen Seite liegt die Möglichkeit dieser Gleichsetzung also vor, die Wahrscheinlichkeit nicht.»

[261] F. Böhl, Kanaanäer und Hebräer, 1911, 82–83.

unwahrscheinlich, sachlich verlockend, chronologisch unmöglich ist die Gleichsetzung der *ᶜpr*-Leute mit den Hebräern aufzugeben.»[262]

In diesem Zusammenhang umgeht F. Böhl jedoch die Frage des Zusammenhangs zwischen den *ḫabirū* und den *ᶜprw*.[263] Diese Tendenz, die *ḫabirū* von dem Problem der *ᶜprw* (-*ᶜibrîm*) zu trennen, kehrt dann auch bei B. Landsberger wieder.[264]

Inzwischen hatte sich jedoch zunehmend auch innerhalb der Assyriologie die Ansicht durchgesetzt, daß *ᶜprw* die ägyptische Wiedergabe von *ḫabirū* ist.[265] Den besten Ausdruck findet diese Überzeugung durch die Aufnahme der *ᶜprw*-Belege in die *ḫabirū*-Liste in RlA[266], so daß diesbezüglich zwischen Ägyptologen[267] und Assyriologen Einmütigkeit besteht.

Innerhalb der Bibelwissenschaft war die von F. Böhl vertretene Problemstellung, die eine Trennung des *ḫabirū*-Problems von der Frage, ob die *ᶜprw* mit den *ᶜibrîm* zu identifizieren seien, befürwortete[268], verbreitet.[269] R. Kittel kam z. B. zum Ergebnis, daß die *ᶜprw* «sachlich, vielleicht auch sprachlich dasselbe wie die Chabiru» seien.[270] A. Jirku hat dann die Gleichsetzung der *ḫabirū* und *ᶜprw* als sicher angesehen.[271] Die Unsicherheit in der Behandlung der Frage war jedoch mit diesem Vorstoß noch nicht beseitigt. F. Schmidtke, der die *ḫabirū* mit den Hebräern der Patriarchenzeit gleichsetzte, hielt es nur für möglich, daß die *ᶜprw* mit den Hebräern (= *ḫabirū*) in Verbindung zu bringen seien.[272] Er stützte sich dabei auf die Angabe des Wörterbuchs *ᶜpr* «eine Art fremdländischer Arbeiter»[273].

---

262 F. Böhl, Kanaanäer und Hebräer, 1911, 83.

263 Siehe auch F. M. T. de Liagre Böhl, Opera minora, 1953, 479, zu S. 48 Anm. 43.

264 Siehe M. Noth, Erwägungen zur Hebräerfrage, 1934, 99–109.

265 E. A. Speiser, Ethnic Movements, 1933, 38, hält mit Berufung auf Jirku, Bilabel und Albright folgendes fest: «The connection of the *ᶜApiru* with the *Ḫabiru* may thus be considered as reasonably complete.»

266 J. Bottéro, Ḫabiru, 1972/77, 21, Nr. 236–249.

267 G. Posener, Textes égyptiens, 1954, 165–175; W. Helck, Beziehungen, 1971², 486–490; R. Giveon, Hapiru, 1977, 952–954.

268 Siehe zu Anm. 264.

269 Siehe z. B. L. B. Paton, Israels Conquest of Canaan, JBL 32 (1913), 39.41.

270 R. Kittel, Geschichte des Volkes Israel. I, 1923⁵⁻⁶, 304–305 Anm. 1; ähnlich auch G. R. Driver, Exodus, 1911, xli-xlii; C. F. Burney, The Book of Judges, 1920², CXIV Anm. 2; E. Sellin, Geschichte des israelitisch-jüdischen Volkes. Erster Teil, 1924, 55–56.

271 A. Jirku, Die Wanderungen der Hebräer, 1924, 25–26.

272 F. Schmidtke, Die Einwanderung Israels in Kanaan, 1933, 57 Anm. 3.

273 Wb I, 1926, 181 : 11; F. Schmidtke, Die Einwanderung Israels in Kanaan, 1933, 57 Anm. 3.

M. Noth hat eine umfassende Zusammenschau der *ḫabirū*, *ᶜprw* und *ᶜibrîm* vom Standpunkt der soziologischen Deutung her gefordert.[274] A. Alt hat gleichzeitig die Gleichung *ᶜprw* = *ḫabirū* betont hervorgehoben.[275]

Es dürfte in der Bibelwissenschaft allseits anerkannt sein, daß *ᶜprw* und *ḫabirū* als eine Einheit anzusehen sind, und ersteres Wort nur die ägyptische Schreibung des letzteren darstellt.[276] Vereinzelt wird auch angenommen, daß ägyptisch *ᶜpr(w)* von *ᶜibrî* abzuleiten sei.[277]

Die Behandlung der *ᶜprw* außerhalb der Ägyptologie erfolgt somit grundsätzlich gleichfalls unter einem doppelten Aspekt. Denn die Frage der sprachlichen Zusammenhänge wird auch hier stets mit historischen Problemen gekoppelt.

---

[274] M. Noth, Erwägungen zur Hebräerfrage, 1934, 100–101; ders., Geschichte Israels, 1956³, 38–39.

[275] A. Alt, Die Ursprünge des israelitischen Rechts, 1934, 293 Anm. 2; ders., ZÄS 75 (1939), 17; ders., ZDPV 70 (1954), 69–75.

[276] Siehe u. a. M. Noth, Geschichte Israels, 1956³, 39 mit Anm. 1; R. de Vaux, Histoire ancienne d'Israël. I, 1971, 106. 108–109; G. Fohrer, Geschichte Israels, 1979², 37; M. Metzger, Grundriß der Geschichte Israels, 1979⁵, 31; S. Herrmann, Geschichte Israels, 1980², 86 f. Anm. 20; A. H. J. Gunneweg, Geschichte Israels, 1982⁴, 23.

[277] A. Jepsen, Die «Hebräer» und ihr Recht, AfO 15 (1945/51), 59, bezeichnet *ᶜpr* als ägyptische Umschrift des Wortes *ᶜibrî*, siehe Kap. 8, Anm. 2.

Kapitel 3: Die *ḫabirū*-Frage in der Altorientalistik

Nachdem der Ägyptologe F. J. Chabas bereits 1862 die Gleichung *ʿprw* = *ʿibrîm* aufgestellt hatte[1], mußte nach dem Auffinden der *ḫabirū* in den Texten aus El Amarna, die über die sozialen und politischen Zustände in Syrien-Palästina berichten, notwendigerweise auch von seiten der Keilschriftforschung die Frage entstehen, ob die *ḫabirū* mit den *ʿprw* und den biblischen *ʿibrîm* in Verbindung zu setzen, ihnen gar gleichzustellen oder gleichzusetzen seien. Daß diese Problematik von Anfang an in der Luft lag, sollten die Ereignisse alsbald zeigen.

Sobald das Problem der Identifikation der *ḫabirū* mit den *ʿprw* der ägyptischen und den *ʿibrîm* der biblischen Texte aufgeworfen war und bibelwissenschaftliche Interessen damit unmittelbar berührt wurden, entstand von altorientalistischer und bibelwissenschaftlicher Seite eine Hochspannung von Erwartungen auf Auskünfte über die Frühgeschichte Israels, zumal gleichzeitig von anderer Seite die Väter Israels als historische Personen in Frage gestellt worden waren.[2] Außerdem hoffte man, nun von diesen Texten über die *ḫabirū* her auch neue Aufschlüsse über den Auszug der Israeliten aus Ägypten und die anschließende Landnahme zu erhalten.

Analog zur Entwicklung in der Ägyptologie sollte auch innerhalb der Altorientalistik für längere Zeit die Fragestellung von überlieferten Vorstellungen über die Geschichte Israels bestimmt sein. Die Altorientalistik sollte erst mit der Zeit realisieren, daß die ihr zur Verfügung stehenden Texte unabhängig von den biblischen Texten in ihrem eigenen historischen und soziologischen Kontext zu verstehen sind. Die anfänglich von der Ägyptologie und Bibelwissenschaft her naheliegende und übernommene Voraussetzung, daß die *ʿprw* und *ʿibrîm* ein Volk seien, sollte auch von den Forschern der Keilschrifttexte vertreten werden. Es wird jedoch dann das Verdienst der Altorientalisten sein, auf Grund des ausgedehnten Materials, das ihnen besonders durch die Funde in Nuzi und dann auch in Alalaḫ, Ugarit und Māri zugewachsen ist, eine tiefere kritische Auseinandersetzung mit der traditionellen Problemstellung eingeleitet und tatkräftig fortgeführt zu haben.

---

[1] Siehe Kap. 2.

[2] Siehe hierzu u. a. E. König, Die Genesis, 1925$^{2-3}$, 449–451.

3.1. Belege für *ḫabirū*

Eine Sammlung aller Belege des Wortes *ḫabiru* liegt bei J. Bottéro in RlA 4, 1972/75, 15–21, vor. Ergänzungen hierzu sind in dem Beitrag zur *ḫabirū*-Frage von J. Bottéro aus dem Jahre 1980 enthalten.[3] Weitere Belege finden sich in Kel 89393 : 9; TF_1 (IM 70985) und FLP 1302 : 4.[4] Siehe ferner Nachtrag S. 299.

Im folgenden wird auf eine Wiederholung der keilschriftlichen Belege für *ḫabiru* aus zwei Gründen verzichtet: 1. Eine neue Aufbereitung des gesamten keilschriftlichen Materials für bibelwissenschaftliche Belange stellt eine Arbeit für sich dar, die den Umfang eines selbständigen Buches erreichen würde, und 2. Im Rahmen der vorliegenden Abhandlung über das Problem *ḫabiru-ᶜibrî* steht nicht die Deutung der einzelnen Belegstellen für *ḫabiru* im Vordergrund, sondern der in der Altorientalistik erreichte Konsens, daß die *ḫabirū* als eine soziologisch erfaßbare Gruppe zu verstehen sind und deshalb alle Versuche abzulehnen sind, die in den *ḫabirū* ein Volk oder eine größere Gruppe von Stämmen sehen.

Für das Problem *ḫabirū-ᶜibrîm* «Hebräer» sind auch einzelne Fragen, die für die Erforschung der *ḫabirū* von ausschlaggebender Bedeutung waren – so z. B. die Lesung von SA.GAZ[5] –, ohne Belang. Es ist deshalb erlaubt und auch geboten, aus dem Bereich der Forschungsgeschichte nur jene Anschauungen hervorzuheben, die direkt das Verhältnis zwischen den *ḫabirū* und den *ᶜibrîm* betreffen.

3.2. Aspekte der Erforschung der *ḫabirū* in der Altorientalistik

Die ab 1887 im ägyptischen El Amarna entdeckten Briefe aus Syrien-Palästina[6] veranlaßten zuerst A. H. Sayce (1845–1933)[7] zu der Frage, ob die in ihnen erwähnten *ḫabirū* mit einer bestimmten Volksgruppe Palästinas zu identifizieren seien. Er schlug 1888 vor, sie als Bewohner von Hebron anzusehen.[8]. Später leitete er dann das Wort *ḫabiru* von *ḥbr* «sich verbünden»[9] ab und betrachtete sie als Verbündete, wobei er besonders betonte, daß die inzwischen vorgeschlagene Gleichsetzung der *ḫabirū* mit den Hebräern allein aus etymologischen Gründen abzulehnen sei. Denn *ḥbr*

[3] J. Bottéro, Entre nomades et sédentaires: Les Ḫabiru, DHA 6 (1980), S. 211–212, Anm. 2.

[4] D. I. Owen, Text Fragments from Arrapḫa, in the Kelsey Museum of Art and Archaeology, The University of Michigan, 1981, 458. 496; ders., OA 21 (1982), 73 Anm. 1; 74.

[5] J. Bottéro, Ḫabiru, 1972/75, 22–23.

[6] J. A. Knudtzon, Die El-Amarna-Tafeln, 1915; A. F. Rainey, El Amarna Tablets, 1978².

[7] H. Engel, Die Vorfahren Israels in Ägypten, 1979, 113–115.

[8] A. H. Sayce, PSBA 10 (June 5, 1888), 496, zu Z. 24.

[9] HAL, S. 276: *ḥbr* II.

und *ʿibrî* seien vollkommen zu trennen.[10] Diese etymologische Argumentation, die zahlreiche Nachfolger fand, sollte erst durch die ug. Schreibung *ʿpr* endgültig außer Kurs gesetzt werden.[11]

Eine ähnliche Fragestellung legte M. Jastrow Jr. seinem im Dezember des Jahres 1891 gehaltenen Vortrag zugrunde. Er untersuchte, ob die *ḫabirū*, die in den Briefen Abdi-Ḫepas von Jerusalem erwähnt werden, mit dem hebräischen Stamm *ḥbr* zu identifizieren seien.[12] Parallel hierzu setzte er die Söhne Milk-Ils dem hebräischen Stamm *mlkj'l*, Labâ' mit größerer Zurückhaltung dem Stamm Levi gleich. Zugleich fand er auch in den Amarna-Briefen die «Männer von Juda» erwähnt.[13]

Die von M. Jastrow Jr. in den Armarna-Briefen ermittelten Gruppen werden mit Stämmen identifiziert, die später Bestandteile der Konföderation israelitischer Stämme geworden seien.[14] Die Amarna-Briefe brächten so Licht in die Zusammensetzung und Ursprünge der hebräischen Stämme. Es dürfte deshalb kaum zulässig sein, die Zusammenschau der *ḫabirū* und der Hebräer M. Jastrow Jr. zuzusprechen.[15]

Den ersten Schritt zur Gleichung *ḫabirū* = *ʿibrîm* haben gleichzeitig und unabhängig voneinander C. R. Conder und H. Zimmern getan.

C. R. Conder, der seine Entdeckung mit dem Datum 16. Juni 1890 versehen hat[16], beließ es nicht bei einer philologischen Gleichsetzung der Wörter *ḫabiru* und *ʿibrî*. Er verband damit sofort eine Aussage über den

---

[10] A. H. Sayce, On the Khabiri Question, ET 11 (1899/1900), 377: "Years ago I showed that they could not be the Hebrews. The name, in fact, is simply the Assyrian *khabiri*, 'confederates', which is met with in several cuneiform texts ... and was probably a loanword from Canaan." Später bestimmte A. H. Sayce (ET 15 [1903/1904], 282–284) die *ḫabirū* als Hethiter.

[11] Siehe Kap. 4 und Kap. 8.

[12] M. Jastrow, Jr., "The Man of Judah" in the El-Amarna Tablets, JBL 12 (1893), 61. 71. Diese Deutung der *ḫabirū* hatte dann auch H. Gemoll, Grundsteine zur Geschichte Israels, 1911, 69–71, ohne Erwähnung von M. Jastrow Jr., vertreten. Er schreibt hierzu folgendes: «... wenn daher die *Ḫabiri* der Tell-Amarna-Briefe um 1400 dieses Land besetzt haben und dann in dem Geschlechtsregister Ašers ein sehr bedeutendes Geschlecht Heber auftaucht, so liegt es nahe, diese Ḫeberiden mit jenen *Ḫabiri* zu kombinieren.» (a. a. O., S. 69). H. Gemoll beruft sich (a. a. O., S. 69 Anm. 1–2) auf F. Hommel, Die altisraelitische Überlieferung, 1897, 230 ff., 233 ff., der jedoch S. 260 Anm. 1, bemerkt, daß er dem Aufsatz von N. Schmidt, The external evidence of the Exodus, Hebraica 10 (1894), 159 ff. entnommen habe, daß schon vor ihm bereits M. Jastrow Jr. auf den Zusammenhang zwischen Gen 46,17 (Heber und Malki-el) mit den *ḫabirū* aufmerksam gemacht habe. Vgl. zu dieser Hypothese F. Hommels auch F. Böhl, Kanaanäer und Hebräer, 1911, 84–85.

[13] M. Jastrow, Jr., JBL 12 (1893), 61–71.

[14] M. Jastrow, Jr., JBL 12 (1893), 71–72.

[15] Vgl. W. Wifall, Jr., ZAW 82 (1970), 110–114.

[16] C. R. Conder, Monumental Notice of Hebrew Victories, PEQ 22 (1890), 326–329.

Auszug der Israeliten aus Ägypten.[17] Er setzte die *ḫabirū* zugleich jenen Gruppen gleich, die unter Josua das Land Palästina erobert hätten.[18] R. C. Conder hatte richtig erkannt, daß dem *ḫ* in *ḫabiru* ein ᶜ entspricht.[19]

Dagegen nimmt H. Zimmern (1862–1931) eine vorsichtigere Haltung ein.[20] Er wirft die Frage auf, ob die *ḫabirū* mit den Hebräern in Beziehung zu setzen seien, wagt aber nicht, sie definitiv zu beantworten oder bereits für beantwortbar auszugeben. Er schreibt hierzu folgendes: «Es ist zwar noch durchaus ungewiß, aber manches spricht dafür, die Leute von *Chabiri* oder die *Chabiri*-Leute einfach mit den *ᶜIbrîm*, den Hebräern, zu identifizieren. Würde sich diese Annahme bewähren, so wären die betreffenden Briefe, in welchen von diesen *Chabiri*-Leuten die Rede ist, natürlich von höchster Wichtigkeit für die vielfach ventilierte Frage nach der Zeit und der Art und Weise der Einwanderung der Hebräer in das Westjordanland. Ich bemerke, daß von sprachlicher Seite aus eine Zusammenstellung von *Chabiri* mit *ᶜIbrîm* nicht unmöglich wäre, da gerade in palästinensischen Eigennamen wiederholt ᶜAjin im Assyrischen durch Cheth wiedergegeben wird.»[21]

H. Zimmern behält eine endgültige Entscheidung über die *ḫabirū*-Hebräer ausdrücklich der Zukunft vor. Denn er bemerkt hierzu deutlich: «Freilich zu einem abschließenden Urteile ist jetzt, nachdem gerade diese Briefe erst vor kurzem im Originaltext veröffentlicht worden sind, die Zeit noch nicht gekommen. Vor allem wird eine künftige nähere Erforschung des Fundes genau festzustellen haben, wen wir unter den *Chabiri*-Leuten zu verstehen haben ... Indessen ist, wie gesagt, jedes weitere Wort in dieser Sache müßig, bevor wir nicht mit Sicherheit wissen, wer die *Chabiri*-Leute denn wirklich sind.»[22] Entgegen weitergehenden Feststellungen wird des-

---

[17] C. R. Conder, PEQ 22 (1890), 328, schreibt hierzu folgendes: "If we accept the Bible account, the Exodus, according to the Hebrew version, must have occured either 1480 B. C. or 1520 B. C."

[18] C. R. Conder, PEQ 22 (1890), 327–328, legt folgende Formulierung vor: "If this explanation be correct, we have in these letters the earliest notice of the Hebrews in existence, and a contemporary account of the wars of Joshua, or of his successors, in the Palestine plains ... Consequently the conquest of Palestine coincided with the latter years of the reign of Amenophis III, and the reign of his weak successor Amenophis IV, who, as we see from these letters, were not able to resist the rebellion in South Palestine, while in North Syria their governors were being attacked successfully by the Hithites."

[19] C. R. Conder, PEQ 22 (1890), 327–328.

[20] H. Zimmern, Palästina um das Jahr 1400 vor Chr. nach neuen Quellen, ZDPV 13 (1890), 133–147. H. Zimmern hatte eine Zusammenstellung der *ḫabirū* mit den Hebräern zuerst am 1. 10. 1890 in Erwägung gezogen, siehe a. a. O., S. 137 Anm. 5.

[21] H. Zimmern, ZDPV 13 (1890), 137–138.

[22] H. Zimmern, ZDPV 13 (1890), 142–143.

halb mit J. Lewy daran zu erinnern sein, daß H. Zimmern letztlich nur eine vorsichtig formulierte Vermutung ausgesprochen hat.[23]

Gegenüber dem ersten Erklärungsversuch von A. H. Sayce finden wir bei C. R. Conder und H. Zimmern die Erkenntnis, daß dem *ḫ* in *ḫabiru* ein ᶜAjin entspreche oder entsprechen könnte.[24] Während H. Zimmern nur von den «Leuten von Chabiri» oder den «Chabiri-Leuten» handelt und es offen läßt, wer die *ḫabirū* wirklich sind[25], bestaunt sie C. R. Conder bereits als die Hebräer, die unter Josua oder seinen Nachfolgern nach Palästina eingefallen seien.[26] Diese Hypothese verbindet er zugleich mit der etymologischen Erklärung, daß die *ḫabirū* die Leute von jenseits seien, entweder von der anderen Seite des Jordans oder des Euphrats.[27] Er verknüpft somit das *ḫabirū*-Problem von Anfang an mehrfach mit der Annahme einer Einwanderung der Hebräer-Israeliten.

Einen Schritt nach vorne stellte die Erkenntnis von H. Winckler (1863–1913)[28] dar, daß in den Amarna-Briefen für SA.GAZ die Lesung *ḫabiru* einzusetzen ist.[29] Diese Einsicht sollte zwar noch lange auf Widerstand stoßen[30], hat sich aber dann doch als richtig erwiesen und durchgesetzt.[31]

Damit war mit einem Schlag allen Spekulationen der Boden entzogen, die in den *ḫabirū* und SA.GAZ ganz verschiedene Volksgruppen gesehen[32] und daraus besondere Schlußfolgerungen über das Verhältnis zwischen den *ḫabirū* und den Hebräern gezogen haben.[33]

---

[23] H. Lewy, Ḫabiru und Hebräer, OLZ 30 (1927), 739.

[24] Siehe Anm. 19 und 21.

[25] Siehe Anm. 21–22.

[26] Siehe Anm. 18.

[27] C. R. Conder, PEQ 22 (1890), 327 Anm. 1.

[28] H. Engel, Die Vorfahren Israels in Ägypten, 1979, 59–65.

[29] H. Winckler, Geschichte Israels. I, 1895, 19; ders., Die Hebräer in den Tel-Amarna-Briefen, 1897, 605–609; ders., Altorientalische Forschungen 3 Reihe I, 1902, 90–94; ders., MDOG 35 (1907), 25.

[30] Siehe z. B. J. A. Knudtzon, Die El-Amarna-Tafeln, 1915, 51, der unter keinen Umständen annehmen will, daß *ḫabirū* die Benennung der SA.GAZ-Leute gewesen sei, stimmt aber mit H. Winckler darin überein, daß sie «sachlich identisch sind»; siehe auch die Einwände bei S. Landersdorfer, Über Name und Ursprung der Hebräer, TQ 104 (1923), 202. 226–232.

[31] AHw., S. 322: *ḫapiru* «etwa ‹Fremdling (als Klasse)›»; CAD Ḫ, S. 84–85: *ḫāpiru* «(a social class)»; R. Borger, Assyrisch-babylonische Zeichenliste. AOAT 33/33A. 1981², Nr. 104: sa-gaz = *ḫabbātu*, Räuber; *ḫapiru*, Fremdling, Metöke; J. Bottéro, Ḫabiru, 1954, IX; ders., Ḫabiru, 1972/75, 22–23; ders., DHA 6 (1980), 202; siehe auch M. Greenberg, The Ḫab/piru, 1955, 4–6; M. P. Gray, HUCA 29 (1958), 137–143.

[32] Siehe Anm. 30.

[33] K. Miketta, Der Pharao des Auszugs, 1903, 81–111, sieht in den SA.GAZ die übergeordnete größere Gruppe, zu der auch die *ḫabirū*-Stämme gehörten. Die Amarna-Briefe beschrieben die Festsetzung der Stämme, welche uns im Anfang des Richterbuches beschrieben werde. Inwieweit wir unter den SA.GAZ israelitische Stämme zu erblicken hätten, lasse sich nicht

In seinen Ausführungen zum Problem, ob zwischen den *ḫabirū* und den Hebräern ein Zusammenhang bestehe, behandelt H. Winckler auch zum ersten Mal die Frage, ob das Wort *ḫabiru* eine appellativische Bedeutung habe und ob dies auch für *ʿibrî* anzunehmen sei.[34] Dies brauche durchaus nicht zu hindern, daß *ḫabiru* ursprünglich ein Volksname gewesen sei, mit dem sich eine betreffende Völkergruppe selbst genannt habe.[35] Der Kanaanäer habe mit der Benennung Hebräer zugleich einen festen Begriff verbunden, welcher den Gegensatz der beiderseitigen Lebensweise – Seßhafte und Nomaden – zum Ausdruck gebracht habe, wie das z. B. bei den Babyloniern und Assyrern mit den Aramäern, Chaldäern und Arabern oder den Nordvölkern der Fall gewesen sei, deren Namen für sie gleichzeitig soviel wie Nomaden, Räuber, Barbaren bedeutet habe. Ganz ebenso würde es sich, die Gleichheit von *ḫabirū* und Hebräern vorausgesetzt, mit diesen verhalten. Die einwandernden Nomadenbanden seien den ansässigen Kanaanäern als Raubgesindel erschienen.[36] Er kommt deshalb zu folgendem Ergebnis: «*Ḫabiri* ist der Name derjenigen Völker oder Stämme, welche um die Mitte des zweiten Jahrtausends einwandern, es steht also mit Namen wie Araber, Aramäer, Kasdim auf einer Stufe. Es ist in dem auseinandergesetzten Sinn Appellativum[37], insofern es zugleich den Gegensatz ausdrückt, in dem die einwandernden *Ḫabiri* zu den ansässigen Kanaanäern standen. Es drückt also etwas aus, was sich im biblischen Sprachgebrauche noch bis in späte Zeiten erhalten hat. Die *Ḫabiri* sind demnach identisch mit den Hebräern, aber – die Hebräer sind etwas anderes, als was man sie bis jetzt auffaßte, nämlich nicht die ‹Kinder Israel› als Einwanderer, sondern überhaupt alle einwandernden Stämme, die noch nicht ansässig waren und noch in keinem festen Staatsverbande standen. Die Israeliten als Verband von Stämmen gab es im 15. Jahrhundert noch nicht, die damals einwandernden waren nur einzelne Stämme oder Gentes, und verbanden sich erst, nachdem sie ansässig geworden waren.»[38]

Das Verständnis von *ḫabiru* als einem Appellativum sollte dann erst später bei B. Landsberger, J. Lewy[39] und der auf ihn folgenden Diskussion

entscheiden. Es könnten unter den SA.GAZ neben den Israeliten auch kanaanitische Stämme gemeint sein. Denn mit ziemlicher Sicherheit könnten wir auch annehmen, daß infolge der Einwanderung der Israeliten auch ein Vordringen der vertriebenen kanaanäischen Stämme stattgefunden habe, welche man ja ebenfalls SA.GAZ (Eindringlinge, Räuber) nennen könne.

[34] H. Winckler, Geschichte Israels I, 1895, 17–18.

[35] H. Winckler, Geschichte Israels I, 1895, 17.

[36] H. Winckler, Geschichte Israels I, 1895, 19.

[37] H. Winckler, in: KAT, 1903^3, 196–197, bemerkt ausdrücklich, daß die *ḫabirū* ein Volk seien, so daß die Deutung als bloße Menschenklasse (*appellatio*) ausgeschlossen sei.

[38] H. Winckler, Geschichte Israels I, 1895, 20–21.

[39] Siehe besonders B. Landsberger, ZA 35 (1924), 213 Anm. 1; J. Lewy, Ḫabiru und Hebräer, OLZ 30 (1927), 738–746. 825–833.

Bedeutung erlangen.[40] Vorläufig ist es bei H. Winckler noch ganz an die Vorstellung von einwandernden Stämmen gebunden, und es wird nicht ausgeschlossen, daß *ḫabiru* einmal ein Volksname war. Die Deutung der *ḫabirū* als Einwanderer erweist sich so als Teilaspekt seiner These vom Land Muṣri, aus dem er die späteren Israeliten und deren Gott Jahwe kommen läßt.[41]

Einen vielbeachteten Beitrag zur *ḫabirū*-Frage hat F. Böhl vorgelegt.[42] In seiner Behandlung des Problems der Gleichsetzung der *ḫabiru* der El-Amarna-Briefe mit den Hebräern lehnt er es ab, in *ḫabiru* ein reines Appellativum zu sehen.[43] Aus EA 289,24, wo *ḫabiru* mit dem Determinativ KI versehen ist, gehe hervor, daß der Schreiber *ḫabiru* als «Volksnamen, nicht etwa bloß als appellativische Bezeichnung einer Menschenklasse» habe verstanden wissen wollen.[44] Von besonderem Gewicht ist für F. Böhl die Erkenntnis H. Wincklers, daß für SA.GAZ die Lesung *ḫabiru* einzusetzen ist.[45] Von dieser Grundlage aus gelangt er dann zu folgender Argumentation: «Während die Gleichsetzung der *Ḫabiru*-Leute mit den Hebräern auf Grund des sprachlichen Befundes als sehr wohl möglich, aber keineswegs notwendig erschien, wird sie durch den Nachweis der Identität dieser *Ḫabiru* mit den SA.GAZ-Leuten zur Gewißheit erhoben. Denn von allen auf Grund des sprachlichen Befundes in Betracht kommenden Stammesgruppen erfüllen nur die Hebräer die durch diesen Nachweis notwendig gewordene Forderung der Ausdehnung und politischen Bedeutung. Diese Forderung verbietet aber auch die Möglichkeit, daß es sich um ein Volk oder eine Völkergruppe handeln könnte, über die wir aus keiner anderen Quelle das Mindeste erführen.»[46]

---

[40] Siehe zu Anm. 119–120.

[41] Siehe zur Muṣri-Hypothese H. Wincklers u. a. die kritischen Bemerkungen von H. Tadmor, IEJ 11 (1961), 146 Anm. 22; P. Garelli, Nouveau coup d'œil sur Muṣur, in: FS Dupont-Donner, 1971, 38–48; H. Engel, Die Vorfahren Israels in Ägypten, 1979, 62–65. Das Fundament von H. Wincklers gesamter Rekonstruktion der Vorgeschichte Israels ist seine Muṣri-Hypothese. Muṣri entspreche dem späteren Nabatäa, wohin er auch den Sinai = Horeb verlegt. Er nimmt an, daß die Sage von einem Aufenthalt Israels in Ägypten sich als weiter nichts herausstellen werde, als eine sagenhafte Einkleidung der Ansässigkeit Israels oder derjenigen Stämme, die später Palästina eroberten, in Muṣri, wo auch der Wohnsitz Jahwes gelegen habe. Die jetzige Darstellung der Vorgeschichte Israels stamme von den Hofdichtern Davids.

[42] Siehe auch Kap. 7.2.1.

[43] F. Böhl, Kanaanäer und Hebräer, 1911, 84.

[44] F. Böhl, Kanaanäer und Hebräer, 1911, 84; ders., Opera minora, 1953, 479, zu S. 48 Anm. 43.

[45] F. Böhl, Kanaanäer und Hebräer, 1911, 87 mit Anm. 1.

[46] F. Böhl, Kanaanäer und Hebräer, 1911, 88; ders., Das Zeitalter Abrahams, 1931, 27–31; ders., Opera minora, 1953, 479, zu S. 48 Anm. 43, lehnt für *ḫabiru* weiterhin eine soziologische Deutung ab oder läßt sie nur eingeschränkt zu. Er schreibt folgendes: «Eine

F. Böhl kombiniert seine Anschauung, daß Hebräer die Bezeichnung einer ganzen Völkergruppe sei, zu der neben anderen auch die Israelstämme gehörten[47], mit dem Nachweis der Lesung *ḫabiru* für SA.GAZ und sieht darin den sicheren Nachweis für die Identität der *ḫabirū*-Leute mit den Hebräern der biblischen Texte. Es dürfte mühelos zu erkennen sein, daß in dieser Argumentation einige höchst fragwürdige Gleichsetzungen und Hypothesen zur Grundlage weitreichender Ergebnisse gemacht werden. Es wird z. B. davon gesprochen, daß die Gleichsetzung der *ḫabirū*-Leute mit den Hebräern aufgrund des sprachlichen Befundes allein als sehr wohl möglich, aber keineswegs als notwendig erscheine. Bei dieser Gleichsetzung kann es sich jedoch streng genommen vorerst nur einmal um die mögliche Gleichsetzung der Wörter *ḫabiru* und *ʿibrî*, jedoch nicht der damit bezeichneten Menschen handeln. Er unterläßt auch den Nachweis für seine Anschauung, daß es sich bei den *ḫabirū* = SA.GAZ um Stammesgruppen handle. Er übergeht auch das Problem, daß die Ausdehnung der *ḫabirū* = SA.GAZ in keinem Falle mit der zur Deckung gebracht werden kann, die für die Hebräer aus der Bibel zu erheben ist.

Die Schlußfolgerungen F. Böhls sollten in Zukunft für viele die Basis ihrer Überlegungen zur *ḫabirū*-Hebräer-Frage bilden.[48] Es wurde jedoch auch gegen die Sicherheit seiner Beweisführung, die mehr vortäusche, als sie wirklich an Zuverlässigem zu bieten vermöge, Kritik angemeldet.[49]

Die Deutung der SA.GAZ = *ḫabirū* als eines großen Volkes haben dann A. Ungnad[50] und A. Jirku[51] erneut aufgenommen. A. Jirku modifiziert hierbei das berühmte Axiom von F. Böhl «Alle Israeliten sind Hebräer, aber nicht alle Hebräer sind Israeliten»[52] durch eine Aufspaltung der Hebräer – Israeliten in zwei Völker, durch deren Vereinigung das spätere Volk Israel entstanden sei. Von Abraham und seinem Anhang stammten die *ḫabirū*-Hebräer ab, während die Israelstämme mehr aramäischer Herkunft seien.[53] Die richtige Formel laute deshalb: «Neben dem aus einer Vereini-

appellative Auffassung wie ‹Flüchtlinge› oder ‹Halbfreie› fand manche Vertreter. Doch vergesse man noch stets nicht die Stellen, an welchen diese Habiräer mit dem Determinativ für Orts- und Landesnamen oder mit der Endung für Stammes- und Völkernamen versehen sind. Die weite Verbreitung solcher Halbnomaden ist auffallend...»

47 F. Böhl, Kanaanäer und Hebräer, 1911, 73.

48 Siehe Kap. 7.2.

49 S. Landersdorfer, TQ 104 (1923), 202: «Die Sicherheit, mit der Böhl seine Aufstellungen vortrug, hatte zur Folge, daß sie allenthalben als feststehendes Ergebnis übernommen wurden, insbesondere in zusammenfassenden Werken findet man die Identität der Hebräer mit den Ḫabiru- bzw. SA.GAZ-Leuten nicht selten als gesichertes Resultat gebucht.»

50 A. Ungnad, Die ältesten Völkerwanderungen Vorderasiens, 1923, 15; ders., Joseph, der Tartan des Pharao, ZAW 41 (1923), 206.

51 A. Jirku, Die Wanderungen der Hebräer, 1924; siehe zu A. Jirku ferner Kap. 7.2.2.

52 F. Böhl, Kanaanäer und Hebräer, 1911, 67; siehe auch Kap. 7.2.1. zu Anm. 77.

53 A. Jirku, Die Wanderungen der Hebräer, 1924, 31–32.

gung von Hebräern und Israeliten entstandenen Volke Israel gab es noch Jahrhunderte hindurch selbständige hebräische Volkssplitter, die allmählich vom Schauplatz der Geschichte verschwinden, zum Teil auch wiederum aufgehend in dem schon konsolidierten und geeinigten Israel.»[54]

A. Jirku hat dann seine Position gegen Einwände, die vor allem gegen seine Auffassung der *ḫabirū* als eines Volkes gerichtet waren[55], vor allem mit den Argumenten verteidigt, daß es unmöglich sei, die *ḫabirū* als «Berufsgruppen» zu verstehen und daß auch aus der Idrimi-Inschrift hervorgehe, daß die *ḫabirū* ein seßhaftes Volk gewesen seien.[56]

A. Jirku dürfte jedoch mit seiner Hervorhebung des Themas «Berufsgruppe» davon ablenken, daß seine Gegner vom Gegensatz Appellativum–Ethnikon handeln und er selbst eine Pseudoproblematik kreiert. Den Bericht der Stele von Bet Schean[57] über Kämpfe gegen die *ʿprw* = *ḫabirū* interpretiert er ohne nähere Begründung als Argument für die Ansicht, daß die *ḫabirū* ein kriegerischer Volksstamm gewesen seien.[58] Wenn er ferner der Idrimi-Inschrift entnimmt, daß die Angabe Idr. Z. 26–28, in der davon berichtet wird, daß Idrimi sieben Jahre bei den *ḫabirū* war, voraussetze, daß der König bei einem Volk und nicht bei einer «Berufsklasse» einen Unterschlupf gefunden habe, dann führt er zwar einen Gedanken von S. Smith weiter[59], übersieht aber, daß in der Idrimi-Inschrift die *ḫabirū* neben den Flüchtlingen und Nullu-Leuten als ein Element erscheinen, das nicht zur Stadtbevölkerung gehört.[60] Die Idrimi-Inschrift bietet keinen Anhaltspunkt für die Schlußfolgerung, die A. Jirku folgendermaßen formuliert hat: «Darnach kann es nicht mehr zweifelhaft sein, daß die *Ḫabiru-ʿpr* ein überaus vitaler Volksstamm waren, der im Laufe der Jahrtausende die

---

[54] A. Jirku, Die Wanderungen der Hebräer, 1924, 32.

[55] Siehe zu B. Landsberger und J. Lewy Anm. 66–68; siehe zur Kritik an A. Jirku, Neues keilschriftliches Material zum Alten Testament. 9. *'Elohim* und *ilu/ilâni Ḫabiru/i*, ZAW 39 (1921), 156–158, die Widerlegung von A. Gustavs, Der Gott Ḫabiru, ZAW 40 (1922), 313–314; ders., Was heißt *ilâni Ḫabiri?*, ZAW 44 (1926), 25–38; siehe V. V. Ivanov Assyriologia 1/1974, 39–40.

[56] A. Jirku, Neues über die Ḫabiru-Hebräer, JKF 2 (1952/53), 213–214.

[57] Siehe Kap. 2 mit Anm. 143–147.

[58] A. Jirku, JKF 2 (1952/53), 214; so auch F. Böhl, Opera minora, 1953, 479, zu S. 48 Anm. 43; H. Schmökel, Geschichte des Alten Vorderasien, 1957, 232–233.

[59] S. Smith, The Statue of Idri-mi, 1949, 73, interpretiert die *ḫabirū* der Idrimi-Inschrift folgendermaßen: "The Ḫabiru meant are presumably only a section of this people; even so, it is clear that a distinctive tribal unit is here mentioned, not slaves or prisoners, or any general appellation of a social or any other type." R. Dussaud, La pénétration des Arabes, 1955, 183, spricht davon, daß S. Smith ein Ethnikon *ḫabiru* nachgewiesen habe.

[60] M. Dietrich – O. Loretz, Die Inschrift der Statue des Königs Idrimi von Alalaḫ, UF 13 (1981), 214–215, zu Idr. Z. 27 und 31; siehe auch A. Alt, WO 2 (1954/59), 241–242; J. Lewy, Note, 1954, 164; M. P. Gray, HUCA 29 (1958), 146–147; M. Liverani, RSI 77 (1965), 322; ders., OA 15 (1976), 149.

alte Handelsstraße von Mesopotamien nach Ägypten wanderte, und der auch mit einem kleinen Teile bei der Entstehung des israelitischen Volkes eine Rolle spielte.»[61]

Gegen diese ethnische Deutung der *ḫabirū* = SA.GAZ und *ʿibrîm* «Hebräer» meldeten alsbald B. Landsberger und J. Lewy energischen Widerspruch an.

B. Landsberger (1890–1968) ging in seiner Stellungnahme von 1924 zum Problem der *ḫabirū*-Hebräer davon aus, daß die Gleichung *ḫabiru* = *ʿibrî* als allgemeine Prämisse ethnischer Schlußfolgerungen problematisch sei.[62] Er führt mit der Feststellung «Sachlich besteht kein Zweifel an der appellativen Bedeutung des Wortes [= *ḫabiru*]»[63] die von H. Winckler bereits anvisierte Fragestellung wieder in die Diskussion ein. Für diese Deutung spreche das Ideogramm SA.GAZ, die nisbe-lose Verwendung des Wortes, das Auftauchen von *ḫabirū*-Leuten an den verschiedensten Orten und zu verschiedenen Zeiten. Die *ḫabirū* seien sonach etwa im Kulturland «zigeunernde» Scharen, während die Wüstennomaden als Sutû bezeichnet würden.[64]

In seinem nächsten Beitrag zur *ḫabirū*-Frage nimmt B. Landsberger dann zu A. Jirkus Arbeit[65] selbst Stellung.[66] Gegen dessen These von einem kreuz und quer durch Vorderasien ziehenden Söldnervolk der Hebräer, von dem ein Splitter in den aramäischen Stamm Israel eingegangen sei, macht er geltend, sie sei eine irrige These über ein Wandervolk, die J. Lewy[67] größtenteils widerlegt habe.[68] Aber eine unvoreingenommene, d. h. nicht von vornherein auf das Zusammenbringen von *ḫabirū* und Hebräern abzielende Betrachtung müsse auch die Ausdeutung der Stellen durch H. Lewy stark modifizieren.[69]

Aus den Belegen für *ḫabirū* entnimmt B. Landsberger sodann, daß die *ḫabirū* Freischaren sind, die in Ländern mit ungeordneten Zuständen selbständig walten, in geordneten Staaten dagegen nur unter staatlicher Kontrolle bestehen können. Diese Deutung werde allen den Stellen gerecht, wo die *ḫabirū* als kollektive Größe erscheinen.[70]

---

[61] A. Jirku, JKF 2 (1952/53), 214. Diese Argumentation übernimmt auch H. Schmökel, Geschichte des Alten Vorderasien, 1957, 233–234 mit Anm. 10.

[62] B. Landsberger, Über die Völker Vorderasiens im dritten Jahrtausend, ZA 35 (1924), 213.

[63] B. Landsberger ZA 35 (1924), 213 f., Anm. 1.

[64] B. Landsberger, ZA 35 (1924), 213 f., Anm. 1.

[65] Siehe Anm. 51.53–54.

[66] B. Landsberger, Ḫabiru und Lulaḫḫu, KlF 1 (1930), 321–334; ders., Note, 1954, 160, datiert diesen Beitrag ins Jahr 1928.

[67] J. Lewy, Ḫabiru und die Hebräer, OLZ 30 (1927), 738–746. 825–833.

[68] B. Landsberger, KlF 1 (1930), 321–322.

[69] B. Landsberger, KlF 1 (1930), 322.

[70] B. Landsberger, KlF 1 (1930), 323.

Aus den Nuzi-Tafeln sei zu entnehmen, daß die *ḫabirū*-Scharen so hießen, weil sie aus *ḫabiru*-Individuen, die eine bestimmte soziale Klasse repräsentierten, zusammengesetzt seien. Freischaren aber setzten sich naturgemäß aus Leuten, die von Haus und Hof vertrieben, aus flüchtigen Ausländern, verfolgten Verbrechern usw. zusammen. Wenn wir *ḫabiru* demnach als «Person ohne Familienzugehörigkeit» definierten, müßten wir uns gegenwärtig halten, welche Bedeutung das *bītu*, die Familie, in alt- und mittelbabylonischer Zeit gehabt habe.[71]

B. Landsberger setzt ferner voraus, daß die Klärung der Etymologie von *ḫabiru* für eine Kritik der Hypothesen notwendig sei, welche die Identität von *ḫabiru* und *ʿibrî* vertreten.[72] *ḫabiru-* = *ḥabir* «Genosse» passe für die Freischaren, die im Gegensatz zu Familie und Stamm freie Vereinigungswesen seien, nicht übel.[73]

Nach B. Landsberger ist das *ʿibrî* der Bibel Bezeichnung für die ethnische Zugehörigkeit der «Kinder Israel». Das Volk habe sich mit *ʿibrî* nach seinem Stammvater *ʿbr* benannt. Setze man voraus, daß Israel nach Kanaan eingewandert sei, so komme man zu folgender Annahme: «*ʿibrîm* war ein Sammelname für die einwandernden Stämme, die wahrscheinlich nicht geeint waren, der daher erst von der autochthonen Bevölkerung für jene erfunden wurde. Als ‹Jenseitige›, d. h. über den Jordan gekommene, hätte eine solche Fremdbezeichnung eine passende Etymologie, besonders unter der Voraussetzung, daß die Ansässigen und die Eingewanderten die gleiche Sprache redeten, also als eigentliche Bezeichnung der Volkszugehörigkeit etwa ‹kanaanäisch Sprechende› zu *ʿibrî* zu subintelligieren wäre. Israel dagegen ist Selbstbezeichnung eines Stammesvertreters, der mit der Zeit alle *ʿibrîm*-Stämme in sich aufsog.»[74]

B. Landsberger kommt so zum Ergebnis, daß die *ḫabirū* keine bestimmte Gens gewesen seien, so daß keine Gründe bestünden, die großhebräische Hypothese noch länger zu halten.[75] Er sieht deshalb keine Möglichkeit, die *ḫabirū* und *ʿibrîm* zusammenzubringen.[76]

In seinen Ausführungen zum *ḫabirū*-Problem von 1953 bemerkt B. Landsberger, daß die Gleichsetzung *ḫabiru-* = *ʿibrî* zu den «fantômes

[71] B. Landsberger, KlF 1 (1930), 328.

[72] B. Landsberger, KlF 1 (1930), 328.

[73] B. Landsberger, KlF 1 (1930), 328.

[74] B. Landsberger, KlF 1 (1930), 330.

[75] B. Landsberger, KlF 1 (1930), 331, betont, daß das Wort *ḫabiru* in den Amarna-Briefen als Appellativ aufzufassen ist.

[76] B. Landsberger, KlF 1 (1930), 330–334.

d'homonymie» gehöre.[77] Selbst der einfache Hebräer habe *ʿibrî* nur als «der von Jenseits» verstehen können.[78]

In der Argumentation von B. Landsberger sind deutlich zwei Momente zu unterscheiden. An erster Stelle ist sein Eintreten für die appellativische Auffassung von *ḫabiru*, die sich gegen die großhebräische Hypothese und die Beweisführung mit Wanderungen wendet, zu nennen. Er nimmt so einerseits die Terminologie und Fragestellung von H. Winckler wieder auf, löst sie aber ganz vom Problem der *ʿibrîm*. Deshalb kommt ihm das Verdienst zu, die Betrachtung der Keilschrifttexte von der Bindung an die bibelwissenschaftliche Fragestellung gelöst zu haben.[79]

Seine Ablehnung der Gleichsetzung *ḫabirū* = *ʿibrîm* gründet er im wesentlichen auf etymologische Überlegungen.[80] Für *ḫabiru* setzte er zuletzt die Bedeutung «étranger ayant traversé la frontière» an und begründet dies mit Idr. Z. 27–28 und *iḫ-pí-ar* (BIN VI 226, 14).[81]

Wenn in Idr. Z. 27–28 berichtet wird, daß Idrimi auf seiner Flucht zu den *ḫabirū* gekommen und dann sieben Jahre bei ihnen geblieben ist, dürfte daraus kaum etwas über die Etymologie von *ḫabiru* zu entnehmen sein. Desgleichen kann auch aus BIN VI 226,14, dessen Deutung umstritten ist, kein sicheres Argument für eine Etymologie des Wortes gewonnen werden.[82]

Für *ʿibrî* übernimmt B. Landsberger die Interpretation «der von jenseits, celui d'au-delà»[83], so daß hier eine Wiederaufnahme der spätjüdischen Auffassung vorliegen dürfte. Kritische Stimmen haben B. Landsberger die

---

[77] B. Landsberger, Note, 1954, 161. In diese Richtung tendiert bereits S. Landersdorfer, TQ 104 (1923), 231, der vermutet, daß hethitische oder mitannische *ḫabirū* selbstverständlich mit den biblischen *ʿibrîm* außer dem Gleichklang des Namens weder sachlich noch sprachlich etwas gemein hätten.

[78] B. Landsberger, Note, 1954, 161.

[79] J. Bottéro, Ḫabiru, 1954, XVI, schreibt hierzu: «C'est le mérite de B. Landsberger d'avoir cherché à replacer dans sa vraie perspective, d'abord assyriologique, le problème essentiel de l'identité des *ḫabiru* en eux-mêmes, hors de tout comparatisme ou concordisme biblique.»

[80] B. Landsberger, ZA 35 (1924), 213 f. Anm. 1; ders., KlF 1 (1930), 328–334; ders., Note, 1954, 160–161.

[81] B. Landsberger, Note, 1954, 160; J. Lewy, Origin and signification of the Biblical Term ‹Hebrew›. HUCA 28 (1957), 9 Anm. 17, weist nach, daß B. Landsberger hiermit nicht seine eigene frühere Meinung zitiert, sondern die von J. Lewy, die er selbst 1928 abgelehnt habe.

[82] Siehe zur Diskussion über BIN IV 226, 14 K. Hecker, Grammatik der Kültepe-Texte, 1968, 31 § 19 a, «er entfloh (?)», mit der Angabe, daß die Ableitung unklar ist; ders., WO 11 (1980), 67 Anm. 17, übersetzt *iḫ-pí-ar* mit «er war geflohen»; J. Bottéro, DHA 6 (1980), 204–205, setzt unter Hinweis auf Māri-Texte ein Verbum *ḫabâru* an und übersetzt *iḫbiar* folgendermaßen: «est-devenu-*ḫabiru* (en se réfugiant) à Zilûna».

[83] B. Landsberger, Note, 1954, 161.

Nichtbeachtung der *ᶜprw*[84], falsche Etymologie[85] und emotionale Einflüsse in der Darstellung des Problems *ḫabirū-ᶜibrîm*[86] vorgeworfen.

Eine Reihe von Beiträgen zum *ḫabirū*-Problem hat J. Lewy im Zeitraum von 1925 bis 1957 verfaßt. In seiner ersten Stellungnahme schreibt er: «M. E. liegt hier vielmehr der Stamm *ḫabāru* (Del. HWB 268 a) vor, zu dem Schroeder, ZA 31, 98 richtig *ḫabaratu* ‹Einbruch› (Schr.: ‹Deichbruch›) stellte, von dem aber vor allem eben auf Grund unserer Stelle *Ḫabiru* ‹Eindringender› (akkad. *Ḫabirū*, hebr. *ᶜibrî* also: ‹zu den [als Beduinen in das Kulturland] Eindringenden gehörig [nicht aber zu der älteren ‹autochthonen› Bevölkerung, deren selbstverständliche Aufgabe – besonders charakteristisch auch Gen. 14! – das Festhalten und die Verteidigung des Landes ist]) herzuleiten ist.»[87]

Eine grundsätzliche Stellungnahme zum *ḫabirū*- und Hebräerproblem legte J. Lewy dann im Jahre 1927 vor, die im wesentlichen als Kritik von A. Jirku[88], B. Landsberger[89] und F. Böhl[90] gedacht war.[91] Er übernimmt jetzt die appellativische Erklärung des Wortes *ḫabiru*[92] und lehnt damit die Existenz eines Wander- und Söldnervolkes der *ḫabirū* ab.[93] Denn es fehle ein von ihnen fest besiedeltes Territorium, das als das zwei Jahrtausende lang unerschöpfliche Reservoir ihrer Volkskraft gelten könnte.[94]

Während B. Landsberger von der Annahme ausgeht, daß in den Keilschriftquellen *ḫabiru* ein Appellativum darstelle und *ᶜibrî* dagegen in der Bibel nur als Ethnikon belegt sei[95], befolgt J. Lewy eine im Grunde diametral entgegengesetzte Argumentation. Denn er geht davon aus, daß selbst noch die LXX *ᶜibrî* wenigstens einmal in Gen 14,13 nicht als Gentilizium, sondern als Appellativum betrachtet habe. Daraus folgert er, daß allein diese Tatsache schon nahelege, das herauszuarbeiten, was dem Wort *ḫabiru* und dem *ᶜibrî*-περάτης der Bibel gemeinsam sei.[96]

---

[84] M. Noth, Erwägungen zur Hebräerfrage, 1934, 101.

[85] J. Lewy, HUCA 28 (1957), 9 Anm. 17.

[86] W. Helck, Beziehungen 1971², 490 Anm. 1, meint, daß die betont scharfe Ablehnung der Gleichsetzung *ḫabiru* = *ᶜibrî* durch Landsberger (Note, 1954, 161) im Grunde doch nur zeige, daß eindeutige Gegenbeweise fehlten.

[87] J. Lewy, Der *karrum* der altassyrisch-kappadokischen Städte und das altassyrische Großreich, ZA 36 (1925), 26 Anm. 4.

[88] Siehe Anm. 51. 53–54.

[89] Siehe Anm. 62–66, 68–78, 80–82.

[90] Siehe Anm. 46–47.

[91] J. Lewy, Ḫabiru und Hebräer, OLZ 30 (1927), 738–746. 825–833.

[92] J. Lewy, OLZ 30 (1927), 741. 745.

[93] J. Lewy, OLZ 30 (1927), 742. 744–745.

[94] J. Lewy, OLZ 30 (1927), 744.

[95] B. Landsberger, KlF 1 (1930), 330.

[96] J. Lewy, OLZ 30 (1927), 744.

J. Lewy legt dann dar, daß die LXX mit der Übersetzung Ἀβράμ ὁ περάτης «Abram der Herübergekommene» für *'brm hᶜbrj* ziemlich genau *ᶜibrî* mit der Definition von *ḫabiru* als (nomadischer) Eindringling zur Deckung bringe und zugleich die Situation von Gen 14 hervorragend erfasse: «Den ohne festen Wohnsitz bald hier, bald dort mit seinen Leuten und seinen Herden zeltenden Fremdling brauchen die Kämpfe der einheimischen Fürsten von Sodom und Gomorrha usw. gegen ihren elamitischen Oberherrn Kedorlaᶜomer vielleicht nicht zu berühren. Ergreift Abram jedoch überhaupt Partei, so müssen die Einheimischen, denen der vor der Seßhaftwerdung stehende Halbnomade stets verdächtig ist, befürchten, daß er in der Hoffnung auf Belohnung durch eine Herrschaft im Lande den ‹Elamiter› begünstigt – so, wie die *ḫabirū* der Amarna-Briefe die Situation für sich ausnutzen und sich von den Hethitern mit den Herrschaften der angestammten Fürsten Syriens und Palästinas belehnen lassen wollen.»[97]

Analog hierzu übersetzt J. Lewy die Bezeichnung *ᶜibrî* für Joseph in Ägypten mit « ‹Beduine›, ‹(semitischer) Fremdling› ».[98] Dies führt ihn notwendig zur Übersetzung von *'rṣ hᶜbrjm* (Gen 40,15) mit «Land der Nomaden», das, obwohl fast eine contradictio in adjecto, die beste Möglichkeit zu ihrer Kennzeichnung der Heimat Josephs gegenüber Ägypten sei.[99] Dieses Verständnis von *ᶜibrî* nimmt er auch für Ex 1–10, I Sam und die Gesetzestexte an.[100] Aus Sanh. III 31, Dtn 15,12 und Jer 34–35 gehe hervor, daß das Nebeneinander der seßhaften *bnj jśr'l* und der *ᶜibrîm,* also der nomadisierenden semitischen Bevölkerung Judas und der Nachbargebiete, welche zur vollen Seßhaftigkeit des Ackerbauers übergehende Gruppen häufig an die Israeliten verloren haben werden, sich im staatlichen Leben Judas noch unmittelbar vor dem babylonischen Exil ausgewirkt habe. Nach dem Exil müsse dieser Zustand zunächst theoretisch, bald aber auch praktisch aufgehört haben. In der exklusiv gewordenen nachexilischen Gemeinde sei nur noch für Juden Raum gewesen, nicht auch für *ᶜibrîm,* deren Vorfahren zudem der Deportation durch Nebukadnezar naturgemäß entgangen seien. Es fehle im ganzen Alten Testament der Nisbe *ᶜibrî* anscheinend der Sinn einer sich speziell in Sprache und Nationalität offenbarenden Zugehörigkeit zu Israel bzw. zum Judentum.[101]

Seine These, daß die *ḫabirū* der Keilschriftdokumente den *ᶜibrîm* der Bibel entsprächen, *ᶜibrî* ein Appellativ sei, das ein Mitglied einer besonderen Bevölkerungsklasse bezeichne und erst später ein Gentilizium zur Kennzeichnung eines Israeliten oder Juden werde, hat er auch später beibehal-

---

[97] J. Lewy, OLZ 30 (1927), 828.
[98] J. Lewy, OLZ 30 (1927), 828.
[99] J. Lewy, OLZ 30 (1927), 828–829.
[100] J. Lewy, OLZ 30 (1927), 829–831.
[101] J. Lewy, OLZ 30 (1927), 831.

ten.[102] Dabei blieb Gen 14,13 weiterhin der Ausgangspunkt für seine Überlegungen zur Entwicklung von *ᶜibrî* von einem Appellativum zu einem Ethnikon.[103] Dies setzte nicht nur eine Frühdatierung von Gen 14 voraus[104], sondern auch die Ausscheidung von *ᶜibrî* in Jon 1,9 als einer anerkannt späten Stelle.[105] J. Lewy versuchte so eine Trennung zwischen den *ḫabiru*- und *ᶜibrî*-Belegen der Keilschriftdokumente und der Bibel und dem späteren Gebrauch von *ᶜibrî* als Gentilizium zu erreichen.

Die von B. Landsberger erreichte Problematisierung der *ḫabirū*-Frage, die zu einer Trennung zwischen außerbiblischen und alttestamentlichen Texten führte, versucht J. Lewy durch eine Zusammenschau von Keilschriftdokumenten und biblischen Aussagen wieder aufzuheben. Er überträgt die Ergebnisse der Altorientalistik, die zur Bestimmung von *ḫabiru* als eines Appellativums führten, direkt auf die biblischen Texte. Er macht dabei Gen 14,13 zu einem Angelpunkt der Argumentation. Dies wiederum hat eine Frühdatierung und streng historische Deutung von Gen 14, eines späten Midrasch[106], zur Voraussetzung.

Dem von J. Lewy befolgten Argumentationstypos folgt auch M. P. Gray.[107] Sie sieht sich gleichfalls gezwungen, Gen 14 früh zu datieren[108] und Jon 1,9 aus der Diskussion auszuscheiden.[109] Der spätere Gebrauch von *ᶜibrî* zur Bezeichnung des Juden und seiner Sprache wird nur als eine Tatsache ohne jede Erklärung registriert, obwohl zugleich festgestellt wird, daß die *ᶜibrîm* bereits seit der Entwicklung der Monarchie verschwunden waren.[110]

Eine umfassende Zusammenschau der *ḫabirū*-Hebräer hat auch M. Greenberg vorgelegt.[111] Er rechnet damit, daß *ḫabiru* bei den Westsemiten den in Not geratenen, abhängigen und wandernden Menschen

---

[102] J. Lewy, Ḫābirū and Hebrews, HUCA 14 (1939), 609. 622; ders., A New Parallel Between Ḫābirū and Hebrews, HUCA 15 (1940), 47–48; ders., Note, 1954, 163–164, gibt folgende Definition: "... I should like to emphasize that I define the *ḫâbirû* not as a nation, but as immigrants who, having left the countries of their birth, became 'resident aliens' of neighbouring lands in which they found a living either in the service of government or, less frequently, in the service of individual citizens.»; ders., A propos des Ḫabiru, Or 24 (1955), 409 (Bericht von A. Pohl); ders., Origin and Signification of the Biblical Term ‹Hebrew›, HUCA 28 (1957), 1–13.

[103] J. Lewy, HUCA 28 (1957), 6–7.

[104] Siehe Kap. 5.6.

[105] J. Lewy, HUCA 28 (1957), 6–7; siehe auch Kap. 5.7.

[106] Siehe Kap. 5.6.

[107] M. P. Gray, The Ḫâbirû-Hebrew Problem in the Light of the Source Material Available at Present, HUCA 29 (1958), 135–202.

[108] M. P. Gray, HUCA 29 (1958), 174–176.

[109] M. P. Gray, HUCA 29 (1958), 186.

[110] M. P. Gray, HUCA 29 (1958), 187–188.

[111] M. Greenberg, The Ḫab/piru, 1955.

bezeichne.[112] Dagegen bestimmt er *ᶜibrî* als ein Gentilizium, das die Herkunft der Israeliten vom Noachiten ᶜEber besage.[113] Zugleich hält er es für möglich, daß in Gen 14,13 von Abraham, dem eine gewisse Ähnlichkeit mit den *ḫabirū* nicht abgesprochen werden könne, später als *ᶜibrî* den Rang eines Ahnen der israelitischen Nation erhalten habe.[114] Die Gleichsetzung der *ḫabirū* und Hebräer stoße jedoch auf Widerstände. Es bleibe nur die Möglichkeit, daß die Anfänge der israelitischen Geschichte mit einem «wandernden Aramäer» verknüpft seien, dessen sozialer Stand und dessen Lebensweise ihn als *ḫabiru* auswiesen. Weitere historische Kombinationen zwischen diesen zwei Gruppen seien zweifelhaft.[115]

Während die von B. Landsberger und J. Lewy repräsentierten Forschungsrichtungen in erster Linie auf der Interpretation von Texten aufbauen und von den Problemen *ḫabiru* = *ᶜibrî* oder *ḫabiru* ≠ *ᶜibrî* beherrscht werden, haben andere Forscher es unternommen, die soziologischen[116] und topologischen[117] Fragen, die mit den Gesellschaftsformen Syrien-Palästinas und der *ḫabirū* verbunden sind, zu untersuchen.[118] Den Beweggründen für soziale Desintegration wenden sie dabei ihre besondere Aufmerksamkeit

---

112 M. Greenberg, The Ḫab/piru, 1955, 91.

113 M. Greenberg, The Ḫab/piru, 1955, 92–93.

114 M. Greenberg, The Ḫab/piru, 1955, 93, schreibt hierzu folgendes: "Building on the assumption that Abraham and his family were *ᶜApiru* it is possible to suggest a reason for the gentilic usage of *ᶜibrî:* since the interest of the Biblical writers in Abraham centered in his role as the ancestor of the later Israelite nation, an epithet which originally marked his social status was transformed by them (perhaps unawares) into familial designation well adapted to set the proto-Israelites off from the surrounding ethnic groups.»

115 M. Greenberg, The Ḫab/piru, 1955, 96; ders., in: WMJP 2, 1970, 200; ders., Ḫabiru, in: EJ 7 (1971), 1033–1034.

116 Es handelt sich um das Problem der «dimorphic structure» einer altorientalischen Gesellschaft, d. h., um das Verhältnis zwischen Seßhaften und Nomaden, sowie die Infiltration der Nomaden, siehe M. B. Rowton, Dimorphic Structure and Topology, OA 15 (1976), 17–18; ders., Dimorphic Structure and the Problem of the *ᶜApirû – ᶜIbrîm,* JNES 35 (1976), 13–20; ders., Dimorphic Structure and the Parasocial Element, JNES 36 (1977), 181. Siehe auch zu dieser Problemstellung die Bemerkungen von M. Liverani, OA 15 (1976), 151, zur Verwendung des Begriffes bei M. Mauss.

117 Betrifft die geo-physikalischen Bedingungen für die Geschichte, siehe M. B. Rowton, The Topological Factor in the *Ḫapiru* Problem, AS 16, 1965, 375, er bestimmt hier die Topologie folgendermaßen: "Topology, viewed here as a subdivision of ecology, denotes the relation between the physical environment and history in all its aspects, that is, not only the economic factor but also the events of history, the military factor, and the social factor."; ders., OA 15 (1976), 18.

118 Siehe zu den mehr auf das AT ausgerichteten Untersuchungen der soziologischen Deutung Kap. 7.1.

zu. Es handelt sich hier vor allem um die Bemühungen von M. B. Rowton[119] und M. Liverani.[120]

Eine entscheidende Rolle innerhalb der Entwicklung mißt M. B. Rowton der Einführung des Streitwagens bei.[121] Die Kriegsführung mit dem Streitwagen habe eine doppelte und kontradiktorische Wirkung.[122] Die Einführung des Streitwagens als Kampfmittel habe die Nomaden ihres wichtigsten taktischen Vorteils, höherer Mobilität und Überraschung, beraubt. Es sei den Staaten von Mitanni, Assur und Babylonien damit möglich geworden, den Zugang zur dimorphen Zone und ähnlichen Gebieten in Westasien zu versperren. Assyrien sei hierin besonders erfolgreich gewesen und habe damit die Grundlage für eine große Macht geschaffen. Diese Entwicklung habe auch zur sozialen Desintegration beigetragen. Die nomadischen Verbände, denen der Zugang zu den Gebieten der Sommerweide verschlossen wurde, seien gezwungen gewesen, sich in kleinere Gruppen aufzulösen. Einige davon hätten sich dem Bandenwesen zugewandt, andere sich seßhaft gemacht, so daß sie für die Stammesgesellschaft verloren gegangen seien.[123]

Dies habe dazu geführt, daß in Vorderasien Regionen entstanden seien, in denen «law and order» herrschte und andere mit chaotischen Zuständen. Die aus der Stammesgemeinschaft und städtischen Gesellschaft Entwurzelten hätten von selbst in die Gebiete tendiert, die dem Streitwagen unzugänglich gewesen seien. Der Großteil Syriens sei diesen Territorien zuzuzählen. Im zweiten Jt. v. Chr. habe es noch viele gebirgige Gegenden in Syrien gegeben, die bewaldet oder mit Gebüsch bedeckt waren. In diesen Enklaven hätten Nomaden Weide gefunden und all jene Entwurzelten aus den Stämmen und Städten, zu denen auch die *ḫabirū* gehörten.[124]

Einen erheblichen Faktor, der zur Bildung von *ḫabirū*-Gruppen im zweiten Jt. geführt hat, sieht auch M. B. Rowton im hohen Zinssatz und

---

[119] M. B. Rowton hat seine Gedanken in folgenden Beiträgen vorgelegt: The Topological Factor in the *Ḫapiru* Problem, AS 16, 1965, 375–387; ders., The Woodlands of Ancient Western Asia, JNES 26 (1967), 261–277; ders., The Physical Environment and the Problem of the Nomads, 1967, 109–121; ders., Urban Autonomy in a Nomadic Environment, JNES 32 (1973), 201–215; ders., Autonomy and Nomadism in Western Asia, Or 42 (1973), 247–258; ders., Enclosed Nomadism, JESHO 17 (1974), 1–30; ders., Dimorphic Structure and Topology, OA 15 (1976), 17–30; ders., Dimorphic Structure and the Problem of the *ᶜApirû-ᶜIbrîm,* JNES 35 (1976), 13–20; ders., Dimorphic Structure and the Parasocial Element, JNES 36 (1977), 181–198; ders., in: NSP, 1981, 25–36.

[120] Siehe Anm. 151–165.

[121] M. B. Rowton, OA 15 (1976), 29.

[122] M. B. Rowton, OA 15 (1976), 29.

[123] M. B. Rowton, OA 15 (1976), 29.

[124] M. B. Rowton, The Physical Environment and the Problem of the Nomads, 1967, 117; ders., OA 15 (1976), 29; ders., JNES 35 (1976), 13–14.

Wucher.[125] Erst die Stabilisierung größerer politischer Kräfte habe dann im ersten Jt. zum Verschwinden der *ḫabirū* beigetragen.[126]

Von diesen Voraussetzungen her hat M. B. Rowton auch das Problem *ḫabirū* = *ᶜibrîm* aufgegriffen.[127] Er stimmt zwar B. Landsberger in der soziologischen Auffassung der *ḫabirū* zu[128], teilt aber nicht dessen Ablehnung der Gleichung *ḫabirū* = *ᶜibrîm*. Nachdem die Debatte über das Problem *ḫabiru* = *ᶜibrî* im vergangenen Jahrhundert aufgekommen sei, trage sie immer noch die Kennzeichen einer Zeit, die etymologischen Fragen gegenüber ein besonderes Interesse gezeigt habe. Es sei deshalb kaum verwunderlich, daß auch das Problem der *ḫabirū*-Hebräer mit etymologischen Fragen belastet, entstellt und in falsche Richtung gelenkt worden sei. Es sei deshalb ein anderer Zugang zu versuchen, der auf dem Verständnis einer nach Stämmen organisierten Gesellschaft aufbaue. Die Etymologie sei auf diesem Wege durch eine neue Betrachtungsweise zu ersetzen.[129]

Gehe man das *ḫabirū*-Problem von Phänomen der Desintegration einer Stammesgesellschaft an, dann stelle es sich folgendermaßen dar: Das Wort *ḫabiru* (*ᶜapirû*) sei westsemitischen Ursprungs, erscheine in Mesopotamien im Zusammenhang mit dem Eindringen der Amurriter. Es sei deshalb zu vermuten, daß die Amurriter dieses Wort mitbrachten und daß es ursprünglich einen Aspekt der Stammesgesellschaft bezeichnet habe. In städtischer und somit wohl auch in der Stammesgesellschaft bezeichne es den ökonomisch und sozial Entwurzelten.[130] Aus dieser Überlegung zieht er dann folgenden Schluß: "Hence in tribal society *ᶜapirû* probably denoted the detribalized, since in tribal society it is they who primarily constitute the economically and socially uprooted."[131]

Von dieser Auffassung der *ḫabirū* her findet er sodann über die Hypothese von H. Parzen[132] einen Anschluß an die *ᶜibrîm* «Hebräer».[133] Da nach H. Parzen *ᶜibrî* eine negative Bedeutung hat und dies auch für *ḫabiru* zutreffe, sei anzunehmen, daß auch *ᶜibrî* einen Aspekt der zwölf Stämme Israels betreffe. Da Israel schon vor dem Aufenthalt in Ägypten eine

---

125 M. B. Rowton, JNES 36 (1977), 182; siehe auch zu dieser Problematik I. M. Diakonoff, MIO 13 (1967), 363 Anm. 141, zu N. B. Jankowska, 1959; ders., Oikumene 3 (1982), 96; M. Liverani, RSI 77 (1965), 317–320.

126 M. B. Rowton, JNES 36 (1977), 182; siehe auch I. M. Diakonoff, Oikumene 3 (1982), 96.

127 M. B. Rowton, Dimorphic Structure and the Problem of the *ᶜApirû-ᶜIbrîm*, JNES 35 (1976), 13–20.

128 M. B. Rowton, JNES 35 (1976), 17.

129 M. B. Rowton, JNES 35 (1976), 13–14.

130 M. B. Rowton, JNES 35 (1976), 17.

131 M. B. Rowton, JNES 35 (1976), 17–18.

132 Siehe Kap. 7.

133 M. B. Rowton, JNES 35 (1976), 18; ders., JNES 36 (1977), 195.

Stammesgemeinschaft gewesen sei, aber nie eine ganze Gruppe von Stämmen in Ägypten gewesen sein könne, müsse man annehmen, daß nur einzelne Mitglieder der Stämme im Nilland gewesen seien. Ähnlich den *ḫabirū* (*ᶜapirû*) habe man diese Elemente *ᶜibrîm* genannt. Man müsse deshalb annehmen, daß *ḫabiru* (*ᶜapirû*) und *ᶜibrî* im wesentlichen dasselbe soziologische Element bezeichneten.[134] Die wichtigsten drei *ᶜibrîm*-Gruppen in den Gesetzen (Ex 21,2), im Buche Exodus über den Aufenthalt in Ägypten und in I Sam ließen sich gut einordnen. Er gelangt so zu einer fast identischen Gleichsetzung von *ḫabiru (ᶜapirû)* und *ᶜibrî*. Er schreibt: "Thus, if we accept the solutions suggested here, the terms *ᶜapirû* and *ᶜibrî* denote approximately – but not quite – the same thing. The term *ᶜapirû* denotes the uprooted, the social outcast, whether from tribal society or from urban society. The term *ᶜibrî* is confined to the uprooted from tribal society, and therein only to the detribalized from one tribal people, Israel."[135]

Die Entwicklung der soziologischen Bezeichnung *ᶜibrî* zu einem «social ethnonym»[136] stellt er folgendermaßen dar: Ursprünglich habe *ᶜibrî* eine soziologische Realität benannt und habe dann stufenweise eine ethnische Bedeutung erlangt. Diese Entwicklung habe sich zuerst außerhalb von Israel im Gebiet der Küste vollzogen.[137]

Im Rahmen der vorgetragenen Deutung der *ᶜibrîm* empfindet M. B. Rowton die Gottesbezeichnung «Jahwe, Gott der Hebräer» (Ex 3,18; 5,3; 7,16; 9,1.13; 10,3) neben «Jahwe, der Gott Israels» als besonders schwer zu interpretieren. Die umstrittene Gottesbezeichnung «Jahwe, Gott der Hebräer» bedeute «God of the tribal expatriates» der Israeliten.[138]

M. B. Rowton behandelt auch das Problem der biblischen Patriarchen.[139] Er stuft Abraham als einen «parasocial leader» ein[140], wobei er von dessen Bezeichnung als *ᶜibrî* (Gen 14,13) ausgeht und annimmt, daß *ᶜibrî* hier eine negative Bedeutung habe. Deshalb erwarte man die Bezeichnung nicht in Gen 14, und es sei folglich anzunehmen, daß Abraham hier als «parasocial leader» und Gründer eines neuen Stammes eingeführt werde.[141] Mit den Mitteln eines «literary symbolism»[142] werde hier das Thema eines

---

134 M. B. Rowton, JNES 35 (1976), 18–19.

135 M. B. Rowton, JNES 35 (1976), 19.

136 M. B. Rowton, JNES 35 (1976), 19; ders., JNES 36 (1977), 181. 190.

137 M. B. Rowton, JNES 35 (1976), 19 mit Anm. 32, verweist auf Issakar und Jon 1,9.

138 M. B. Rowton, JNES 35 (1976), 20.

139 M. B. Rowton, JNES 36 (1977), 195–197.

140 M. B. Rowton, JNES 36 (1977), 195.

141 M. B. Rowton, JNES 36 (1977), 195.

142 M. B. Rowton, JNES 36 (1977), 195. 196, spricht im Zusammenhang mit Gen 14 von "literary symbolism rather than history".

Stadtregenten, der *ḫabirū* zu seiner Unterstützung rekrutiere, abgehandelt.[143]

Wenn M. B. Rowton in der soziologischen Bestimmung der *ḫabirū* grundsätzlich mit B. Landsberger übereinstimmt und dessen Argumente durch seine Thesen über die Topologie und dimorphe Struktur der altorientalischen Gesellschaft ergänzt[144], so weicht er in der Bewertung der Gleichung *ḫabiru* = *ᶜibrî*, die B. Landsberger ablehnt[145], doch grundsätzlich ab. Während letzterer in *ᶜibrî* ein Ethnikon sieht und es deshalb inhaltlich und etymologisch von *ḫabiru* trennt, verzichtet M. B. Rowton zwar auf das Argument der Etymologie, stellt aber dann *ᶜibrî* dem Wort *ḫabiru* (*ᶜapirû*) gleich. Grundlage dieser Gleichung ist die besondere Auffassung über die Entstehung und innere Struktur des Zwölfstämmeverbandes Israel, eine besondere These über «Israels Aufenthalt in Ägypten» und eine generelle Frühdatierung der biblischen *ᶜibrî*-Belege.

Es wird somit kaum die Feststellung zu umgehen sein, daß trotz des gleichen Ausgangspunktes in Zielsetzung und Ergebnis B. Landsberger und M. B. Rowton bezüglich der Bewertung der Gleichung *ḫabiru* = *ᶜibrî* diametral voneinander abweichen. Diese Differenzen dürften vor allem darin begründet sein, daß M. B. Rowton mit seiner Deutung der *ḫabirū* eine Frühdatierung und fundamentalistische Interpretation der biblischen *ᶜibrî*-Stellen verbindet.[146]

Wenn der von M. B. Rowton beschrittene Weg einer strukturalistischen Deutung der *ḫabiru*-*ᶜibrî*-Frage auch zu begrüßen ist[147], so dürfte doch nicht zu übersehen sein, daß die Ergebnisse des Strukturalismus nur dann Vertrauen erwecken können, wenn alle Implikationen dieser Methode, besonders der Zeit-Faktor, beachtet werden.[148] Im Falle der Argumentation von M. B. Rowton dürfte nicht auszuschließen sein, daß er dem Problem des Kategorienfehlers[149] zu wenig Beachtung geschenkt hat.[150]

---

143 M. B. Rowton, JNES 36 (1977), 195, meint somit einen Anhaltspunkt für eine Verhaftung von Gen 14 im 2. Jt. gefunden zu haben, gesteht aber doch Differenzen zu. Er schreibt: "What we have here, in terms of literary symbolism, is the theme of a city ruler who reunites support among the *ḫabiru*. Well attested in Amarna and elsewhere, it is a theme chracteristic of the second, not the first, millennium B. C. Here, however, unlike Amarna, the subject is viewed from the standpoint of a tribal society, with all sympathy for the parasocial leader".

144 M. B. Rowton, The Topological Factor in the *Ḫapiru* Problem, AS 16, 1965, 375–387.

145 Siehe Anm. 157.

146 Siehe jedoch Anm. 139.

147 G. Buccellati, *ᶜApirū* and *Munnabtūtu* – The Stateless of the First Cosmopolitan Age, JNES 36 (1977), 145.

148 C. Lévi-Strauss, Strukturale Anthropologie, 1967, 35.

149 Siehe Kap. 7.3.

150 Vgl. G. Buccellati, JNES 36 (1977), 145, der M. B. Rowtons Darstellung der *ḫabirū*-*ᶜibrîm* akzeptiert.

Gleichzeitig mit M. B. Rowton hat auch M. Liverani vorgeschlagen, das *ḫabirū*-Problem von den sozialen, wirtschaftlichen und politischen Aspekten der Gesellschaft Syriens her zu verstehen.[151] Er hebt dabei besonders den Einfluß der Schuldknechtschaft, die durch das Verschwinden von allgemeinen Schulderlässen in der Spätbronzezeit im syrischen Raum verschärft wurde, hervor. Dadurch waren viele gezwungen, ihren Ort zu verlassen und zu den *ḫabirū* zu gehen.[152] Desgleichen verursachten auch politische Streitigkeiten und Katastrophen die Anzahl derer, die zur Flucht gezwungen wurden.[153] Aus wirtschaftlichen und politischen Gründen sei so eine breite Schicht von *ḫabirū* entstanden, die teils als Soldaten dienten, dem Banditenwesen oder dem Nomadentum zuneigten.[154] M. Liverani spricht sich ohne Vorbehalte für eine soziologische Auffassung der *ḫabirū* aus und lehnt die ethnische ab.[155]

Das Verhältnis zwischen den *ḫabirū* und den *ᶜibrîm* bestimmt M. Liverani von seiner Auffassung her, daß die Masse der Aussteiger (fuorusciti) zur Bildung des Nomadentums beigetragen hätte. Es ergibt sich so für ihn die Möglichkeit, zwischen diesen *ḫabirū* der Spätbronzezeit und den israelitischen Stämmen eine Kontinuität herzustellen.[156] Er geht dabei im Gegensatz zu anderen[157] von der Identität der Namen (*ḫabiru* ≡ *ᶜibrî*) und der geschichtlichen Verhältnisse – Verbindung zwischen den zwei Einheiten – aus.[158] Er lehnt es zwar ab, von einer kompletten Identität zu sprechen, da die *ḫabirū* eine soziale Einheit, die Hebräer aber eine ethnische seien.[159] Eine Verbindung bestehe insoweit, als die Hebräer ursprünglich *ḫabirū* gewesen seien oder wenigstens von Bewohnern der palästinischen Städte als solche angesehen worden seien.[160] Die Basis für diese Argumentation bildet die Annahme, daß die biblischen *ᶜibrî*-Belege alle früh zu datieren seien.[161]

---

151 M. Liverani, Il fuoruscitismo in Siria nella tarda età del bronzo, RSI 77 (1965), 315–336; ders., Implicazioni sociali nella politica di Abdi-Ashirta di Amurru, RSO 40 (1965), 269–270; ders., Rib-Adda, giusto sofferente, AOF 1 (1974), 179–184; ders., La royauté syrienne de l'âge du bronze récent, 1974, 351. 353–354; ders., OA 15 (1976), 149. 151; ders., Farsi Ḫabiru, VO 2 (1979), 65–77; ders., Un' ipotesi sul nome di Abramo, Henoch 1 (1979), 12–13.

152 M. Liverani, RSI 77 (1965), 317–319.

153 M. Liverani, RSI 77 (1965), 321–326.

154 M. Liverani, RSI 77 (1965), 325–327.

155 M. Liverani, RSI 77 (1965), 327 mit Anm. 44; ders., OA 15 (1976), 149. 151.

157 Siehe z. B. B. Landsberger, Note, 1954, 161; W. von Soden, Der Nahe Osten im Altertum, 1962, 48.

158 M. Liverani, RSI 77 (1965), 334; ders., OA 15 (1976), 151: «... il termine *ᶜibrî* ha valore sociale (e ‹significa› quel che significa *ḫabiru*).»

159 M. Liverani, RSI 77 (1965), 334.

160 M. Liverani, RSI 77 (1965), 334 mit Anm. 61, stützt sich hierbei auf A. Alt und J. Lewy.

161 M. Liverani, RSI 77 (1965), 334 mit Anm. 62, unter Berufung auf M. P. Gray, HUCA 29 (1958), 135–202.

Es gelingt ihm so, eine philologische, sachliche und zeitliche Verbindung zwischen den *ḫabirū* und *ᶜibrîm* zu bewerkstelligen.[162] Diesen Vorgang setzt er nach der sog. Zeit der Patriarchen an.[163]

In seinem Beitrag zur Formulierung der Amarna-Briefe *nēpušu ana ḫabiri* «ein *ḫabiru* werden» greift M. Liverani ein bedeutsames Problem der *ḫabiru*-Forschung auf.[164] Er weist nach, daß mit *nēpušu ana ḫabiri* «ein *ḫabiru* werden» die Zugehörigkeit zu einer klassifizierenden Kategorie, ein feindlicher Zustand angezeigt werde und *ḫabiru* in diesem Zusammenhang eine pejorative Bedeutung annehme.[165]

Auch bei M. Liverani stoßen wir nur auf eine teilweise Übernahme der Position B. Landsbergers. Denn mit der soziologischen Auffassung wird weiterhin die Gleichung *ḫabiru* = *ᶜibrî* verbunden.

Eine zusammenfassende Darstellung der Entwicklung in der Erforschung der *ḫabirū* und aller damit verbundenen philologischen sowie soziologischen Probleme bietet J. Bottéro in seinen Beiträgen.[166] Er schließt sich bei seiner Betrachtungsweise nicht an die von J. Lewy repräsentierte Forschungsrichtung, die eine Zusammenschau der keilschriftlichen und biblischen Zeugnisse über die *ḫabirū* und Hebräer vornimmt[167], an, sondern folgt B. Landsberger, der die Forderung nach einer Trennung der Beleggruppen und deren gesonderte Behandlung verlangt hatte.[168] In der Fortführung dieser Gedankenrichtung entscheidet er sich für eine vollkommene Trennung der Behandlung der SA.GAZ = *ḫabirū* von den *ᶜibrîm* «Hebräern».[169]

J. Bottéro bietet eine komplette Zusammenstellung aller Belege für (lú)SA.GAZ, *ḫabiru*, ugaritisch *ᶜpr* und ägyptisch *ᶜprw*.[170] Er sieht keine zwingenden Gründe für eine Schreibung *ḫapiru* an Stelle von *ḫabiru* und

---

162 M. Liverani, RSI 77 (1965), 335, schreibt hierzu folgendes: «Sembra dunque assai plausibile sostenere che la costituzione delle entità tribali che dettero vita alla lega israelitica, sia stata il risultato del confluire di gruppi di *khabiru*, cioè di fuorusciti, nei nuclei di genti nomadi che da tempo si aggiravano nell'area siro-palestinese, e che erano dotate di una organizzazione di tipo gentilizio, di antiche tradizioni, e di elementi di una particolare religiosità.»

163 M. Liverani, RSI 77 (1965), 335 Anm. 64.

164 M. Liverani, Farsi Ḫabiru, VO 2 (1979), 65–77.

165 M. Liverani, VO 2 (1979), 70–71. 77.

166 J. Bottéro, Ḫabiru, 1954; ders., Ḫabiru, 1972/75, 14–27; ders., Entre Nomades et sédentaires: Les Ḫabiru, DHA 6 (1980), 201–213; ders., in: NSP, 1981, 89–107.

167 J. Lewy, OLZ 30 (1927), 738–746. 825–833; ders., HUCA 28 (1957), 1–13; M. P. Gray, HUCA 29 (1958), 136, vertritt sogar die These, daß nur die Zusammenschau der Belege für *ḫabiru* und *ᶜibrî* eine objektive Erforschung des Problems gewährleiste. Die Grundlage dieser Anschauung ist offensichtlich die Frühdatierung der biblischen Belegstellen.

168 B. Landsberger, Note, 1954, 161.

169 J. Bottéro, Ḫabiru, 1972/75, 14; ders., DHA 6 (1980), 201–203.

170 J. Bottéro, Ḫabiru, 1972/75, 15–21; ders., DHA 6 (1980), 211 f., Anm. 2, mit Ergänzungen.

hält die Frage weiterhin für offen.[171] Zugleich setzt er voraus, daß sich hinter *ḫabiru* ein Wort von möglicherweise westsemitischer Herkunft (*ᶜb/pr*) verberge.[172]

Die Bedeutungsbestimmung von *ḫabiru* versucht J. Bottéro ohne Zuflucht zum etymologischen Argument[173], wobei er jedoch daran denkt, *ḫabiru* als Ableitung von *ḫabāru* zu verstehen.[174] Er kommt zum Ergebnis, daß positive Züge, die es rechtfertigten, die *ḫabirū* als eine ethnische Einheit mit eigenem Territorium und Sprache anzusehen, fehlen.[175] Es bleibe deshalb nur die Möglichkeit, die *ḫabirū* als soziologische Gruppe und das Wort als Appellativum zu verstehen.[176] Der *ḫabiru* habe sich am Ende der sozialen Leiter befunden und habe am Rande der Gesellschaft als Vagabund, Flüchtling, Räuber und Krieger[177] zwischen den Nomaden und Seßhaften gelebt.[178] Er hebt dabei besonders das Bestreben der *ḫabirū* hervor, das Leben, das sie in ihrer Herkunftsgemeinschaft verlassen haben, an ihrem Zufluchtsort wieder anzustreben und in das normale Leben der seßhaften Bevölkerung so weit als möglich wieder einzutreten.[179]

3.3. Ergebnisse und Perspektiven der *ḫabirū*-Forschung

Wenn wir die Entwicklung der Diskussion über die *ᶜprw* und *ᶜibrîm* seit 1890 und die über die *ḫabirū* und *ᶜibrîm* seit 1862 verfolgen, dann dürfte zweifellos festzustellen sein, daß der Frage, ob *ḫabiru* ein Appellativum oder ein Ethnikon ist, eine zentrale Bedeutung zukommt.

---

171 J. Bottéro, Ḫabiru, 1972/75, 22, verteidigt die Schreibung *ḫabiru* folgendermaßen: «Ce dernier, tout conventionnel et peut-être provisoire qu'il est, a du moins le mérite de rendre exactement l'orthographe de la totalité des documents en cunéiforme syllabique, le plus anciens et les plus copieux, les seuls en tout cas qui comptent d'abord pour un assyriologue»; ders., DHA 6 (1980), 202.

172 J. Bottéro, DHA 6 (1980), 202.

173 J. Bottéro, Ḫabiru, 1972/75, 23; ders., DHA 6 (1980), 202.

174 J. Bottéro, DHA 6 (1980), 204–205, zu ARM 14,50,14; 72, 18; siehe auch M. Birot, ARM 14, 1974, 228, zu *ḫabārum* «émigrer, se réfugier».

175 J. Bottéro. Ḫabiru, 1972/75, 26–27.

176 J. Bottéro. Ḫabiru, 1972/75, 27, spricht von einem «nom d'état»; ders., DHA 6 (1980), 204, «... cette désignation n'y a jamais un sens *ethnique*, mais seulement *social:* elle ne connote nullement une appartenance gentilice, mais toujours et partout un *mode de vie.*» Siehe auch I. M. Diakonoff, Oikumene 3 (1982), 55 Anm. 164; 96: "They were persons who, fleeing from their communities because of impoverishment, had lost their civil rights and roamed about the neighbouring countries, settling in the difficult accessible maquis and living by robbery, hired labour or as hired warriors."

177 J. Bottéro, Ḫabiru, 1972/75, 27.

178 J. Bottéro, DHA 6 (1980), 201–211.

179 J. Bottéro, DHA 6 (1980), 206–210.

Vom Gleichklang und der Ähnlichkeit der Wörter *ʿprw*, *ḫabiru* und *ʿibrî* her gesehen schien es berechtigt zu sein, ohne Einschränkung den Begriff Volk von den biblischen *ʿibrîm* her direkt auf die *ʿprw* und *ḫabirū* zu übertragen. Die Übereinstimmung zwischen den biblischen und außerbiblischen Quellen schien so aufs beste hergestellt und die historische Glaubwürdigkeit der Bibel gesichert.

Von Anfang an wurde eine Identifikation (≡) oder Gleichsetzung (=) der *ʿprw* mit den *ʿibrîm* oder der *ḫabirū* mit denselben aber auch bezweifelt, abgelehnt oder als eine offene Frage betrachtet. Ein wirklicher Fortschritt war in diesen Auseinandersetzungen solange nicht zu erwarten, als sie grundsätzlich von jeweils verschiedenen bibelwissenschaftlichen Positionen aus geführt wurden. Denn auf diesem Wege wurde nur festgestellt, ob die außerbiblischen Dokumente mit den alttestamentlichen Aussagen übereinstimmen und sie bestätigen oder keine Möglichkeit besteht, die Aussagen miteinander in Beziehung zu setzen. Eine Änderung der Situation und wissenschaftlichen Fragestellung sollte erst eintreten, als die im Laufe der Zeit besonders durch die Texte aus Nuzi angewachsene Anzahl der Dokumente über die *ḫabirū* eine von bibelwissenschaftlicher Problematik unabhängige Betrachtung der *ḫabirū* ermöglichte. Es ist das Verdienst von B. Landsberger, hier einen grundlegenden Wandel eingeleitet zu haben.

B. Landsberger setzte sich von der bis dahin gültigen Problemstellung insoweit radikal ab, als er nicht nur den *ḫabirū* jede ethnische Einheit absprach, sondern sie auch von den *ʿibrîm* trennte. Er bestimmte *ʿibrî* als Ethnikon und setzte es so scharf vom Appellativum *ḫabiru* ab. Zugleich widersprach er jedem Versuch einer etymologischen Verbindung beider Wörter und der damit bezeichneten Gruppen.[180]

Die Methode und die Ergebnisse B. Landsbergers wurden von mehreren Gelehrten voll übernommen, sowohl die Forderung, *ḫabiru* als Appellativum anzusehen, als auch die *ḫabirū* von den *ʿibrîm* zu trennen.[181]

Dagegen setzen sich von B. Landsberger jene Gelehrten ab, die aus philologischen Gründen[182] oder von einer strukturalistischen Betrachtungsweise her eine historische Verbindung zwischen den *ḫabirū* und *ʿibrîm* herstellen.[183]

---

180 Siehe Anm. 62–82.

181 Siehe z. B. E. Dhorme, Recueil, 1951, 762; R. Borger, ZDPV 74 (1958), 121–132; W. von Soden, Der Nahe Osten im Altertum, 1962, 48; J. Bottéro, Ḫabiru, 1972/75, 14; ders. DHA 6 (1980), 201–211.

182 Siehe zu J. Lewy Anm. 91–105; M. P. Gray, HUCA 29 (1958), 136, sieht allein in der Zusammenschau der *ḫabiru*- und der *ʿibrî*-Belege die Objektivität gewahrt; siehe zu A. Alt und M. Noth, Kap. 7.1.2.

183 Siehe Anm. 133–146, zu M. B. Rowton; Anm. 150, zu G. Buccellati; Anm. 156–163, zu M. Liverani.

Wenn deshalb von Bibelwissenschaftlern weiterhin *ḫabiru* nicht als Appellativum, sondern als Ethnikon verstanden wird, kann dies jetzt nicht mit einem allgemeinen Verweis auf die Keilschriftforschung bewiesen werden.[184] Wenn mit gegenteiligen Auffassungen aus der Altorientalistik argumentiert wird[185], dann dürfte zu berücksichtigen sein, daß wir es hier nur mit einer Randerscheinung zu tun haben[186] und die soziologische Deutung der *ḫabirū* als unbestreitbar angesehen wird.[187]

Die Übertragung der soziologischen Deutung der *ḫabirū* auf die biblischen *ᶜibrîm* läßt sich von den Keilschriftdokumenten her nicht begründen. Außer der Ähnlichkeit der Wörter *ḫabiru* und *ᶜibrî*, die als Identität (≡), Gleichheit (=) oder Phantasma der Homonymie gedeutet wird, liegen keine Anhaltspunkte vor, die es erlaubten, von diesen außerbiblischen Dokumenten her auf eine historische Kontinuität zwischen den *ḫabirū* und den Hebräern zu schließen. Eine Zusammenschau der *ḫabirū* und *ᶜibrîm* wird nur durch eine Vorentscheidung für eine Frühdatierung der hierfür in Betracht kommenden biblischen Schriften möglich, so daß wir wieder mit dem Problem des Kategorienfehlers konfrontiert sind.

Das etymologische Argument unterlag im Laufe der Zeit in der Auseinandersetzung über die *ḫabirū* und *ᶜibrîm* einem beträchtlichen Wandel.[188] Seit dem Bekanntwerden der ug. Schreibung *ᶜpr*[189] wurde die Schreibung *ḫapiru* von zahlreichen Gelehrten als die richtige angesehen. Hiermit

---

184 Siehe zur Kritik an R. de Vaux z.B. M. Liverani, OA 15 (1976), 149; S. Herrmann, Geschichte Israels, 1980², 78 Anm. 41, argumentiert z.B. ohne Angaben von Autoren folgendermaßen: «Die Schwierigkeit besteht darin, den Begriff *chapiru* klar zu bestimmen. Gegenüber den früheren Versuchen, ihn soziologisch zu umschreiben, wächst die Neigung, unter *chapiru* Leute eines gemeinsamen Volkstums zu verstehen»; K. Koch, VT 19 (1969), 39–40. 63–66. 68–71, spricht von den *ḫabirū* als einer in der Ramessidenzeit neben den Hurritern in Palästina weit verbreiteten Bevölkerungsschicht (a. a. O., S. 70).

185 K. Koch, VT 19 (1969), 40 Anm. 1, mit Verweis auf auf A. Pohl; R. de Vaux, JNES 27 (1968), 226 Anm. 32; ders., Histoire ancienne d'Israël. I, 1971, 111 Anm. 134, mit Hinweis auf A. Pohl und H. Schmökel.

186 A. Pohl, Or 26 (1956), 428; ders., Einige Gedanken zur Ḫabiru-Frage, WZKM 54 (1957), 157–160, bestimmte die *ḫabirū* als Volk und lehnte die Definition «soziale Klasse» ab. A. Pohl zog somit sein non liquet (Or 21 [1952], 376–377) zurück. Siehe zur Kritik an A. Pohl die Bemerkungen von W. Helck, Beziehungen 1971², 489 Anm. 56. A. Pohl, Or 27 (1958), 114–115, beschränkt sich auf einen Bericht, so daß bei A. Falkenstein, ZA 53 (1959), 286 Anm. 33, ein Versehen vorliegen dürfte. Siehe zu H. Schmökels Berufung auf die Erwähnung der *ḫabirū* in der Inschrift der Statue des Königs Idrimi von Alalaḫ zu Anm. 58–60.

187 M. Liverani, OA 15 (1976), 149, bemerkt hierzu folgendes: «... una designazione sociale e non etnica era acquisito (già venti anni fa) al di là di ogni ragionevole dubbio.»; M. B. Rowton, AS 16, 1965, 375–376, erwähnt A. Pohl und A. Schmökel auch A. Jirku (a. a. O., 375 Anm. 7), der seine Deutung der *ḫabirū* als Volk nie aufgegeben hat, siehe auch Anm. 58.

188 Siehe Kap. 8.

189 Siehe Kap. 4.

wurde das Argument verbunden, daß zwischen den *ḫabirū* = *ᶜprw* und den *ᶜibrîm* jeder Zusammenhang ausgeschlossen sei.[190] Andererseits werden die Beweise für eine endgültige Entscheidung zugunsten der Schreibung *ḫapiru* nicht als überzeugend angesehen und weiterhin *ḫabiru* vorgezogen.[191] In der strukturalistischen Interpretation wird die Etymologie als irreführend und bedeutungslos angesehen.[192] Dagegen haben die Väter der soziologischen Deutung der *ḫabirū* stets an der Etymologie festgehalten. B. Landsberger hat sich gegen[193], und J. Lewy für eine Gleichung *ḫabirū* = *ᶜibrîm* verwendet.[194]

Die Gleichung *ḫabirū* = *ᶜibrîm* war von Anfang an mit der Gleichsetzung der *ḫabirū* der Amarna-Briefe mit den unter Josua einfallenden Scharen der Hebräer-Israeliten verstanden worden.[195] Diese These hat sich unter mannigfachen Aspekten als unhaltbar erwiesen[196], so daß sie bereits als die grundlegend falsche Problemstellung der ganzen Auseinandersetzung über die *ḫabirū* und *ᶜibrîm* bezeichnet wurde.[197]

Die Amarna-Texte[198], die Dokumente aus Nuzi[199], Māri[200], Alalaḫ[201] und Ugarit[202] zeigen, daß die *ḫabirū* in den letzten zwei Dritteln des zweiten Jt.s v. Chr. im wirtschaftlichen und politischen Leben eine bedeutsame Rolle gespielt haben, jedoch keine Gründe vorliegen, von Siedlungsgebieten zu sprechen, die etwa durch die kleine Stele aus Beth-Schean oder die Idrimi-Inschrift angezeigt würden.[203] Durch die Beachtung der Desintegrationserscheinungen innerhalb einer dimorph strukturierten Gesellschaft[204]

---

190 R. Weill, RE 5 (1946), 251; R. Borger, ZDPV 74 (1958), 121–132.

191 J. Bottéro, Ḫabiru, 1972/75, 22; ders., DHA 6 (1980), 202; M. Birot, ARM 14, 1974, 228, betont, daß auch das Verbum *ḫabāru* (ARM 14,50,14; 72,18; A. 2886), das er mit «émigrer, se réfugier» übersetzt, keine Entscheidung zuläßt.

192 M. B. Rowton, JNES 35 (1976), 13–14.

193 B. Landsberger, Note, 1954, 160–161.

194 J. Lewy, HUCA 28 (1957), 8–13.

195 C. R. Conder, PEQ 22 (1890), 327, hatte immerhin noch seine Schlußfolgerung mit einem «wenn» versehen: "If this explanation [= Amarna-Brief] be correct, we have in these letters the earliest notice of the Hebrews in existence, and a contemporary account of the wars of Joshua, or of his successors, in the Philistine plains.»

196 H. H. Rowley, From Joseph to Joshua, 1950, 164, der eine konservative Haltung einnimmt, setzt z. B. die *ḫabirū* der Amarna-Briefe um 1400 an und Josue um ca. 1230 v. Chr.

197 M. Weippert, Landnahme, 1967, 85, schreibt hierzu: «Es soll schließlich auch nicht vergessen werden, daß die ganze Problemstellung *ᶜapiru*-Hebräer ursprünglich aus einem Mißverständnis der Rolle der ersteren in den Amarna-Briefen entstanden ist.»

198 Siehe J. Bottéro, Ḫabiru, 1972/75, 18–20, Nr. 92–205.

199 Siehe J. Bottéro, Ḫabiru, 1972/75, 16–17, Nr. 63–106.

200 Siehe J. Bottéro, Ḫabiru, 1972/75, 15–16, Nr. 31–48; M. Birot, ARM 14, 1974, 228.

201 Siehe J. Bottéro, Ḫabiru, 1972/75, 16, Nr. 50–62.

202 Siehe Kap. 4 und J. Bottéro, Ḫabiru, 1972/75, 20, Nr. 206–218.

203 A. Alt, WO 2, 1954/59, 240–242; siehe ferner Anm. 58–60.

204 Siehe Anm. 116.

sowie der Auswirkungen des Wucherzinses[205] und der politischen Geschichte, sowie deren Abhängigkeit von der Entwicklung der Kampfmittel[206] war eine Erweiterung des früheren Bildes über die *ḫabirū* möglich geworden.[207] Sie erweisen sich so als eine Erscheinung innerhalb einer Gesellschaft, in der Zins und Zinswucher wesentlich zur Fluktuation der Bevölkerung beigetragen haben und viele zum Aussteigen und zur *ḫabiru*-Existenz gezwungen haben. Es ist deshalb verständlich, daß das Verschwinden der *ḫabirū* mit der Änderung dieser besonderen wirtschaftlichen[208] und politischen Gegebenheiten in Zusammenhang gebracht wird.[209]

Von den Keilschriftdokumenten her haben wir somit eine zeitliche untere Grenze gegeben. Die Frage, ob die biblischen *ᶜibrîm* die Tradition der *ḫabirū* fortsetzen, hängt deshalb einzig und allein von der Möglichkeit ab, von den biblischen Schriften her nachweisen zu können, daß die *ᶜibrîm* eine direkte Fortsetzung der *ḫabirū* darstellen. Es wird deshalb jenen in der Altorientalistik zuzustimmen sein, die für eine eindeutige Trennung der Bereiche zwischen keilschriftlicher und biblischer Forschung eintreten.[210] Der Gang der Forschungsgeschichte zum Problem der Identität (≡ oder ≢) oder Gleichheit (= oder ≠) von *ᶜprw* – *ḫabirū* – *ᶜibrîm* in Ägyptologie, Akkadistik und Bibelwissenschaft[211] rät eindeutig zu diesem methodischen Verfahren.

Durch die Entwicklung der Diskussion in der Ägyptologie und Altorientalistik wird so deutlich, daß auch der Bibelwissenschaft die Aufgabe gestellt ist, die biblischen Aussagen über die *ᶜibrîm* vorerst unabhängig sowohl hinsichtlich ihrer zeitlichen Entstehung als auch ihrer Bedeutung zu untersuchen.

---

[205] Siehe zu M. Jankowska (1959) die Bemerkungen bei D. I. Diakonoff, MIO 13 (1967), 363 Anm. 141; siehe ferner M. Liverani, RSI 77 (1965), 317–320; M. B. Rowton, JNES 36 (1977), 182.

[206] Siehe Anm. 121.

[207] Siehe z. B. zusammenfassend J. Bottéro, DHA 6 (1980), 201–211.

[208] M. Jankowska (1959); I. M. Diakonoff, MIO 13 (1967), 363 Anm. 141; M. B. Rowton, JNES 36 (1977), 182.

[209] M. B. Rowton, JNES 36 (1977), 182, bemerkt hierzu: «Another powerful factor in stemming the outflow of the socially uprooted from the cities was the consolidation of empire in the first millennium B. C. The effect of this extended far beyond the cities. Greater security in the countryside stemmed the flight of farmers. At the same time territories in which the uprooted had hitherto sought refuge were brought under firm control of the state. Thus the various terms used for the parasocial element, notably ‹*ḫabiru*› vanish from the records with the end of the second millennium B. C.» Zum Aufkommen und Verschwinden der *ḫabirū* schreibt I. M. Diakonoff, Oikumene 3 (1982), 96, zusammenfassend: "They appear simultaneously with the mass enslavement for debt at the coming of the 2nd millennium B. C., and disappear without leaving trace when enslavement for debt ceases to play an important role, shortly before the coming of the 1st millennium B. C."

[210] Siehe Anm. 181.

[211] Siehe Kap. 7.

Kap. 4: *ᶜprm* und *ḫabirū* in den Texten aus Ugarit

In der Diskussion über die *ḫabirū* der Texte aus Ugarit sind zwei Phasen zu unterscheiden. Die erste umfaßt die 1934 von Ch. Virolleaud begonnene Auseinandersetzung über *ᶜbrm* (KTU 1.22 I 15). Die zweite setzt im Jahre 1939 mit der Auffindung der ug. Lesung *ᶜpr* für SA.GAZ ein.[1]

Den ersten Vorschlag zur Gleichsetzung von ug. *ᶜbrm* (KTU 1.22 I 15) mit hebr. *ᶜibrîm* hat Ch. Virolleaud erwogen.[2] Dieser Gedanke wurde sowohl befürwortet und ausgebaut[3], als auch abgelehnt.[4] Nach Auffindung der Texte mit *ᶜpr* = SA.GAZ[5] ergab sich dann das Problem, ob zwischen *ᶜbrm* «Hebräern» und *ᶜprm* = *ḫabirū* zu unterscheiden sei,[6] oder ob ein *b/p*-Wechsel *(ᶜb/prm)* vorliege und deshalb *ᶜbrm* und *ᶜprm* mit hebr. *ᶜibrîm* gleichzusetzen seien.[7] Sowohl der Vorschlag der Unterscheidung von *ᶜbrm* «Hebräer» und *ᶜprm*=*ḫabirū*[8], als auch der eines *b/p*-Wechsels *(ᶜb/prm)* fanden Widerspruch.[9]

Nachdem sich aus neuen keilalphabetischen und syllabischen Texten ergeben hatte, daß die ug. Schreibung für *ḫabiru* in *ᶜpr* zu sehen ist, setzte die Diskussion über *ᶜbrm* langsam aus.[10] Inzwischen hat sich die Ansicht

---

1 Siehe H. H. Rowley, From Joseph to Joshua, 1950, 49–52; J. Bottéro, Ḫabiru, 1954, XXIII–XXIV. 119–129.

2 Die Position Ch. Virolleauds wird in der Sekundärliteratur nicht mehr zuverlässig wiedergegeben. Er schreibt zu KTU 1.22 I 15 folgendes: «*ᶜbrm* désigne-t-il simplement ‹les gens qui passent›, c'est-à-dire les nomades, ou bien les Hébreux, ou les *Ḫabiri* des lettres d'El-Amarna, nous ne sourions le dire.» (Syria 15 [1934], 317 Anm. 1); «Les *ḫabiri*, que l'expression désigne ou non les Hébreux, sont nommés, semble-t-il, une fois dans les textes de Ras-Shamra» (La légende de Keret, 1936, 74 Anm. 2); «*ᶜbrm* ... Ce mot-là peut très bien désigner les Hébreux» (RES [1940], 75).

3 J. W. Jack, The Ras Shamra Tablets: their Bearing on the Old Testament, 1935, 35; B. Bonkamp, Die Bibel im Lichte der Keilschriftforschung, 1939, 304–324.

4 E. G. Kraeling, The Origin of the Name «Hebrews», AJSL 58 (1941), 237–241.

5 Siehe Anm. 13–14.

6 Ch. Virolleaud, RES (1940), 74–75, trennt von nun ab zwischen *ᶜbrm* = hebr. *ᶜibrîm* und SA.GAZ = *ḫabirū* = *ᶜprm*.

7 J. W. Jack, New Light on the Ḫabiru-Hebrew Question, PEQ 72 (1940), 95–102.

8 Siehe Anm. 6; E. G. Kraeling, AJSL 58 (1941), 238–240; H. H. Rowley, From Joseph to Joshua, 1950, 50 Anm. 4.

9 E. G. Kraeling, AJSL 58 (1941), 238–240; H. H. Rowley, From Joseph to Joshua, 1950, 50, hält dies für zweifelhaft; R. Borger, ZDPV 74 (1958), 126–128; M. C. Astour, Ḫabiru, 1976, 382.

10 Siehe Anm. 6–7.

durchgesetzt, daß die *ᶜbrm* (KTU 1.22 I 15) in keinem Zusammenhang mit den *ᶜprm=ḫabirū* stehen.[11] Denn mit *ᶜbrm* «Vorübergehende» dürften die Toten bezeichnet sein, die an der Feier für die Ahnen teilnehmen.[12]

Im Jahre 1939 wurden in Ras Shamra gefundene keilalphabetische und syllabische Texte bekanntgegeben, aus denen unmittelbar hervorgeht, daß SA.GAZ = *ḫabiru* ug. *ᶜpr(m)* entspricht.[13] Seitdem wurde dieser Sachverhalt durch weitere Funde bestätigt.[14]

Durch ug. *ᶜpr* wurde die Diskussion über die richtige Schreibung von *ḫab/piru* und den Zusammenhang von *ḫabiru* = *ᶜpr* mit hebr. *ᶜibrî* neu belebt.

Ein Teil der Gelehrten nahm sofort an, daß von *ᶜpr* her ein unmittelbarer Schluß auf die richtige Schreibung von *ḫabiru* möglich oder notwendig sei.[15] Andere betrachten die Frage weiterhin als unentschieden.[16]

Von *ᶜpr* her wurde auch geschlossen, daß jeder Zusammenhang zwischen den *ḫabirū=ᶜprm* und hebr. *ᶜibrî* abzulehnen sei.[17] Zugleich wurde die These vorgetragen, daß ein *b/p*-Wechsel möglich sei und deshalb ug. *ᶜpr* doch mit *ᶜibrî* verbunden werden könne[18], dies aber noch keinen Beweis darstelle.[19]

---

[11] Zu ug. *ᶜbr* siehe A. Caquot – M. Sznycer, TO 1, 1974, 595; S. Ribichini – P. Xella, UF 12 (1980), 437; G. Del Olmo Lete, MLC, 1981, 423. 527: *ᶜbr* «invitado».

[12] Siehe auch A. Caquot – M. Sznycer, TO 1, 1974, 475 mit Anm. c; S. Ribichini – P. Xella, UF 12 (1980), 437.

[13] Ch. Virolleaud, CRAIBL (1939), 329; ders., RES (1940), 74–76; ders., Syria 21 (1941), 143; E. G. Kraeling, BASOR 77 (1940), 32; J. Bottéro, Ḫabiru, 1954, XXIII.

[14] J. Bottéro, Ḫabiru, 1954, 119–129; ders., Ḫabiru, 1972/75, 20, Nr. 206–217; siehe ferner J. Nougayrol, PRU 4, 1956, 260; ders., PRU 6, 1970, 150.

[15] Ch. Virolleaud, CRAIBL (1939), 329; ders., RES (1940), 74–76; W. F. Albright, BASOR 77 (1940), 32–33, sah seine bereits seit 1930 ausgesprochene Forderung bestätigt; G. E. Kraeling, Light from Ugarit on the Khabiru, BASOR 77 (1940), 32; C. H. Gordon, UH, 1947, § 19. 1520; ders., JKF 2 (1952/53), 51; ders., UT, 1965, § 19. 1899, hat dann seine Deutung der Differenzen zwischen *ḫapiru* und *ᶜibrî* deutlich revidiert. Er hält es jetzt für möglich, daß die *ᶜprm* von Ugarit mit den *ᶜibrîm* «Hebräern» zu verbinden sind. Siehe ferner E. Dhorme, RH 211 (1954), 260; A. Goetze, Note, 1954, 161; B. Landsberger, Note, 1954, 159–160; R. Borger, ZDPV 74 (1958), 127–128; M. Weippert, Landnahme, 1957, 12 Anm. 3; R. de Vaux, JNES 27 (1968), 222; C. H. J. de Geus, The Tribes of Israel, 1976, 182 Anm. 235; E. Jacob – H. Cazelles, in: DBS 9, 1979, 1439.

[16] J. Bottéro, Ḫabiru, 1972/75, 22; siehe ferner Kap. 3 zu Anm. 171.

[17] Ch. Virolleaud, CRAIBL (1939), 329; ders., RES (1940), 74–76; G. E. Kraeling, AJSL 58 (1941), 237–241; E. Dhorme, RH 211 (1954), 260, betont, daß er diese Trennung seit 1909 gefordert habe; R. Borger, ZDPV 74 (1958), 132; M. G. Kline, WThJ 20 (1957/58), 61; M. C. Astour, Ḫabiru, 1976, 382. 384; E. Lipínski, VT 26 (1976), 120–121. Siehe zu den Anschauungen von C. H. Gordon die Ausführungen in Anm. 15.

[18] W. F. Albright, BASOR 77 (1940), 32–33; J. W. Jack, PEQ 72 (1940), 95–102; R. de Langhe, Lex Textes de Ras Shamra, 2, 1945, 466; J. Lewy, HUCA 15 (1940), 48 Anm. 7; J. P. Lettinga, BiOr 5 (1948), 111.

[19] C. H. J. de Geus, The Tribes of Israel, 1976, 184 mit Anm. 247.248.

Die Schreibung *ᶜpr* gab auch Anlaß zu neuen etymologischen Überlegungen. Es wurde vorgeschlagen, *ᶜpr* «Staub, Sand» zur Grundlage der Bedeutungsbestimmung von *ḫabiru*[20] und auch der Vokalisierung *ḫab/pīru* zu machen.[21] A. Goetze setzte *ᶜpr* = *epērum* «to furnish (somebody) with food» an.[22]

Durch ug. *ᶜpr* wurde so letztlich erneut das Problem verschärft, ob es sich bei einer Gleichsetzung von hebr. *ᶜibrî* mit *ḫabiru*=*ᶜpr*=*ᶜprw* nur um ein Phantom der Homonymie handle.[23]

Im einzelnen ergeben die keilalphabetischen Texte über die *ᶜprm* und deren Einordnung innerhalb des Stadtstaates von Ugarit nur ein unvollständiges Bild über diese soziale Gruppe. Aus der Nennung von vierhundert *ᶜprm* im Brief KTU 2.47:7 läßt sich wegen der Zerstörung des Kontextes in Z. 11 f. kaum mehr entnehmen, als daß sie in der königlichen Politik eine Rolle gespielt haben. Desgleichen wird auch aus der Verwendung von *ᶜprm* zur Bildung des ON *ḫlb ᶜprm*[24] (KTU 4.48:1; 4.73:12; 4.346:7; 4.380:16; 4.610:26) kaum mehr als ihre Existenz und ihre Ansiedlung bzw. das Vorhandensein eines Stützpunktes von ihnen zu erschließen sein.[25] Der in KTU 4.752:1 erwähnte *rb ᶜprm* «Vorsteher der *ᶜprm*» scheint innerhalb der königlichen Verwaltung eine ziemlich hohe Stellung eingenommen zu haben.[26]

---

[20] R. de Langhe, Les Textes de Ras Shamra, 2, 1945, 465, «les (hommes venant) du sable, du désert»; J. P. Lettinga, BiOr 5 (1948), 111; E. Dhorme, RH 211 (1954), 261, arab. *ᶜafara* «marcher dans la poussière» oder *ᶜafira* «être de la couleur de la poussière»; R. Borger, ZDPV 74 (1958), 131, syr. *ᶜefīr* «staubig, mit Staub bedeckt», enstanden aus *ᶜapīr;* M. C. Astour, Ḫabiru, 1976, 382.

[21] R. Borger, ZDPV 74 (1958), 131.

[22] A. Goetze, Note 1954, 162–163, «one provided with food».

[23] B. Landsberger, Note, 1954, 161, betonte: «Quant à l'équivalence *ḫapiru* = *ᶜIbrî* je suis persuadé que l'assyriologie s'assainira au point de cesser de poursuivre de tels fantômes d'homonymie.»; R. Borger, ZDPV 74 (1958), 132, bemerkt von seinem Standpunkt aus zum Verhältnis zwischen *ᶜapīru* und *ᶜibrîm* folgendes: «Es ist im Interesse der alttestamentlichen Wissenschaft, wenn die alte Gleichung ‹*Ḫabiru*› = Hebräer baldmöglichst aufgegeben wird.» Daß es sich bei der Gleichung *ḫabirū* = *ᶜbrîm* nur um einen Gleichklang der Namen handeln könnte, hat bereits S. Landersdorfer, TQ 104 (1923), 232, hervorgehoben.

[24] Siehe zu *ḫlb ᶜprm* = URUḪal-bi lú.mešSAG.GAZ Ch. Virolleaud, Syria 21 (1940), 143 (*ḫabiru*); J. Bottéro, Ḫabiru, 1954, 120, Nr. 154–155; ders., Ḫabiru, 1972/75, 24, zu Nr. 206–208. 214.

[25] M. C. Astour, in: RSP 2, 1975, 286–287, Nr. 42, identifiziert *ḫlb ᶜprm* mit modernem *ᶜAfāra*. Er lehnt zugleich A. Goetze, BASOR 79 (1940), 32–34, der *ḫlb ᶜprm* als Quartier einer Stadt bestimmte und W. F. Albright, YGC, 1968, 73, der in *ḫlb ᶜprm* eine Vorstadt von Aleppo sieht, ab.
Siehe ferner A. Alt, WO 2 (1954/59. 1956), 241–242; M. P. Gray, HUCA 29 (1958), 162 (Aleppo).

[26] Die in KTU 4.752:2–7 aufgeführten Personengruppen, die ihm unterstehen, legen dies nahe.

Die syllabischen Texte aus Ugarit ergänzen dieses Bild über den SA.GAZ = *ḫabiru*.[27] Aus PRU 4,107f., 1–19 (= RS 17.238) geht hervor, daß die Flucht zu den *ḫabirū* des hethitischen Bereiches erstrebenswert sein konnte und die Rückgabe der Flüchtenden Gegenstand eines Vertrages zwischen dem König von Ugarit und seinen hethitischen Oberherrn war.[28]

Welche Folgerungen ergeben sich von den ug. keilalphabetischen und syllabischen Texten her für das Problem *ḫabirū*-Hebräer? Es sind wegen der großen zeitlichen Differenz[29] sicher historische Spekulationen auszuschließen, die einen unmittelbaren Zusammenhang zwischen den *ḫabirū*=*ᶜprm* und den biblischen *ᶜibrîm* für möglich halten.[30] Ebenfalls außer Betracht dürfte auch die Möglichkeit sein, zwischen *ᶜbr* in KTU 1.22 I 15 und hebr. *ᶜibrî* eine Verbindung zu sehen. Falls es sich bestätigen sollte, daß *ᶜbr* speziell auch die toten Ahnen bezeichnen kann[31], wäre es doch nicht vorstellbar, wie dieser Terminus zum national-religiösen Ehrennamen der jüdischen Gemeinschaft aufrücken sollte.[32]

Das Nebeneinander von *ᶜbr*[33] und *ᶜpr* schließt einen innerugaritischen *b*/*p*-Wechsel nicht aus.[34] Die Einwände dagegen[35] vermögen nicht voll zu überzeugen, zumal zu beachten bleibt, daß auch bei *ᶜbr* «losgehen; passieren, überschreiten» (KTU 1.3 VI 7–8; 1.4 VII 7!) ein *b*/*p*-Wechsel, also die Schreibung *ᶜpr* (KTU 2.71: 12) neben *ᶜbr*, bezeugt ist. Es bleibt außerdem noch möglich, daß auch im Ug. das Wort *ᶜpr* aus einer anderen Gegend übernommen wurde. Es wird deshalb abzuwarten sein, ob die Texte aus Māri hier weiterhelfen werden.[36] Im Augenblick wird jenen zuzustimmen

---

[27] J. Bottéro, Ḫabiru, 1972/75, 20, Nr. 206. 210–218; ders., DHA 6 (1980), 211 Anm. 2, zu Nr. 206 = KTU 4. 751:1.

[28] Siehe zu RS 17.238 ferner Kap. 5 Anm. 65.

[29] Siehe zur nachexilischen Datierung der biblischen *ᶜibrî*-Belege Kap. 5.8.

[30] Vgl. C. H. Gordon, UT, 1965/67, Supplement, S. 566, der folgende Erwägung anstellt: "If the *ᶜApiruma* are somehow connected with the Hebrews, we may have further evidence of the prelude to a Hebrew Conquest up to the Euphrates, mentioned four times in the Pentateuch."; siehe auch seine Ausführungen zu § 19, 1899. Für eine Gleichung *ḫabiru* = *ᶜpr* = *ᶜibrî* tritt auch z. B. Lettinga, BiOr 5 (1948), 111, ein.

[31] Siehe S. Ribichini – P. Xella, UF 12 (1980), 437.

[32] Es ist zwar möglich, daß einstmals kultisch verehrte Ahnen, wie die Rephaim, historisiert als Bevölkerungsgruppe auftreten, aber es wird kaum möglich sein, daß ein Begriff aus dem in nachexilischer Zeit verbotenen Totenkult zur Bezeichnung für die jüdische Gemeinschaft wird.

[33] Siehe zu *ᶜbr* J. C. de Moor, SP, 1971, 156; G. Del Olmo Lete, MLC, 1981, 597.

[34] W. J. Jack, PEQ 72 (1940), 96–102; siehe auch H. H. Rowley, From Joseph to Joshua, 1950, 51–52; siehe zum *b*/*p*-Wechsel bei ug. Wörtern C. H. Gordon, UT, 1962, § 5.28; M. Weippert, Landnahme, 1967, 78–84; ders., Bib 52 (1971), 424 Anm. 3.

[35] E. G. Kraeling, AJSL 58 (1941), 237–240; R. Borger, ZDPV 74 (1958), 127–128; M. C. Astour, Habiru, 1976, 382.

[36] Kap. 3, zu Anm. 174; Kap. 8.1.2.

sein, die es noch nicht für sicher erwiesen halten, daß wir von *ʿpr* auszugehen haben und die eine endgültige Entscheidung für die Schreibung *ḫapiru* für verfrüht ansehen.[37] Hiermit bleibt auch die Etymologie des Wortes vom Ug. her weiterhin offen.[38]

Die ug. Schreibung *ʿpr* läßt sich bei der jetzigen Situation auch nicht als endgültiges Argument gegen einen Zusammenhang der Wörter *ḫabiru*=*ʿpr* und *ʿibrî* verwenden[39], zumal stets zu beachten bleibt, daß erst im Hebr. ein *b*/*p*-Wechsel vorliegen könnte.[40]

Wenn durch die keilalphabetische Schreibung *ʿpr* bisher noch keine endgültige Klärung der Frage, ob wir *ḫabiru* oder *ḫapiru* anzusetzen haben, erreicht werden konnte und infolgedessen auch die etymologische Frage weiterhin als offen anzusehen ist, so hat ug. *ʿpr* dazu beigetragen, daß die *ʿprw* der ägyptischen Texte, die *ḫabirū* und die *ʿprm* als eine Einheit angesehen werden.[41] Die bereits früher geforderte Zusammenschau der *ḫabirū* und der *ʿprw*[42] fand so ihre Bestätigung.

Die Aussagen der keilalphabetischen und syllabischen Texte von Ugarit über die *ḫabirū*=*ʿprm* fügen sich gut zu den Angaben, die aus den Alalaḫ-Texten[43], der Idrimi-Inschrift[44] und den Amarna-Briefen[45] über die *ḫabirū* zu entnehmen sind.[46] Die *ḫabirū*=*ʿprm* treten nicht als Nomaden oder Beduinen auf.[47] Sie bilden eine soziale Gruppe, die sich aus Menschen

---

37 J. Bottéro, Ḫabiru, 1972/75, 22; ders., DHA 6 (1980), 202.

38 Siehe Kap. 8.

39 Vgl. R. Borger, ZDPV 74 (1958), 132.

40 M. Weippert, Landnahme, 1967, 78–84; ders., Bib 52 (1971), 424 Anm. 3; J. Lewy, HUCA 15 (1940), 48 Anm. 7, hat versucht, das Problem der Differenz von *b-p* in den Worten *ʿibrî*, *ḫabiru* und *ʿpr* auf hurritischen Einfluß zurückzuführen.

41 J. Bottéro, Ḫabiru, 1972/75, 14–21; ders., DHA 6 (1980), 202; R. Giveon, Hapiru, 1977, 952–954.

42 Siehe z. B. M. Noth, Erwägungen zur Hebräerfrage, 1934, 100–101.

43 Siehe J. Bottéro, Ḫabiru, 1972/75, 16, Nr. 50–62.

44 Siehe J. Bottéro, Ḫabiru, 1972/75, 16, Nr. 51; siehe ferner Kap. 3 Anm. 60.

45 Siehe J. Bottéro, Ḫabiru, 1972/75, 18–20, Nr. 42–205.

46 A. Alt, Neuer Bericht über Feldzüge von Pharaonen des Neuen Reiches nach Palästina, ZDPV 70 (1954), 68–75; ders., Bemerkungen zu den Verwaltungs- und Rechtsurkunden von Ugarit und Alalach. 5. Die *ḫabiru* = SA.GAZ in Alalach und Ugarit, WO 2 (1954/59. 1956), 237–243.

47 M. Astour, Les étrangers à Ugarit et le statut juridique des Ḫabiru, RA 53 (1959), 75–76, bestimmt die *ḫabirū* von Ugarit folgendermaßen: «Le *Ḫabiru*, par contre, était un Bédouin, membre d'une communauté de clan et de tribu, un visiteur temporaire dans le territoire de l'État, combattu s'il venait comme pillard ou conquérant, toléré et protégé s'il acceptait d'entrer au service royal contre les États rivaux. Or les Bédouins, aujourd'hui comme au IIe millénaire avant notre ère, n'apparaissent que dans les cadres de leurs tribus, et ces tribus, à une époque définie, appartiennent à l'une de ces branches de la race sémitique qui se sont succédé dans le temps: Amorrhéens, Araméens, Arabes»; M. Liverani, RSI 77 (1965), 327 Anm. 44, weist die Ansicht M. Astours zurück.

unterschiedlicher Herkunft zusammensetzt. Sie spielen in den politischen Auseinandersetzungen eine erhebliche Rolle. Sie erscheinen als eine Gruppierung, die sich aus den inneren Verhältnissen Syrien-Palästinas ergibt und die sich im wesentlichen aus Einwohnern dieser Gebiete rekrutiert. Ihre Lebenskraft beziehen die *ḫabirū=ʿprm* weder aus infiltrierenden Nomaden und Beduinen, noch aus einwandernden Stämmen oder Volksgruppen.

Kapitel 5: *ʿibrî* «Hebräer» in den biblischen Schriften

Die seit den letzten Jahrzehnten des vergangenen Jahrhunderts andauernde Diskussion über die Frage, ob zwischen den *ḫabirū* und den *ʿprw* sowie den *ʿibrîm* «Hebräern» in irgendeiner Weise ein Zusammenhang bestehe[1], bezog ihre Aktualität stets und unvermindert aus der grundlegenden Überzeugung, daß durch das hohe Alter wenigstens eines Teiles der biblischen Aussagen über die Hebräer eine unmittelbare zeitliche Kontinuität zwischen den *ḫabirū* der Amarnazeit, sowie den *ʿprw* der ägyptischen Dokumente und den biblischen *ʿibrîm* gegeben sẹi. Die Annahme von ethnischen, soziologischen und historischen Zusammenhängen zwischen diesen Gruppen gründet auf dieser Voraussetzung.

Für die Bibelwissenschaft schienen sich von den *ʿprw*- und *ḫabiru*-Belegen her Beweismöglichkeiten von weittragender Bedeutung zu ergeben. Grundsätzlich erblickte man in diesem neuen außerbiblischen Material eine Bestätigung des historischen Charakters der biblischen Berichte über Israels Aufenthalt in Ägypten und die Landnahme.

Im Verlaufe der Diskussion hat sich dann ergeben, daß die Verbindung der *ḫabirū=ʿprw* mit den Hebräern-Israeliten zu einem ethnischen, soziologischen und historischen Kontinuum im einzelnen äußerst kontrovers sein kann und zu höchst unterschiedlichen Hypothesen über die Frühgeschichte Israels geführt hat. Die Versuche, z. B. Abraham auf Grund von Gen 14,13 und seiner dort ausgesprochenen Kennzeichnung als *ʿibrî* historisch besser zu fassen und zu begründen, sind nicht weniger vielgestaltig und kontrovers ausgefallen als die Hypothesen über die *ḫabirū*-Hebräer-Israeliten als nach Kanaan einwandernder Gruppen.

Nachdem die für die biblische Wissenschaft bedeutsamsten Dokumente über die *ḫabirū* in den Briefen aus El Amarna und den Texten aus dem syrischen Raum (Ugarit, Māri, Alalaḫ) vorlagen, war für die biblischen Bücher ein eindeutiger Bezugspunkt gegeben. Eine Verbindung zwischen den biblischen und außerbiblischen Dokumenten schien nur über die Brücke einer unmittelbaren Verbindung, entweder Gleichzeitigkeit oder doch naher Anschluß, möglich zu sein. Von biblischer Seite sah man dies allein schon durch die biblischen *ʿibrî*-Belege gesichert, die entweder noch in die Amarna-Zeit zu datieren seien und die jedenfalls noch für die Zeit Sauls und Davids die Existenz von *ḫabirū*-Gruppen in Israel bezeugten.

In dieser Argumentationsmethode wird einerseits der zeitliche Maßstab und Richtpunkt in den außerbiblischen Dokumenten gesucht und

---

[1] Siehe Kap. 2–4 sowie 7–8.

andererseits diesen letztlich nur die Funktion zugebilligt, die biblischen Aussagen als historisch zuverlässig oder begründbar zu erweisen. Wenigstens hypothetisch ist deshalb die Frage zu stellen, ob auch eine Beweisführung möglich ist, die von einer gegensätzlichen Position ausgeht: Wir stellen nicht mehr die biblischen Aussagen über die *ʿibrîm* in den Mittelpunkt, sondern die außerbiblischen über die *ʿprw* und *ḫabirū* und verzichten auf die Herstellung einer zeitlichen Verbindung zwischen diesen Texten. Wir versuchen den biblischen *ʿibrî*-Stellen so von vorneherein jenen historischen Stellenwert zu geben, der ihnen im Rahmen der altorientalischen Geschichte ohnehin zukommt. Sehen wir einmal von der Hypothese ab, daß die Bibel einen zeitlichen und inhaltlichen Zusammenhang zwischen den *ḫabirū* = *ʿprw* und den *ʿibrîm* «Hebräern» voraussetze, und ziehen wir alle jene Vorbehalte in Betracht, die von mehreren Seiten gegen einen Zusammenhang zwischen den *ḫabirū* = *ʿprw* und den *ʿibrîm* «Hebräern» im Verlauf der Diskussion vorgebracht worden sind, dann wird zuzugestehen sein, daß diese Fragestellung nicht von vorneherein abzulehnen ist, ja daß sie sogar in mancher Hinsicht den Vorzug verdient.[2]

Von dieser Problemstellung her ergibt sich mit Notwendigkeit, daß nicht nur die außerbiblischen *ḫabirū*- und *ʿprw*-Belege ohne Seitenblick auf die biblischen Schriften zu deuten sind, sondern auch, daß die biblischen *ʿibrîm*-Stellen gleichfalls ohne eine ungerechtfertigte Beeinflussung durch die Interpretation der außerbiblischen Texte zuerst einmal gesondert auf ihre eigene Aussagekraft hin zu durchforschen sind. Der Verselbständigung der Interpretation der *ḫabirū*- und *ʿprw*-Belege und deren Loslösung von biblischer Problematik innerhalb der Altorientalistik und Ägyptologie[3] sollte auf bibelwissenschaftlicher Seite im Gegenzug eine auf die innerbiblischen Probleme hin neu orientierte Diskussion der *ʿibrî*-Belege folgen.

Für die bibelwissenschaftliche Untersuchung ergibt sich von dieser Situation her als erste Aufgabe die Klärung der Datierungsfragen aller *ʿibrî*-Stellen. Denn erst nach dieser Vorarbeit dürfte eine Basis für einen Vergleich der *ʿibrî*-Belege mit den Aussagen über die *ḫabirū* = *ʿprw* = *ʿprm* möglich und sinnvoll sein.

5.1. Statistik der *ʿibrî*-Belege

Die ungleichmäßige und nur auf einige biblische Bücher konzentrierte Verteilung der Belege für *ʿibrî* hat stets Beachtung gefunden.[4] Insgesamt ist

---

[2] Im folgenden wird vorausgesetzt, daß auch in der *ḫabirū*-Hebräer-Frage Werturteile nicht ein Moment der historischen Analyse sein können, siehe hierzu u. a. M. Weber, Das antike Judentum, 1920, 1–4, Anm.*

[3] Siehe Kap. 2–4.

[4] M. Weippert, Landnahme, 1967, 85–86; K. Koch, VT 19 (1969), 40–43.

ʿibrî (mit Feminum und Pluralformen) nur vierunddreißigmal bzw. dreiunddreißigmal belegt und auf folgende zweiunddreißig bzw. einunddreißig Stellen beschränkt:

Gesetze (6mal)	Ex	21,2
	Dtn	15,12 (*ʿibrî, ‘ibrijjāh*)
	Jer	34,9 (*ʿibrî, ‘ibrijjāh*).14
Exoduserzählungen (13mal)	Ex	1,15.16.19 (alle drei Stellen *‘ibrijjāh* pl.)
		2,6.7 (*ʿibrijjāh* pl.).11.13
		3,18
		5,3
		7,16
		9,1.13
		10,3
Josephsgeschichte (5mal)	Gen	39,14.17
		40,15
		41,12
		43,32
Philisterkämpfe Samuels und Sauls, Davids Aufstieg (7 oder 8mal)	I Sam	4,6.9
		13,3.7.[5]19
		14,11.21
		29,3
Abrahamsgeschichte (1mal)	Gen	14,13
Jona-Erzählung (1mal)	Jon	1,9

5.2. *ʿibrî(m)* in der Josephsgeschichte – Gen 39,14.17; 40,15; 41,12; 43,32

Die Aussagen über die Hebräer in der Josephsgeschichte werden in der Forschung als eine eigene Gruppe behandelt.[6]

Die enge Verflechtung der Josephsgeschichte mit dem ägyptischen Milieu wird als Bestätigung für die historische Treue der biblischen Darstellung gewertet. Aus der Bezeichnung von Joseph als *ʿibrî* «Hebräer» leitete man ab, daß Joseph und seine Gruppe den *ʿprw* zuzurechnen seien.[7] Im

[5] M. Weippert, Landnahme, 1967, 85 Anm. 4, scheidet I Sam 13,7 als korrupt aus; siehe zu I Sam 13,7 auch Kap. 5.3.3.

[6] Siehe z. B. M. Weippert, Landnahme, 1967, 89–94; K. Koch, VT 19 (1969), 50–52; N. P. Lemche, StTh 33 (1979), 10–13.

[7] H. J. Heyes, Bibel und Ägypten, 1904, 146–158.

einzelnen wurden Joseph und seine Hebräergruppe als Teil der *ḫabirū* der Amarnazeit angesehen, die nach Ägypten gewandert seien.[8] Es wurde auch angenommen, daß die Ägypter den als Sklaven an sie verkauften Joseph und die nach ihm angekommenen Semiten *ᶜibrîm* «Hebräer» genannt hätten, da sie gegen dieselben (*ḫabirū*) schon in Kanaan gekämpft und die sie dann als Kriegsgefangene nach Ägypten gebracht hätten.[9] Außerdem wurde die Verwendung von *ᶜibrî* «Hebräer» für Joseph mit historischen «Erinnerungen»[10] begründet, welche die Patriarchen, etwas ungenau, dem Lebensstil und der gesellschaftlichen Stellung der *ḫabirū* angleiche. Reminiszenzen an gewisse Gemeinsamkeiten des frühen Israel mit den *ḫabirū* = *ᶜprw* gingen hier zusammen mit dem Willen, den Dialog Israels vor allem mit Ägypten zur Zeit Josephs authentisch darzustellen.[11]

Dagegen wurde auch versucht, Joseph ganz von den Bewegungen der *ḫabirū*-Hebräer zu trennen und von einer aramäischen Wanderung her zu erklären, von der Teile bis ins Ostdelta vorgedrungen seien.[12]

In der Diskussion über die Historizität der Josephsgeschichte haben wir in der Ägyptologie grundsätzlich drei Möglichkeiten der Interpretation zu unterscheiden. An erster Stelle sind jene zu nennen, die der Erzählung als ganzer Historizität zubilligen und deshalb versuchen, sie innerhalb der ägyptischen Geschichte unterzubringen.[13] Gegen diese Deutung haben sich innerhalb der Ägyptologie schon lange Gegenstimmen gemeldet, die nur einen historischen Kern bzw. eine Erinnerung an wirkliche Ereignisse

---

[8] H. H. Rowley, From Joseph to Joshua, 1950, 116–123.129.164, datiert Joseph um c. 1370 v. Chr.; S. Herrmann, Geschichte Israels, 1980², 84 Anm. 4, bezeichnet den historischen Schluß H. H. Rowleys, Joseph in die Zeit Echnatons zu verlegen, als problematisch.

[9] R. de Vaux, Histoire ancienne d'Israël I, 1971, 207–208, bemerkt hierzu: «Ces appellations étaient légitimes, et l'emploi qu'en fait la Bible est justifié, si l'on accepte de considérer, comme nous l'avons proposé, que *Ḫabiru-ᶜApîru* était un terme ethnique qui désignait un groupe ou des groupes de l'ouest, ‹Amorites› ou ‹Proto-Araméens›, auxquels nous avons rattaché les Patriarches».

[10] So z. B. R. Giveon, Hapiru, 1977, 914.

[11] R. Giveon, Hapiru, 1977, 954.

[12] S. Herrmann, Geschichte Israels, 1980², 82–87. S. Herrmann bringt die *ḫabirū* auch mit der von ihm in der zweiten Hälfte des 2. Jahrtausends angesetzten aramäischen Bewegung in Zusammenhang. Er schreibt hierzu folgendes: «Daß allerdings diese Zuwanderer aus der Steppe schon zu ihrer eigenen Zeit oder wenig später eine Selbstbezeichnung hatten, daß man alle oder auch nur einen Teil von ihnen *chapiru* nannte, entbehrt der sicheren Grundlagen, wenn auch diese Hypothese nicht a limine auszuschließen ist».

[13] Siehe die zusammenfassende Darstellung dieser Bemerkungen bei H. Engel, Die Vorfahren Israels in Ägypten, 1979, 155–157 (Ägyptologisches und Literarisches zur Josephserzählung), mit besonderem Hinweis auf J. Vergote, Joseph en Égypte, 1959. Zur exegetischen Forschungsgeschichte siehe H.-Ch. Schmitt, Die nichtpriesterliche Josephsgeschichte, 1980, 5–20 (A. Kritische Würdigung der Positionen der neueren Forschungsgeschichte).

verbunden mit späterer Ausschmückung zulassen.[14] Eine letzte Möglichkeit besteht darin, der Josephsgeschichte jeden Bezug zu einer historischen Einzelpersönlichkeit abzusprechen und in ihr einen Reflex der Beziehungen semitischer Elemente mit Ägypten zu sehen.[15]

Die neuere Erforschung der Josephsgeschichte hat besonders deutlich gezeigt, daß der Datierungsfrage auch in diesem Falle eine entscheidende Bedeutung zukommt.[16] Es besteht so auch für die *ᶜibrî*-Belege der Josephsgeschichte das Problem, ob sie insgesamt in die Frühzeit, die vorexilische Periode, teilweise in die vorexilische Zeit oder ganz in die nachexilische zu datieren sind. Hierbei spielt die Zuordnung zu J oder E sowie die Datierung dieser Quellen eine wichtige Rolle.

5.2.1. *'îš ᶜibrî – haᶜaebaed haᶜibrî* – «ein Hebräer» – «der hebräische Knecht» in der späten «jahwistischen» Schicht der Josephsgeschichte – Gen 39,14.17

Neuere Untersuchungen von H. Ch. Schmitt haben gezeigt, daß Gen 39,2–23 als Teil eines größeren Redaktionsprozesses zu verstehen ist, der zumindest die Genesis, wahrscheinlich aber auch den restlichen Pentateuch umspannt.[17] Auf Grund des Befundes in Gen 39,2–23; 22,15–18 und 28,13–16 ist dieser Redaktionsprozeß später als die elohistische Bearbeitung anzusetzen. Denn es wird in ihm das Bemühen sichtbar, in den ihm vorgegebenen elohistischen Zusammenhang neue theologische Akzente einzuarbeiten. Charakteristisch für seinen Stil ist vor allem der Gebrauch des Gottesnamens Jahwe. Eines seiner theologischen Anliegen ist die Darstellung von Israels Aufgabe innerhalb der Völkerwelt. Es ist deshalb zu vermuten, daß auch der Einbau der jahwistischen Urgeschichte in den Pentateuch erst auf diese Redaktion zurückgeht.

Die in Gen 39,2–23 enthaltenen *ᶜibrî*-Stellen[18] (V. 14 und 17) sind somit einer nachexilischen Schicht beizuordnen.[19] Gleichzeitig ergibt sich aus Gen

---

[14] Siehe z. B. A. H. Gardiner, The Geography of the Exodus, 1922, 205; R. J. Williams, in: TRE 1, 1977, 493.

[15] S. Herrmann, Geschichte Israels, 1980², 85, plädiert dafür, das Problem Joseph folgendermaßen zu sehen: «Seinen Kern bildet die Frage nach den Möglichkeiten und Voraussetzungen, unter denen semitische Elemente nach Ägypten eindringen und dort bleiben konnten».

[16] Siehe zur neueren Diskussion H. Seebaß, Joseph-Erzählung, 1978; H.-Ch. Schmitt, Die nichtpriesterliche Josephsgeschichte, 1980, 15.189–193; H. Donner, Geschichte 1, 1984, 87–88.

[17] H.-Ch. Schmitt, Die nichtpriesterliche Josephsgeschichte, 1980,81–87.100–116.137 Anm. 230; 189–190.197, zur Jahwe-Schicht und zur Annahme eines «späten Jahwisten» in der Josephserzählung.

[18] Siehe I. Riesener, Der Stamm *ᶜbd*, 1979, 117, zu *ᶜbd*.

[19] H.-Ch. Schmitt, Die nichtpriesterliche Josephsgeschichte, 1980, 190.

39,14.17, daß in nachexilischer Zeit *ᶜibrî* als eine ethnische Angabe verstanden und gebraucht wurde.[20]

5.2.2. *'aeraeṣ haᶜibrîm* «Land der Hebräer» und *năᶜăr ᶜibrî* «hebräischer Jüngling» in der Ruben-Schicht der Josephsgeschichte – Gen 40,15; 41,12

Die Aussage Josephs in Gen 40,15[21], daß er aus dem Lande der Hebräer *('rṣ hᶜbrjm)* gestohlen worden sei, als auch Josephs Bezeichnung als eines «hebräischen Jünglings» *(nᶜr ᶜbrj)* in Gen 41,12 sind der Ruben-Schicht der Josephserzählung zuzuweisen.[22]

Die Angabe, daß Joseph aus dem *'rṣ hᶜbrjm* «Land der Hebräer» (Gen 40,15) stamme, fand auf Grund der Auffindung einer ähnlichen Formulierung in einem demotischen Papyrus in Wien[23] besondere Beachtung. D. B. Redford hat die Formulierung *'rṣ hᶜbrjm* mit der demotischen Bezeichnung *ᶜybr* für Palästina in Beziehung gesetzt und in letzterer den Ursprung der ersteren vermutet.[24] In dieser Argumentation sind ihm M. Weippert[25] und R. Giveon gefolgt.[26]

Dagegen hat H.-Ch. Schmitt geltend gemacht, daß im Falle von *'rṣ hᶜbrjm* »Land der Hebräer» D. B. Redford sich selbst nicht konsequent an den von ihm aufgestellten Grundsatz halte, daß man aus der Tatsache, daß die Josephsgeschichte in Ägypten lokalisiert ist, nicht ohne weiteres darauf schließen könne, daß die in ihr verarbeiteten kulturgeschichtlichen Vorstellungen auch insgesamt dem ägyptischen Kulturbereich entnommen seien. Man müsse sich darüber im klaren sein, daß die Josephsgeschichte in Israel abgefaßt worden sei und dürfe sie daher nicht als ägyptologische Quelle mißverstehen.[27] J. Vergotes Auffassung, daß Gen 37–50 auf eine ägyptische Quelle des 13. Jh.s. v. Chr. zurückzuführen sei[28], beruhe auf einem diesen israelitischen «Sitz im Leben» der Josephsgeschichte verkennenden Zirkel-

---

20 H. Schult, DBAT 10 (1979), 25–26; siehe auch I. Riesener, Der Stamm *ᶜbd*, 1979, 117–118.

21 Siehe H.-Ch. Schmitt, Die nichtpriesterliche Josephsgeschichte, 1980, 33, zum Problem von V. 15 a + b, der 15 b als eine nachträgliche Erweiterung betrachtet.

22 H.-Ch. Schmitt, Die nichtpriesterliche Josephsgeschichte, 1980, 32–38. 94–100. 197.

23 Siehe Kap. 2.2 zu Anm. 180–184.

24 So dürfte D. B. Redford, The «Land of the Hebrews» in Gen XL 15, VT 15 (1965), 529–532; ders., A Study of the Biblical Story of Joseph, 1970, 201–203, wohl zu verstehen sein.

25 M. Weippert, Landnahme, 1967, 93 f. Anm. 7, macht nur die Einschränkung, daß die von D. B. Redford vorgeschlagene Datierung des Papyrus in die Saitenzeit nicht in allem überzeugend sei.

26 R. Giveon, Hapiru, 1977, 954.

27 H.-Ch. Schmitt, Die nichtpriesterliche Josephsgeschichte, 1980, 139–142.

28 J. Vergote, Joseph en Égypte, 1959, 204–213.

schluß.[29] Der Josephsgeschichte seien vielmehr nur solche Vorstellungen zu entnehmen, die man in Israel von Ägypten besessen habe, wobei man sich die ägyptischen Verhältnisse durchaus in Analogie zu israelitischen oder eventuell sogar zu mesopotamischen Gegebenheiten habe vorstellen können. Ein weniger bedeutsames, aber doch charakteristisches Beispiel dafür, daß die Josephsgeschichte in israelitischen Kategorien denke, sei die Erwähnung des Ostwindes als Verursacher von Hitze und Dürre in Gen 41,6. 23.27. Dies treffe nur für Palästina zu, während für ägyptische Winde hier der Südwind stehen müßte, was erst die Septuaginta bemerkt habe, die «Ostwind» durch das neutrale ἀνεμόφθορος ersetzt habe.[30]

Von diesen Voraussetzungen her folgert nun H.-Ch. Schmitt[31], daß der Vorschlag von D. B. Redford, die Bezeichnung *ʾrṣ hʿbrjm* «Land der ‹Hebräer›» für das sonst in der Josephsgeschichte «Kanaan» genannte Palästina könne nicht direkt in Beziehung gesetzt werden zu dem von D. B. Redford beigebrachten ägyptischen Beleg für *ʿybr* als Bezeichnung für Palästina auf dem demotischen Omen-Text in Wien.[32] Vielmehr müsse man auch hier von dem Befund im Alten Testament ausgehen, in dem *ʿibrîm* häufig als Bezeichnung der Israeliten und verwandter Völker durch Ägypter und Philister vorkomme. Dieser Befund zeige, daß bereits in vorexilischer Zeit sich die Israeliten als eine Volksgruppe verstanden hätten, die von den Ägyptern und Philistern den *ʿibrîm* zugeordnet worden sei. Ob und wann diese Bezeichnung für die Ägypter auch tatsächlich zu belegen sei, sei demgegenüber von sekundärer Bedeutung.

In seiner Argumentation stützt sich H.-Ch. Schmitt auf die Darlegungen von K. Koch[33] über die Hebräer.[34] Er rechnet demzufolge bereits mit einem vorexilischen Gebrauch von *ʿibrî* als Ethnikon (I Sam 13,3.19; 14,11) und mit einem Fortleben dieser Tradition bis in die exilisch-nachexilische Ruben-Schicht der Josephsgeschichte.

Aus dem Vorkommen von *ʿibrî* in der Ruben-Schicht kann unmittelbar nur auf den Gebrauch dieses Gentiliziums zur Entstehungszeit derselben in Palästina geschlossen werden. Die zu *ʾrṣ hʿbrjm* «Land der Hebräer» entsprechende Formulierung im demotischen Papyrus in Wien wird demzufolge auf jüdischen Sprachgebrauch zurückzuführen sein. Berücksichtigt man die von D. B. Redford und von H.-Ch. Schmitt geltend gemachten

---

[29] H.-Ch. Schmitt, Die nichtpriesterliche Josephsgeschichte, 1980, 140 Anm. 252, verweist auf die ähnliche Kritik von S. Herrmann (TLZ 85 [1960], 827), H. Donner (BiOr 18 [1961], 45); siehe auch H. Engel, Die Vorfahren Israels in Ägypten, 1979, 155–157, zur Auseinandersetzung mit J. Vergote.

[30] H.-Ch. Schmitt, Die nichtpriesterliche Josephsgeschichte, 1980, 142 Anm. 254.

[31] H.-Ch. Schmitt, Die nichtpriesterliche Josephsgeschichte, 1980, 140 Anm. 253.2.

[32] Siehe Anm. 23.

[33] Siehe Anm. 8.

[34] H.-Ch. Schmitt, Die nichtpriesterliche Josephsgeschichte, 1980, 140 Anm. 253.2.

Gesichtspunkte insgesamt, dann wird auch *ʿybr* als Zeugnis für den späten Gebrauch von *ʿibrî* zu werten sein. Sowohl *ʾrṣ hʿbrjm* als auch *ʿybr* spiegeln dann späten Sprachgebrauch wider.

Von der Erkenntnis über die späte Entstehungszeit des Ausdruckes *ʾrṣ hʿbrjm* «Land der Hebräer» (Gen 40,15) her werden auch die Versuche zu beurteilen sein, die zu seiner Erklärung auf *ḫabirū*-Gebiete/Territorien verwiesen haben.[35] In dieser Interpretation wird nicht nur eine unbegründete Frühdatierung der Josephserzählung gefordert, sondern auch angenommen, daß ein größeres Gebiet Palästinas oder das ganze Land einmal «Land der *ḫabirū*» genannt worden sei. Für «Land der *ḫabirū*» als Bezeichnung einer Landschaft oder eines Landstriches lassen sich jedoch aus den Keilschriftquellen keine Hinweise gewinnen. Abgesehen von der Frage, wie das Determinativzeichen KI nach *ḫabiru* zu deuten ist[36], dürfte es sich jeweils bei den *ḫabirū*-Gebieten nur um Lokalitäten handeln, an denen sie sich aufhalten.

Die Formulierung *ʾrṣ hʿbrjm* «Land der Hebräer» wird so weder als alter Sprachgebrauch, der auf die *ḫabirū* zurückweist, noch als Anachronismus zu verstehen sein[37], sondern als ein Zeugnis für das exilisch-nachexilische Ethnikon *ʿibrî*.

Auf Grund mehrerer Indizien und vor allem wegen des in der Ruben-Schicht zu Tage tretenden Selbstverständnisses der nachexilischen Weisheit ist auch dieser Teil der Josephsgeschichte in die exilisch-nachexilische Zeit zu datieren.[38]

Die Rubenschicht kennt denselben Wortgebrauch von *ʿibrî* wie die späte jahwistische der Josephsgeschichte.[39] Denn *ʿibrî* wird auch hier als ein ethnologischer Terminus verstanden, der die Volkszugehörigkeit festlegt.[40]

---

[35] D. Opitz, ZA 37 (1927), 103; M. B. Rowton, The Physical Environment and the Problem of the Nomads, 1967, 117; M. Anbar, *ʾereṣ hā ʿibrîm* «le pays des Hébreux», Or 41 (1972), 383–386; A. R. Millard, A Wandering Aramean, JNES 39 (1980), 155.

[36] Siehe zur Diskussion über KI nach *ḫabiru* u. a. F. Böhl, Kanaanäer und Hebräer, 1911, 84–87; ders., Opera minora, 1953, 479, zu S. 48 Anm. 43; S. H. Langdon, ET 31 (1919/20), 324; S. Landersdorfer, TQ 104 (1923), 229; B. Landsberger, ZA 35 (1924), 213 f. Anm. 1; ders., KlF 1 (1930), 331; A. Jepsen, AfO 15 (1945/1951), 59 Anm. 15; M. B. Rowton, AS 16, 1965, 384 mit Anm. 60; ders., The Physical Environment and the Problem of the Nomads, 1967, 117; M. Anbar, Or 41 (1972), 385.

[37] A. Dillmann, Die Genesis, 1892⁶, 409, Anachronismus für *ʾrṣ knʿn;* S. R. Driver, The Book of Genesis, 1926¹², 338, bemerkt: «An anachronism for ‹the land of Canaan› ».

[38] H.-Ch. Schmitt, Die nichtpriesterliche Josephsgeschichte, 1980, 163–169.

[39] Siehe zu Kap. 5.2.1.

[40] Siehe Kap. 5.2.1.

5.2.3. *ʿibrîm* «Hebräer» Gen 43,32

In Gen 43,32 wird berichtet, daß die Ägypter nicht mit den Hebräern essen dürfen, da dies den Ägyptern ein Greuel sei. D. B. Redford hat diese Beschreibung des Verhältnisses zwischen den Juden und Ägyptern in die saitische und persische Periode datiert.[41] H.-Ch. Schmitt stimmt dieser Argumentation insoweit zu, als eine solche Aussage eine Periode voraussetze, in der es zu starken Kontakten zwischen Israeliten und Ägyptern gekommen sei. Solche regelmäßigen Kontakte seien nun allerdings bereits seit der frühesten Königszeit anzunehmen, so daß nicht unbedingt mit einer so späten Periode, wie D. B. Redford sie vorschlage, zu rechnen sei.[42]

Die Notiz über den Ausschluß der Hebräer von der Tischgemeinschaft mit den Ägyptern befindet sich innerhalb der Juda-Schicht[43], die in die vorexilische Zeit datiert wird.[44]

Die Zugehörigkeit der kommentierenden Notiz von Gen 43,32 bβ zur Juda-Schicht ist allerdings aus literarkritischen Gründen nicht über jeden Zweifel erhaben.[45] Da die Bezeichnung *ʿibrî* «Hebräer» sich nämlich in der Josephsgeschichte sonst nur in der Ruben-Schicht (Gen 40,15; 41,12) und in der späten «jahwistischen» Schicht (Gen 39,14.17) finde, liege hier also möglicherweise – ebenso wie in der ähnlichen Kommentierung in Gen 46,34 bβ – eine Glosse vor, die keiner der Hauptschichten der Josephsgeschichte zuzuordnen sei.[46]

Die Bemerkung Gen 43,32 bβ wird als eine *kî*-Glosse aufzufassen sein, die den Gang der Erzählung unterbricht und die vorangehende Beschreibung der Sitten beim Essen erklärt. Das von D. B. Redford vorgeschlagene nachexilische Datum[47] ist deshalb nicht von vorneherein abzulehnen.[48]

Aus Gen 43,32 bβ läßt sich nur entnehmen, daß *haʿibrîm* «die Hebräer» als ethnische Bezeichnung gebraucht wird und *hămmiṣrîm* «die Ägypter»/*haʿibrîm* «die Hebräer» ein Gegensatzpaar bilden.[49] Da deshalb an allen Stellen der Josephserzählung ein einheitlicher Wortgebrauch von *ʿibrî(m)* gegeben ist[50], wird auch Gen 43,32 bβ den anderen nachexilischen *ʿibrîm*-Belegen der Josephserzählung zeitlich gleichzustellen sein.

---

[41] D. B. Redford, A Study of the Biblical Story of Joseph, 1970, 235.

[42] H.-Ch. Schmitt, Die nichtpriesterliche Josephsgeschichte, 1980, 137.

[43] H.-Ch. Schmitt, Die nichtpriesterliche Josephsgeschichte, 1980, 137.

[44] H.-Ch. Schmitt, Die nichtpriesterliche Josephsgeschichte, 1980, 150–156, befürwortet z. B. eine Datierung der Juda-Schicht in die Zeit Salomos.

[45] H.-Ch. Schmitt, Die nichtpriesterliche Josephsgeschichte, 1980, 137 Anm. 230.

[46] H.-Ch. Schmitt, Die nichtpriesterliche Josephsgeschichte, 1980, 137 Anm. 230; 198.

[47] Siehe zu Anm. 41.

[48] Siehe zu Anm. 46.

[49] I. Riesener, Der Stamm *ʿbd,* 1979, 118–119.

[50] Siehe zu Kap. 5.1.1. und 5.1.2.

5.2.4. Datierung und Bedeutung der *ᶜibrî*-Stellen in der Josephsgeschichte

Bei der Datierung der *ᶜibrî*-Belege in der Josephsgeschichte gehen wir von der Voraussetzung aus, daß sie sich in literarischen Schichten befinden, die in die nachexilische Zeit zu datieren sind.[51]

Die Datierung der *ᶜibrî*-Belege ist ohne Zuflucht zu einem der Argumentationsmodelle über die Möglichkeit oder Unmöglichkeit eines Zusammenhanges zwischen den *ḫabirū*, *ᶜprw* und *ᶜibrîm* durchführbar. Sie besitzt deshalb einen besonders hohen Stellenwert. Denn wir erhalten so für eine ganze Gruppe von *ᶜibrî*-Stellen eine zeitliche und inhaltliche Bestimmung, ohne daß eine der Hypothesen über das Verhältnis des Gentilizums zur Bezeichnung *ḫabirū* = *ᶜprw* in Anspruch zu nehmen war.

Für eine vorexilische Einordnung der Josephserzählung werden außer den Frühdatierungen von J und E[52] auch sachliche Argumente vorgetragen, die auf einer besonderen Wortbedeutung von *ᶜibrî* aufbauen. K. Koch hat z. B. als ausschlaggebend für die Deutung des Wortes in der Josephserzählung Gen 40,15 betrachtet[53], wo Joseph klagt: «Widerrechtlich gestohlen wurde ich aus dem Land der Hebräer». Selbst, wenn man den Beleg aus seinem Zusammenhang herauslöse, könnten *ᶜibrîm* hier nicht «Entwurzelte» meinen, denn diese hätten kein Land für sich. Sehe man den Vers im Zusammenhang, frage man, was Schriftsteller und Leser darunter hätten verstehen können, werde es sich um eine auffällige Benennung Palästinas (und angrenzender Gebiete?) handeln, die der Verfasser bei den Ägyptern voraussetze. Bestätigt werde das durch einen demotischen Papyrus aus der Saitenzeit, der von Palästina als dem *ᶜybr*-Land[54] spreche. *ᶜibrîm* meine in der Josephserzählung demnach Leute aus Palästina. Ob es alle Völkerschaften dieses Raumes einbegreife oder nur halb seßhafte Kleinviehnomaden in der Art Josephs und seiner Brüder, lasse sich aus den Stellen nicht entscheiden. Da der Überlieferungskomplex – im Unterschied zu den Erzvätersagen – mehrfach Völkerschaften als handelnde Gruppen einführe, Ismaeliten, Midianiten, Ägypter, lasse sich denken, daß auch die eigenen Ahnen als völkisch bestimmt eingeführt werden sollten. Dafür stehe aber nur der Ausdruck «Hebräer» zur Verfügung. Denn der Name «Israel», der häufig vorkomme (Gen 37,3.13; 43,6.8.11 usw.), bezeichne nur einen einzigen Mann; Israel aber gehöre mit anderen, die nicht genannt würden, zur *ᶜibrî*-Völkerschaft.

In dieser Erklärung von *ᶜibrî* werden zwei Hypothesen vorgetragen, für die sich weder aus den außerbiblischen Texten noch aus der Josephserzählung oder den anderen *ᶜibrî*-Belegen Anhaltspunkte finden lassen. Denn

---

[51] Siehe Kap. 5.2.1.–5.2.3.

[52] K. Koch, VT 19 (1969), 50.60–62.

[53] K. Koch, VT 19 (1969), 51–52.

[54] Siehe zur Diskussion über diesen Beleg Kap. 2.2. zu Anm. 188; Kap. 5.2.2.

weder die *ḫabiru-* und *ʿprw*-Belege erlauben die Rede von *ḫabirū*-Völkerschaften, noch berechtigen uns biblische Genealogien zu einer Argumentation mit einer *ʿibrî*-Völkerschaft.[55]

N. P. Lemche hat in Weiterführung älterer Argumentation dargelegt, daß *ʿibrî* in der Josephsgeschichte von den Israeliten nie als Beschreibung ihrer selbst benützt werde.[56] Er leitet aus der Bezeichnung von Joseph durch Potiphars Frau als *ʾjš/ʿbd ʿbrj* (Gen 39,14.17) ab, daß *ʿibrî* in einem derogativen Sinne zu verstehen sei: "A person as base as a Hebrew has dared violate her."[57] Aus diesen Stellen und Gen 41,12, wo Joseph ein *nʿr hʿbrj* genannt wird, könne nicht mit Sicherheit abgeleitet werden, daß *ʿibrî* in einem nationalen bzw. ethnischen oder soziologischen Sinn gebraucht werde. Lokalisiere man diese drei isolierten *ʿibrî*-Belege im Milieu Ägyptens des 2. Jt.s, dann könne kein Zweifel bestehen, daß *ʿibrî* «Hebräer» als eine soziologische Bezeichnung zu verstehen sei.[58] Dieses Argument gelte auch für *ʾrṣ hʿbrjm* «Land der Hebräer» in Gen 40,15. Palästina werde hier vom ägyptischen Standpunkt aus betrachtet. *ʾrṣ hʿbrjm* «Land der Hebräer» werde hier nur in einem geographischen Sinn verstanden. *ʿibrî* bezeichne nicht eine Nation, sondern beschreibe im Vergleich zu Ägypten eher ein Gebiet "as a more or less lawless territory".[59] In Gen 43,32 werde *ʿibrî* sowohl in einem nationalen, als auch in einer soziologischen Bedeutung gebraucht, berichte uns aber in erster Linie über die Xenophobie der Ägypter.[60]

Seine Analyse der fünf Stellen der Josephsgeschichte schließt N. P. Lemche mit dem Ergebnis ab, daß in keinem Falle ein definitiv «nationaler» Gebrauch von *ʿibrî* vorliege.[61] Es sei charakteristisch, daß mit *ʿibrî* die Fremden von der ägyptischen Seite aus beschrieben würden, und so, wie sie den Ägyptern bekannt gewesen seien. Wenn wir außerdem voraussetzen könnten, daß die fiktionale Lokalisierung der Josephsgeschichte in der Mitte des 2. Jt.s v. Chr. zutreffe, dann weiche der Gebrauch des Wortes *ʿibrî* «Hebräer» nicht viel von dem Gebrauch von *ḫabirū* = *ʿprw* in den kontemporären ägyptischen Quellen ab. Sollte es aber nötig sein, die Josephsgeschichte in die Zeit Davids bzw. Salomons oder noch später in die exilische oder späte vorexilische Zeit zu datieren, so liege kein Anlaß vor, irgendwelche Schlüsse über die «nationale» oder «soziologische» Bedeutung von *ʿibrî* auf Grund des Materials der Josephsgeschichte zu folgern.[62]

---

[55] Siehe Kap. 2–3 und 6.1.
[56] N. P. Lemche, ‹Hebrew› as a National Name for Israel, StTh 33 (1979), 11–13.
[57] N. P. Lemche, StTh 33 (1979), 11.
[58] N. P. Lemche, StTh 33 (1979), 11.
[59] N. P. Lemche, StTh 33 (1979), 11.
[60] N. P. Lemche, StTh 33 (1979), 12.
[61] N. P. Lemche, StTh 33 (1979), 12.
[62] N. P. Lemche, StTh 33 (1979), 12–13.

In seiner Argumentation deutet N. P. Lemche den Terminus *ᶜibrî* «Hebräer» von mehreren Voraussetzungen her. Er stützt sich auf die These, daß *ᶜibrî* einen pejorativen Sinn habe[63], daß die fiktive Situierung der Erzählung das Ägypten des 2. Jt.s voraussetze[64], daß auch der Begriff *'rṣ hᶜbrjm* «Land der Hebräer» (Gen 40,15) in einem geographischen Sinn zu verstehen sei, wobei er auch hier wieder zur Hypothese von der pejorativen Bedeutung von *ᶜibrî* Zuflucht nimmt.[65] Selbst wenn man ihm darin zustimmte, daß die Josephsgeschichte fiktional im Ägypten des 2. Jt.s lokalisiert werde, folgt daraus noch nicht, daß damit *ᶜibrî* auch eine Bedeutung habe, die dem Gebrauch von *ḫabirū* = *ᶜprw* in den ägyptischen Quellen des 2. Jt.s entspreche. Seiner Schlußfolgerung, daß das Material der Josephsgeschichte keine Schlüsse über die «nationale» oder «soziologische» Bedeutung von *ᶜibrî* «Hebräer» zulasse[66], ist deshalb wenig Überzeugungskraft beizumessen. Die von N. P. Lemche vorgetragene Argumentation gibt besonders deutlich zu erkennen, daß die Probleme der Datierung der Josephsgeschichte unabhängig von der *ᶜibrî*-Frage in ihr zu lösen sind und nur so eine zuverlässige Basis für eine Bewertung der *ᶜibrî*-Belege in ihr zu gewinnen ist.[67]

Wenn wir allein von der Josephsgeschichte ausgehen, gelangen wir zum Ergebnis, daß in ihr *ᶜibrî* jeweils den Angehörigen der jüdischen Volks- und Glaubensgemeinschaft der frühestens exilischen, eher besser nachexilischen Zeit beschreibt. Es führt deshalb zu keinem Ergebnis, wenn an *ᶜibrî* in der Josephsgeschichte rechtlich-soziologische Kategorien herangetragen werden, die bei der Bestimmung der *ḫabirū* = *ᶜprw* dienlich sind. Weder die Hypothese vom pejorativen Wortgebrauch bzw. Grundton des Wortes *ᶜibrî*, noch eine rein ethnische Definition führen hier zum Ziel.

---

[63] Siehe Kap. 7.2.4. zu H. Parzen.

[64] Siehe Kap. 5.2.2. zu D. B. Redford und H.-Ch. Schmitt, die betonen, daß die Lokalisierung der Josephsgeschichte in Ägypten nicht darüber hinwegtäuschen dürfe, daß sie in Israel abgefaßt worden sei.

[65] N. P. Lemche, StTh 33 (1979), 11 und Anm. 33, stützt sich dabei wohl zu Unrecht auf seine Transkription *eqli* (LÚ) SA.GAZ (RS 17.238), da *eqlu* und *'rṣ* in diesem Zusammenhang wohl kaum gleichzusetzen sind; siehe auch Kap. 4 zu Anm. 28. Siehe zur Diskussion über PRU 4, 107f., 7.16 (RS 17.238; J. Bottéro, Ḫabiru, 1972/75,20, Nr. 214) u. a. J. Bottéro, Ḫabiru, 1954, 122–123; H. Schmökel, Geschichte des alten Vorderasien, 1957, 234; M. Astour, RA 53 (1959), 71 mit Anm. 3; M. Liverani, RSI 77 (1965), 331; ders., in: DBS 9, 1969, 1333 mit Anm. 67; M. B. Rowton, AS 16, 1965, 383 mit Anm. 67; I. M. Diakonoff, MIO 13 (1967), 365; M. Weippert, Bib 52 (1971), 414–415; M. Anbar, Or 41 (1972), 384 mit Anm. 8; G. Kestemont, Diplomatique et droit internationale, 1974, 81; M. Heltzer, RCAU, 1976, 58.

[66] N. P. Lemche, StTh 33 (1979), 12–13.

[67] Siehe zu Anm. 51.

5.3. I Sam 4–29

Die *ʿibrîm*-Stellen aus I Sam werden zumeist als eine in sich geschlossene Gruppe abgegrenzt und interpretiert.[68] Dabei spielen die Voraussetzungen, die von den Gelehrten ihren Überlegungen zugrundegelegt werden, bei der Behandlung dieser Beleggruppe eine wichtige Rolle. Denn das Auftreten von *ʿibrîm* zu Beginn der Bildung der Eigenstaatlichkeit Israels wird besonders gern als eine historische Nachricht verstanden und auf verschiedene Weise mit den *ḫabirū* in Verbindung gebracht. Eine kritische historische Bewertung dieser *ʿibrîm*-Belege wird jedoch erst möglich sein, wenn zuerst eine Untersuchung über deren literarische und zeitliche Einordnung erfolgt ist.[69]

In der Auseinandersetzung über die *ʿibrîm* in I Sam 4–29 wird gewöhnlich in erster Linie versucht, über die Frage Klarheit zu erlangen, ob die in diesen Erzählungen auftretenden *ʿibrîm* mit den Israeliten identisch sind oder als eine von diesen zu unterscheidende Gruppe eingestuft werden müssen.

Bei der historischen Auswertung der *ʿibrî*-Stellen von I Sam 4–29 spielen textkritische und literarische Fragen eine bedeutsame Rolle. Es stehen auch in diesem Falle zwei gegensätzliche Methoden der Textbetrachtung zur Debatte. Während die einen Forscher die *ʿibrî*-Stellen von I Sam als strikt historische Nachrichten interpretieren[70], versuchen andere, dieselben nicht auf einen alten Grundbestand zurückzuführen, sondern auf spätere Einflußnahme.[71]

Es bieten sich somit auch im Falle von I Sam 4–29 zwei grundsätzlich verschiedene Methoden der Zusammenschau der *ḫabirū* und *ʿibrîm* an. Entweder werden Versuche unternommen, von einer *a priori* feststehenden Gleichung *ḫabirū* = *ʿibrîm* aus eine verbindende Brücke zwischen der außerbiblischen Bezeugung der *ḫabirū* und den *ʿibrîm* von I Sam 4–29 zu

---

[68] M. P. Gray, HUCA 29 (1958), 180–182; J. P. Oberholzer, The *ʿibrîm* in I Samuel, 1960, 54; M. Weippert, Landnahme, 1967, 88–89; J. Weingreen, Saul and the Ḫabirū, 1976, 63–66; K. Koch, VT 19 (1969), 44–50; H. J. Stoebe, Das erste Buch Samuelis, 1973, 247–249; H. Schult, DBAT 10 (1975), 29–31; N. P. Lemche, StTh 33 (1979), 16–20.

[69] H. Madl, Untersuchungen zu 1 Sam 14, 1974, 178, bemerkt, daß z. B. die Behandlung der «Philisterbelege» über die *ʿibrîm* gleichfalls daran leide, daß die Analyse der biblischen Texte zu oberflächlich erfolge und dann zu frühe Parallelen zwischen den biblischen Belegen und jenen der altorientalischen Umwelt gezogen würden.

[70] Siehe z. B. J. Weingreen, Saul and the Ḫabirū, 1967, 63–66.

[71] H. Madl, Untersuchungen zu 1 Sam 14, 1974, 178–204; H. Schult, DBAT 10 (1975), 29–31, gelangt zum Ergebnis, daß in I Sam 4,6.9; 13,19; 14,11; 29,3; (17,8 LXX) der Ausdruck «Hebräer» nicht zum Stoff und Erzählungsgut gehöre, sondern in Reden stehe, die auf das Konto des Redaktors/Bearbeiters gingen. Der Bearbeiter mache einen Unterschied zwischen «Hebräern» und «Israeliten», und nicht die alten Philister.

konstruieren, bzw. diese *ᶜibrîm* als Teil der Israeliten zu erweisen, oder es werden unabhängig davon die *ᶜibrî*-Stellen von I Sam vor jeder unmittelbaren historischen Auswertung literarkritisch untersucht und datiert.

5.3.1. I Sam 4,6.9

Die in I Sam 4,6.9 erwähnten *ᶜibrîm* «Hebräer» werden allgemein mit den Israeliten identifiziert.[72] Hierbei wird eine zweifache Interpretation von *ᶜibrî* als Ethnikon vorgetragen. Der Annahme, daß es sich um eine nachexilische Bezeichnung für den Juden handle[73], steht die andere gegenüber, die in *ᶜibrî* das Weiterleben des ursprünglichen Ethnikons *ḫabiru* = *ᶜibrî* glaubt feststellen zu können.[74]

Eine Verbindung zwischen den *ḫabirū* und *ᶜibrîm* in I Sam 4,5–9 stellt auch J. Lewy her. Er unterscheidet in I Sam zwischen den Stellen, wo König Saul seiner Hoffnung Ausdruck gebe, daß die «Hebräer» ihm und seinen Israeliten folgen werden, und denen, wo uns berichtet werde, wie die Philister auf die Ankunft der Lade im Lager der Israeliten reagiert hätten. Wenn die Philister in I Sam 4,9 davon sprächen, daß sie nicht Knechte der Hebräer werden wollten, so wie diese ihre Knechte gewesen seien, dann erinnere das an die Unterdrückung der «Hebräer» in Ägypten. Der biblische Erzähler lege uns nahe, die Unterdrückung Israels durch die Philister mit der durch die Ägypter zu vergleichen. Er zeige auch, daß die Philister über die Versklavung der Hebräer in Ägypten gewußt hätten und wie Jahwe sie dafür geschlagen habe. Es sei deshalb absichtlich, daß im Buche Samuel das Wort *ᶜibrî* «Hebräer» von den Philistern auf die Israeliten angewendet werde. Die biblischen Autoren gebrauchten in diesem Zusammenhang das Wort *ᶜibrî* «Hebräer» als ein Appellativ für «Fremder» (alien), der nicht dieselben Rechte und denselben politischen Status besitze wie die herrschende Schicht des Landes. Unglücklicherweise ließen die biblischen

---

[72] Siehe z. B. J. Weingreen, Saul and the Ḫabirū, 1967, 63; R. de Vaux, Histoire ancienne d'Israël I, 1971, 203, schreibt hierzu folgendes: «Dans les récits des guerres philistines, le mot peut s'expliquer comme un ethnique et comme désignant les Israélites les cinq fois où il est mis dans la bouche des Philistines.»; H. J. Stoebe, Das erste Buch Samuelis, 1973, 247, bemerkt, daß *ᶜibrî* im Munde der Philister zur Kennzeichnung ihrer israelitischen Gegner diene (I Sam 4,9.6; 13,19; 14,21; 29,3).

[73] H. Schult, DBAT 10 (1975), 30–31.

[74] R. de Vaux, Histoire ancienne d'Israël I, 1971, 207, gelangt zu folgendem Ergebnis: «Ces ressemblances et ces différences s'expliquent si les ancêtres des Israélites étaient une partie d'un groupe plus large, celui des *Ḫabiru-ᶜApîru.* On comprend que les Philistins aient donné aux Israélites qui descendaient contre eux de la montagne palestinienne, le même nom que les *Ḫabiru* qui habitaient déjà cette montagne à l'époque d'Amarna.»; ähnlich auch H. J. Stoebe, Das erste Buch Samuelis, 1973, 249.

Erzählungen nicht erkennen, wie wir uns diesen niedrigeren Status des «Hebräers» bzw. «Fremden» vorzustellen hätten. Es sei jedoch klar, daß die Position der «Hebräer» niedrig gewesen sei und einen derogativen Beigeschmack gehabt habe.[75]

Die Nennung der *ᶜibrîm* «Hebräer» in I Sam 4,6.9 von seiten der Philister erfolgt im Rahmen des als Einheit anzusehenden Abschnittes V. 5–9. Aus der Gleichsetzung von *mḥnh* = *kl jśr'l* (V. 5) = *mḥnh hᶜbrjm* = *mḥnh* (V. 6) V *mḥnh* (V. 7) = *ᶜibrîm* (V. 9) und dem Gegensatz zu den *plštjm* (V. 6. 7. 9) ergibt sich mit Notwendigkeit die Identität *kl jśr'l* ≡ *ᶜibrîm*.[76] Für V. 5–9 dürfte deshalb folgende Übersetzung vorzuschlagen sein:

> [5]Als nun die Lade des Bundes Jahwes ins Lager kam, da brach ganz Israel in ‹ungeheuren Jubel›[77] aus, daß die Erde erdröhnte. [6]Auch die Philister hörten den ‹ungeheuren Jubel› und fragten sich: «Was hat der ‹ungeheure Jubel› im Lager der Hebräer zu bedeuten?» Als sie erkannten, daß die Lade Jahwes ins Lager gekommen war, [7]fürchteten sich die Philister, denn sie sagten: «Götter[78] sind in das Lager gekommen!», und sie sagten: «Weh uns, denn so etwas ist früher nicht dagewesen. [8]Weh uns, wer wird uns aus der Hand dieser mächtigen Götter retten können? Das sind doch die Götter[79], die Ägypten mit allerlei Plage in der Wüste geschlagen haben. [9]Faßt euch und zeigt euch als Männer, Philister, damit ihr nicht den Hebräern fronen müßt, wie sie euch gefront haben! Seid mannhaft und kämpft!» (I Sam 4,5–9.)

Die in V. 5–9 ausgesprochenen Gedanken wurden als ein Zusatz aufgefaßt und in die vorexilische Zeit datiert.[80] Dagegen wurden auch Argumente für eine nachexilische Datierung geltend gemacht.[81] Denn die

---

[75] J. Lewy, HUCA 28 (1957), 5–6; M. P. Gray, HUCA 29 (1958), 180, schließt sich dieser Hypothese an: "On the other hand, it is not surprising that the Philistines should use the term [= *ᶜibrî*] to apply to the Israelites, since they undoubtably regarded them as immigrants into the land and also since they regarded them as inferior [= I Sam 4,9; 13,16] and untrustworthy [= I Sam 29,3 f.]."

[76] H. Madl, Untersuchungen zu 1 Sam 14, 1974, 178–182.

[77] *trwᶜh*, siehe P. Humbert, La Terouᶜa, 1946, 29 ff.

[78] H. J. Stoebe, Das erste Buch Samuelis, 1973, 130, lehnt eine Textänderung ab; vgl. BHSa.

[79] H. J. Stoebe, Das erste Buch Samuelis, 1973, 129–130, übersetzt einen Singular; H. Madl, Untersuchungen zu 1 Sam 14, 1974, 180. 583 Anm. 8, versteht den Namenswechsel zwischen V. 7 a *('lhjm b')* und V. 8 *(h'lhjm h'lh hmkjm)* mit G. Ahlström als Steigerung vom Konkreten ins Allgemeine.

[80] F. Schicklberger, Ladenerzählungen, 1973, 30–31. 73–99. 179. 224–225, gelangt zum Ergebnis, daß als Abfassungszeit der theologischen Aussageerzählung die Regierungsjahre Hiskias anzusetzen seien (a. a. O., S. 236).

[81] H. Schult, DBAT 10 (1975), 30–31.

Philister seien nur als Chiffre zu verstehen und I Sam 4,8 kenne bereits die ägyptischen Plagen und die Wüstentradition, d.h. die Komposition des Pentateuchs mit ihren spätesten Bestandteilen. Das geschlossene Auftreten von «(ganz) Israel» setze das theologische «Israel» und damit den Verlust der Staatlichkeit des Nordreiches (Israel) und wohl auch des Südreichs Juda voraus. Die «Ältesten Israels» (V. 3 b) seien eine Form der Repräsentation des «Volkes Israel», die ohne den Untergang der Staaten Israel und Juda nicht denkbar sei und doch wohl die Verhältnisse des Exils und die Existenz jenes theologischen «Israel» voraussetze. Die Erwähnung der Priesterfamilie Eli (4,11) habe Streitigkeiten von Priesterfamilien zur Voraussetzung, deren Lösung durch Retrojektion in die vorstaatliche Zeit ursprungsmythisch präfiguriert werde. Die Bezeichnung der Lade als «Bundeslade» sei das Ergebnis deuteronomistischer Beurteilung und setze den spätvorexilischen Bundesgedanken und den Dekalog als Inhalt der Lade voraus. H. Schult gelangt so zum Ergebnis, daß I Sam 4,3 b?.5–9 sich literarkritisch aus dem Erzählungszusammenhang lösen ließen, ohne daß der Gang der Handlung verändert würde. Die Verse trennten die beiden Erwähnungen Elis und seiner Söhne und brächten durch das Element des Jubels und der Furcht einen retardierenden, positiven Zug in die Erzählung, die dem Grundbestand, welcher sich vermutlich ganz auf den Untergang der Eliden konzentrierte, wohl fremd gewesen sei. Er sieht deshalb in I Sam 4.3 b.5–9 einen redaktionellen, die Geschichte bestimmenden Beitrag des Bearbeiters letzter Hand.

Auch in I Sam 4,5–9 sei dann also «Hebräer» nichts weiter als die Bezeichnung der Israeliten im Munde der Fremden. Den Philistern, die in diesem Zusammenhang die Bundeslade nur «Lade» nannten, sei das theologische Geheimnis des «Bundes» vom Erzähler ebenso vorenthalten wie das «Israels». Hätten die Philister beide Worte gebraucht, so stünden sie als Gläubige da, die wüßten, was es mit «Lade» und «Israel» theologisch auf sich habe. Beide Ausdrücke seien dem Erzähler gewissermaßen zu esoterisch, als daß er sie den Philistern in den Mund legen wollte.

Einen wesentlichen Hinweis auf den späten Charakter von I Sam 4,5–9 wird man auch in dem pluralischen Gebrauch von *'lhjm* «Götter» in V. 7–8 zu sehen haben. Der Verfasser legt den «Philistern»[82] ein polytheistisches Mißverständnis der jüdischen Gottesauffassung in den Mund.[83] Diese Darstellung setzt eine Verspottung der Philister und fremder religiöser

[82] H. Schult, DBAT 10 (1975), 30 mit Anm. 34.

[83] H. Donner, «Hier sind deine Götter, Israel!», 1973, 46–47, interpretiert I Sam 4,8 als Beleg für singularisches *'lhjm* mit pluralem Attribut. H. Donner hält es aber (a. a. O., S. 48) doch auch für möglich, daß den Philistern die Idee in den Mund gelegt wurde, Israel sei durch mehrere Götter aus Ägypten geführt worden.

Anschauung voraus, die erst in exilisch-nachexilischer Zeit ausgebildet wurde und sich dann durchgesetzt hat.[84]

Es dürfte somit kaum zu bezweifeln sein, daß die «Philister» von I Sam 4,5–9 als Gestalten der nachexilischen jüdischen Vorstellung erscheinen und auch der ihnen in den Mund gelegte Gebrauch von *ʿibrî* «Hebräer» dem dieser Zeit entspricht: Der *ʿibrî* ist ein Angehöriger des Volkes Israel, kein Polytheist wie die unbeschnittenen Philister.

Aus I Sam 4,5–9 läßt sich somit weder etwas über einen ethnischen Zusammenhang zwischen den Hebräern und den *ḫabirū* entnehmen und eine diesbezügliche historische Kenntnis der Philister[85], noch bietet dieser Abschnitt einen Anhaltspunkt dafür, daß die Philister in den Hebräern inferiore Immigranten gesehen hätten.[86]

5.3.2. I Sam 13,3

Dem Vorschlag von H. Weinheimer, in I Sam 13,3 zwischen den Israeliten und den Hebräern zu unterscheiden[87], konnte sich F. Böhl nicht anschließen.[88] Er wendet gegen diesen Vorschlag ein, daß der MT nicht recht befriedige und LXX ein *pšʿw hʿbdjm* voraussetzten. Als Inhalt der Proklamation Sauls gebe aber ein «die Knechte sind abgefallen» schlechterdings keinen Sinn. Die gewohnte Auskunft[89] sei deshalb, diesen Satz hinter die erste Hälfte des Verses umzustellen: «und die Philister hörten, die Knechte (oder dann «die Hebräer») sind abgefallen.» Hiergegen habe H. Weinheimer klar gemacht, daß sich durch eine Unterscheidung von Israeliten und Hebräern in I Sam 14,21 auch ohne diese gewaltsame Umstellung – und zwar mit Beibehaltung des *hʿbrjm* von MT und Übernahme des *pšʿw* oder besser *jpšʿw* von der LXX – ein befriedigender Sinn gewinnen lasse. Der Inhalt von Sauls Proklamation wäre dann: die Hebräer – dieselben wie die von 14,21 – sind abgefallen oder im Begriff abzufallen; damit sei für Israel der günstige Moment zum Losschlagen gekommen.

[84] H. D. Preuß, Verspottung fremder Religionen im Alten Testament, 1971, 311, bezieht diese Stelle nicht in seine Arbeit ein.

[85] Siehe z. B. zu R. de Vaux Anm. 72.

[86] Siehe Anm. 75 zu J. Lewy und M. P. Gray.

[87] H. Weinheimer, Hebräer und Israeliten, ZAW 29 (1909), 278–279, liest an Stelle von *jšmʿw* ein *jpšʿw* «(die Hebräer) sind abgefallen/werden abfallen», womit Saul sage: Jetzt ist der günstige Augenblick, loszuschlagen, da die bisherigen Vasallen der Philister, die Hebräer, auf unserer Seite stehen werden.

[88] F. Böhl, Kanaanäer und Hebräer, 1911, 71–72.

[89] J. Wellhausen, Text der Bücher Samuelis 1871, 81; A. Klostermann, Die Bücher Samuelis und der Könige, 1887, 40–41; K. Budde, Die Bücher Samuelis, 1902, 84, betrachtet V. 3 b entgegen J. Wellhausen, nicht als Randglosse, sondern als ursprünglich.

F. Böhl gelangt dann zum Schluß, daß es auf den ersten Blick klar sei, daß eine Kombination von I Sam 13,3 und 14,21 allein nicht genüge, einer weittragenden Hypothese über eine Unterscheidung von «Israeliten» und «Hebräern» innerhalb Kanaans selbst zum Ausgangspunkt zu dienen.

Dagegen hat A. Jirku kein Hindernis darin gesehen, in I Sam 13–14 zwischen den «Hebräern» und Israeliten zu unterscheiden.[90] In I Sam trete uns nicht mehr das lebenskräftige und siegreiche Volk der *ḫabirū*-Hebräer aus der Zeit von El Amarna entgegen, sondern dem Untergang oder wenigstens der Bedeutungslosigkeit geweihte Teile des einst mächtigen Volkes. In den Tagen Sauls hätten sie noch geschwankt, ob sie sich den stammesverwandten Israeliten oder den Philistern anschließen sollten. Bald seien dann die in Palästina ansässigen Reste der Hebräer in Israel aufgegangen.

J. Lewy hat von seiner Auffassung her, daß die *ʿibrîm* «Hebräer» Zugewanderte und Fremde seien, gefolgert, daß in I Sam auch die Philister nicht ausdrücklich zwischen den *bnj jśr'l* und anderen nicht weniger verachteten Nicht-Philistern (13,19; 4,6 ff.; 29,3) unterschieden. Aber auf israelitischer Seite werde der Unterschied gemacht und vom Standpunkt der Israeliten sei es wichtig, ob die nicht-israelitischen *ʿibrîm* mit ihnen gemeinsame Sache machten oder nicht. Daher lasse Saul 13,3 ins Horn stoßen: *jšmʿw hʿbrjm* «mögen die Hebräer [d. h. die nicht-israelitischen Nicht-Philister] vernehmen (scil., daß die Israeliten sich empört haben und daß auch für andere unterdrückte Elemente und speziell die in der Nähe zeltenden Halbnomaden die Gelegenheit zur Parteinahme und Krieg gegen die Philister gekommen ist).»[91] Daher werde (13,7) bedauernd bemerkt, daß die Furcht der Israeliten auch auf die *ʿibrîm*, die diesem Ruf gefolgt seien, übergreife und diese besonders leicht beweglichen Scharen sogar über den Jordan flöhen, werde ein anderes Mal (14,21) umgekehrt mit Befriedigung festgestellt, daß sogar diejenigen nicht-philistäischen Elemente, die seit längerer Zeit auf seiten der Philister gestanden seien, zu Saul übergegangen seien.[92]

Von der Voraussetzung her, daß die *ʿibrîm* in I Sam 13,3 mit den *ḫabirū* identisch seien und von LXX *pšʿw* zu übernehmen sei, kommt J. Weingreen zur Übersetzung «the *Ḫabirū* have defected».[93] Die Ankündigung Sauls besage, daß die *ḫabirū*, die zu den Philistern gegangen seien, zurückgekehrt seien und die Philister verlassen hätten.

---

[90] A. Jirku, Die Wanderungen der Hebräer, 1924, 30.

[91] J. Lewy, OLZ 30 (1927), 829.

[92] M. P. Gray, HUCA 29 (1958), 180–181, schließt sich dieser Deutung an und sieht in 13,3 gleichfalls die Erwähnung einer dritten Gruppe neben den Philistern und Israeliten.

[93] J. Weingreen, Saul and the Ḫabirū, 1967, 64.

Dagegen sieht H. Madl in I Sam 13,3b.4 eine sekundäre Einführung des Abschnittes V. 7b–15a.[94] Zugleich lehnt er es mit K. Koch[95] ab, in V. 3 eine Umstellung vorzunehmen. Die LXX-Lesart von 3bβ ἠθετήκασιν οἱ δοῦλοι werde nicht einmal von der Vulgata nachvollzogen, die «audiant Hebrei» hat. Sie verwische außerdem den Charakter des Aufrufes, der mit *jšmᶜw* noch vorhanden sei, ganz. Er nimmt sodann an, daß erst die Verschiebung von *ᶜibrîm* in *ᶜbdjm* das *pšᶜw* veranlaßt haben werde, und das Hauptargument der Emendatoren, *ᶜibrîm* sei im Munde Sauls nicht denkbar, ziehe kaum. In 3bβ und 4aα liege ein einfacher Chiasmus vor: *jšmᶜw hᶜbrjm / w kl jśr'l šmᶜw*. Die Rahmenglieder seien lexematisch gleich und unterschieden sich nur durch die grammatikalischen Morpheme. Die Innenglieder *hᶜbrjm* und *kl jśr'l* seien dagegen synonym.

In der Beurteilung von *ᶜibrîm* in I Sam 13,3 wird davon auszugehen sein, daß LXX einen hebräischen Text voraussetzt, in dem *ᶜibrîm* zu *ᶜabārîm* verschrieben war, was dann die Veränderung von *jšmᶜw* in *pšᶜw* nach sich gezogen hat.[96] Wer der Lesart der Septuaginta folgen will, darf deshalb *ᶜibrîm* «Hebräer» nicht beibehalten.

Durch eine Streichung von «Saul» in V. 3 werden die Philister Subjekt des Alarms.[97] Dadurch wird aber jeder Zusammenhang mit V. 4, der eine direkte Fortführung von V. 3 darstellt, zerstört.

Die Lösung wurde auch auf dem Weg der Kombination von teilweiser Übernahme von LXX und einer Textumstellung gesucht.[98] Das Ergebnis dieses Vorgehens ist ein ganz neuer Text mit folgendem Wortlaut: «Da hörten die Philister sagen: ‹Die Hebräer sind abgefallen›! Saul aber hatte im ganzen Land in die Posaune stoßen lassen. Und ganz Israel...»

In dieser Lösung wird versucht, die Hebräer als begrüßenswerte Abtrünnige der Philister vorzustellen[99] oder als Menschen, deren Freilassung von seiten Sauls verkündet wird.[100]

Eine Erklärung von I Sam 13,3 wird davon auszugehen haben, daß V. 3b–4 den Gang der Erzählung unterbrechen und versuchen, Saul als die handelnde Person Jonathan nicht nur zur Seite zu stellen, sondern eindeutig überzuordnen. Diese Tendenz wird bereits durch die redaktionelle Einleitung V. 1–2[101] angekündigt. Für I Sam 13,1–5 ist deshalb folgender Text anzusetzen:

---

[94] H. Madl, Untersuchungen zu 1 Sam 14, 1974, 26 mit Anm. 21; 87. 185–186.

[95] K. Koch, VT 19 (1969), 46 mit Anm. 1.

[96] K. Koch, VT 19 (1969), 46 mit Anm. 1.

[97] N. Peters, Beiträge, 1899, 207; W. Caspari, Die Samuelbücher, 1926, 154.

[98] Siehe Anm. 89.

[99] W. Caspari, Die Samuelbücher, 1926, 154.

[100] A. Klostermann, Die Bücher Samuelis und der Könige, 1887, 40, übersetzt: «... während Saul im ganzen Lande die Trompete blasen und sagen ließ: ‹die Hebräer sollen frei sein *(jšmṭw)*.›»

[101] H. J. Stoebe, Das erste Buch Samuelis, 1973, 246–247.

[... [1]Jahre war Saul alt, als er König wurde, und zwei Jahre war er König über Israel. [2]Und Saul wählte sich dreitausend ‹Mann?›[102] aus Israel aus. (Davon) standen zweitausend bei Saul in Michmas und auf dem Berg von Bethel, tausend waren bei Jonathan in Gibea Benjamin. Den Rest des Volkes entließ er, einen jeglichen zu seiner Heimatstadt.] [3]Jonathan erschlug den Vogt der Philister in Geba, davon erfuhren die Philister. [Saul aber ließ im ganzen Land in die Posaune stoßen, sagend: «Die Hebräer sollen es hören!» [4]Und ganz Israel vernahm die Kunde: «Saul hat den Vogt der Philister erschlagen, damit ist ganz Israel bei den Philistern stinkend geworden.» Das Volk wurde zur Gefolgschaft hinter Saul ins Gilgal aufgeboten.] Und die Philister sammelten sich zum Kampf gegen Israel... (I Sam 13,1–5 a.)

In V. 3–4 wird zwischen *hᶜbrjm* und *kl jśr'l* kein Gegensatz festgestellt. Denn das verbindende *w* «und» stellt zwischen beiden Größen eine Identität her.[103] Gegenteilige Auffassungen gehen von dem *a priori* festgelegten Gegensatz zwischen den Israeliten und Hebräern aus.[104] Der Einschub V. 3b–4 stammt von einem Bearbeiter[105], für den die Identifikation *ᶜbrjm* ≡ *kl jśr'l* völlig geläufig war. Die redaktionelle Herkunft dieses Textes zeigt zumindest an, daß es sich nicht um eine Terminologie aus den Tagen der Philisterkämpfe handeln muß, sondern viel eher um eine spätere Sprachregelung.

5.3.3 I Sam 13,7

In der Diskussion über die *ʿibrîm* «Hebräer» von I Sam wird 13,7 als ein besonders bedeutsamer Beleg für die Hypothese gehandelt, daß die «Hebräer» eine spezielle Gruppe zwischen den Israeliten und den Philistern bildeten.

Nach G οἱ διαβαίνοντες διέβησαν wurde als Text *w jᶜbrw mᶜbrwt hjrdn* «sie überschritten die Furten»[106], *ᶜbwr ᶜbrw* «sie hatten gar überschritten»[107] oder *ᶜm rb* «viel Volk»[108] vorgeschlagen.

---

[102] H. J. Stoebe, Das erste Buch Samuelis, 1973, 243.

[103] H. Madl, Untersuchungen zu I Sam 14, 1974, 185, stellt zu Recht fest, daß die Glieder *hᶜbrjm* und *kl jśr'l* synonym sind.

[104] Vgl. z. B. H. J. Stoebe, Das erste Buch Samuelis, 1973, 241.249–250, der mit seiner Übersetzung zugleich seine Hypothese über die Sonderstellung der Hebräer zwischen Israeliten und Philistern rechtfertigt: «... ‹Die Hebräer sollen es hören.› Auch ganz Israel vernahm die Kunde...»

[105] H. Schult, DBAT 10 (1975), 31. 33.

[106] J. Wellhausen, Der Text der Bücher Samuelis, 1871, 82.

[107] A. Schulz, Die Bücher Samuel, 1919, 186–187; W. Caspari, Die Samuelbücher, 1926, 155.

[108] A. Klostermann, Die Bücher Samuelis und der Könige, 1887, 41; K. Budde, Die Bücher Samuel, 1902, 86; S. R. Driver, Notes, 1913², 99–100.

Es wurde auch versucht, die *ᶜibrîm* von 13,7 zwar im Text zu belassen, aber von den Israeliten zu unterscheiden. Sie werden als Restgruppe der *ḫabirū* verstanden, die in den Auseinandersetzungen zwischen Saul und den Philistern eine Rolle spiele.[109]

Dagegen schließt H. Madl aus dem schlechten Hebräisch der Textüberlieferung, aus dem deutlichen Bestreben des Verses, hier nur eine geographische Reminiszenz zu geben und aus der völligen Isolierung des Verses im Kontext, daß es sich um eine Glosse handle.[110] Die Spannungen, die im Vers 7a selbst vorlägen, spiegelten sich auch in der Textüberlieferung wider: Die LXX habe *wᵉ ᶜibrîm* in *wᵉ ᶜobrîm* (οἱ διαβαίνοντες) verändert und harmonisiere dadurch den Masoretentext. V. 7a werde so fester mit V. 6 verbunden, und offensichtlich sollten die διαβαίνοντες von 7a mit den *'jš jśr'l* gleichgesetzt werden, bzw. eine Gruppe davon sein. Es sei sogar zu vermuten, daß die Glosse nicht am richtigen Platz stehe. Sie passe besser zur Notiz des Sich-Zerstreuens des Volkes in Gilgal, da von hier aus am ehesten ein Überschreiten des Jordans als möglich erscheine. Die Notiz sei später mit der Dittographie *w ᶜbrjm* an V. 6 angehängt worden, da die Erwähnung von Gilgal in V. 4 dies nahelege und das Nebeneinander von *'jš jśr'l* und der *ᶜbrjm* in 14,21.22 leicht dazu habe verleiten können, die fehlenden *ᶜbrjm* gegenüber den *'jš jśr'l* in V. 6 einzusetzen.

Auch H. Schult schlägt für I Sam 13,7 eine literarkritische Lösung vor.[111] Der vorliegende Text, der in V. 6 vom Verkriechen der unterlegenen Israeliten berichte und in V. 7 von einer Flucht über den Jordan, kombiniere zwei Erzählungsvarianten, ohne die sachlichen und terminologischen Widersprüche auszugleichen: «Israel», «das Volk» und «die Hebräer» seien sachlich dasselbe. Eine Bestätigung gebe 14,11, wo «die Hebräer», die nach 13,7 über den Jordan gezogen seien, aus den Löchern, in die sich nach 13,6b «das Volk» verkrochen hatte, hervorkämen.

Die Erwähnung von «(anderen) Hebräern» in I Sam 13,7 versteht K. Koch als weiteren Hinweis für seine These, daß «Hebräer» ein weiterer Begriff als «Israelit» sei.[112] Die Israeliten, die hauptsächlich im Westjordanland gesessen seien, hätten sich dort versteckt, während (andere) Hebräer in ihre Wohnsitze im Ostjordanland geflüchtet seien.

---

109 J. Lewy, OLZ 30 (1927), 829; M. Noth, Erwägungen zur Hebräerfrage, 1934, 106–107, versteht die Hebräer von I Sam 13,7 als eine bewegliche Gruppe von *ḫabirū* im soziologischen Sinne; H. Cazelles, Syria 35 (1958), 203–204; M. P. Gray, HUCA 29 (1958), 181–182; J. P. Oberholzer, Studies, 1960, 54; J. Weingreen, Saul and the Ḫabirū, 1967, 63; H. J. Stoebe, Das erste Buch Samuelis, 1973, 249–250.

110 H. Madl, Untersuchungen zu 1 Sam 14, 1974, 188–189.

111 H. Schult, DBAT 10 (1975), 32–33.

112 K. Koch, VT 19 (1969), 47–48.

Wenn wir davon ausgehen, daß die Erzählung über die Tat Jonathans und deren Folgen nur I Sam 13,3a.5.6.17–18. 23. umfaßt[113], dann ergibt sich, daß V. 7a höchstens als eine Glosse zu V. 6 zu verstehen ist. Sie malt die Angaben von V. 6 weiter aus und hebt hervor, daß einige «Hebräer» sogar über den Jordan geflohen seien. Diese *ᶜibrîm* «Hebräer» sind als ein Teil der in V. 6 sich verbergenden Israeliten (*'jš jśr'l*) zu begreifen.

5.3.4. I Sam 13,19

Nach J. Lewy unterscheiden die Philister in I Sam 13,19 nicht ausdrücklich zwischen den *bnj jśr'l* und anderen nicht weniger verachteten *ᶜibrîm* oder Nicht-Philistern.[114] Es wird auch die Interpretation vertreten, daß die Philister in I Sam 13,19 die Israeliten als *ᶜibrîm* bezeichneten, weil sie in ihnen Immigranten gesehen hätten.[115]

F. Böhl zählt Sam I 13,19 neben Gen 39,14. 17; 41,12; Ex 1,16; 2,6; I Sam 4,6. 9; 14,11 und 29,3 zu den Stellen, wo «Hebräer» als Bezeichnung von Israeliten im Munde von Ausländern gebraucht werde.[116] J. Weingreen versteht I Sam 13,19 als Beleg für die Sitte der Philister, die Israeliten aus Verachtung als *ᶜibrîm* = *ḫabirū* zu bezeichnen.[117]

Nach H. Schult gehört in I Sam 13,19 der Ausdruck «Hebräer» nicht zum Stoff und Erzählungsgut, sondern stehe in einer Rede, die auf das Konto des Redakteurs / Bearbeiters gehe.[118] H. Madel hebt hervor, daß eine Parallelität der beiden Subjekte 19 bβ und 20 aα *hᶜbrjm-kl jśr'l* gegeben sei.[119]

Innerhalb des kulturgeschichtlichen Rückblicks I Sam 13,19–22[120] zerreißt V. 19b den Zusammenhang des Berichtes über die Zeit, da ganz Israel wegen des Fehlens von Schmieden bei den Philistern die Eisengeräte sich besorgen mußte. Wir fassen deshalb V. 19b am besten als eine *kî*-Glosse auf und setzen folgenden Text an: [19]«Und kein Schmied war im ganzen Gebiet Israels [: Denn die Philister sagten[121]: «Die Hebräer sollen

---

[113] Die Geschichte über Sauls Versagen in V. 7b–16 wird bereits in V. 3b–4 angekündigt und mit der Erzählung über Jonathan verbunden.

[114] J. Lewy, OLZ 30 (1927), 829, stellt hier I Sam 13,19 mit I Sam 4,6 ff. und 29,3 gleich.

[115] So M. P. Gray, HUCA 29 (1958), 180, in Fortführung der Auslegung von J. Lewy, siehe Anm. 114.

[116] F. Böhl, Kanaanäer und Hebräer, 1911, 72; R. de Vaux, Histoire ancienne d'Israël I, 1971, 202–203.

[117] J. Weingreen, Saul and the Ḫabirū, 1967, 63.

[118] H. Schult, DBAT 10 (1975), 31.

[119] H. Madl, Untersuchungen zu 1 Sam 14, 1974, 87–88. 191.

[120] H. J. Stoebe, Das erste Buch Samuelis, 1973, 254–256.

[121] BHSa.

sich nicht Schwert oder Spieß machen können».] Und ganz Israel stieg hinab[122] zu[123] den Philistern...»

Die Hebräer werden In I Sam 13,19–22 offensichtlich mit den Israeliten identifiziert. Der Bearbeiter ergänzt seine Vorlage durch Verdeutlichung der Einstellung der Philister gegenüber den *Israeliten = Hebräern = Juden.*

5.3.5 I Sam 14,11

F. Böhl u. a. stellen diesen Beleg zu denen, die *ʿibrî* als Bezeichnung von Israeliten im Munde von Ausländern enthalten.[124]

Es wurde auch die Ansicht vertreten, daß die Philister in I Sam 14,11 sowie in 4,6.9; 13,19 und 29,3 das Wort *ʿibrî* im Sinne von «Soldaten» und «Dienern» gebrauchten, so daß hier der Wortgebrauch von *ḫabiru* im 2. Jt. noch weiterlebe.[125]

Eine ausführliche Analyse von I Sam 14,11b hat H. Madl vorgelegt.[126] Er versteht V. 11b als Einschub, in dem die *ʿibrîm* aus Jonathan und seinem Waffenträger bestehen. Diese wiederum erscheinen als Teil der Israeliten, die sich versteckt hatten (I Sam 13,6; 14,22).

Das Selbstgespräch der Philister in I Sam 14,11b[127] verdanken wir einem Bearbeiter, der die Reaktion der Feinde Israels breiter ausgestaltet hat. Denn durch seinen Einschub stört er den Zusammenhang zwischen V. 11a und 12. Zugleich stellt er einen Zusammenhang mit I Sam 13,6–14,22 her. Daß die Philister mit *ʿibrîm* nur Jonathan und seinen Diener bezeichnen, geht aus dem Kontext unzweideutig hervor. Aus der Stelle läßt sich somit nur entnehmen, daß der Bearbeiter die Philister in der Sprache seiner eigenen Zeit, in der *ʿibrî* als Bezeichnung eines Angehörigen des jüdischen Volkes geläufig war, sprechen läßt.

5.3.6 I Sam 14,21

Der Belegstelle I Sam 14,21 wird allgemein in der Diskussion über die *ʿibrîm* von I Sam eine Schlüsselrolle zuerkannt.

---

[122] H. J. Stoebe, Das erste Buch Samuelis, 1973, 254, liest mit K. Budde und S. R. Driver *w jāredu* mit frequentativer Bedeutung.

[123] BHSa.

[124] F. Böhl, Kanaanäer und Hebräer, 1911, 72; R. de Vaux, Histoire ancienne d'Israël I, 1971, 202–203; H. Seebaß, David, 1980, 119 Anm 13, meint, daß nach dem Kontext nur für I Sam 14,11b eine Identität der Hebräer mit den Israeliten in Betracht komme.

[125] M. P. Gray, HUCA 29 (1958), 182.

[126] H. Madl, Untersuchungen zu 1 Sam 14, 1974, 24–29. 87–88. 193–194; auch H. Schult, DBAT 10 (1975), 31, spricht I Sam 14,11b einem Redaktor zu.

[127] H. Madl, Untersuchungen zu 1 Sam 14, 1974, 27.

F. Böhl geht in seinen Überlegungen zu V. 21 von der Lesung *ʿbdjm* δοῦλοι der LXX aus.[128] Obwohl demnach nicht ganz sicher, sei die sachlich schwierigere Lesart des MT schon wegen des Gegensatzes zur Volksbezeichnung Israel vorzuziehen. Dann seien die Relativsätze zu beachten: nicht Hebräer und Israel überhaupt würden einander gegenübergestellt, sondern die auf seiten der Philister, also der Knechtschaft, stehenden Hebräer und das auf Seite Sauls und Jonathans, also von Freiheit und Recht stehende Israel. Erstere verdienten letzteren Ehrennamen nicht. Immerhin müsse nach dieser Stelle wenigstens die Möglichkeit offen bleiben, daß es damals im eigentlichen Kanaan eine mit «Hebräer» bezeichnete Bevölkerung gegeben habe, die von Israel unterschieden worden sei, also vielleicht eine von diesem getrennte Geschichte hinter sich gehabt habe. F. Böhl hebt aber hervor, daß die Kombination von I Sam 14,21 mit I Sam 13,3[129] allein nicht genüge, um einer weittragenden Hypothese über eine Unterscheidung von «Israeliten» und «Hebräern» innerhalb Kanaans selbst zum Ausgangspunkt zu dienen.[130]

Für eine Trennung der *ʿibrîm* von den Israeliten und Philistern als einer eigenständigen Gruppe in I Sam 14,21 treten H. Weinheimer[131] und auch J. Lewy ein.[132] Dieser Auffassung haben sich mehrere Autoren angeschlossen.[133]

Dagegen wendet H. Schult ein, daß «Israel» hier ein politischer Begriff sei, so daß folgende Aussage gemacht werde: Saul und Jonathan führen das politische «Israel».[134] Aber nicht alle «Israeliten» gehörten dazu. Denn ein Teil sei seit langem den Philistern unterworfen. Diese «Israeliten» außerhalb «Israels» schlügen sich zu «Israel», um das philistäische Joch abzuschütteln. Sie seien es, die hier «Hebräer» genannt würden: Volks- bzw. Religionsgenossen außerhalb der politischen Organisation «Israel».

A. Alt hat I Sam 14,21 dem Text Ex 21,2 zur Seite gestellt und die *ʿibrîm* als Leute verstanden, die sich entweder selbst auf Zeit als Arbeiter verkauft hätten (Ex 21,2) oder in fremde Dienste getreten seien (I Sam

---

128 F. Böhl, Kanaanäer und Hebräer, 1911, 70–71.

129 Siehe 5.3.1.2.

130 F. Böhl, Kanaanäer und Hebräer, 1911, 71–72.

131 H. Weinheimer, ZAW 29 (1909), 278–279.

132 J. Lewy, OLZ 30 (1927), 829.

133 Siehe z. B. A. Guillaume, PEQ 78/79 (1946), 47, 68; M. P. Gray, HUCA 29 (1958), 181; H. Cazelles, Syria 35 (1958), 203–204; J. P. Oberholzer, The *ʿibrîm* in I Samuel, 1960, 54; J. Weingreen, Saul and the Ḫabirū, 1967, 64–65, schreibt: "When we realize that the *ʿibrîm* are the *Ḫabirū*, the sense of this verse is straight forward and is, simply, that the *Ḫabirū*, who had hitherto been attached to the Philistine camp, had now 'turned about', that is, changed their allegiance, and had gone over to the Israelites who were under the command of Saul and Jonathan.»; H. J. Stoebe, Das erste Buch Samuelis, 1973, 249. 264.

134 H. Schult, DBAT 10 (1975), 32.

14,21).[135] In I Sam 14,21 würden die den Philistern hörigen, ihrer Herkunft nach aber vermutlich israelitischen «Hebräer» den freien Israeliten gegenübergestellt.[136]

Gegen den Vorschlag von A. Alt hat dann K. Koch eingewendet, daß die Botmäßigkeit unter die Philister kaum mit Schuldknechtschaft auf Zeit gleichbedeutend sei.[137] A. Alt müsse eine Begriffsverschiebung voraussetzen vom wirtschaftlich Entrechteten ohne Grundbesitz, der sich freiwillig verdingt, zum Bauern, der von fremder Oberherrschaft kraft Zwanges abhängig werde, aber seinen Grundbesitz ungeschmälert erhalte. Da eine solche Verschiebung nicht belegt sei, versuche A. Alt an anderer Stelle[138] eine etwas verschiedene Lösung und denke an eine im Dienste der Philister stehende Truppe. Gegen diese Interpretation wendet K. Koch ein, daß sie zwar denkbar sei, aber nicht zu den übrigen Hebräer-Stellen von I Sam passe.

K. Koch selbst will vom Kontext her erschließen, daß einige Sippen und Stämme der Hebräer sich dem Verband Israel nicht angeschlossen hätten oder anschließen konnten, aber auf Grund von Sprache, Herkunft (Einwanderung aus der Wüste) und Lebensart für eine Aufnahme durchaus in Frage gekommen seien.[139] Wer dem Königtum Sauls nicht zugehöre, sei nicht Israelit, möge aber sehr wohl Hebräer sein, wenn er nicht der alteingesessenen städtischen Bevölkerung, den Amoritern angehöre. Jeder Hebräer habe die Möglichkeit, Saul und damit Israel sich anzuschließen. Denn die Grenzen Israels seien in jener Zeit noch fließend gewesen.

Die «Hebräer» von I Sam 14,21 werden auch einem Redaktor[140] oder als Teil einer Erzählernotiz der Bearbeitungsschicht zugewiesen.[141]

Die sprachlichen Besonderheiten von I Sam 14,21 führen zu sehr unterschiedlichen Auffassungen über die Aussage der Stelle. So erweckt

---

135 A. Alt, Die Ursprünge des israelitischen Rechts, 1934, 292 mit Anm. 3; ders., Erwägungen über die Landnahme, 1939, 172 Anm. 2; M. Weippert, Landnahme, 1967, 89, bemerkt ähnlich: «In 14,21 spricht der Erzähler von *ᶜibrîm,* die bisher zu den Philistern gehört hatten, nach der für Saul siegreichen Schlacht bei Michmas aber zu den ‹Israeliten› übergegangen sind. Hier könnte, da die ‹Hebräer› deutlich von den ‹Israeliten› unterschieden werden, die Klassenbezeichnung *ᶜapiru* in ihrer ursprünglichen Bedeutung vorliegen; *ᶜapiru*-Leute im Militärdienst sind uns oben oft genug begegnet.»

136 A. Alt, Erwägungen über die Landnahme, 1939, 172 Anm. 2, bemerkt zu I Sam 14,21, daß hier ganz im Stil der Amarna-Briefe eine im Dienst der Philister stehende Truppe von *ḫabirū* = *ᶜibrîm* während des Kampfes zu den von Saul geführten freien Israeliten übergehe und damit zeige, woher sie stamme; siehe auch O. Eißfeldt, FuF 28 (1954), 82.

137 K. Koch, VT 19 (1969), 48–49; N. P. Lemche, StTh 33 (1979), 19 Anm. 51.

138 A. Alt, Erwägungen über die Landnahme, 1939, 172 Anm. 2.

139 K. Koch, VT 19 (1969), 49.

140 R. de Vaux, Histoire ancienne d'Israël I, 1971, 202–203; H. Schult, DBAT 10 (1975), 31–32.

141 H. Madl, Untersuchungen zu 1 Sam 14, 1974, 84–91. 199–203. 488.

z. B. H. J. Stoebe mit seiner Übersetzung «Die Hebräer hatten wie schon ehedem auf seiten der Philister gestanden; welche nun mit ihnen ins Kriegslager gezogen waren, die fielen jetzt auch ab, um auf die Seite Israels zu treten, das zu Saul und Jonathan hielt»[142] den Eindruck, daß die Hebräer allgemein auf seiten der Philister gestanden seien, aber dann eine Gruppe, die im Kriegslager war, sich zu den Israeliten geschlagen habe. Dagegen schlägt H. Madl vor, mit G^{B} auf *ᶜmm* zu verzichten und den ersten syndetischen Relativsatz auf die Philister zu beziehen. Er will so einen parallelen Aufbau des Textes mit folgender Gestalt nachweisen:

w h ᶜbrjm
hjw l plštjm k ᾿tmwl šlšwm
᾿šr ᶜlw b mḥnh
sbbw gm hmh
lhjwt ᶜm jśr᾿l
᾿šr ᶜm š᾿wl wjwntn[142]

Der Begriff Parallelismus dürfte auch auf die von H. Madl vorgeschlagene Textstruktur kaum anzuwenden sein. Es wird in dieser Argumentation ferner ohne näheren Nachweis vorausgesetzt, daß G^{B} einen anderen Text voraussetze, wobei eher näher liegt, daß wir es hier nur mit einem Versuch zu tun haben, den hebräischen Text wiederzugeben.

Die in I Sam 14,21 vorhandenen Besonderheiten und kontroversen Bezüge dürften durch Glossierung entstanden sein, so daß vielleicht folgende Textentwicklung anzunehmen ist:

w hᶜbrjm [hjw l plštjm k ᾿tmwl šlšwm][144] *᾿šr* [᾿lw ᶜmm][145] *b mḥnh sb[j]b‹w›*[146] *gm hmh l jhwt ᶜm jśr᾿l ᾿šr ᶜm š᾿wl w jwntn*

Und die Hebräer [– sie waren untertan den Philistern schon vorher –], die [hochgestiegen waren mit ihnen] im Lager waren, ‹wandten sich ab›, um mit Israel zu sein, das mit Saul und Jonathan war. (I Sam 14,21)

Auf der ersten Stufe des Textes wurde nur festgehalten, daß es nach dem Eindringen von Saul und Jonathan ins Lager und der dadurch entstan-

---

142 H. J. Stoebe, Das erste Buch Samuelis, 1973. 258.

143 H. Madl, Untersuchungen zu 1 Sam 14, 1974, 86.

144 H. Madl, Untersuchungen zu 1 Sam 14, 1974, 86, führt dagegen die Parenthese von *hjw* bis *mḥnh*.

145 Dieser Zusatz setzt notwendig den ersten Teil der Glossierung voraus.

146 BHS b–b; H. J. Stoebe, Das erste Buch Samuelis, 1973, 261; H. Madl, Untersuchungen zu 1 Sam 14, 1974, 84–85; siehe ferner J. C. L. Gibson, JNES 20 (1961), 235 Anm. 67. Die Übersetzungen von *sbb* mit «abfallen, überlaufen» setzen voraus, daß es sich bei den *ᶜibrîm* um Soldaten handle, die im günstigen Augenblick desertieren.

denen Verwirrung bei den Philistern auch den im Lager befindlichen Hebräern möglich wurde, sich wieder «Israel» anzuschließen. Der Glossator hat dann die Anwesenheit von Hebräern im Lager der Philister mit der Unterdrückung bzw. einer längeren Zugehörigkeit dieser Hebräer zu den Philistern zu erklären versucht. Wahrscheinlicher hat der Bearbeiter ursprünglich an Hebräer gedacht, die als Gefangene von den Philistern im Lager festgehalten wurden. Demnach handelt es sich auch in I Sam 14,21 nur um Hebräer, die zeitweise von «Israel» durch Kriegsunglück getrennt wurden und durch den glücklichen Ausgang des Kampfes wieder an das eigene Volk Anschluß finden.

5.3.7. I Sam 29,3

In I Sam 29,3 sieht J. Lewy einen weiteren Beweis für seine Annahme, daß mit *ʿibrîm* frondienstpflichtige Zugewanderte und Fremde ohne Rücksicht auf Stammesunterschiede bezeichnet würden und daß die Philister dementsprechend nicht ausdrücklich zwischen den Israeliten und anderen nicht weniger verachteten Nicht-Philistern unterschieden.[147]

Für die Unterscheidung eines «Israels», das Saul untersteht, und «Hebräern», die nicht zum Verband Israel gehörten, aber doch etwa die gleiche Sprache sprächen, gleicher Herkunft seien und gleiche Lebensweise aufwiesen, zählt K. Koch auch I Sam 29,3 als Beweis.[148]

Eine ethnische Interpretation vertreten auch jene, die in der Rede über David die Identifikation der Hebräer mit den Israeliten vorfinden.[149]

H. Schult ordnet I Sam 29,3 den Stellen zu, in denen der Ausdruck «Hebräer» nicht zum Stoff und Erzählungsgut gehöre, sondern in Reden stehe, die auf das Konto des Redaktors gingen. Nicht die Philister, sondern dieser Bearbeiter mache zwischen «Hebräern» und «Israeliten» einen Unterschied.[150]

Aus der Verbindung *ʿibrîm*-David – *ʿbd šʾwl mlk jśrʾl* – leitet H. Madl ab, daß der Terminus *ʿibrîm* nicht eine Gruppe von Gesetzlosen meine, sondern damit gerade der große Volksfeind der Philister, das bereits bestehende Israel getroffen werden soll.[151]

Bei einer Beurteilung von I Sam 29,3 dürfte zu berücksichtigen sein, daß David als *ʿbd šʾwl mlk jśrʾl* «David, der Knecht Sauls, des Königs von Israel» vorgestellt wird. Das Ungewöhnliche dieser Formulierung hat man

---

147 J. Lewy, OLZ 30 (1927), 829; M. P. Gray, HUCA 29 (1958), 180–182.

148 K. Koch, VT 19 (1969), 45–46. 49–50.

149 R. de Vaux, Histoire ancienne d'Israël I, 1971, 202–203; N. P. Lemche, StTh 33 (1979), 19–20.

150 H. Schult, DBAT 10 (1975), 31.

151 H. Madl, Untersuchungen zu 1 Sam 14, 1974, 202.

durch Voranstellung eines «(einst)» zu mildern versucht.[152] Zugleich bereitet das *ᶜbrjm* pt. qal pl. in I Sam 29,2–3 erhebliche Schwierigkeiten. Es wurde im ersten Fall mit «einen Vorbeimarsch veranstalten» und im zweiten mit «vorbeimarschieren» übersetzt, so daß sich dann z. B. folgende Interpretation ergibt: «Die Fürsten der Philister veranstalteten einen Vorbeimarsch nach Hundertschaften und Tausendschaften. Als da David mit seinen Leuten am Ende bei (dem Aufgebot des) Achis vorbeimarschierte, ...» (I Sam 29,2–3).[153]

Für diese oder ähnliche Deutungen[154] von *ᶜbr* pt. qal pl. dürfte kaum eine philologische Rechtfertigung beizubringen sein, da in V. 2 nur beschrieben wird, wie die Fürsten der Philister mit ihren Truppen aufmarschieren. Am Ende dieser Truppen befinden sich dann David und seine Männer. Für den fraglichen Text dürfte deshalb folgende Übersetzung vorzuschlagen sein: «Die Fürsten der Philister zogen heran[155] nach[156] Hundert- und Tausendschaften und David und seine Männer zogen auf am Schluß zusammen mit Achisch.» (I Sam 29,2.)

Die unmittelbare Reaktion auf die Feststellung der kontrollierenden Fürsten folgt dann in V. 4 mit den Worten: «Und es regten sich die Obersten der Philister[157] sehr über ihn [= Achis] auf ...» (I Sam 29,4). In V. 3 haben wir dagegen ein erläuterndes Zwiegespräch über David, das seine Herkunft, Zugehörigkeit, Stellung und Tadellosigkeit beschreibt, vor uns: Durch *ᶜibrîm* «Hebräer» wird eindeutig hervorgehoben, daß David und seine Mannen zu «Israel» gehören.

Dieser Sachverhalt erklärt am besten den Zorn der philistäischen Anführer, die *ᶜibrîm* eindeutig als Ethnikon verstehen. Von *ḫabirū* = *ᶜibrîm*, die von Saul und den Israeliten geflohen sind, hätten sie wohl keinen Abfall erwartet.

---

[152] H. J. Stoebe, Das erste Buch Samuelis, 1973, 497.

[153] H. J. Stoebe, Das erste Buch Samuelis, 1973, 497; ähnlich S. R. Driver, Notes, 1913², 219, der schreibt: "The participles suggest the picture of a muster of review of troops taking place.»

[154] K. Budde, Die Bücher Samuel, 1902, 185, möchte für das erste *ᶜbrjm* mit Wiederholung des *m* lieber *mᶜbrjm* lesen: «die Fürsten der Philister führten [ihre Leute] vorüber.»

[155] Siehe zu *ᶜbr* auch II Sam 19,41.

[156] BDB, S. 516: *l* 5j *(a)*.

[157] Die hier zweimal in V. 4 erwähnten *śrj plštjm* stehen für *srnj plštjm* und dürften gleichfalls der Redaktion zuzuschreiben sein, die nach Einführung von V. 3 gezwungen war, die Beziehung zu den *srnj plštjm* in V. 2 zu verdeutlichen.

5.3.8. I Sam 17,8 (LXX)

Anstelle von *ʿbdjm l šʾwl* «Knechte Sauls» hat G Εβϱαῖοι τοῦ Σαουλ[158], was ein falsches Verständnis des beabsichtigten Gegensatzes anzeigt.[159]

5.3.9. Die sekundäre Herkunft der *ʿibrîm*-Belege in I Sam 4–29

In der Auslegung der *ʿibrîm*-Stellen in I Sam 4–29 werden zur Lösung der anstehenden Probleme sowohl philologische als auch historische und literarkritische Argumente ins Treffen geführt.

Eine literarische Lösung schlägt z. B. R. de Vaux vor. Er erwägt die Möglichkeit, daß die Quelle für I Sam 13–14 *ʿibrîm* gekannt haben könnte, die keine Israeliten gewesen seien.[160] Diese Erklärung setzt ein hohes Alter der *ʿibrîm*-Stellen voraus und impliziert ein ethnisches Verständnis derselben.

M. Weippert unterscheidet beim Gebrauch von *ʿibrîm* in I Sam mehrere Gebrauchsweisen.[161] Der Ausdruck erscheine in der Regel im Munde der Philister als etwas abschätzig klingende Bezeichnung ihrer Gegner (I Sam 4,6.9; 13,3.19; 14,11). Man frage sich, warum die Philister nicht ebensogut von «Israeliten» hätten sprechen können. Eine wirkliche Lösung hätten die nicht anzubieten, die *ʿibrî* für ein Ethnikon hielten. Doch gebe vielleicht das eben festgestellte Element der Verachtung, das in 14,11 besonders deutlich sei, einen Hinweis, wenn wir uns erinnerten, in welchem Ton Rib-Hadda von Byblos von den *ḫabirū* seiner Zeit, den antiägyptischen Rebellen als von «Hunden» gesprochen habe. In der Tat könnte nach M. Weippert in den Texten aus dem Samuelisbuch die von ihm für die *ḫabirū* der Amarna-Briefe nachgewiesene Bedeutung «Rebellen gegen die legitime Herrschaft» reflektiert sein. Wenn A. Alt mit seiner Vermutung im Recht sei, daß die Philister sich nach dem endgültigen Zusammenbruch der ägyptischen Herrschaft über Palästina als die Rechtsnachfolger des Pharao verstanden hätten, sei die Parallelität des Sprachgebrauchs nicht verwunderlich, da die Philister jeden Widerstand gegen ihre Expansion als eine gegen

---

158 J. Weingreen, Saul and the Ḫabirū, 1967, 65, nimmt an, daß LXX den ursprünglichen Text bewahrt habe. Er bemerkt hierzu folgendes: "Yet, the fact that the writer should have added *l šʾwl* suggests that Goliath was addressing himself to the '*Ḫabirū* who were attached to Saul'. It looks as if the LXX has preserved the original reading and that this represents an attempt by the Philistines to win the *Ḫabirū* back."

159 S. R. Driver, Notes, 1913², 99–100; M. Greenberg, The Ḫab/piru, 1955, 92; M. Weippert, Landnahme, 1967, 85 Anm. 4; H. J. Stoebe, Das erste Buch Samuelis, 1973, 318.

160 R. de Vaux, JNES 27 (1968), 225; ders., Histoire ancienne d'Israël I, 1971, 204.

161 M. Weippert, Landnahme, 1967, 88–89.

ihr Herrschaftsrecht gerichtete Rebellion hätten betrachten können. Anders verhalte es sich freilich mit 14,21 und 29,3. In 14,21 spreche der Erzähler von *ʿibrîm*, die bisher zu den Philistern gehört hätten, nach der für Saul siegreichen Schlacht bei Michmas aber zu den Israeliten übergegangen seien. Hier könne, da die «Hebräer» deutlich von den Israeliten unterschieden würden, die Klassenbezeichnung *ḫabirū* in ihrer ursprünglichen Bezeichnung vorliegen; *ḫabirū*-Leute im Militärdienst seien uns schon oft begegnet. Bei 29,3 könne man im Zweifel sein, was gemeint sei. Denn David und seine Leute seien im Sinn des 2. Jahrtausends in der Wüste Juda wie in Ziklag *ḫabirū*-Leute, die sich ihren Unterhalt als Wegelagerer und Söldner verdienten, und vielleicht sei der Ausdruck *ʿibrîm* hier auch so gemeint. Sie seien aber auch «Israeliten», David, ein entlaufener «Sklave Sauls», nicht ohne Grund verdächtig der Kollaboration mit den Rebellen unter Führung seines alten Herren; es könne also auch an diese Bedeutung von *ḫabiru* gedacht sein.

M. Weippert ist gezwungen, innerhalb einer Erzählungsreihe, in der die Philister die Hauptrolle des Gegners spielen, drei unterschiedliche Bedeutungen von *ʿibrî* anzusetzen. Dabei liegen keine Dokumente vor, die unabhängig von den biblischen Quellen sicherten, daß die Philister eine ägyptische Redeweise übernommen hätten, noch kann aufgezeigt werden, wie sich zur Zeit Sauls gleichzeitig noch der frühere Wortgebrauch als Klassenbezeichnung und zugleich als Terminus für Wegelagerer und Söldner erhalten haben sollte. Die redaktionellen Unebenheiten der *ʿibrîm*-Stellen werden in dieser Hypothese in unterschiedliche Wortbedeutungen zur Zeit Sauls umgewandelt.

Auch K. Koch geht von der Annahme aus, daß es in I Sam um alte Erzählungen vom Umgang mit den Philistern gehe.[162] Er findet hier eine neue Bestätigung für die These F. M. Böhls von 1911, daß zwar alle Israeliten Hebräer seien, aber nicht alle Hebräer Israeliten.[163] In I Sam habe der Ausdruck Hebräer nichts von Herablassung im Mund der Philister oder Selbstdemütigung als Eigenbezeichnung an sich. «Hebräer» sei auch keine soziologische Kategorie, weder im Sinn von Söldnertruppe noch von freiwilliger, zeitlich begrenzter Schuldknechtschaft. «Hebräer» sei für die Philister die gängige Bezeichnung der Bewohner des palästinischen Berglandes, während die Israeliten damit eine weit gespannte ethnologische Vorstellung verbänden.

Auch bei K. Koch werden die Unebenheiten in der Erzählungsreihe I Sam 4–29 letztlich nicht literarisch verstanden, sondern historisch ausgedeutet. Die Rechtfertigung für dieses Vorgehen findet er in der Konstruktion von einer «Zusammengehörigkeit der Hebräervölker».[164] Zur Deutung

---

[162] K. Koch, VT 19 (1969), 44.

[163] K. Koch, VT 19 (1969), 49–50; ähnlich H. Seebaß, David, 1980, 119, Anm. 13.

[164] K. Koch, VT 19 (1969), 50. 81.

der *ʿibrî*-Stellen von I Sam 4–29 werden von K. Koch genealogische Aussagen der Bibel herangezogen, die mit I Sam 4–29 kaum in einen direkten Zusammenhang zu bringen sind.[165]

Eine historische Deutung von I Sam 4–29 versuchte auch N. P. Lemche.[166] Er glaubt z. B. aus den biblischen Aussagen entnehmen zu können, daß im späteren Israel eine historische Erinnerung daran erhalten geblieben sei, daß ihre eigene Gemeinschaft in den ersten Tagen ihrer Existenz von den Nachbarn oder Gegnern als eine «society of *ḫabirū*» interpretiert worden sei.[167] Dies besage jedoch nicht mit absoluter Sicherheit, daß der Ursprung Israels eine *ḫabirū*-Gesellschaft gewesen sei. Es gelte in diesem Zusammenhang I Sam mit anderen biblischen und außerbiblischen Quellen zur Geschichte Israels in der Periode der Richter zu vergleichen. In I Sam definierten die Philister die Bewohner des zentralen gebirgigen Palästinas als Hebräer. Hieraus schließt er sodann folgendes: "This must be considered both a sociological and a national designation because these inhabitants of the mountains had an identity coherent with its own name, Israel."[168] Die Merenptah-Stele[169] sowie die von Seti I. von Beth Schean werden dabei zur Bestätigung dieser Ansicht herangezogen.[170] Unter Berücksichtigung dieser Quellen sei zu schließen, daß zwischen den *ḫabirū* und den Israeliten eine gewisse Identität bestehe. N. P. Lemche umschreibt sie folgendermaßen: "Compared with the evidence of 1 Samuel it demonstrates that the Philistines were not prepared to see in Israel a regular state, but they considered it another and more loosely organized kind of society different from their own. Therefore the designation Hebrews is used of the Israelites although it is not certain that Israel as its origin had a regular society of *ḫabiru*. We should emphasise, however, that, as it appeared to foreigners, the designation was comparable to the *ḫabiru* who played a very active role during the Amarna age in Palestine in the same area as later Israel. This coincidence of territory could be the reason for the designation Hebrew being attached to Israel by neighbouring peoples like the Philistines."[171]

Während in I Sam *ʿibrî* «Hebräer» von N. P. Lemche als eine Bezeichnung der Israeliten im Munde der Nachbarn und Gegner interpretiert wird, fordert er für die Stellen, wo *ʿibrî* als nationaler Name für die Israeliten von ihnen selbst gebraucht werde, eine Entwicklung, die nach der Periode der Richter und frühen Monarchie anzusetzen sei.[172] Es könne sein, daß die

---

165 Siehe zu den genealogischen Theorien der Bibel und K. Kochs Ausführungen Kap. 6 zu Anm. 10–20.

166 N. P. Lemche, StTh 33 (1979), 16–20.

167 N. P. Lemche, StTh 33 (1979), 21.

168 N. P. Lemche, StTh 33 (1979), 21.

169 Siehe Kap. 2 Anm. 1.

170 N. P. Lemche, StTh 33 (1979), 21–22.

171 N. P. Lemche, StTh 33 (1979), 22.

172 N. P. Lemche, StTh 33 (1979), 23.

Bezeichnung als nationaler Name während der ganzen Zeit, als Israel als unabhängiger Staat existiert habe, nicht gebraucht worden sei. Das Buch Jonah bezeuge wahrscheinlich zuerst *ʿibrî* «Hebräer» als nationale Bezeichnung durch einen Israeliten, und so sei *ʿibrî* «Hebräer» zu einer Art «honorific national name»[173] in der nachexilischen Periode geworden.

Auch im Erklärungsversuch von N. P. Lemche wird den *ʿibrî*-Belegen von I Sam eine fundamentale Bedeutung in der Begriffsgeschichte und der Entstehungsgeschichte Israels beigemessen. Seine Interpretation von I Sam baut dabei ganz auf der Hypothese auf, daß *ʿibrî* «Hebräer» eine Bezeichnung der Philister für die Israeliten sei, nicht aber ein von den Israeliten und ihren Nachbarn gleichzeitig gebrauchter Name. Er nimmt also an, daß die Erzählungen in I Sam zuverlässige historische Berichterstattung enthielten. Dies wiederum kann er nur aufrecht erhalten, indem er gleichzeitig damit argumentiert, daß die Philister einerseits in Israel nicht einen regulären Staat, sondern eine "more loosely organized kind of society different from their own"[174] gesehen hätten, und andererseits sei es nicht sicher, daß Israel seinen Ursprung in einer "regular society of *ḫabiru*"[175] gehabt habe. N. P. Lemche kann sonst seine Hypothese nur mit der Annahme einer irgendwie gearteten "society of *ḫabiru*" stützen. Für letztere gibt es jedoch weder in früherer Zeit noch in späterer in Palästina Anhaltspunkte. Es kann jedenfalls auf keine Weise wahrscheinlich gemacht werden, daß die Philister auf den Gedanken hätten kommen können, daß eine Gemeinschaft, die von ihrer verschieden und angeblich weniger straff organisiert war, mit *ḫabirū*= *ʿibrîm* zu bezeichnen sei.

Diese These impliziert ferner, daß zwischen dem Gebrauch von *ʿibrî* in I Sam und dem späteren in nachexilischer Zeit eine Ruhepause des Wortgebrauchs bestehe und ein Bedeutungswandel eingetreten sei.[176] Für diesen letzten und bedeutsamen Teil der Entwicklung wird in der von N. P. Lemche vorgetragenen Deutung jedoch keine Erklärung angeboten.

In ihren Ausführungen zu *ʿibrî* in I Sam kommt I. Riesener zum Ergebnis, daß «Hebräer» und «Philister» als einander bekämpfende Völker zu verstehen seien.[177] Aus I Sam 29,3 erschließt sie ferner, daß deshalb von den Hebräern niemals im Zusammenhang mit dem Königtum die Rede sei, weil *ʿibrîm* «Hebräer» eine ethnische Bezeichnung ohne staatlich-politische Implikationen sei. Verstehe man das Wort «Hebräer» in diesem ethnologischen Sinn, dann werde es auch deutlich, warum es primär in Texten erscheine, in denen es um den Gegensatz zu Ägypten, bzw. Philistern gehe. In dieser Zeit sei eben die ethnische Zusammengehörigkeit der Israeliten

---

173 N. P. Lemche, StTh 33 (1979), 23.

174 N. P. Lemche, StTh 33 (1979), 22.

175 Siehe zu Anm. 171.

176 Siehe zu Anm. 172–173.

177 I. Riesener, Der Stamm *ʿbd*, 1979, 119–120.

maßgeblicher als die politische gewesen. Für die Zeit vor dem Exodus sei dies ohnehin offensichtlich, aber auch zur Zeit der Philisterkämpfe unter Saul sei noch nicht so etwas wie ein «nationales Bewußtsein» vorhanden gewesen.

In dieser Interpretation wird ohne weiteren Beweis unterstellt, daß die *ᶜibrîm* «Hebräer» die aus Ägypten einwandernde Gruppe war, die sich dann zu Israel entfaltet habe.

Historische Berichterstattung über die *ᶜibrîm* «Hebräer» in I Sam 4–29 macht auch J. Lewy zur Grundlage seiner Deutung. Er unterscheidet gleichfalls zwischen Philistern, Israeliten und *ᶜibrîm* «Hebräern».[178] Letztere bezeichnet er als zeltende Halbnomaden[179], Fremde und Immigranten[180]. Sowohl M. P. Gray[181] als auch J. Weingreen[182] sind ihm hierin grundsätzlich gefolgt.

In dieser Hypothese wird außerdem ohne nähere Begründung vorausgesetzt, daß zwischen den *ḫabirū* der Amarnazeit und den *ᶜibrîm* von I Sam 4–29 eine ungebrochene Fortsetzung der *ḫabirū*-Tradition bestehe.

Die verschiedenen historisierenden Erklärungen des Gebrauchs von *ᶜibrîm* «Hebräer» in I Sam gehen alle von der Annahme aus, daß die Berichterstattung historisch zuverlässig sei und die Rede der Philister sozusagen wörtlich überliefere. Dabei wird außer acht gelassen, daß auch noch zwei andere Faktoren zu berücksichtigen sind. Denn es ist von vorneherein nicht auszuschließen, daß ein von israelitisch-jüdischer Sicht geformter Bericht vorliegt und außerdem mit einem Wachstum des Textes zu rechnen ist, die *ᶜibrîm*-Stellen also teilweise oder ganz einem oder mehreren späteren redaktionellen Eingriffen zu verdanken sein könnten.[183]

Eine Analyse der einzelnen Stellen (I Sam 4,6. 9; 13,3. 7. 19; 14,11. 21; 29,3) hat ergeben, daß eine Argumentation mit einer unmittelbaren Verbin-

---

178 J. Lewy, OLZ 30 (1927), 829.

179 J. Lewy, OLZ 30 (1927), 829.

180 J. Lewy, Origin and Signification of the Biblical Term ‹Hebrew›, 1957, 6, bestimmt die Bedeutung von *ᶜibrî* in I Sam folgendermaßen: « ‹Hebrew› was an appellative term for ‹aliens› not enjoying the same civil rights and political status as the ruling population of the country in which they were living.»

181 M. P. Gray, HUCA 29 (1958), 180–182, unterscheidet den Gebrauch von *ᶜibrî* für die Israeliten als «Immigranten» (I Sam 4,9; 13,19; 29,3 f.) und für eine dritte Gruppe (I Sam 13,3; 14,21) im Sinne von «Soldaten» und «Dienern». Daraus folgert sie das Fortleben des Wortes *ḫabiru* mit der früheren Bedeutung in I Sam.

182 J. Weingreen, Saul and the Ḫabirū, 1967, 63–65, unterscheidet unter Berufung auf J. Lewy zwischen dem Gebrauch von *ᶜibrî* = *ḫabiru* durch die Philister in derogativer Weise zur Bezeichnung der Israeliten und *ᶜibrîm* als Bezeichnung von *ḫabirū* (I Sam 13,3. 7; 14,21; 17,8).

183 Siehe H. Schult, DBAT 10 (1975), 22–35; H. Madl, Untersuchungen zu I Sam 14, 1974, 178–204.

dung zwischen den Wörtern *ḫabiru* und *ᶜibrî*, den Gruppen der *ḫabirū* und *ᶜibrîm* oder dem Fortleben von *ḫabirū*-Gruppen neben den Philistern und Israeliten zu keinem zuverlässigen Ergebnis führt. Der Grund hierfür ist in der Tatsache zu erblicken, daß die *ᶜibrî*-Stellen in I Sam 4–29 insgesamt in späten Zusätzen zum Text lokalisiert sind. Sie geben uns den Wortgebrauch des Bearbeiters zu erkennen, der offensichtlich die *ᶜibrîm* mit «Israel» identifiziert.

Dieser Sprachgebrauch dürfte in die nachexilische Zeit zu datieren sein.[184] Die Philister erscheinen somit im Gewande späterer jüdischer Vorstellung und Redeweise. Aus diesem Sprachgebrauch lassen sich weder Erkenntnisse über die tatsächliche Redeweise der Philister gewinnen, noch sind aus ihm Rückschlüsse auf die Existenz von *ḫabirū*-Gruppen zur Zeit Sauls und Davids möglich. Die im nachexilischen Wortgebrauch vorausgesetzte Identität *ᶜibrîm* ≡ *jśr'l* schließt sowohl die Formulierung F. Böhls «Hebräer ist die Bezeichnung einer ganzen Völkergruppe, zu der neben anderen auch die Israelstämme gehören»[185], als auch die Korrektur A. Jirkus «Neben dem aus einer Vereinigung von Hebräern und Israeliten entstandenen Volke Israel gab es noch Jahrhunderte hindurch selbständige hebräische Volkssplitter, die allmählich vom Schauplatze der Geschichte verschwinden, zum Teil auch wiederum aufgehend in dem schon konsolidierten und geeinigten Israel»[186], sowie alle modifizierten Spielarten dieser Hypothesen aus.

5.4. *ᶜibrî* «Hebräer» in Gesetzestexten – Ex 21,2; Dtn 15,12 und Jer 34,9.14

Eine gut abgrenzbare Gruppe von Belegen für *ᶜibrî* «Hebräer (Hebräerin)» enthalten die gesetzlichen Formulierungen in Ex 21,2–6; Dtn 15,12–18 und Jer 34,8–22.[187] Die Mehrzahl der Gelehrten geht von der Annahme aus, daß Ex 21,2 den ältesten vorexilischen juridischen Beleg enthalte[188], während Dtn 15,12 und Jer 34,9.14 nur in Abhängigkeit von Ex 21,2 zu verstehen seien.[189] Nur vereinzelt werden alle drei *ᶜibrî*-Stellen spät datiert.[190] Es wird auch angenommen, daß zwischen Ex 21,2–6 und Dtn 15,12–18 keine literarische Abhängigkeit bestehe.[191]

---

184 Siehe besonders 5,3.1.1. zu I Sam 4,5–9.

185 F. Böhl, Kanaanäer und Hebräer, 1911, 73; K. Koch, VT 19 (1969), 37–81.

186 A. Jirku, Die Wanderungen der Hebräer, 1924, 32.

187 M. P. Gray, HUCA 29 (1958), 182–185; M. Weippert, Landnahme, 1967, 86–88; K. Koch, VT 19 (1969), 78; N. P. Lemche, StTh 33 (1979), 1–2; I. Riesener, Der Stamm *ᶜbd*, 1979, 122–131.

188 M. Weippert, Landnahme, 1967, 86–88; N. P. Lemche, StTh 33 (1979), 10.

189 M. Weippert, Landnahme, 1967, 86–88; N. P. Lemche, StTh 33 (1979), 10.

190 H. Schult, DBAT 10 (1975), 26–29.

191 R. P. Merendino, Das deuteronomische Gesetz, 1969, 107.

5.4.1. *ʿaebaed ʿibrî* «ein hebräischer Sklave» – Ex 21,2

In der Diskussion über Ex 21,2 kehren gebündelt alle Argumente und Probleme wieder, die mit der ethnischen und soziologisch-rechtlichen Interpretation von *ʿibrî* verknüpft sind. Es wurde versucht, von Ex 21,2 her Herkunft und besonderen Charakter des israelitischen Rechtes festzulegen. Man glaubte sogar, in diesem Zusammenhang von der Geschichte des israelitischen Rechtes her die Entstehung und Frühgeschichte Israels erhellen zu können. Denn Ex 21,2 wird entweder als Zeugnis für eine Einwanderung der Israeliten, die dieses Recht mitgebracht haben, verstanden[192] oder als Beweis für die Übernahme kanaanäischen Rechtes durch die eingewanderten Israeliten.[193]

A. Alt hat durch die Übertragung der soziologisch-rechtlichen Deutung der *ḫabirū* auf *ʿibrî* Ex 21,2 zum Angelpunkt der neueren Diskussion über *ʿibrî* insoweit gemacht[194], als er durch seine Interpretation grundsätzlich der Methode F. W. Albrights widerspricht, der meinte, die *ḫabirū* mit dem Hebräer Abraham (Gen 14,13) zusammen sehen und aus einer Frühdatierung von Gen 14 Einsichten in die Frühgeschichte Israels erlangen zu können.[195]

Da es nicht möglich ist, im Zusammenhang mit Ex 21,2–6 das Problem der Sklaven im Alten Testament insgesamt zu behandeln[196], werden im folgenden nur die Fragen berührt, die unmittelbar für die Interpretation der Formulierung *ʿaebaed ʿibrî* notwendig sind.

5.4.1.1. *ʿibrî* «Hebräer» des Gesetzestextes Ex 21,2 in der neueren Diskussion

Eine Verbindung zwischen den in Nuzi entdeckten Texten über die *ḫabirū* und Ex 21,2 dürfte zuerst J. Lewy vorgenommen haben.[197] Er stellt an den Anfang seiner Überlegungen die Bemerkung, daß auch die Gesetz-

---

[192] So bemerkt z. B. J. Bright, A History of Israel, 1980³, 89, zum Recht des Bundesbuches generell folgendes: “But if this legal tradition is so ancient, yet, however much it may have been adapted to conditions in Canaan, cannot be said to be of Canaanite origin, the most reasonable assumption is that it was brought to Palestine by groups who had migrated in the course of the second millennium from lands where the Mesopotamien traditions of jurisprudence was known.»

[193] A. Alt, Die Ursprünge des israelitischen Rechts, 1934, 290–294. 331–332.

[194] A. Alt, Die Ursprünge des israelitischen Rechts, 1934, 292 Anm. 2; ders., Hebräer, 1959, 105, datiert Gen 14,15 in die nachexilische Zeit.

[195] Siehe zu Gen 14,13. Kap. 5.6.

[196] Siehe jetzt die Zusammenfassung der neueren Diskussion bei I. Cardellini, Sklaven-Gesetze, 1981.

[197] J. Lewy, OLZ 30 (1927), 830–831.

gebung der Seßhaften im Alten Testament die Bedeutung der nomadischen Teile der Bevölkerung, deren Lebensweise noch jetzt derjenigen der alten *ʿibrîm* der Genesis und des Exodus gleiche, anerkenne: der *ʿibrî* und die *ʿibrijjāh,* die zudem ja mindestens teilweise strenge Verehrer Jahwes seien, genössen eine Vorzugsstellung vor den *gôjîm* « ‹Heiden› », die sie umgeben. Dürften die zu diesen gehörigen Stammfremden im Gegensatz zum Israeliten, dessen Verkauf als Sklave völlig unstatthaft sei, durch Kauf erworben und ebenso wie «die Abkömmlinge der als Fremde bei euch weilenden Metoiken» als Sklaven «für ewig» vererbt werden (Lev 25,45 f.), so sei das Sklavenverhältnis «deines Bruders, des Hebräers und der Hebräerin» (Dtn 15,12) zeitlich engstens zu begrenzen. Dies besage bereits Ex 21,2 ff. und noch Jeremia tadle es aufs schärfste, als Ṣedeqia gegen dieses uralte Gesetz, das im Deuteronomium neu eingeschärft und zugleich zugunsten des *ʿibrî* erweitert worden sei, böswillig verstoße.

Später hat dann J. Lewy für *ʿaebaed ʿibrî* die allgemeinere Übersetzung «alien» gewählt und keine Beziehungen zu den Nomaden hergestellt. Er setzte jedoch weiterhin für *ʿibrî* in Ex 21,2 die alte appellativische Bedeutung «alien» an und unterschied es somit von der von ihm geforderten ethnischen Bedeutung der späteren Zeit.[198] Das hohe Alter von Ex 21,2 und des Wortes *ʿibrî* suchte er auch durch Vergleiche mit den Texten aus Nuzi zu erhärten.[199]

Dieser Interpretation von Ex 21,2, im hebräischen Sklaven einen Fremden, Nicht-Israeliten zu sehen, sind auch M. P. Gray[200] und J. Weingreen gefolgt.[201]

Die Forderung von B. Landsberger, bei der Bedeutungsbestimmung von *ḫabiru* von ethnischen Gesichtspunkten ganz abzurücken und in diesem Wort einen soziologisch-rechtlichen Terminus zu sehen[202], sollte sich alsbald bei A. Alt[203] und M. Noth[204] entscheidend auf die Deutung von Ex 21,2 auswirken.

---

198 J. Lewy, Origin and Signification of the Biblical Term ‹Hebrew›, 1957, 3–4.

199 J. Lewy, Ḫabirū and Hebrews, 1939, 622.

200 M. P. Gray, HUCA 29 (1958), 182–185.

201 J. Weingreen, Saul and the Ḫabirū, 1967, 65.

202 B. Landsberger, Ḫabiru und Lulaḫḫu, KlF 1 (1930), 321–334.

203 A. Alt, Die Ursprünge des israelitischen Rechts, 1934, 193; ders., Hebräer, 1959, 105.

204 M. Noth, Erwägungen zur Hebräerfrage, 1934, 107 Anm. 1, verweist bereits auf die in Anm. 203 erwähnte Auslegung A. Alts von Ex 21,2.
Die von A. Alt und M. Noth vorgeschlagene Deutung von Ex 21,2 findet sich z. B. bei J. Hempel, Die althebräische Literatur, 1934, 80.111; P. A. Munch, ZDMG 93 (1939), 221; H. Schneider, Exodus, 1965, 221; U. Cassuto, Exodus, 1967, 265; A. Malamat, Ursprünge und Frühgeschichte, 1978, 52. Dagegen haben z. B. an der Gleichsetzung *ʿibrî* = Israelit u. a. festgehalten P. Heinisch, Exodus, 1934, 163; F. Nötscher, Biblische Altertumskunde, 1940, 142. Einen Angehörigen anderer oder der *ʿibrî*-Völker sehen im *ʿibrî* von Ex 21,2 z. B. A. Guillaume, PEQ 78/79 (1946/47), 68; K. Koch, VT 19 (1969), 78.

Für Ex 21,2 hat A. Alt eine viel beachtete rechtlich-soziologische Interpretation vorgeschlagen. Er lehnt es ab, in *ᶜibrî* eine echte und volltönende Nationalitätsbezeichnung für den «Israeliten» zu sehen.[205] Da, wo es eine Selbstbezeichnung gegenüber Ausländern sei, bzw. als Bezeichnung für die Israeliten im Munde von Ausländern gebraucht werde, schwinge vielmehr «ein Ton der Selbstdemütigung oder im anderen Falle der Verachtung», mit, niemals aber «ein nationales Hochgefühl».[206] Nachdem er so einen negativen Grundton des Wortes *ᶜibrî* glaubt gerechtfertigt zu haben, stellt er fest, daß sich der Gebrauch von *ᶜibrî* in der Rechtssprache hier anschließen lasse. Denn auch in diesem Bereich habe es einen pejorativen Sinn und trete nur als Bezeichnung dessen auf, der sich in die Schuldsklaverei verkaufe.[207]

Im Einzelfall von Ex 21,2 sucht A. Alt das Nebeneinander von *ᶜibrî* und *ᶜaebaed* «Sklave» in der Formulierung *ᶜaebaed ᶜibrî* dadurch zu erklären, daß er *ᶜaebaed* als «proleptisch» bezeichnet.[208] Er löst den Widerspruch durch die Annahme eines zeitlichen Nacheinanders: Der Betreffende sei demnach zunächst ein *ᶜibrî*, d. h. frei gewesen, aber in rechtlicher und sozialer Bedrängnis; dann habe er sich selbst verkauft und sei so zum *ᶜaebaed*, zum (Schuld-)Sklaven geworden.[209]

Dieser Deutung schließt sich auch R. de Vaux an. In Ex 21,2 sei *ᶜibrî* ein Appellativum, das eine zeitweilige Versklavung bezeichne, und müsse

---

[205] A. Alt, Die Ursprünge des israelitischen Rechts, 1934, 291 ff.

[206] A. Alt, Die Ursprünge des israelitischen Rechts, 1934, 292 Anm. 2.

[207] A. Alt, Die Ursprünge des israelitischen Rechts, 1934, 292 mit Anm. 3.

[208] A. Alt, Die Ursprünge des israelitischen Rechts, 1934, 292 Anm. 2; so auch M. Noth, Geschichte Israels, 1956³, 39; ders., Exodus, 1978⁶, schreibt hierzu: «Die Formulierung ‹hebräischer Sklave› ist wohl proleptisch gemeint, insofern ein ‹Hebräer› dadurch, daß ein Israelit ihn ‹erwarb›, zum Sklaven wurde.» Grundsätzlich stimmen der proleptischen Erklärung von Ex 21,2 auch N. P. Lemche, The «Hebrew Slave»-Comments on the Slave Law. Ex. xxi 2–11, VT 25 (1975), 138.143–144; ders., ‹Hebrew› as a National Name for Israel, StTh 33 (1979), 10. 20; H. J. Boecker, Recht und Gesetz, 1976, 136–137, zu. E. Lipiński, L'«esclave hébreu», VT 26 (1976), 120–123, bietet eine sachlich ähnliche Lösung an, obwohl er entgegen A. Alt und N. P. Lemche davon ausgeht, daß *ḫabiru* und *ᶜibrî* nicht miteinander in Beziehung zu setzen seien. Er nimmt an, daß der *ᶜibrî* ein Israelit einer unteren Klasse der vorexilischen Gemeinschaft gewesen sei. Seine Freiheit sei durch ökonomische und soziale Zwänge eingeengt gewesen. Es sei möglich gewesen, ihn zeitweilig zu versklaven. E. Lipiński verbindet somit die neuere soziologische Deutung von *ᶜibrî* mit der älteren ethnisch-nationalen.

[209] A. Alt, Die Ursprünge des israelitischen Rechts, 1934, 292–293. W. Caspari, Heimat und soziale Wirkung des alttestamentlichen Bundesbuches, ZDMG 83 (1929), 116, könnte mit seiner These, daß *ᶜibrî* «Hebräer» ein «Ausdruck der Wirtschaft unter Nichtisraeliten» gewesen sei, in gewisser Weise als ein Vorläufer A. Alts angesehen werden.

der Umwelt Israels vor der Monarchie entlehnt sein. Es erscheine wie ein Archaismus in der juridischen Sprache.[210]

Gegen die soziologisch-rechtliche Interpretation von Ex 21,2 hat I. Rapaport grundsätzliche Einwände angemeldet.[211] Das Gesetz in Ex 21,2 führe eine Tradition des alttestamentlichen Rechts weiter[212], das z. B. im KH § 280–281 gleichfalls zwischen fremden und einheimischen Sklaven unterscheide.[213]

Mit der These A. Alts hat sich auch ausführlich A. Jepsen auseinandergesetzt.[214] Er lehnt es zunächst ab, den überlieferten Text zu ändern, insofern es sich um den Text des Bundesbuches und nicht um den seiner Quellen handle. Denn es sei nicht zu erweisen, daß erst ein später Überarbeiter diese Textform hergestellt habe.[215] Wenn in *ᶜaebaed ᶜibrî* das *ᶜibrî* den Grund des Erwerbs angäbe, also etwa auf die Verschuldung des Betreffenden ginge, dann wäre nach A. Jepsen das *ᶜaebaed* unerträglich und auch proleptisch kaum zu verstehen; dann könne der Satz nur lauten: «Wenn du einen *ᶜibrî* als Knecht erwirbst«.[216] Wenn *ᶜibrî* aber eine sozial wirtschaftliche Schicht bezeichnen sollte, etwa die Halbfreien oder den grundbesitzlosen Nomaden, so sei nicht zu verstehen, warum gerade dieser nach sechs Jahren entlassen werden soll, auch nicht, warum diese eine Schicht behandelt werde und nicht auch die des Grundbesitzers oder die des Vollfreien.[217]

Es bleibe dann doch nichts anderes übrig, als *ᶜibrî* hier ebenso wie an allen anderen Stellen des Alten Testaments zu verstehen, nämlich als eine Bezeichnung der Volksschicht, zu der sich auch die Israeliten rechneten, und somit anzuerkennen, daß die Tendenz, die im Deuteronomium (15,12) eindeutig festzustellen sei, nämlich dem Volksgenossen als solchen ein Sonderrecht einzuräumen gegenüber dem Volksfremden, auch schon im Bundesbuch wirksam gewesen sei. Wenn ferner der Ausdruck *ᶜibrî* in der frühen Königszeit für Israel bekannt und gebräuchlich gewesen sei, so könne er auch in der Richterzeit schon Anwendung gefunden haben, um die Eigenartigkeit Israels gegenüber den anderen Völkern herauszuheben. Wenn also auch in Ex 21,2 *ᶜibrî* wie sonst als Ausdruck für die Israeliten gebraucht werde, so lasse sich der Schluß nicht umgehen, daß die Israeliten sich selbst als *ᶜibrîm* bezeichnet hätten, um sich von den Ägyptern, Philistern, wohl auch Kanaanäern zu unterscheiden. Die Anwendung des

---

210 R. de Vaux, Histoire ancienne d'Israël I, 1971, 204. Auch W. F. Albright, YGC, 1968, 91 mit Anm. 131, spricht von «archaic use» und «archaic legal terminology».

211 I. Rapaport, The Origins of Hebrew Law, PEQ 73 (1941), 158–167.

212 I. Rapaport, PEQ 73 (1941), 162. 164.

213 I. Rapaport, PEQ 73 (1941), 163.

214 A. Jepsen, Die «Hebräer» und ihr Recht, AfO 15 (1945/51), 56–58.

215 A. Jepsen, AfO 15 (1945/51), 57.

216 A. Jepsen, AfO 15 (1945/51), 57.

217 A. Jepsen, AfO 15 (1945/51), 57.

Wortes in der Josephs-Geschichte wie in Gen 14 führe darauf, daß die *ᶜibrîm* einen etwas größeren Kreis als nur die *bnj jśr'l* «Israeliten» umfaßten. Die Israeliten hätten sich also zu den Stämmen gerechnet, die sich *ᶜibrîm* nannten oder so genannt worden seien.[218]

Im Anschluß an F. Böhl[219] versteht A. Jepsen die Hebräer als eine den Kanaanäern gegenüber jüngere Schicht.[220] Es handle sich bei dem Wort *ᶜibrî* «Hebräer» um eine Bezeichnung der von den Kanaanäern sprachlich unterschiedenen Halbnomadenstämme, die im 15., 14. und 13. Jh. v. Chr. in Syrien und Palästina eingedrungen seien.[221] Er gebraucht dann in der Folge «Hebräer» an Stelle von Ostkanaanäer oder Protoaramäer.[222] Israel bilde mit den Hebräern der Amarna-Tafeln eine zweite Welle der Hebräerwanderung, aber nur von den Israeliten und ihrem alten Recht wüßten wir etwas Näheres.[223]

Es dürfte kaum zu betonen sein, daß A. Jepsen gegen A. Alt und M. Noth wieder ganz zur alten ethnischen Deutung von *ᶜibrî* und Ex 21,2 zurückkehrte, wobei er eine Frühdatierung der Gesetzesregelung ansetzt.

Gegen die soziologisch-rechtliche Deutung von Ex 21,2 durch A. Alt wurde auch eingewendet, daß der Begriff *ᶜaebaed ᶜibrî* nicht nur in Rechtstexten, sondern auch in Gen 39,17 und 41,12 vorkomme, wo Josef als *ᶜaebaed ᶜibrî* bezeichnet werde und hier sich die Bezeichnung *ᶜaebaed* keinesfalls proleptisch verstehen lasse.[224] Denn Josef sei hier eindeutig ein in den Augen der Ägypter ausländischer, nämlich «hebräischer» Sklave. Diese Parallelstellen machten es wahrscheinlich, daß auch in Ex 21,2 und den entsprechenden Texten nicht zwei einander ausschließende rechtlich-soziale Klassifikationen angegeben werden sollen, sondern daß hier durch die ethnische Angabe *ᶜibrî* die rechtlich-soziale Bezeichnung *ᶜaebaed* «Sklave» noch näher bestimmt werde.[225]

Gegen A. Alt wendet I. Riesener weiterhin ein, daß er die beiden Begriffe «national» und «völkisch» sehr eng zusammensehe, das rechtlich-soziale Verständnis dagegen als Alternative zu jener national-völkischen erklärt werde.[226] Nun stünden aber die Begriffe «national» und «völkisch» – es könnte auch «ethnisch» gesagt werden – einander keinesfalls so nahe, wie es hier erscheinen könnte. Vielmehr müsse man ja gerade differenzieren zwischen dem Wort «national», das politisch-staatliche Vorstellungen

---

218 A. Jepsen, AfO 15 (1945/51), 57.
219 F. Böhl, Kanaanäer und Hebräer, 1911.
220 A. Jepsen, AfO 15 (1945/51), 58.
221 A. Jepsen, AfO 15 (1945/51), 62.
222 A. Jepsen, AfO 15 (1945/51), 64.
223 A. Jepsen, AfO 15 (1945/51), 68.
224 I. Riesener, Der Stamm *ᶜbd*, 1978, 117.
225 I. Riesener, Der Stamm *ᶜbd*, 1978, 117.
226 I. Riesener, Der Stamm *ᶜbd*, 1978, 116–177.

impliziere, und einem Wort wie «völkisch», bzw. «ethnisch», bei dem diese Vorstellungen eben gerade fehlten. Insofern könne A. Alts Beobachtung, daß in Verbindung mit dem Wort *ʿibrî* im AT niemals ein «nationales Hochgefühl» festzustellen sei, zwar nicht als Argument gegen das ethnische Verständnis von *ʿibrî*, wohl aber als Hinweis auf das Spezifische dieses Wortes im Unterschied zu der Bezeichnung «Israelit» dienen.

I. Riesener kommt so zum Schluß, daß die These A. Alts, man könne aufgrund der außeratl. rechtlichen Bedeutung der entsprechenden Termini keine israelitische Spezialbedeutung annehmen, nicht haltbar sei.[227] Er müsse ja selbst zugeben, daß in späterer Zeit *ʿibrî* «den Namen eines Volkes»[228] bezeichne, d. h. hier liege auch nach seiner Sicht offensichtlich eine «israelitische Spezialbedeutung» vor. Nun erscheine, so argumentiert I. Riesener, freilich der Weg von einer ursprünglich rechtlichen Grundbedeutung des Wortes *ʿibrî* im AT zu einer sekundären Verwendung als Bezeichnung eines Volkes, «das in Wirklichkeit eben nicht als selbständiges Volk respektiert»[229] werde, etwas umständlich. Näherliegend sei die Annahme, daß in späterer Zeit nach dem Verlust der staatlichen und politischen Selbständigkeit eben jener ältere, nach atl. Sprachgebrauch ethnologische Terminus, bei dem eine politische Bedeutungskomponente gefehlt habe, wieder als sinnvoll empfunden und daher aufgenommen worden sei.

In der Argumentation gegen A. Alt dürfte I. Riesener darin zuzustimmen sein, daß in der Bezeichnung *ʿaebaed ʿibrî* das Wort *ʿaebaed* die sozialrechtliche Stellung umschreibt und *ʿibrî* als ethnische Angabe zu verstehen ist. I. Riesener erliegt aber selbst durch ihre enge Bestimmung von *ʿibrî* als eines Ethnikons einer Mißdeutung. Denn die Spezialbedeutung von *ʿibrî* zur Kennzeichnung einer Volkszugehörigkeit, *in concreto* die Zugehörigkeit zum jüdischen Volk, muß nicht unbedingt auf allen Stufen der Entwicklung mit *ʿibrî* verbunden sein. Ihre Schlußfolgerung, daß es näherliegend sei, daß in späterer Zeit nach dem Verlust der staatlichen und politischen Selbständigkeit der vorausgesetzte ältere ethnische Terminus, bei dem eine politische Bedeutungskomponente gefehlt habe, wieder als sinnvoll empfunden und daher wieder aufgenommen worden sei[230], ist nicht zwingend und vermag auch nicht zu erklären, wie in späterer Zeit in Israel ein Terminus wieder aufgenommen werden konnte, der sonst nur in angeblich weitaus älteren außerbiblischen Quellen bezeugt ist. I. Riesener schließt somit nur von der *späteren* biblischen «Spezialbedeutung» von *ʿibrî* auf die sog. *frühere* damit übereinstimmende Bedeutung, ohne dafür selbst überzeugende Beweise beibringen zu können.

[227] I. Riesener, Der Stamm *ʿbd*, 1978, 117 f.
[228] A. Alt, Die Ursprünge des israelitischen Rechts, 1934, 293 Anm. 1.
[229] A. Alt, Die Ursprünge des israelitischen Rechts, 1934, 293 Anm. 1.
[230] I. Riesener, Der Stamm *ʿbd*, 1978, 118.

Auch die Parallelisierung von Ex 21,2 mit den Texten aus Nuzi trägt zur Deutung von *ʿaebaed ʿibrî* nichts bei.[231]

Zu einem von A. Alt abweichenden Ergebnis in der Analyse von Ex 21,2 ist auch I. Cardellini gelangt.[232] Der Begriff *ʿibrî* entstamme einer weit älteren Zeit als der Epoche, in der Ex 21,2.5.6bβ entstanden sei. Die Klärung des Zusammenhangs zwischen *ʿibrî* und *ḫabiru* und die Entwicklung seiner Bedeutung seien Fragen, die die einfache Bestimmung der Bedeutung, die *ʿibrî* für die israelitische Hand in Ex 21,2–6 gehabt habe, übersteige. Diese habe *ʿaebaed ʿibrî* in engen Zusammenhang mit dessen Freilassung im siebten Jahr gestellt. Man könne daher N. P. Lemches[233] Meinung nicht teilen, wonach der ganze Text Ex 21,2–6 kanaanäisch und nicht israelitisch sei. Ziehe man in Betracht, daß zumindest Ex 21,2.5.6 bβ israelitischen Ursprungs seien und die weiteren *ʿibrî*-Stellen der Bibel, so ergebe sich, daß mit *ʿibrî* ein Angehöriger des Volkes Israel bezeichnet werde. Handle es sich in Ex 21,2–6 um einen Israeliten, so könne *ʿibrî* auch möglicherweise einen Israeliten niedrigeren Standes bezeichnen. Nur so sei der Zusammenhang zwischen dem *ʿaebaed ʿibrî* und seiner Freilassung im siebten Jahre zu erklären. Er sei ein Angehöriger des auserwählten Volkes und kein Sklave aus einem fremden Volk.

Auch I. Cardellini setzt Ex 21,2 als Regelung an, die Dtn 15,12 vorausgehe[234] und in die Zeit zwischen dem Fall Samarias 722/1 v. Chr. und der Epoche des Josia weise. Als *terminus a quo* gibt I. Cardellini die letzten Jahre während oder nach Salomos Reich an, die Periode der Krise der Monarchie bis zu den sozialen Forderungen der Zeit des Propheten Amos.[235]

Die soziologisch-rechtliche Deutung von *ʿibrî* in Ex 21,2, die A. Alt umsichtig und nach vielen Seiten abgesichert vorgetragen hat und bei der er bestrebt war, den neuen Erkenntnissen über die *ʿprw* in den ägyptischen und die *ḫabirū* in den Keilschriftdokumenten gerecht zu werden, konnte sich bisher, wie ausgeführt wurde, in der Bibelwissenschaft nicht durchsetzen. Trotz der Sicherheit, die in Ägyptologie und Altorientalistik über den soziologischen Charakter der *ḫabirū* = *ʿprw* inzwischen erlangt worden ist[236], halten auch neuere Autoren an einem Ethnikon *ʿibrî* in Ex 21,2 fest.

Diese Situation dürfte zur Genüge anzeigen, daß die Voraussetzungen, die jeweils der Argumentation zugrundegelegt werden, so tiefgreifend verschieden sind, daß Erkenntnisse aus der altorientalischen Umwelt bisher

---

[231] Siehe B. L. Eichler, Indenture at Nuzi, 1973, 47, der betont, daß in Nuzi ein *ḫabiru* höher stand als ein gewöhnlicher Sklave.

[232] I. Cardellini, Sklaven-Gesetze, 1981, 250–151.

[233] N. P. Lemche, Hebrew Slave, VT 25 (1975), 143.

[234] I. Cardellini, Sklaven-Gesetze, 1981, 338–341. 363–364. 368.

[235] I. Cardellini, Sklaven-Gesetze, 1981, 368.

[236] Siehe Kap. 2–3.

in der Bibelwissenschaft selbst noch zu keiner Einigung oder einer Übereinstimmung in wenigstens einigen Fragen führen konnten. Es soll deshalb im folgenden versucht werden, diesen methodischen Problemen sowie den Voraussetzungen und Vorurteilen in der bibelwissenschaftlichen Auseinandersetzung besondere Aufmerksamkeit zu widmen.

Ausschlaggebend für die von A. Alt vorgetragene soziologisch-rechtliche Auslegung von *ᶜibrî* in Ex 21,2 ist die Annahme, daß in Ex 21,2–6 die Rechtsmaterie der Schuldknechtschaft behandelt werde.[237] Die Anschauung, daß in diesem Teil des Bundesbuches eher von Sklavenkauf und -freilassung die Rede sei[238] oder von Sklavenkauf und Selbstversklavung durch Schuld[239], zieht A. Alt weniger in Erwägung.

Dem Problem der Rechtsmaterie von Ex 21,2–6 und in der Folge auch von Dtn 15,12–18 dürfte größte Aufmerksamkeit zuzuwenden sein. Denn erst durch eine begründete Entscheidung in dieser Sachfrage wird es möglich sein, für ein Verständnis der Textgeschichte von Ex 21,2–6 und auch Dtn 15,12–18 eine gesicherte Basis zu erhalten.

5.4.1.2. Probleme einer Rekonstruktion der Vorgeschichte von Ex 21,2

In der Diskussion über die Formulierung der gesetzlichen Regelung Ex 21,2 steht bei der soziologisch-rechtlichen Interpretation das Bemühen im Vordergrund, eine ursprüngliche Fassung derselben zurückzugewinnen.

A. Alt geht bei seinen Überlegungen davon aus, daß weder im Bundesbuch noch im Deuteronomium der ursprüngliche Wortlaut von Ex 21,2 erhalten sei.[240] In Ex 21,2 störe vor allem der Du-Stil des Satzes: *kj tqnh ᶜbd ᶜbrj* «Wenn du einen hebräischen Sklaven erwirbst.» Er sei offenbar von den vorausgehenden Sätzen, nicht 21,2, sondern 20,24 ff. her eingedrungen und gebe sich als sekundär noch besonders dadurch zu erkennen, daß er in den

[237] A. Alt, Die Ursprünge des israelitischen Rechts, 1934, 291, spricht vom «Recht der Schuldsklaven»; ders., Erwägungen über die Landnahme, 1939, 172 Anm. 2. Während eine Reihe von Autoren das Moment der Schuldknechtschaft ausdrücklich betont (siehe z. B. J. A. Thompson, Deuteronomy, 1974, 189; P. C. Craigie, Deuteronomy, 1976, 238), wird auch von Selbstversklavung wegen einer wirtschaftlichen Notsituation gesprochen (siehe z. B. H. J. Boecker, Recht und Gesetz, 1976, 136). In letzterem Fall bleibt unklar, ob an eine zeitlich begrenzte Schuldknechtschaft oder an eine an sich unbegrenzte Versklavung gedacht wird.

[238] A. Bertholet, Die Stellung der Israeliten und der Juden zu den Fremden, 1896, 53–54; C. Steuernagel, Das Deuteronomium, 1923², 110; V. Wagner, ZAW 81 (1969), 177; G. Seitz, Redaktionsgeschichtliche Studien zum Deuteronomium, 1971, 171–172; M. Weinfeld, Deuteronomy, 1972, 282–283; A. Phillips, Deuteronomy, 1973, 106; C. M. Carmichel, The Laws of Deuteronomy, 1974, 54–57; B. S. Childs, Exodus, 1974, 468.

[239] Siehe z. B. I. Cardellini, Sklaven-Gesetze, 1981, 246. 358–359.

[240] A. Alt, Die Ursprünge des israelitischen Rechts, 1934, 291 mit Anm. 2.

folgenden Sätzen, wo zu seiner Verwendung wiederholt Gelegenheit wäre, nicht im mindesten nachwirke. Zur Behebung des Schadens genüge aber noch nicht die einfache Umsetzung aus dem Du- in den Er-Stil, die A. Jepsen vorschlage[241]: *kj jqnh 'jš ᶜbd ᶜbrj* «Gesetzt daß jemand einen hebräischen Sklaven erwirbt.» Denn damit ergebe sich ein schwer erträglicher Subjektwechsel zwischen diesem Vorder- und dem anschließenden Nachsatz: «Soll er sechs Jahre lang Sklave sein» und im Zusammenhang damit eine bedenkliche Verschiebung des Interesses von dem Herrn auf den Sklaven, während weiterhin bis einschließlich 21,3 das Interesse an dem Sklaven die Gestaltung der Sätze allein bestimme. Der Schaden müsse also tiefer sitzen, und das bestätige in ihrer Weise auch die abweichende Gestaltung des Wortlauts in Dtn 15,12 *kj jmkr lk 'ḥjk hᶜbrj* «Gesetzt daß sich Dir dein hebräischer Bruder verkauft.» Hier komme der Du-Stil natürlich auf Rechnung des Deuteronomikers, der ja seinem ganzen Werk die Form einer Rede Moses an das Volk geben wolle; dementsprechend sei er denn auch in dem ganzen Abschnitt konsequent durchgeführt, was sachlich um so besser passe, da mit dem «Du» hier faktisch durchweg der Besitzer des Sklaven gemeint sei, auf den sich für den Deuteronomiker wegen der Ermahnungen, die er ihm sogleich nach dem Zitat aus dem alten Recht für sein Verhalten dem Sklaven gegenüber geben wolle, von vornherein das Interesse konzentriere. Desto auffälliger sei dann aber, daß er nicht von Anfang an, also auch schon in dem Zitat, den Sklavenbesitzer, also das «Du», zum Subjekt der Sätze gemacht habe; die Fassung von Ex 21,2: «Gesetzt daß du ... erwirbst» würde bei dem Deuteronomiker um seines besonderen Anliegens willen viel eher verständlich werden. Aber er habe ja auch in dem ersten Nachsatz von Dtn 15,12 noch den Sklaven als Subjekt stehen: «So soll er dir sechs Jahre lang Sklave sein,» und zwar hier in Übereinstimmung mit der älteren, durch das Eindringen des Du-Stils noch nicht gestörten Fassung von Ex 21,2. Dadurch werde die passivische Fassung des Vordersatzes von Dtn 15,12 nicht nur geschützt, sondern auch als ursprünglicher Textbestand erwiesen. Im Subjekt des Vordersatzes sei das spezifisch deuteronomische *'ḥjk* «dein Bruder» = «dein Volksgenosse», mit dem erst der nationale und soziale Ton in den Text eindringe, durch das im kasuistischen Recht ständig gebrauchte farblose *'jš* «ein Mann» ersetzt, und es sei nur ein Gewinn, wenn damit das höchstens proleptisch zu verstehende *ᶜaebaed* «einen Sklaven» Ex 21,2 über Bord falle.

In seiner ausführlichen Kritik an der proleptischen und soziologisch-rechtlichen Erklärung von *ᶜaebaed ᶜibrî* in Ex 21,2 durch A. Alt postuliert A. Jepsen dagegen wieder ein Ethnikon *ᶜibrî*.[242]

---

[241] A. Alt, Die Ursprünge des israelitischen Rechts, 1934, 291 f. Anm. 2, nimmt hier in der Fassung seines Betrages von 1934 bereits zu A. Jepsen, AfO 15 (1945/51), 57 Anm. 9, Stellung.

[242] A. Jepsen, Die «Hebräer» und ihr Recht, AfO 15 (1945/51), 55–68.

Auch A. Jepsen nimmt an, daß Dtn 15,12 eine jüngere Fassung von Ex 21,2 verkörpere. In der Formulierung «Wenn sich dein hebräischer Bruder verkauft» (Dtn 15,12) sei nicht ganz sicher, ob der Volksgenosse nur durch das Wort «Bruder» angedeutet werde, oder auch durch das *ᶜibrî.* Was auch immer aber hier genau mit *ᶜibrî* gemeint sei, fest stehe wohl, daß der Gebrauch des Wortes an dieser Stelle durch Ex 21,2 ff. bedingt sei, wo eine ältere Form desselben Gesetzes vorliege. Was bedeute aber *ᶜibrî* in Ex 21,2?[243]

Dtn 15 habe jedenfalls das Gesetz Ex 21 als auf den israelitischen Sklaven bezüglich verstanden; die Formulierung sei wohl als eine Exegese, nicht als Änderung einer anderen Praxis oder Regel zu verstehen. Auch die spätere Auslegung von Ex 21, wie sie im Syrer, Targum und Talmud vorliege[244], denke an den israelitischen im Gegensatz zum kanaanäischen Sklaven. Das könnte dafür sprechen, daß *ᶜibrî* auch hier, wie an anderen Stellen des Alten Testaments, den Israeliten bezeichnen solle. Immerhin sei es nicht auszuschließen, daß die Übersetzungen und der Talmud von Dtn 15 abhängig sein könnten und der Deuteronomist eine ältere Praxis abgeändert haben könnte. So bleibe zu fragen, was sich aus Ex 21 selbst ergebe.[245]

Zunächst sei festzustellen, daß zu einer Änderung des überlieferten Textes kein Grund vorliege, insofern es sich um den Text des Bundesbuches und nicht um den seiner Quellen handle. Jedenfalls sei nicht zu erweisen, daß erst ein später Überarbeiter diese Textform hergestellt habe. Was bedeute dann aber *ᶜibrî* in diesem Satz: «Wenn du einen *ᶜaebaed ᶜibrî* erwirbst, so soll er sechs Jahre lang Knecht sein und im siebenten frei ausgehen, ganz umsonst», wenn das *ᶜibrî* den Grund des Erwerbs angebe? Würde das *ᶜibrî* den Grund des Erwerbs angeben, also etwa auf die Verschuldung des Betreffenden gehen, dann sei das *ᶜaebaed* in der Tat unerträglich und auch proleptisch kaum zu verstehen. In diesem Falle könne der Satz nur lauten: «Wenn du einen *ᶜibrî* als Knecht erwirbst.» Wenn *ᶜibrî* aber eine sozial-wirtschaftliche Schicht bezeichne, etwa die Halbfreien oder den grundbesitzlosen Nomaden, so sei nicht zu verstehen, warum gerade dieser nach sechs Jahren entlassen werden soll, auch nicht, warum nur diese eine Schicht behandelt werde und nicht auch die des Grundbesitzers oder die des Vollfreien.

Es bleibe dann doch nichts anderes übrig, als *ᶜibrî* hier ebenso wie an allen anderen Stellen des Alten Testamentes zu verstehen, nämlich als eine Bezeichnung der Volksschicht, zu der sich auch die Israeliten rechneten, und somit anzuerkennen, daß die Tendenz, die im Deuteronomium eindeutig festzustellen sei, nämlich dem Volksgenossen als solchem ein Sonder-

243 A. Jepsen, AfO 15 (1945/51), 56.

244 A. Jepsen, AfO 15 (1945/51), 56 Anm. 6, verweist auf syr. *ᶜabdā judajja;* Targ. *ᶜabdā bar jisrāʾēl,* Talmud b. Baba qamma VIII, 3–5; Baba mes. I, 5; Qiddusim I, 2.3.

245 A. Jepsen, AfO 15 (1945/51), 56–57.

recht einzuräumen gegenüber dem Volksfremden, auch schon im Bundesbuch wirksam gewesen sei. Es sei nicht einzusehen, warum dies nicht möglich gewesen sein soll. Wenn ferner der Ausdruck *ʿibrî* in der frühen Königszeit für Israel bekannt und gebräuchlich gewesen sei, so könne er auch in der Richterzeit schon Anwendung gefunden haben, um die Eigenartigkeit Israels gegenüber den anderen Völkern herauszuheben.[246]

Eine ganz andere Frage sei es, wie das Gesetz im kasuistischen Recht vor der Übernahme durch Israel gelautet habe.[247] Hier sei die Anrede sicherlich nicht vorhanden gewesen; aber wie der Satz formuliert gewesen sei, lasse sich nicht mit Sicherheit erkennen. Er stellt folgende Möglichkeiten zur Auswahl: *kj jmkr 'jš 't bnw l ʿbd (kî jimkor 'îš et benô le ʿobed)* oder *kj jmkr 'jš (kî jimmakēr 'îš).* Das *ʿibrî* würde dann in jedem Fall überflüssig und als Einsatz des israelitischen Redaktors anzusehen sein. Es sei hiermit KH § 117 zu vergleichen, wo der Verkauf von Frau, Sohn und Tochter ins Auge gefaßt werde.

A. Jepsen gelangt dann zum Schluß, daß auch in Ex 21,2 *ʿibrî* wie sonst als Ausdruck für die Israeliten gebraucht werde. Es lasse sich so kaum der Schluß umgehen, «daß die Israliten sich selbst als *ʿibrîm* bezeichnet haben, um sich von den Ägyptern, Philistern, wohl auch Kanaanäern zu unterscheiden.»[248] Die Anwendung des Wortes in der Josephsgeschichte wie in Gen 14 führe darauf, daß die *ʿibrîm* einen etwas größeren Kreis als nur die Söhne «Israels» umfaßten. A. Jepsen formuliert seine These folgendermaßen: «Die Israeliten rechnen sich also zu den Stämmen, die sich *ʿibrîm* nannten oder so genannt wurden.»[249]

A. Jepsen übernimmt trotz der inzwischen grundlegend veränderten Lage in der Diskussion über die *ḫabirū* = *ʿprw* = *ʿprm* die frühere Position von F. Böhl. Er formuliert dies zusammenfassend so: «*ʿibrî* wird also im Alten Testament immer gebraucht, um die völkische Eigenart Israels und seiner Ahnen gegenüber Ägyptern, Kanaanäern und Philistern zu bezeichnen, wobei das Bewußtsein lebendig ist, daß nicht nur Israel in den Kreis der *ʿibrî* gehört. Die alttestamentlichen Stellen ergeben demnach, für sich genommen, kein anderes Ergebnis, als es etwa schon Böhl formuliert hat.»[250]

Das Recht des *ʿaebaed ʿibrî* in Ex 21,2–6 behandelt auch I. Cardellini ausführlich.[251] Er beginnt gleichfalls mit der Beobachtung, daß die Wenn-du-Formulierung und die Behandlung der Rechtsmaterie unerwartet seien und die Formulierung *ʿaebaed ʿibrî* terminologische Schwierigkeiten

---

[246] A. Jepsen, AfO 15 (1945/51), 57.
[247] A. Jepsen, AfO 15 (1945/51), 57 Anm. 9.
[248] A. Jepsen, AfO 15 (1945/51), 57.
[249] A. Jepsen, AfO 15 (1945/51), 57.
[250] A. Jepsen, AfO 15 (1945/51), 58.
[251] I. Cardellini, Sklaven-Gesetze, 1981, 243–251.

bereite. Abgesehen von der Schwierigkeit der Wenn-du-Formulierung V. 2aα, die sonst nicht mehr im Text vorkomme und auch nicht durch ein anaphorisches Element wiederholt werde, ergebe sich zunächst das inhaltliche Problem von *tqnh* «du kaufst», das den ganzen Text sinnlos mache. Denn niemand kaufe sich einen Sklaven, wenn er wisse, daß er ihn ohne Lösegeld nach einer gewissen Zeit wieder freizulassen habe.[252] Nach seiner Ansicht müsse man sich zunächst über das Hauptinteresse des Textes klar werden, um eine glaubhafte Lösung vorzulegen. In Ex 21,2–6 gehe es im Unterschied zu KH § 117[253] deutlich nicht um Personen, die wegen einer Schuld in die Sklaverei geraten seien. Es gehe in Ex 21,2–6 vor allem um die umsonstige Freilassung im siebten Jahr, wobei das siebte Jahre eine «fortschreitende Qualifizierung des Sabbatgedankens für den Glauben Israels»[254] darstelle. Von daher sei auch die Wenn-du-Formulierung *kj tqnh* «wenn du kaufst» verständlich. Denn dieses sei auf einen israelitischen Redaktor zurückzuführen, für den der Sabbatgedanke ohne Zweifel steigende Bedeutung in Richtung auf die kultische Heiligkeit gehabt habe. Der Grund, dessentwegen der *ᶜaebaed ᶜibrî* zum Sklaven werde, sei für den Text uninteressant[255], die einzige Sorge richte sich auf die Bestimmung der Freilassung im siebten Jahr.

Innerhalb von Ex 21,2–6 nimmt I. Cardellini eine Unterscheidung in altes Rechtsmaterial (V. 3aαβ und V. 4aαβba), altes Kultmaterial (V. 6aαβba) und Eigengut einer israelitischen Hand (V. 2 5.6bβ) vor. V. 4b sei eine Wiederholung von V. 3a, die von derselben israelitischen Hand zur Harmonisierung des 3. *'m*-Unterfalls durch Zusatz eines redaktionellen *hw'* benutzt worden sei.[256]

Aus dieser Analyse ergibt sich nach I. Cardellini für das Verständnis von *ᶜaebaed ᶜibrî* in Ex 21,2, daß der *ᶜibrî*-Begriff einer weit älteren Zeit entstamme als der Epoche, in der Ex 21,2.5.6bβ entstanden sei. Die israelitische Hand habe *ᶜaebaed ᶜibrî* in engen Zusammenhang mit dessen Freilassung im siebten Jahr gestellt. V. 2.5.6b seien deshalb nicht kanaanäisch, sondern israelitisch. Es ergab sich so, daß *ᶜibrî* als Angehöriger des Volkes Israel zu verstehen sei. *ᶜibrî* könne möglicherweise einen Israeliten

[252] I. Cardellini, Sklaven-Gesetze, 1981, 245.

[253] R. Borger, Codex Hammurapi, 1982, 56–57: «Wenn einen Bürger eine Schuldverpflichtung erfaßt und er seine Frau, seinen Sohn oder seine Tochter für Geld hingibt, oder *jeweils* in ein Gewaltverhältnis gibt, so sollen diese drei Jahre das Haus ihres Käufers oder desjenigen, der sie in ein Gewaltverhältnis genommen hat, besorgen, und im vierten Jahre sollen sie freigelassen werden.»

[254] I. Cardellini, Sklaven-Gesetze, 1981, 246.

[255] I. Cardellini, Sklaven-Gesetze, 1981, 246 Anm. 25, nimmt auf Grund vieler Urkunden der keilschriftlichen Tradition, die den Verkauf von Familienangehörigen behandeln, an, daß auch Ex 21,2–6 als Selbstversklavung eines *ᶜaebaed ᶜibrî* wegen einer Schuld aufzufassen sei.

[256] I. Cardellini, Sklaven-Gesetze, 1981, 249.

niedrigeren Standes bezeichnen.[257] Nur so sei der Zusammenhang zwischen dem *ᶜaebaed ᶜibrî* und seiner Freilassung im siebten Jahr zu erklären, denn er sei ein Angehöriger des auserwählten Volkes und kein Sklave aus einem fremden Volk.[258]

In den bisher behandelten Analysen von Ex 21,2–6 wird vorausgesetzt, daß *ᶜibrî* zum alten, ursprünglichen Textbestand gehöre und daß es wenigstens in Israel eine besondere gesetzliche Regelung für die Bevölkerungsklasse der *ᶜibrîm* gegeben habe. A. Alt forderte deshalb als ursprünglichen Text von Ex 21,2 ein *kj jmkr ʾjš ᶜbrj* «gesetzt daß ein hebräischer Mann sich verkauft».[259] Auch I. Cardellini nimmt an, daß der *ᶜibrî* möglicherweise einen Israeliten niedrigeren Standes bezeichne und *ᶜibrî* als Begriff einer älteren Zeit entstamme.[260]

Wenn in dieser Konzeption ein spezielles *ᶜibrî*-Recht postuliert wird oder A. Jepsen sogar von einem besonderen Recht der *ḫabirū* = *ᶜibrîm* spricht[261] und zugleich ein besonderes Rechtsempfinden auf sie zurückführt[262], dann dürfte dabei übersehen werden, daß aus den altorientalischen Rechtsquellen bisher noch nichts über ein spezielles Recht bekannt wurde, das berechtigte, von einem *ᶜibrî*-Recht oder einer *ᶜibrî*-Gesetzgebung zu sprechen. Es dürfte somit der Gedanke auszuschließen sein, daß es im Alten Orient oder in Israel einmal eine Gesetzgebung über Schuldknechtschaft gegeben hat, die auf die Bevölkerungsklasse der *ḫabirū* = *ᶜibrîm* bezogen war.[263]

In Übereinstimmung mit den altorientalischen Quellen werden wir auch in Israel zwischen Dauerversklavung und anderen Sklaven-Bindungen, die durch das Dazwischentreten der Familie wieder aufgelöst werden konnten, zu unterscheiden haben. In den Sklavenstand konnte jemand

---

[257] I. Cardellini, Sklaven-Gesetze, 1981, 251, scheint hier älteren Wortgebrauch von *ḫabiru* und neueren von *ᶜibrî* zu verwechseln.

[258] I. Cardellini, Sklaven-Gesetze, 1981, 251.

[259] A. Alt, Die Ursprünge des israelitischen Rechts, 1934, 291.

[260] I. Cardellini, Sklaven-Gesetze, 1981, 251.

[261] A. Jepsen, Untersuchungen zum Bundesbuch, 1927, 76–77, nimmt an, daß die *ḫabirū*-*ᶜibrîm* ihr altes Recht behalten hätten.

[262] A. Jepsen, Die «Hebräer» und ihr Recht, AfO 15 (1945/51), 68.

[263] Ein solches Spezial-*ᶜibrî*-Recht fordern z. B. A. Alt, Die Ursprünge des israelitischen Rechts, 1934, 291–293; ders., Erwägungen über die Landnahme der Israeliten, 1939, 172 mit Anm. 2; M. Noth, Erwägungen zur Hebräerfrage, 1934, 107; ders., Exodus, 1978[6], 143, bemerkt Anm. 5 hierzu folgendes: «In dem Hauptrechtssatz über den Sklaven (V. 2) tauchen zwei *termini technici* [= *ᶜibrî, ḥåpšî*] auf, die aus der altvorderasiatischen Rechtssprache stammen und vor allem im Zweistromland und in Syrien-Palästina vielfach bezeugt sind, deren exakte Bedeutung aber nicht sicher zu fassen ist.»; siehe ferner J. Hempel, Die althebräische Literatur, 1934, 80; G. Beer, Exodus, 1939, 107.

durch Geburt, Kauf oder wegen Verschuldung geraten.[264] In diesen Fällen wurde jemand auf Zeit oder für immer zu einem *ᶜbd* «Sklaven».

In der altorientalischen Gesetzgebung wird ferner zwischen einheimischen und fremden Sklaven unterschieden, wie aus KH § 280–281 hervorgeht.[265]

Von diesen Voraussetzungen her gesehen haben wir es im Falle von Ex 21,2–6 mit Sklavengesetzgebung zu tun, d.h. mit dem Übergang eines Nichtsklaven in den Sklavenzustand, dem Erwerb eines Sklaven und der Befreiung bzw. Entlassung aus der Sklaverei.

Wenn wir berücksichtigen, daß den außerbiblischen Quellen eine der biblischen Formulierung *ᶜaebaed ᶜibrî* gleiche oder verwandte Formulierung fremd ist, kommen wir zum Ergebnis, daß *ᶜaebaed ᶜibrî* als eine innerhebräische Formulierung zu betrachten ist. Es fällt deshalb auch der Grund weg, mit A. Alt etwa eine spezielle vorisraelitische, kanaanäische Rechtsmaterie über einen *'îš ᶜibrî* «hebräischen Mann» anzunehmen.[266] Wir können höchstens auf Dokumente verweisen, die berichten, daß ein *ḫabiru* in den Sklavenstand eintrat, wie dies z.B. in Nuzi bezeugt ist.[267] Für die biblische Zeit setzte dies aber die Existenz von *ḫabirū* in Israel voraus, was A. Alt jedoch nur im Zirkelschluß von Ex 21,2 her zu postulieren vermag[268] und unter gleichzeitiger Berufung auf I Sam 14,21.[269] Wenn deshalb A. Alt geschlossen hat, daß *ᶜibrî* «Hebräer» in völkischer Hinsicht genau so wenig und in rechtlicher genau so viel zu besagen habe wie das Wort *ḫabiru* in den Keilschrifturkunden des 3. und 2. Jt.s v. Chr. aus Babylonien, Mesopotamien, Kleinasien und Palästina[270], dann dürfte er die Möglichkeiten des Vergleichs bei weitem überinterpretieren.

Daß *ᶜibrî* nur einen israelitischen Sachverhalt bezeichnet, ergibt sich auch aus der parallelen Formulierung *'ḥjk hᶜbrj* «dein hebräischer Bruder» (Dtn 15,12), in der *ᶜibrî* offensichtlich nicht einen sozial tiefer stehenden Menschen bezeichnen kann. Denn der Terminus *'ḥ* «Bruder» erlaubt dies wohl nicht.[271] Desgleichen wird es kaum möglich sein, mit A. Alt aus den Formulierungen *ᶜaebaed ᶜibrî* und *'ḥjk hᶜbrj* ein ursprüngliches *'jš ᶜbrj* «ein

---

[264] Siehe hierzu z.B. A. Arnaud, Humbles et superbes à Emar (Syrie) à la fin de l'âge du Bronze récent, 1981, 1–14.

[265] I. Rapaport, The Origins of Hebrew Law, PEQ 73 (1941), 163.

[266] A. Alt, Die Ursprünge des israelitischen Rechts, 1934, 291.

[267] J. Bottéro, Ḫabiru, 1972/75, 24; siehe auch Anm. 231.

[268] Siehe A. Alt, Die Ursprünge des israelitischen Rechts, 1934, 291–293; ders., Erwägungen über die Landnahme der Israeliten, 1939, 172 mit Anm. 2.

[269] Siehe zu I Sam 14, 21 die Ausführungen Kap. 5.3.1.6.

[270] A. Alt, Die Ursprünge des israelitischen Rechts, 1934, 293.

[271] Siehe AHw, S. 21: *aḫu* I «Bruder» 2) übertr. a) als Anrede an Gleichgestellte (auch unter Königen), c) Stammesgenosse; HAL, S. 28: *'ḥ* II; siehe zu hebr. *'ḥ* «Bruder» ferner L. Perlitt, «Ein einzig Volk von Brüdern», 1980, 27–52.

hebräischer Mann» mit der von ihm angenommenen Bedeutung zu erschließen.[272] Denn auch für diesen Fall gilt, daß *'jš ʿbrj* widersinnig wäre[273], weil ein *'jš*[274] = *awīlu*[275] nicht gleichzeitig Glied einer höheren und niedrigeren Bevölkerungsklasse sein kann. Dies wäre nur zulässig, wenn nachzuweisen wäre, daß der Sprachgebrauch von Ex 21,2 direkt an den in dieser Beziehung speziellen von Nuzi anzuschließen ist.[276]

Von diesen Voraussetzungen her ergibt sich mit Notwendigkeit, daß *ʿibrî* in Ex 21,2 die Funktion eines Gentiliziums ausübt und die Gesetzesregelung den «hebräischen Sklaven» betrifft, d.h. einen Angehörigen der israelitischen oder jüdischen Religions- und Volksgemeinschaft, und die Rechtsmaterie den Bereich der besonderen Behandlung der Angehörigen des eigenen Volkes umfaßt.[277]

Gegen diese Deutung könnte eingewendet werden, daß der Verkauf eines Israeliten als Sklaven völlig unstatthaft gewesen sei.[278] Hier wird zu beachten sein, daß es sich in Ex 21,16; Dtn 24,7 um Menschendiebstahl handelt[279] und in Lev 25,39ff. ausdrücklich die Notlage eines Israeliten besprochen wird, der gezwungen ist, sich an einen anderen seines Volkes zu verkaufen (Lev 25,39).[280]

Aus der Verwendung von *qnh* «kaufen, erwerben»[281] in Ex 21,2 und parallelem *mkr* «verkaufen» in Dtn 15,12 und Lev 25,39 sowie anderen Berührungen mit dem Recht eines Schuldsklaven dürfte sich ergeben, daß in Ex 21,2 gleichfalls Schuldknechtschaft als Grund oder einer der Gründe für die Versklavung vorausgesetzt wird.[282]

In diesem Zusammenhang dürfte zu beachten sein, daß in KH § 117 das Eintreten in die Schuldknechtschaft mit *ana kaspim nadānu* «verkaufen» umschrieben wird.[283] Daß es sich jedoch hierbei nicht um ein endgültiges Verkaufen ohne zeitliche Begrenzung handelt, wird im Kontext von KH § 117 eindeutig festgelegt. Wir können so wenigstens davon ausgehen,

---

272 A. Alt, Die Ursprünge des israelitischen Rechts, 1934, 291 mit Anm. 2.

273 E. Lipiński, VT 26 (1976), 123.

274 HAL, S. 41–42: *'jš* I.

275 AHw, S. 90–91: *awīlu* B 4) «freier Bürger».

276 AHw, S. 90–91: *awīlu* B 5) In Nuzi für Freie und Sklaven gebraucht.

277 I. Rapaport, The Origins of Hebrew Law, PEQ 73 (1941), 158–167, hat dies in seiner Kritik von A. Alt richtig hervorgehoben.

278 J. Lewy, OLZ 30 (1927), 830f. mit Anm. 3.

279 Siehe z.B. I, Cardellini, Sklaven-Gesetze, 1981, 367 Anm. 38.

280 K. Elliger, Leviticus, 1966, 358–360; I. Cardellini, Sklaven-Gesetze, 1981, 288–291.

281 Ges., S. 717: *qnh* qal 2: «durch Kauf erwerben».

282 Siehe Anm. 274.

283 Siehe zum Gebrauch von «kaufen» und «verkaufen» im Zusammenhang mit Schuldknechtschaft auch A. Arnaud, Humbles et superbes à Emar, 1981, 5.
In Al. T. 65 wird die Klausel *ana kinnatūtim* PN_2 *išām* «zur Knechtschaft hat (sie) PN_2 gekauft» verwendet. Der Text lautet:

daß Dtn 15,12 eindeutig die Rechtsmaterie der Schuldknechtschaft vorliegt und diese auch in Ex 21,2 nicht ausgeschlossen ist, sondern mindestens als einer der Gründe in Betracht zu ziehen ist, aus denen ein *ʿibrî* «Hebräer» in die Sklaverei geraten konnte. Ferner ergibt sich von KH § 117 her gleichzeitig, daß der «Kauf» im Falle der Schuldknechtschaft die Freilassung oder gesetzlich geregelte Beendung des auf diese Weise entstandenen Sklavenverhältnisses nicht ausschließt.

Eine Verbindung zwischen Ex 21,2–6 und der vorisraelitischen Rechtstradition kann somit nicht über *ḫabiru* = *ʿibrî* hergestellt werden, sondern höchstens über die gemeinsame Materie der Schuldknechtschaft, der Sklaverei und der Befreiung aus diesen sowie über das Problem der Unterscheidung zwischen Sklaven aus dem eigenen Volk oder aus Fremdvölkern.[284]

Innerhalb von Ex 21,2–6 ließe sich somit nur ein Sonderrecht für den *ḫabiru* = *ʿibrî* ansiedeln, wenn man gewillt wäre, *a priori* die Gleichung *ḫabiru* = *ʿibrî* zu akzeptieren und damit die soziologisch-rechtliche Deutung von *ḫabiru* auch für *ʿibrî* als zwingend ansähe.[285] Diese Argumentation setzte ferner voraus, daß Ex 21,2 ein vorisraelitisches Datum zuzuerkennen sei und auf kanaanäische Rechtskultur zurückgehe, die von den Israeliten vorgefunden worden sei.[286] Wir gelangen so zu der umfassenderen Frage, ob für Ex 21,2–6 insgesamt eine Frühdatierung mit den von A. Alt geforderten Konsequenzen zulässig ist.

---

[1]23 1/3 GÍN KUBABBAR	23 1/3 Sequel Silber (sind)
UGU $^{\text{m.mí}}$Ú-GA-*ja*	zu Lasten der Ukkaja.
a-na ki-in-na-tu-tim	Zur Knechtschaft hat (sie)
$^{\text{m.mí}}$*Su-mu-un-na-bi*	Sumunnabi
ʾi-ša-am	gekauft.
i-na an-du-ra-ri-im	Bei einer Freilassungs(order)
ú-ul i-na-an-da-ar	wird sie nicht in Freiheit gesetzt.
(Zeugen und Datum)	

Bearbeitung des Textes von H. Klengel, Acta antiqua 11 (1963), 10–11; B. Kienast, WO 11 (1980), 63. B. Kienast, WO 11 (1980), 46, führt aus, daß hier kein echter Kauf vorliegt: Nicht der dem Barkaufsprinzip des Alten Orients entsprechende Austausch Ware gegen Leistung, Kaufobjekt gegen Kaufpreis bringe das Geschäft zu Wege, sondern die bereits bestehenden Verpflichtungen der in Verzug geratenen Schuldnerin führten zu ihrer Verknechtung, stilisiert in einer einseitigen Gewaltergreifung seitens der Gläubigerin – ein Vorgang also, der nur ganz äußerlich einem Kauf nachgeformt sei durch die Verwendung des Terminus *šâmum* «kaufen».

[284] Siehe zu dieser Unterscheidung auch KH § 280–281; siehe ferner I. Cardellini, Sklaven-Gesetze, 1981, 81–84.

[285] A. Alt, Die Ursprünge des israelitischen Rechts, 1934, 291–293; ders., Erwägungen über die Landnahme, 1939, 172 Anm. 2; ders., Hebräer, 1959, 105.

[286] A. Alt, Die Ursprünge des israelitischen Rechts, 1934, 331–332; siehe auch N. P. Lemche, VT 25 (1975), 131; ders., VT 26 (1976), 42. 55.

5.4.1.3. Ex 21,2–6 als nachexilische jüdische Gesetzesregelung

In der Frage der Datierung von Ex 21,2–6 gehen die Autoren fast allgemein von der Anschauung aus, daß Ex 21,2 die Grundlage für Dtn 15,12 bilde und deshalb ein sicherer *terminus ante quem* gegeben sei.[287] Sowohl Dtn 15,12 als auch Jer 34,9.14 gelten als von Ex 21,2 abhängig formuliert.[288] Da außerdem Jer 34,9.14 als von Dtn 15,12 inspiriert angesehen wird[289], leitet man daraus die zeitliche Reihenfolge Ex 21,2; Dtn 15,12; Jer 34,9.14 ab. Durch eine vorexilische Datierung von Dtn 15,12 wird dann ohne Hindernisse ein frühes Datum für Ex 21,2 erreicht, ja sogar eine Rückführung dieser Gesetzesregelung auf das vorisraelitische kanaanäische Recht als möglich erachtet und eine Basis für die Identifikation des *ᶜibrî* mit dem *ḫabiru* der Keilschriftdokumente gesucht.[290]

Bei seiner Datierung von Ex 21,2–6 betont I. Cardellini, daß sich die biblischen Sklaven-Gesetze zwar auf der gemeinsamen Ebene des keilschriftlichen Rechtes bewegten, die israelitischen Redaktoren sich jedoch mehr und mehr von dieser entfernt hätten. Den bedeutendsten Text, der von einer ersten solchen Trennung beeinflußt sei, stelle Ex 21,2–6 mit der Einführung der Fristangabe im siebten Jahr und der Qualitätsentwicklung des Terminus *ᶜaebaed* durch *ᶜibrî* dar.[291]

Er nimmt ferner an, daß die Differenz der Formulierungen *ᶜaebaed ᶜibrî* (Ex 21,2) und *'aḥîka hāᶜibrî* (Dtn 15,12) eine semantische Entwicklung anzeige.[292] Diese Vorschrift des Deuteronomiums sei noch zur Zeit der Katastrophe von 587 v. Chr. in ihrer ursprünglichen Formulierung bekannt gewesen, wie aus Jer 34,14 a hervorgehe.

Bei der engeren zeitlichen Festlegung der Gesetzestexte entscheidet sich I. Cardellini dann für Jer 34,8–22 als Ausgangspunkt. Der Text Jer 34,8–22 erzähle das Geschehen in der Zeit um etwa 588 v. Chr. und zitiere *expressis verbis* Dtn 15,12 in seiner ursprünglichen Form.[293] Weil das Gesetz Dtn 15,12 in seiner ursprünglichen Form zitiert werde, könne man wohl annehmen, daß es in bezug auf Jer 34,14a nicht sehr weit in der Vergangenheit anzusetzen sei. Aufgrund der Epoche Jeremias, der Kontakte des Propheten mit der Reform des Josias und der dtr-Hand, die das

---

[287] Vgl. R. P. Merendino, Das deuteronomische Gesetz, 1969, 107, der meint, daß sich nach allgemeinem Urteil keine literarische Abhängigkeit der Gesetzesregelung Dtn 15,12 ff. von Ex 21,2–6 feststellen lasse.

[288] Siehe z. B. A. Alt, Die Ursprünge des israelitischen Rechts, 1934, 286.

[289] Siehe z. B. A. Alt, Die Ursprünge des israelitischen Rechts, 1934, 292 Anm. 3.

[290] Siehe Anm. 286.

[291] I. Cardellini, Sklaven-Gesetze, 1981, 358.

[292] I. Cardellini, Sklaven-Gesetze, 1981, 360.

[293] I. Cardellini, Sklaven-Gesetze, 1981, 363.

Buch Jeremia revidiert habe, bestehe keine große Schwierigkeit, den Text Dtn 15,12 in die Zeit der Reform des Josias zu verlegen.[294]

Für Ex 21,2 schlägt I. Cardellini die monarchische Zeit vor. Der *terminus ante quem* sei der Fall Samarias 712/1 v. Chr. und als *terminus a quo* hätten die letzten Jahre während oder nach Salomons Reich zu gelten, d. h. die Periode der Krise der Monarchie bis zu den sozialen Forderungen der Zeit des Propheten Amos.[295]

Seine Datierung von Ex 21,2 baut I. Cardellini auf einer besonderen Hypothese über *ᶜibrî* auf. Er meint, daß der *ᶜibrî*-Begriff einer weit älteren Zeit als der Epoche entstamme, in der Ex 21,2.5.6bβ entstanden sei.[296] Er verlegt so die Herkunft von *ᶜibrî* in die vorsalomonische Zeit.

Eine Klärung der Datierungsfrage von Ex 21,2 hat unabhängig von Dtn 15,12–18 zu erfolgen, also ohne eine hypothetische Vor-, Gleich- oder Nachordnung des letzteren Textes. Wir können uns vorläufig und hypothetisch nur insoweit A. Alt anschließen, als er von der Beobachtung ausgeht, daß in Dtn 15,12 die passivische Fassung des Vordersatzes *kj jmkr* «gesetzt, daß sich ... verkauft» einen ursprünglicheren Textbestand darstelle als das *kj tqnh* «wenn du kaufst» von Ex 21,2.[297] Während er dann das höhere Alter von Ex 21,2 nur mit der Annahme begründet, daß *ᶜibrî* aus der alten kanaanäischen, vorisraelitischen Rechtstradition stamme, wogegen das spezifisch deuteronomische *'ḥjk* «dein Bruder», mit dem erst der nationale und soziale Ton in den Text eindringe, späteren Datums sei, wird hier angenommen, daß *ᶜibrî* sowohl in Ex 21,2 als auch in Dtn 15,12 als Gentilizium zu interpretieren ist und nicht als Appellativum (*ḫabiru* ≠ *ᶜibrî*).

Daß die in Ex 21,2–6 geforderte Regelung der Spätzeit entstammt, läßt sich abgesehen von *ᶜibrî* noch an anderen Merkmalen erheben.

Für eine nachexilische Datierung von Ex 21,2–6 spricht an erster Stelle die Forderung, den Sklaven im siebten Jahr freizulassen. Diese Regelung wird gewöhnlich mit der in KH § 117 festgesetzten Frist der Freilassung im vierten Jahr in Beziehung gesetzt, wobei unklar bleibt, warum das Bundesbuch eine weniger humane Regelung bevorzugt.[298]

---

294 I. Cardellini, Sklaven-Gesetze, 1981, 363, setzt den *terminus ante quem* in der Epoche der Josia-Reform an.

295 I. Cardellini, Sklaven-Gesetze, 1981, 368; siehe auch H. J. Boecker, Recht und Gesetz, 1976, bemerkt zur Datierungsfrage folgendes: «Aufs Ganze gesehen hat sich in der Forschung durchgesetzt, was A. Jepsen in seiner Untersuchung festgestellt hatte: Das Bundesbuch stammt aus der Zeit zwischen Landnahme und Staatenbildung.»
I. Riesener, Der Stamm *ᶜbd*, 1979, 115, spricht von dem bald nach der Landnahme entstandenen Bundesbuch.

296 I. Cardellini, Sklaven-Gesetze, 1981, 250.

297 A. Alt, Die Ursprünge des israelitischen Rechts, 1934, 291 Anm. 2.

298 Die Autoren belassen es zumeist bei einer belanglosen Tatsachenfeststellung, siehe z. B. H. J. Boecker, Recht und Gesetz, 1976, 137: «Die babylonische Regelung ist hier milder als die alttestamentliche».

Wenn man von der Annahme ausgeht,daß in Ex 21,2 nur von Schuldknechtschaft die Rede ist, dann verträte in der Tat KH § 117 eine freizügigere Handhabung der Freilassung. Da aber nach Ex 21,2 jede Art von Sklaverei eines Hebräers zu beenden ist[299], wird man dem Bundesbuch nur teilweise eine verschärfte Formulierung anlasten dürfen.[300]

Die im siebten Jahr angestrebte Freilassung wurde entweder mit dem Sabbatjahr in Beziehung gesetzt[301] oder losgelöst von diesem als eine davon unabhängige Fristsetzung interpretiert.[302]

Die wachsende Bedeutung des siebten Jahres im Denken der späteren biblischen Schriften wird kaum vom Problem des Sabbatzyklus zu trennen sein.[303] Wir nehmen deshalb am besten an, daß die Fristsetzung *«sechstes–siebtes»* Jahr vom Sabbatzyklus abhängig ist und hierin ein sicheres Element für die nachexilische Entstehung von Ex 21,2 zu erblicken ist.[304]

Von größter Bedeutung für die Datierung von Ex 21,2–6 sind vor allem die Angaben über die Handlungen, die bei der Zurückweisung der Freilassung durch den bisherigen Sklaven vorzunehmen sind. Es handelt sich um folgende Regelung: *w hgjšw ʾdnjw ʾl h ʾlhjm w hgšw ʾl h dlt ʾw ʾl h mzwzh w rṣᶜ ʾdnjw ʾt ʾznw b mrṣᶜ w ᶜbdw l ᶜlm* (Ex 21,6). Sie wird zumeist folgendermaßen übersetzt: «. . ., so soll sein Herr ihn zu Gott heranbringen, und sein Herr soll sein Ohr mit einer Pfrieme durchstechen, und er soll sein Sklave sein für immer.»[305]

---

299 B. Baentsch, Exodus, 1900, 189; H. Holzinger, Exodus, 1900, 81; A. Jepsen, Untersuchungen zum Bundesbuch, 1927, 24–25, bemerkt: «Israelitische Sklaven dürfen nicht so behandelt werden wie die anderen. Nach sechsjähriger Dienstzeit sollen sie frei sein. Diese Bestimmung gilt offenbar ganz allgemein; eine Einschränkung, etwa auf die Schuldsklaven, wird nicht gemacht.»

300 I. Cardellini, Sklaven-Gesetze, 1981, 246, geht deshalb zu weit, wenn er zum Vergleich von KH § 117 mit Ex 21,2 folgendes bemerkt: «Es geht hier also deutlich nicht um Personen, die wegen einer Schuld in die Sklaverei gerieten.»

301 I. Cardellini, Sklaven-Gesetze, 1981, 245 mit Anm. 21, der sich hierin B. Baentsch, Exodus, 1903, 189; A. Phillips, Criminal Law, 1970, 73; N. Negretti, Il settimo giorno, 1973, 109–146; F. Michaeli, Exode, 1974, 194; M. Noth, Exodus, 1978[6], 143, anschließt.

302 Siehe z. B. H. Holzinger, Exodus, 1900, 81; P. Heinisch, Exodus, 1930, 164, der allgemein mit der Heiligkeit der Siebenzahl argumentiert und das Sabbatjahr (Ex 23,10–11) ausschließt; ders., Sklavenrecht, 1934/35, 277; H. J. Boecker, Recht und Gesetz, 1976, 137, meint, daß die sechsjährige Arbeitsleistung als ausreichender Schuldersatz angesehen worden sei.

303 N. Negretti, Il settimo giorno, 1973, 110. 132–135; I. Cardellini, Sklaven-Gesetze, 1981, 245–246. 272 Anm. 18; 340.

304 Siehe hierzu grundsätzlich Kap. 11; I. Cardellini, Sklaven-Gesetze, 1981, 366–368, verlegt ohne nähere Begründung die Formulierung von Ex 21,2 in die Zeit der Monarchie. Er beläßt es bei der allgemeinen Bemerkung, daß die Befreiung im siebten Jahr schon einen entwickelten agrarisch-sakralen Begriff des siebten Jahres voraussetze.

305 H. J. Boecker, Recht und Gesetz, 1976, 136.

Diese Übersetzung von Ex 21,6 kommentiert M. Noth als Vorschrift, das Ohr des Sklaven vor Gott bzw. der Tür des Hauses zu durchbohren. Er schreibt hierzu: «Diese beiden Formulierungen sehen wie Varianten aus und meinen jedenfalls dasselbe; denn mit ‹Gott› ist in dieser sehr altertümlichen Bestimmung offenbar eine Hausgottheit gemeint, die an der Tür ihre Stätte hat.»[306] Diese Deutung hat bereits B. Baentsch vorgetragen, der V. 6 folgendermaßen interpretierte: *«'lhjm* sind hier die Hausgötter oder Penaten, deren Bilder an der Thür aufgestellt waren, und die man sich an der Thürgegend oder in den Thürpfosten hausend vorstellte, s. zu 12,7. Indem dem Sklaven das Ohr an der Thür durchbohrt wurde, wurde er in ein Hörigkeitsverhältnis zu der Gottheit gebracht und so der Cultgemeinschaft der Familie einverleibt.»[307]

Während M. Noth V. 6 als Vorschrift für eine Handlung interpretiert, löst sie P. Heinisch in zwei auf. Dies gibt bereits seine Übersetzung zu erkennen, die lautet: «... so führe sein Herr ihn vor Gott, hierauf führe er ihn zur Tür oder zum Türpfosten, und sein Herr durchbohre ihm das Ohr mit einer Pfrieme.»[308] Der Sklave sei zuerst ins Heiligtum zu führen, um ihm den Ernst der Angelegenheit vor Zeugen zu verdeutlichen, und vom Altar zur Behausung seines Herrn, wo er an die Tür oder den Türpfosten zum Zeichen anzuheften sei, daß er für immer gehorchen müsse.[309]

A. Jepsen hat bereits festgestellt, daß das doppelte *w hgjšw* schon oft zu der Vermutung geführt habe, daß entweder V. 6aα oder β Zusatz sei.[310] Betrachte man mit Holzinger und Oestreicher 6aα als späteren Zusatz, so bleibe unerklärt, wie dieser Zusatz entstanden sei. Anders, wenn man 6aβ mit R. Kittel[311] als Einschub ansehe. Dann ginge die Bestimmung ursprünglich dahin, daß der Sklave vor die Gottheit geführt und ihm dort das Ohr durchbohrt werden sollte. Früher oder später – die Zeit lasse sich nicht

---

306 M. Noth, Exodus, 1978⁶, 144. Von zwei Varianten spricht auch C. Steuernagel, Das Deuteronomium, 1923², 110–111, wobei er zwei Handlungen zuläßt: «Die sinnbildliche Handlung soll nach Ex 21,6 vor der Gottheit (d. h. wohl an der lokalen Kultstätte) oder an der Tür des Hauses seines Herrn vollzogen werden (so freilich wohl erst infolge der Kombination zweier Varianten des Gesetzes).»

307 B. Baentsch, Exodus, 1900, 190; siehe auch S. R. Driver, Exodus, 1911, 211, der dieser Interpretation den Vorzug geben dürfte. H. Holzinger, Exodus, 1900, 82, nimmt an, daß am Hauseingang etwas Heiliges angebracht gewesen sei. Was man sich unter dem *'lhjm* repräsentierenden «Heiligen» zu denken habe, müsse auf sich beruhen; es handle sich um heidnische Nachklänge, deren Sinn nicht einmal mehr denen deutlich gewesen sei, die sie noch geübt hätten.

308 P. Heinisch, Exodus, 1934, 164–165.

309 P. Heinisch, Exodus, 1934, 164–165; S. R. Driver, Exodus, 1911, 211, trägt diese Lösung als erste vor; siehe ferner J. A. Thompson, Deuteronomy, 1974, 191.

310 A. Jepsen, Untersuchungen zum Bundesbuch, 1927, 26–27; siehe auch J. Morgenstern, HUCA 7 (1930), 38–39.

311 R. Kittel, Geschichte Israels I, 1923[5-6], 287 Anm. 1.

mehr genau bestimmen, jedenfalls vor Dtn 15,12–18 – sei das Gesetz dahin geändert worden, daß der Sklave an die Tür des Hauses gestellt und sein Ohr dort an die Tür geheftet werden sollte. So werde man die Zeremonie nach Dtn 15,12–18 aufzufassen haben. Dies trete im Bundesbuch nicht ganz klar hervor, weil eben 6aβ erst später eingeschoben sei. Bei dieser Sachlage falle auch jeder Grund fort, den Anlaß zu dieser neuen Bestimmung in der Kultzentralisation zu suchen. Denn da das Dtn nur den Satz des Bundesbuches umschreibe, müsse dieses älter als das Dtn und somit als die Kultzentralisation sein. Dieser Schlußfolgerung könne man nur entgehen, wenn man annehmen wollte, der Einschub im Bundesbuch sei auf Grund von Dtn 15,12–18 erfolgt. Doch ließen sich dafür keinerlei Beweise anführen.

In der Wiederaufnahme von *w hgjšw* sieht auch H. Cazelles das Kennzeichen für eine explikative Glosse.[312] Es handle sich demzufolge nicht um die Tür eines Heiligtums, sondern eines Hauses, an der die Zeremonie zu erfolgen habe. Entgegen A. Jepsen und Ménès sei jedoch nicht anzunehmen, daß der Zusatz eine Verweltlichung der Handlung vornehme. Er stelle vielmehr eine Erklärung dar, die verdeutliche, daß sich das Heilige an der Tür befinde.

Auch I. Cardellini folgert aus der Wiederholung von *w hgjšw* V. 6aαβ, daß hier ein weiteres Zeichen der Bearbeitung des Textes vorliege.[313] Da in der Parallele Dtn 15,17 der Gedanke einer kultischen Handlung vor Gott, wohl an einem der verschiedenen Heiligtümer, nicht mehr vorkomme, müsse die Konzeption dieser israelitischen Hand, die dieses ältere Material benutzt habe, vor der Kultzentralisation stattgefunden haben.

In der Interpretation von Ex 21,6 werden wir uns jenen anzuschließen haben, die in *w hgjšw ʾl h dlt ʾw ʾl h mzwzh* eine explikative Glosse sehen, für die folgende Übersetzung vorzuschlagen ist: «d. h., er [= sein Herr] soll ihn an die Tür oder den Türpfosten heranführen.» In V. 6 wird somit weder eine Handlung vor der Gottheit an oder in der Tür, noch eine vor der Gottheit im Heiligtum mit anschließender an der Haustüre vorgeschrieben, sondern die frühere Zeremonie vor *hʾlhjm (haʾaelohîm* durch die an der Tür ersetzt. Allein diese Deutung dürfte auch den inhaltlichen Problemen gerecht werden, die mit *hʾlhjm* und *dlt* «Tür» – *mzwzh* «Türpfosten» gegeben sind.

Beginnen wir mit dem relativ einfachen Problem, das mit *dlt* – *mzwzh* gegeben ist. Die Funktion von *dlt* – *mzwzh* in V. 6 wird höchst unterschiedlich bewertet. Es wird gefolgert, daß der Sklave mit einer Pfrieme an die Tür oder den Türpfosten zum Zeichen anzuheften sei, daß er für immer seinem Herrn gehorchen müsse und dauernd zu seiner Familie gehöre.[314]

---

[312] H. Cazelles, Code, 1946, 47.

[313] I. Cardellini, Sklaven-Gesetze, 1981, 248 Anm. 34. I. Cardellini beruft sich außer auf A. Jepsen auch auf H. Cazelles, Code, 1946, 47; A. Phillipps, Criminal Law, 1970, 77.

[314] P. Heinrich, Exodus, 1934, 165.

Dieser Interpretation steht teilweise jene entgegen, die das *h'lhjm* an oder in die Tür verlegt und deren Vertreter davon sprechen, daß sich dort der Hausgott[315], die Hausgötter[316], die Ahnen- und Familiengötter[317], die Teraphim[318], ein Jahwebild[319] oder ein näher nicht mehr zu bestimmendes Heiliges bzw. Göttliches[320] befinde.

Gegen diese Deutung spricht nicht nur der sekundäre Charakter der Glosse *w hgjšw 'l h dlt 'w 'l h mzwzh,* sondern auch die Unmöglichkeit, in Nuzi oder andernorts diese Zeremonie tatsächlich nachzuweisen.[321] Aus den Nuzi-Texten läßt sich nur erheben, daß die Hausgötter von Bedeutung waren, aber nicht, daß sie an der Tür aufgestellt wurden und dort vor ihnen Zeremonien stattfanden.[322]

Wir werden somit auf eine Zusammenschau der Vorschriften *w hgjšw 'dnjw 'l h 'lhjm* und *w hgjšw 'l h dlt 'w 'l h mzwzh* zu verzichten haben. Weder eine sachliche noch eine zeitliche Gleichstellung beider Anordnungen läßt sich rechtfertigen. Die zweite stellt offensichtlich eine Ersatzhand-

---

315 Siehe z. B. A. Bertholet, Kulturgeschichte Israels, 1919, 120; M. Noth, Exodus, 1978⁶, vermerkt, daß mit «Gott» in dieser sehr altertümlichen Bestimmung offenbar eine Hausgottheit gemeint sei, die an der Tür ihre Stätte habe.

316 B. Baentsch, Exodus, 1900, 180: «*'lhjm* sind hier die Hausgötter oder Penaten, deren Bilder an der Thür aufgestellt waren, und die man sich an der Thürgegend oder in den Thürpfosten hausend vorstellte, s. zu 12,7»; A. Phillips, Deuteronomy, 1973, 107, «household gods or teraphim»; siehe auch Sh. M. Paul, Studies in the Book of the Covenant, 1970, 50: «It originally referrred, however, to the symbols of private house gods, with the ceremony taking place by the door or the doorport of the master's house.»

317 G. Beer, Exodus, 1939, 108: «Nach dem erklärenden Zusatz hausen die Elohim bei der Tür oder dem Türpfosten, sei es daß beide an sich heilig sind Ex 17,7. 22 f. oder daß sich dort ein Gottesbild befindet, dem religiösen Bildwerk im Herrgottseck des christlichen Hauses vergleichbar. Die Elohim, wohl identisch mit den Teraphim, entsprechen den Laren und Penaten, den Hausgeistern und Familiengöttern, d. i. den in ein vergeistigtes Dasein dahingeschiedenen Ahnen, den Urhebern, Ratgebern und Beschützern der Familie.»

318 G. Beer, Exodus, 1939, 108; siehe auch Schwally, ZAW 11 (1891), 182; siehe ferner A. Phillips, Deuteronomy, 1973, 107.

319 Kautzsch, DB V 642 b. Diese Angabe konnte nicht verifiziert werden.

320 H. Holzinger, Exodus, 1900, 82; siehe auch H. Cazelles, Code, 1946, 47.

321 Sh. M. Paul, Studies in the Book of the Covenant, 1970, 50–51, nimmt folgenden Vergleich vor: «*h'lhjm* would then fulfill a role here similar to one of the quasi-juridical functions of the *ilāni* at Nuzi, were the house gods serve as the protectors of the family estate». Er verweist in diesem Zusammenhang auf C. H. Gordon, *'lhjm* in its Reputed Meaning of Rulers, Judges, JBL 34 (1935), 134–144; A. E. Draffkorn, *Ilāni/Elohim,* JBL 76 (1957), 216–224; M. Greenberg, Another Look at Rachel's Theft of the Teraphim, JBL 81 (1962), 239–248.

322 Siehe A. E. Draffkorn, JBL 76 (1957), 223–224. Zum Problem der Hausgötter in Nuzi siehe jetzt ferner E. Cassin, Une Querelle de Famille, 1981, 41–46; K. Deller, Die Hausgötter der Familie Šukrija S. Ḫuja, 1981, 47. 55–57, 59. 71–76.

lung für die erste dar. Dies ergibt sich auch aus dem Sinn der neuen Vorschrift, der nun zu erläutern ist.

Das Hinführen zur Tür und zum Türpfosten wurde außer mit der Anwesenheit der Götter auch damit gerechtfertigt, daß das Ohr an die Tür oder den Türpfosten geheftet worden sei.[323] Dies kann jedoch weder aus Ex 21,6 entnommen werden, noch aus Dtn 15,17, wo *w b dlt* nur eine mißverstandene Angleichung an Ex 21,6 darstellt.[324]

Den Schlüssel für das Verständnis der neuen Ortsangabe der Ohrdurchbohrung bietet uns das Wort *mzwzh*. In seinen Ausführungen zum Brauch, Weisungen der Gottheit auf die Türpfosten zu schreiben, hat O. Keel aufgezeigt, daß sicher in Ägypten und wahrscheinlich in Israel Weisungen der Gottheit auf die Türrahmen von Tempeln geschrieben wurden und von daher auch Dtn 6,9 zu verstehen ist.[325] Die im Deuteronomium geforderte Kultzentralisation habe zu einem Vakuum geführt, das die Vorschrift «Und schreibe sie [= diese Worte] an die Pfosten deines Hauses und an deine Tore» (Dtn 6,9) auszufüllen suche. Dtn 6,9 zeige, daß jeder Ort zu einer heiligen Stätte werden könne. Nicht nur an Tempeltürpfosten, sondern an jedem Stadttor und an den Türpfosten jedes Hauses soll fortan der Wille Jahwes Ausdruck finden.[326]

Wenn die Ohrdurchbohrung vor den auf den Türpfosten angebrachten Weisungen Jahwes stattfinden soll, dann wird das Anliegen der Tradition, das jetzt die Formel *'l h'lhjm* «vor Gott» umschreibt, im Sinne der Kultzentralisation des Deuteronomiums voll gewahrt. Zugleich ergibt sich hieraus, daß Ex 21,6 nur in Beziehung von und in Abhängigkeit von Dtn 6,9 verständlich ist und kaum zum sogenannten alten Textbestand von Ex 21,2–6 gerechnet werden darf.[327]

Wenn Ex 21,6 in seiner Letztgestalt Dtn 6,9 voraussetzt oder die dort formulierte Tradition, dann ist damit gleichzeitig gesagt, daß die neue Regelung die ältere ersetzt und ausschaltet und der Grund hierfür in ihrem Gegensatz zur Kultzentralisation zu suchen ist. Das *h'lhjm* «Gott»[328] ist sicher monotheistisch formuliert. Es ist deshalb nicht möglich, von *h'lhjm* her direkt auf eine spezielle vormonotheistische Handlung zu schließen, also *h'lhjm* direkt mit den *ilāni* bestimmter Nuzi-Texte[329], den Hausgöttern

---

[323] H. Holzinger, Exodus, 1900, 82, schreibt hierzu folgendes: «... daß der Sklave an die Thür angeheftet wird; das hat die Bedeutung, daß er bleibendes Eigentum des Herrn wird.»; ähnlich A. Bertholet, Kulturgeschichte Israels, 1919, 120; A. Jepsen, Untersuchungen zum Bundesbuch, 1927, 27 mit Anm. 1, ermittelt dies unter Zuhilfenahme von Dtn 15,17.

[324] Siehe zur Glosse *w b dlt* unter Kap. 5.4.2.2.

[325] O. Keel, Zeichen der Verbundenheit, 1981, 183–192.

[326] O. Keel, Zeichen der Verbundenheit, 1981, 192. 216.

[327] Vgl. I. Cardellini, Sklaven-Gesetze, 1981, 336.

[328] Siehe zum Nebeneinander von *h'lhjm* und *'lhjm* HAL, S. 51: *'lhjm* II 2 b « ‹Gott, Gottheit›, gleichwertig, je nach ‹Wohlklang und freier Wahl› ».

[329] A. E. Draffkorn, JBL 76 (1917), 216–224.

und *teraphîm*[330] gleichzusetzen. Es wird deshalb offen bleiben müssen, ob *h'lhjm* eine bestimmte Gottheit, eine Gottheit mit Heiligtum, ein Heiligtum allein, eine Gottheit mit Richtern (in einem Lokalheiligtum) oder Hausgötter im Sinn der Nuzi-Texte[331] ersetzt und zugleich verdeckt.[332]

Wir werden deshalb festzuhalten haben, daß Ex 21,6 in jeder Hinsicht eine streng monotheistische Gottesauffassung im Sinne des Deuteronomiums vorträgt: Gegenwart der Gottheit im Rahmen der Möglichkeit, die nach der Kultzentralisation noch verblieben ist. Der jetzt vereinheitlichte und in sich abgestimmte Text ist jetzt folgendermaßen zu lesen:

w hgjšw 'dnjw 'l... [h 'lhjm w hgjšw 'l h dlt 'w 'l h mzwzh] w rṣʿ 'dnhw 't 'znw b mrṣʿ w ʿbdw l ʿlm «... dann soll sein Herr ihn zu ... [Gott heranführen, d. h. ihn an den Türflügel oder den Türpfosten heranführen,] und sein Herr soll sein Ohr mit einer Pfrieme durchstechen, und er soll ihm nun für immer als Sklave dienen.» (Ex 21,6.)

Weder aus V. 2 noch aus V. 6 läßt sich eine Frühdatierung von Ex 21,2–6 gegenüber Dtn 15,12–18 begründen. Ex 21,6 setzt das Deuteronomium voraus, so daß wir in Umkehrung der bisherigen Argumentation davon ausgehen, daß die Endform von Ex 21,2–6 das Deuteronomium zum Vorbild hat und eine Datierung der Regelung des Bundesbuches von der vorangängigen des Deuteronomiums abhängt.

Wenn Ex 21,6 für eine Frühdatierung ausscheidet, fällt ein weiterer wichtiger Anhaltspunkt für eine Gleichsetzung *ḫabiru* = *ʿibrî* im Sinne der soziologisch-rechtlichen Interpretation von *ʿaebaed ʿibrî* in Ex 21,2 fort.

5.4.1.4. *ha'aelohîm* in Ex 21,6

Von besonderem Belang für die Interpretation und Datierung von Ex 21,2–6 hat sich seit dem letzten Jahrhundert *h'lhjm* in V. 6 herausgestellt.

F. Schwally hat in seiner Miszelle zu *nqbh* «Frau, Weibchen» auch *h'lhjm* in Ex 21,6 ausführlich kommentiert.[333] Er betont, daß das Verständnis dieser Stelle von der Lokalisierung der Türe oder Schwelle abhänge und von der Auffassung von *h'lhjm*. Bei Türe und Schwelle seien nicht die eines Tempels gemeint, sondern der Eingang eines Privathauses, des Herrn des Sklaven. Wenn nämlich die Durchbohrung des Ohres ein Zeichen der engen Zugehörigkeit des Sklaven zur Familie des Herrn bedeute, so habe

---

330 Siehe Anm. 315–320.

331 Siehe Anm. 322.

332 Die Frage nach der Gestalt der Vorlage wird sich deshalb erst dann mit letzter Sicherheit entscheiden lassen, wenn es gelingt, ein außerbiblisches Zeugnis für die Ohrdurchbohrung eines Sklaven vor einer Gottheit oder mehreren Göttern beizubringen. Siehe zur Freilassung von Sklaven vor einer Gottheit im alten Orient und in der Antike Z. W. Falk, VT 9 (1959), 87–88.

333 F. Schwally, ZAW 11 (1891), 181–183.

diese Handlung nur einen Sinn, wenn sie im Hause des Herrn vollzogen werde. Es sei deshalb möglich, die Handlung in einen Akt am Heiligtum und einen im Haus des Herrn zu zerlegen oder das Ganze ins Haus des Sklavenbesitzers zu verlegen. Im altisraelitischen Haus habe es aber keine Kultstätte Jahwes gegeben. Die Privatreligion des Hauses sei vielmehr der Kult der Ahnen gewesen. Dieser sei nicht nur an dem in älterer Zeit in oder in unmittelbarer Nähe des Hauses befindlichen Familiengrab geübt worden, sondern auch vor dem Ahnenbild, dem Teraphim. Dieser Teraphim sei wohl der *'lhjm*, vor den der Sklave gestellt worden sei.

Die Interpretation, die eine Verbindung zwischen Götterfiguren und deren Aufstellung an der Tür fordert, fand mehrfache Zustimmung.[334] C. H. Gordon versuchte dann, durch Verweis auf *ilānu* in Nuzi-Texten dieser Interpretation neues Gewicht zu verschaffen.[335] Er geht von der Voraussetzung aus, daß Ex 21,6 so alt sei, daß es noch heidnische Relikte enthalte. *'lhjm* sei mit «Götter» zu übersetzen und entspreche den in Nuzi *ilānu* genannten Götterfiguren, vor denen Eide abgelegt wurden. Es sei deshalb die Gleichung *ilānu* = *'lhjm* = *trpjm* aufzustellen.[336]

Die von F. Schwally und C. H. Gordon vorgezeichnete Linie verfolgte dann A. E. Draffkorn weiter.[337] Während C. H. Gordon *ilānu* = *'lhjm* allein im Zusammenhang mit der Schwurleistung in Nuzi und in der Bibel betrachtet hatte, geht A. E. Draffkorn einen Schritt weiter. Sie unterscheidet zwischen dem Gebrauch von *ilānu* «Götterfiguren» im privaten und im öffentlichen Recht. Der letzte Gebrauch beziehe sich auf die *ilānu* beim Schwur vor ihnen, wenn die Richter zu keinem Urteil gekommen seien, und der andere auf deren Bedeutung als Symbole für privates Eigentum.[338]

Bei der Interpretation von Ex 21,6 setzt sie voraus, daß die Anordnung, dem Sklaven vor Tür oder Türpfosten das Ohr zu durchbohren, die vorangehende Regelung, den Sklaven vor *'lhjm* zu bringen, spezifiziere. Unter Heranziehung von HSS 14,8 und 108[339] stellt sie dann fest, daß die *ilānu* «Hausgötter» vor allem als Beschützer des gesamten Familienbesitzes anzusehen seien. Auch JEN 478[340] zeige, daß wichtige Familienangelegen-

---

334 Siehe z. B. B. Baentsch, Exodus, 1900, 190; G. Beer, Exodus, 1939, 108.

335 C. H. Gordon, *'lhjm* in Its Reputed Meaning of Rulers, Judges, JBL 54 (1935), 139–144.

336 C. H. Gordon, JBL 54 (1935), 140–141. 144. Siehe zum Schwur vor Göttern in Nuzi E. Cassin, Une Querelle de Famille, 1981, 45 mit Anm. 36; T. Frymer-Kensky, Suprarational Legal Procedures in Elam and Nuzi, 1981, 120–131.

337 A. E. Draffkorn, Ilāni/Elohim, JBL 76 (1957), 216–224.

338 A. E. Draffkorn, JBL 76 (1957), 217.

339 A. E. Draffkorn, JBL 76 (1957), 223–224. Siehe zu HSS 14,8 und 108 H. Cassin, Une Querelle de Famille, 1981, 41–43; K. Deller, Die Hausgötter der Familie Šukrija S. Ḫuja, 1981, 59–62. 73–76.

340 Siehe zu diesem Text jetzt H. Cassin, Une Querelle de Famille, 1981, 42; K. Deller, Die Hausgötter der Familie Šukrija S. Ḫuja, 1981, 62–63. 71–72.

heiten vor den AN.ZAB Figuren stattgefunden hätten.[341] Es sei deshalb anzunehmen, daß auch eine Erweiterung des Familienbesitzes durch Zugang eines Sklaven ihre symbolische Zustimmung oder Gegenwart verlangt habe.

Wenn wir von der Annahme ausgehen, daß nur *w hgjšw 'dnjw 'l h'lhjm* Teil der alten Anordnung in unveränderter oder modernisierter Form ist und das folgende *w hgjšw 'l h dlt 'w 'l h mzwzh* Zusatz einer späteren Hand, dann ergibt sich von selbst, daß mit *h'lhjm* ein besonderes Problem vorliegt. Zugleich ist damit aber auch gesagt, daß die verschiedene Herkunft der Formulierungen es nicht erlaubt, diese ohne Beachtung der Zeitdifferenz auf eine Ebene zu heben und die mit *w hgjšw 'dnjw 'l h'lhjm* angezeigte Handlung ohne Einschränkung in den Hauseingang zu verlegen und daraus eine Identität von *ilānu* «Hausgötter» ≡ *h'lhjm* abzuleiten. Dieser von A. E. Draffkorn bezogene Schluß läßt sich weder von Ex 21,6 noch von den Nuzi-Texten her rechtfertigen.

Über die Aufstellung der *ilānu* «Hausgötter» in Nuzi wissen wir wenig. Es ist kaum anzunehmen, daß diese wichtigen Götterfiguren im Hauseingang aufgestellt waren.[342] Aus HSS 19,5.6 kann nur geschlossen werden, daß ein *ekallu* der Gebäudeteil war, in welchem die Götterbilder aufbewahrt wurden, nicht jedoch, daß dieses Gebäude ausschließlich sakralen Zwecken gedient habe.[343]

Die bisher zur Verfügung stehenden Dokumente aus Nuzi lassen zwar erkennen, daß die *ilānu u eṭemmū*[344] «Götter und Totengeister» zwar von größter Bedeutung für das Familienleben waren[345], bieten aber keine Parallele zu Ex 21,6. Die von A. E. Draffkorn vorgeschlagene Gleichung *ilānu* «Hausgötter» = *'lhjm (ᵓaelohîm)*[346] werden wir deshalb im Augenblick nicht als beweisbar zu betrachten haben. Desgleichen läßt sich auch nicht nachweisen, daß mit C. H. Gordon die Gleichung *ilānu* (Schwur-)Götter» = *'lhjm*[347] als einzig mögliche Lösung für Ex 21,6 anzusehen ist.

Sowohl die Weglassung der Hinführung des Sklaven vor *h'lhjm* in Dtn 15,17 als auch die kultzentralistische und monotheistische Forderung in Ex 21,6aβ geben deutlich zu erkennen, daß die alte Praxis mit den Vorstellungen, die im Deuteronomium vorherrschend sind, nicht mehr vereinbar war.

---

341 A. E. Draffkorn, JBL 76 (1957), 224. Siehe zu den mit AN.ZAB verbundenen Problemen K. Deller, Die Hausgötter der Familie Šukrija S. Ḫuja, 1981, 62–64. 70–72.

342 Siehe zu einem É für Götterfiguren in HSS 14,107,1 und 19,4,15 die Ausführungen bei H. Cassin, Une Querelle de Famille, 1981, 43 mit Anm. 32.

343 K. Deller, Die Hausgötter der Familie Šukrija S. Ḫuja, 1981, 51.

344 Siehe zu *eṭemmu* «Totengeister» (AHw, S. 263–264) u. a. J. Bottéro, Mesopotamia 8, 1980, 28–29. 31–32. 38–39; ders., in: FS Diakonoff, 1982, 26–27.

345 H. Cassin, Une Querelle de Famille, 1981, 37–40; K. Deller, Die Hausgötter der Familie Šukrija S. Ḫuja, 1981, 47–76.

346 Siehe Anm. 337–339. 341.

347 Siehe Anm. 335–336.

Das Hinführen vor *h'lhjm* muß deshalb auf einen Akt in einem Heiligtum oder innerhalb der Familie bezogen sein. Daß dieser in vorjahwistischer Zeit vor Götterfiguren stattfand, bedarf keines weiteren Nachweises. Von diesem Standpunkt aus liegt für V. 6aα die Übersetzung «dann soll sein Herr ihn zu den Göttern heranführen» nahe. Die nachfolgende Interpretation erfordert im jetzigen Kontext jedoch eine monotheistische Lesung folgenden Wortlauts: «... dann soll sein Herr ihn zu dem Gotte[348] heranführen, d. h., ihn an den Türflügel oder den Türpfosten heranführen.»

Solange wir keinen genauen außerbiblischen Paralleltext zu Ex 21,6 besitzen, sind nur Vermutungen über den genauen ursprünglichen Wortlaut der alten Vorschrift möglich. Wir können nicht ausschließen, daß auch *h'lhjm* Teil der Textmodernisierung ist und wir es mit einem verkürzten Text zu tun haben. Die folgende Interpretation V. 6aβ legt dies sogar nahe. Die Endfassung verlangt jedenfalls eine monotheistische und kultzentralistische Lesung des Textes, die jedoch durch ihre eigene Struktur bereits zu erkennen gibt, daß sie das Ergebnis einer Entwicklung ist.

Aus dem Gesagten dürfte zur Genüge hervorgehen, daß eine Übersetzung «Richter» für *h'lhjm* in Ex 21,6[349] unannehmbar ist. Auch jede weitere Spekulation über die besondere Art der hinter *h'lhjm* sich verbergenden und durch *h'lhjm* ersetzten Götter und Götterfiguren[350] kann auf Grund fehlender wirklicher Paralleltexte zu keinem besseren Ergebnis führen.

Die innere Spannung des Textes dürfte am besten so zu veranschaulichen sein:

«... dann soll sein Herr ihn zu $\frac{\ldots}{\text{Gott}}$ heranführen, d. h., ihn an den Türflügel oder den Türpfosten heranführen» (Ex 21,6).

5.4.1.5. Ergebnisse der Diskussion über Ex 21,6

Wenn wir entgegen einer globalen Frühdatierung von Ex 21,2–6 mit einem Entwicklungsprozeß rechnen, der erst nach der Abfassung des Deuteronomiums zu seinem Ende gekommen ist, dann zeigt sich, daß die für eine Frühdatierung geltend gemachten Argumente in Wirklichkeit eine

---

348 Siehe zum Wechsel von *'lhjm* und *h'lhjm* HAL, S. 51: *'lhjm* II 2 b, wo gefragt wird, ob der Gebrauch von *'lhjm* und *h'lhjm* gleichwertig sei, je nach Wohlklang und freier Wahl.

349 Zur LXX siehe BHSa. Diese Deutung wurde von jüdischen und anderen Autoren fortgeführt, siehe hierzu u. a. J. Hempel, die Schichten des Deuteronomiums, 1914, 210 Anm. 3; B. Jacob, Das zweite Buch der Tora, 1945, 944; Z. W. Falk, VT 9 (1959), 86–87. Eine Zwischenlösung sucht U. Cassuto, Exodus, 1967, 267: «... originally the word *'ĕlōhīm* in the ancient legal tradition of the East undoubtedly denoted the idols standing in the court of justice; among the Israelites the expression remainded a stereotyped term signifying the place of the court.»

350 Siehe hierzu Anm. 333–341.

Spätdatierung verlangen. Dies gilt für *ᶜibrî*, die Freilassung im siebten Jahr und die Zeremonie der Ohrdurchbohrung vor Tür und Türpfosten.

ᶜibrî in Ex 21,2 haben wir entgegen A. Alt nicht als Appellativum, sondern als Gentilizium aufzufassen. Gegen die Rekonstruktion von A. Alt sprechen in erster Linie die Unmöglichkeit, die *ḫabirū* = *ᶜibrîm* in Israel als soziale Klasse nachzuweisen und die davon abhängige Tatsache, daß auch außerbiblisch kein besonderes *ḫabirū-ᶜibrîm*-Recht bekannt geworden ist. Die Formulierung *ᶜaebaed ᶜibrî* erklärt sich am besten im Zusammenhang mit V. 6aβ, dessen Abhängigkeit vom Deuteronomium als gesichert gelten kann, als Angleichung an das *'ḫjk hᶜbrj* «dein hebräischer Bruder» von Dtn 15,12 oder als eine sinngleiche Formulierung, in der ein *kj tqnh ᶜbd* bzw. dessen Vorläufer durch Zusatz von *ᶜibrî* modernisiert wurde.

Die in der Diskussion herrschende Unsicherheit, ob in Ex 21,2–6 von Sklavenfreilassung oder von Entlassung aus der Schuldknechtschaft gehandelt werde, beruht auf der Spannung, die zwischen V. 2 und V. 3–6 herrscht. Denn V. 3–6, die sich eher allgemein auf Entlassung aus dem Sklavendienst denn aus Schuldknechtschaft beziehen, sind so formuliert, daß sie auf jeden Sklaven, gleich welcher Herkunft, anwendbar sind. Dagegen wird in V. 2 nicht der Fall der Entlassung juristisch behandelt, wie dies zu erwarten ist, sondern eine religiöse Forderung aufgestellt: Der Israelit hat jeden *hebräischen* = *jüdischen* Sklaven im siebten Jahr umsonst zu entlassen. Folglich haben wir es in Ex 21,2–6 nicht mehr mit einem strengen juristischen Paragraphen zu tun, sondern mit einer alten Rechtssatzung, die in eine sittlich-religiöse Forderung gewandelt und an die nachexilische jüdische Gemeinde gerichtet ist.[351] Die Frage, ob der ursprüngliche Text nur von der Entlassung aus Schuldsklaverei oder einer anderen Sklavenform handelte, verliert so an Bedeutung.

Es ist aus den angeführten Gründen nicht möglich, mit A. Alt[352] Ex 21,2–6 als Beispiel des Einflusses kanaanäischen Rechtes auf die einwandernden Israeliten anzusehen[353], oder daraus anderweitige Schlüsse über den sakralen Charakter des israelitischen Rechtes abzuleiten. Als Teil eines Privilegrechts im Sinn von M. Weber[354] kann Ex 21,2–6 nur als nachexilischer Text verstanden werden. Es wäre jedoch unzulässig, diesen Abschnitt als vorexilisches Privilegrecht zu interpretieren und daraus wieder spezielle Hypothesen über das Verhältnis zwischen israelitischem und kanaanäischem Recht abzuleiten.[355]

---

[351] Siehe z. B. G. Liedke, Gestalt und Bezeichnung alttestamentlicher Rechtssätze, 1971, 51–52, der diesen Sachverhalt besonders hervorhebt.

[352] A. Alt, die Ursprünge des israelitischen Rechts, 1934, 291–332.

[353] Die Bemerkungen von J. Halbe, Das Privilegrecht Jahwes, 1975, 461. 462–463 mit Anm. 15, sind in dieser Hinsicht zutreffend.

[354] Siehe hierzu J. Halbe, Das Privilegrecht Jahwes, 1975, 464–465. Siehe zu M. Weber Kap. 7.1.1.

[355] Vgl. z. B. J. Halbe, Das Privilegrecht Jahwes, 1975, 460–465, zu Ex 21,1–22,19.

5.4.2 ʿibrî in Dtn 15,12

5.4.2.1. Zur Diskussion über ʿibrî in Dtn 15,12–18

A. Alt hat in seiner Konzeption der Entwicklung des kasuistischen Rechts in Israel Dtn 15,12–18 als festen Bezugspunkt eingebaut. Er stellt diesen Text als Beispiel für direkte Abkunft eines späteren Gesetzes vom Bundesbuch vor. Er biete das lehrreichste Beispiel dafür, wie der Deuteronomiker in V. 12 und 16 f. die Grundbestimmungen aus dem entsprechenden Abschnitt des kasuistisch formulierten Teiles des Bundesbuches (Ex 21,2 und 5 f.) mit Abänderungen zitiere und an diese Zitate seine predigtmäßigen Ermahnungen knüpfe.[356] In einem gewissen Gegensatz zu dieser Erklärung scheinen die Ausführungen A. Alts zum Text *kj jmkr lk 'ḥjk hʿbrj* «Gesetzt daß sich dir dein hebräischer Bruder verkauft» (Dtn 15,12) zu stehen, da er hervorhebt, daß diese Formulierung gegenüber dem *kj tqnh ʿbd ʿbrj* «Wenn du einen hebräischen Sklaven erwirbst» (Ex 21,2) des Bundesbuches als ursprünglicher Textbestand zu gelten habe.[357]

Dem Wort ʿibrî mißt A. Alt auch in Dtn 15,12 die bereits für Ex 21,2 festgestellte Bedeutung bei. Es handle sich beim ʿibrî um den wirtschaftlich und sozial gesunkenen Israeliten, der zur Selbstversklavung gezwungen sei.[358]

Die von A. Alt postulierten Beziehungen zwischen Ex 21,2 und Dtn 15,12 werden entweder uneingeschränkt als richtig bestimmt angesehen[359] oder nur geringfügig verändert. Es wird angenommen, daß auch ʿibrî in Dtn 15,12 eine neue Bedeutung erlangt habe.[360]

---

[356] A. Alt, die Ursprünge des israelitischen Rechts, 1934, 286.

[357] A. Alt, die Ursprünge des israelitischen Rechts, 1934, 292 f. Anm. 2.

[358] A. Alt, die Ursprünge des israelitischen Rechts, 1934, 286 mit Anm. 2; 290–294; ders., Erwägungen über die Landnahme der Israeliten, 1939, 172 mit Anm. 2; ders., Hebräer, 1959, 105.

[359] Siehe z. B. H. J. Boecker, Recht und Gesetz, 1976, 157–159; R. Smend, Die Entstehung des Alten Testaments, 1981², 81; siehe auch H. D. Preuß, Deuteronomium, 1982, 104. 130.

[360] K. Koch, VT 19 (1969), 78, meint, daß Ex 21,2 in Dtn 15,12 auf israelitische Sklaven angewandt werde; G. von Rad, Deuteronomium, 1978³, 76–77, nimmt z. B. an, daß ʿibrî nicht mehr wie in Ex 21,2 ein in soziologischer Hinsicht fluktuierendes und dementsprechend in rechtlicher und wirtschaftlicher Hinsicht niedriger eingestuftes Bevölkerungselement bezeichne. In diesem besonderen Sinn sei der Ausdruck im Deuteronomium nicht mehr gebraucht. Denn derjenige, der sich nach Dtn 15,12 als Hebräer verdinge, sei ja vorher schon ein vollberechtigtes Glied des Bundesvolkes gewesen. Damit sei der Weg beschritten, auf dem der Begriff Hebräer dann in jüngeren Texten zur Bezeichnung einer völkischen Zugehörigkeit habe werden können (Gen 14,13; Jon 1,9). Mit einem Bedeutungswandel des Wortes ʿibrî von einem Appellativum zu einem Ethnikon von Ex 21,2 zu Dtn 15,12 rechnen z. B. auch R. de Vaux, Histoire ancienne d'Israël I, 1971, 204–205; N. P. Lemche, VT 26 (1976), 44, schreibt: "The word ʿibrî in Ex xxi 2 has been

Es wurde auch vermutet, daß Dtn 15,12 im Gebrauch von *'ḥ* «Bruder» in der Formulierung *'ḥjk hᶜbrj* «dein hebräischer Bruder» inkonsequent sei oder den Erwerb eines *ᶜbd* «Sklaven» aus den Israeliten zulasse. Deshalb sei entweder *'ḥjk* als eine erklärende Glosse zu interpretieren oder das Gesetz sei ohne Rücksicht auf Folgerichtigkeit formuliert worden.[361]

Die Konstruktion eines engen Zusammenhanges zwischen Ex 21,2 und Dtn 15,12 wurde vereinzelt auch kritisch beurteilt. Es wurde als fraglich hingestellt, daß das Bundesbuch die Vorlage für Dtn 15,12 sein könne.[362]

Im allgemeinen dürfte jedoch die Ansicht vorherrschen, daß Dtn 15,12–18 von Ex 21,2–6 beeinflußt sei und die direkten Beziehungen zwischen den beiden Texten ausreichend für die Feststellung seien, daß Dtn 15,12–18 ohne Zweifel Ex 21,2–6 gekannt habe.[363] Von dieser Sicht her wurde sogar gefolgert, daß *ᶜibrî* als Zitation von Ex 21,2 in Dtn 15,12 für die Bedeutungsbestimmung des Wortes belanglos sei.[364]

Gegenüber Ex 21,2–6 kennt Dtn 15,12 neben *ᶜibrî* «Hebräer» auch *ᶜibrijjāh* «Hebräerin». Aus dieser Erweiterung werden weitreichende Schlüsse über die Rechtsentwicklung und veränderte Stellung der Frau in Israel gezogen.[365] Die Frau sei inzwischen grundbesitzfähig geworden und damit auch ihrerseits in der Lage, sich in Schuldsklaverei zu begeben.[366]

In Dtn 15,12 besteht wegen des Vorkommens von *hᶜbrj 'w hᶜbrjh* eine Spannung. Zu ihrer Aufhebung wurden mehrere Vorschläge gemacht. Man hat *hᶜbrj* als ursprünglich angesehen und *'w hᶜbrjh* als Zusatz bewertet.[367] Es wird auch argumentiert, daß *'ḥ* «Bruder» allein schon genüge, um einen Volksgenossen zu bezeichnen, so daß *hᶜbrj 'w hᶜbrjh* in dem aktuellen Text

---

interpreted, not as *ḫabiru* in the originally sociological meaning of the word, but as 'countryman', 'Israelite'. In order to elucidate this re-interpretation the Deuteronomists inserted v. 12.»; ders., StTh 33 (1979), 2, betont dagegen, daß *ᶜibrî* in Dtn 15 und Jer 34 als Zitat aus Ex 21,2 verstanden werden müsse, nicht aber unter Zedequiah bereits als Nationalitätsbezeichnung üblich gewesen sei.

361 M. P. Gray, HUCA 29 (1958), 184–185.

362 K. P. Merendino, Das deuteronomische Gesetz, 1969, 106–107; G. Seitz, Redaktionsgeschichtliche Studien zum Deuteronomium, 1971, 171–172, begnügt sich mit einer Bekanntschaft des Bundesbuches.

363 S. R. Driver, Deuteronomy, 1902³,181; I. Cardellini, Sklaven-Gesetze, 1981, 275 Anm. 31; 337–343.

364 A. Jepsen, Untersuchungen zum Bundesbuch, 1927, 76 Anm. 3.

365 S. R. Driver, Deuteronomy, 1902³, 182–183, schreibt: «No doubt the true explanation of the variation is that the law of Dt. springs from a more advanced stage of society than the law of Ex.»

366 Siehe z. B. G. von Rad, Deuteronomium, 1978³, 77.

367 S. R. Driver, Deuteronomy, 1902³, 182, «addition».

als Apposition[368] zu verstehen seien: «Wenn dein Bruder dir sich verkauft, sei es Hebräer, sei es Hebräerin...». Denn als Attribut sei *'ḥjk hᶜbrj 'ḥwtk hᶜbrjh* zu erwarten.[369] Aber auch in dieser Auffassung wird damit gerechnet, daß der Text zunächst nur *hᶜbrj* als Attribut zu *'ḥjk* gehabt habe, wobei unter dem Einfluß von Ex 21,2 *ᶜibrî* entweder archaisierend oder als Bezeichnung von wirtschaftlich und sozial gesunkenen Israeliten gebraucht worden sei. Für *'w hᶜbrjh* stelle sich dagegen eine andere Frage. Denn in der Vorschrift gebe es keine Anspielung mehr auf die *hᶜbrjh*, so daß der Einschub V. 17b notwendig sei, der sich klar auf *hᶜbrjh* (V. 12 aα) beziehe, um deren Anwesenheit im Text zu rechtfertigen. Praktisch eröffneten die V. 12 aα.17b diese Rechtsmaterie auch für die Israelitin in derselben Situation.[370]

Es dürfte festzuhalten sein, daß in der Diskussion über *ᶜibrî* und *ᶜibrijjāh* in Dtn 15,12–18 äußerst entgegengesetzte Positionen eingenommen werden und der Frage, in welchem Verhältnis dieser Text zu Ex 21,2–6 steht, fundamentale Bedeutung zukommt. Zugleich hat sich das Problem ergeben, ob *ᶜibrî* und *ᶜibrijjāh* verschiedenen Schichten zuzuordnen sind. Eine Bestimmung von *ᶜibrî* und *ᶜibrijjāh* wird deshalb erst nach Diskussion der textologischen Probleme von Dtn 15,12–18 möglich sein.

5.4.2.2. Textologie von Dtn 15,12–18

A. Alt hat angenommen, daß zwar Dtn 15,12 gegenüber Ex 21,2 den ursprünglicheren Text bewahrt habe, aber auch dessen Formulierung *kj jmkr lk 'ḥjk hᶜbrj* «Gesetzt daß sich dir dein hebräischer Bruder verkauft», in der die Einführung des Du-Stils auf Rechnung des Deuteronomikers gehe, auf ein *kj jmkr 'jš ᶜbrj* «Gesetzt daß ein hebräischer Mann sich verkauft» zurückzuführen sei.[371] Es war ihm so möglich, für Ex 21,2 und Dtn 15,12 am Appellativum *ᶜibrî* und der Gleichung *ḫabiru* = *ᶜibrî* festzuhalten und ein Abhängigkeitsverhältnis zwischen den Stellen aufrecht zu erhalten.

I. Cardellini führt in seiner Analyse von Dtn 15,12–18 aus, daß die Rechtsmaterie dieses Textes, besonders im Haupt- und Unterfall (v. 12 und 16–17) auf ältere Epochen zurückgehe.[372] Diese habe zugleich eine tiefgreifende Umgestaltung durch den für das Deuteronomium typischen kasuisti-

---

368 I. Cardellini, Sklaven-Gesetze, 1981, 272–273; siehe auch J. Morgenstern, HUCA 7, 1930, 39 Anm. 24; M. David, Manumission, 1948, 72; R. P. Merendino, Das deuteronomische Gesetz, 1969, 113, spricht von einem überflüssigen Attribut.

369 I. Cardellini, Sklaven-Gesetze, 1981, 273.

370 I. Cardellini, Sklaven-Gesetze, 1981, 273.

371 A. Alt, Die Ursprünge des israelitischen Rechts, 1934, 291 mit Anm. 2.

372 I. Cardellini, Sklaven-Gesetze, 1981, 274 Anm. 28, verweist auf Ex 21,2–6, KH § 116–117, Pfandurkunden sowie die *titennūtu*-Dokumente aus Nuzi.

schen Stil der Wenn-du-Formulierung erhalten, wozu auch die neue Intention des Inhalts durch den Gebrauch der Redewendung *šlḥ ḥpšj* im zweiten Hauptsatz V. 12b zu rechnen sei.[373]

Aus dieser Sicht habe es die Hand, die die alte Rechtsmaterie bearbeitet habe, für notwendig gehalten, den Unterfall vom Hauptfall durch V. 13b.14a zu trennen. Dieses Vorgehen habe seine Spuren hinterlassen und zur wörtlichen Wiederholung des zweiten Hauptsatzes V. 12b im *kî*-Satz V. 13a und dem entschlossenen Wechsel des Subjekts in die 2. p. sg. geführt. Das Vorhandensein von *w hjh kj* (V. 16a) sei ein weiteres Zeichen für eine Bearbeitung, die V. 13–14 a eingeschoben habe. Später seien wohl nach archaisierender Art die Vs. 12aα (*'w hᶜbrjh*).17b hinzugefügt worden. V. 16b sei noch als Umformung von Ex 21,5 zu erkennen, dagegen habe V. 16bβ *kj ṭwb lj ᶜmk* als unnötige und darum spätere Erklärung zu dem schon vorhandenen *'hb* V. 16bα zu gelten.

Es ergibt sich somit für I. Cardellini folgende Lösung: Hinter Haupt- und Unterfall stehe die alte Rechtsmaterie, die aber eine tiefgreifende Bearbeitung erfahren habe. Die Vs. 12aα (ohne *'w hᶜbrjh*)β.16aα (ohne *w hjh kj*)βbα.17 aαβγ enthielten die ältere Bearbeitung. V. 12b gehöre zum Grundbestand, jedoch zwinge die darin durch *šlḥ ḥpšj* ausgedrückte Intention zugunsten des verknechteten Israeliten, V. 12b von dem übrigen zu trennen und als Bindeglied zwischen dem alten bearbeiteten und der in den Vs. 13b.14a geschobenen Nennung zu verstehen. V. 13a sei deshalb eine Wiederholung von 12b, die zum Zeitpunkt der Einfügung des neuen Materials V. 13b.14a notwendig geworden sei. Die Vs. 12aα(*'w hᶜbrjh*).17b seien ein späterer Einschub, der ein Interesse an der selbstverknechteten Israelitin bekunde.[374]

Einen beachtenswerten Versuch, in Dtn 15,12–18 eine Grundeinheit herauszuschälen, hat mit Berufung auf die rhythmische Metrik R. P. Merendino unternommen.[375] Er reduziert den Abschnitt auf die katechetische Einheit

kj jmkr lk 'ḥjk [hᶜbrj w hᶜbrjh[376]*] w ᶜbdk šš šnjm*
w b šnh hšbᶜjt tšlḥnw ḥpšj m ᶜmk
w kj tšlḥnw ḥpšj mᶜmk l' tšlḥnw rjqm
hᶜnq tᶜnq lw mṣ'nk w mgrnk w mjqbk

«Verkauft sich dir dein Bruder, dann diene er dir sechs Jahre.
Im siebten Jahre aber sollst du ihn von dir frei wegschicken.

---

[373] I. Cardellini, Sklaven-Gesetze, 1981, 274.

[374] I. Cardellini, Sklaven-Gesetze, 1981, 274–276, 337–343.

[375] R. P. Merendino, Das deuteronomische Gesetz, 1969, 113–115.

[376] R. P. Merendino, Das deuteronomische Gesetz, 1969, 113, sieht hierin einen (deuteronomischen?) Zusatz, der den Text an Ex 21,2 angleichen wolle.

Schickst du ihn frei von dir weg, so sollst du ihn nicht mit leeren Händen wegschicken:
lege, lege ihm auf den Hals (etwas) von deinem Kleinvieh,
von deiner Tenne und von deiner Kelter.»[377]

Da die folgenden Angaben V. 16–18 keinen rhythmischen Aufbau enthielten, handle es sich bei ihnen um eine interpretierende Erweiterung im kasuistischen Stil.

Als sekundäre Erweiterungen seien ferner V. 14b.15 zu betrachten und 17b stamme vermutlich von dem gleichen (deuteronomistischen?) Interpolator, der auch V. 12aα bearbeitet habe.[378]

Er gelangt so zum Ergebnis, daß Dtn 15,12 a.12b.13.14a inhaltlich Ex 21,2 entspreche und Dtn 15,16–18 der Vorschrift Ex 21,5–6, literarisch aber beide voneinander unabhängig seien.[379]

Der von R. P. Merendino stammende Vorschlag hat für sich, daß er letztlich auf die Freilassung aus Schuldknechtschaft – etwa analog zu KH § 117 – rückführbar ist, ohne daß hiermit das Problem des Dauersklaven mit der Zeremonie der Ohrdurchbohrung verknüpft wird.

In Übereinstimmung mit R. P. Merendino sieht auch G. Seitz in Dtn 15,16–17 eine spätere Zutat, die in etwas abgewandelter Form aus Ex 21,5 f. übernommen worden sei, da V. 18 über V. 16–17 zurückgreife und die Mahnung V. 18 jetzt keinen eigentlichen Sinn mehr habe.[380] Man könne nicht wie Horst[381] die V. 12–14 und 16–17 zusammennehmen und der vorexilischen Schicht B zuschreiben, V. 18 der ersten exilischen Schicht C und V. 15 der zweiten exilischen oder nachexilischen Schicht D zuteilen. Vielmehr gehörten V. 13–15 und V. 18 zusammen, die eine Entfaltung zu V. 12 darstellten. Sie seien von demselben Verfasser gestaltet, von dem auch V. 7–11 stammten, die die grundlegende *šemiṭṭa*-Verordnung von V. 1–3 weiterführten.[382]

Sowohl R. P. Merendino als auch G. Seitz nehmen damit den Vorschlag von C. Steuernagel auf, V. 16–17 als Nachtrag aus Ex 21,5–6 anzusehen.[383]

Wenn wir der Diskussion zu Dtn 15,12–18 folgen, haben wir uns demzufolge entweder für eine juristische Regelung zu entscheiden, die ursprünglich nur von der Freilassung ohne die Möglichkeit der Ohrdurch-

[377] R. P. Merendino, Das deuteronomische Gesetz, 1969, 114.
[378] R. P. Merendino, Das deuteronomische Gesetz, 1969, 113–115.
[379] R. P. Merendino, Das deuteronomische Gesetz, 1969, 114–115.
[380] G. Seitz, Redaktionsgeschichtliche Studien zum Deuteronomium, 1971, 172.
[381] F. Horst, Privilegrecht, 1930, 100–103.
[382] G. Seitz, Redaktionsgeschichtliche Studien zum Deuteronomium, 1971, 174.
[383] C. Steuernagel, Deuteronomium, 1923², 110.

bohrung und dadurch Eintritt in ein dauerndes Sklavenverhältnis handelte[384], oder für einen engeren Anschluß von Dtn 15,12–18 an Ex 21,2–6 mit Freilassung oder Verbleiben beim bisherigen Herrn des Sklaven.[385]

Wenn wir bei einem Vergleich von Ex 21,5–6 mit Dtn 15,16–17 von der Annahme ausgehen, daß wir als möglichen Text der ersten Stelle nur *'m j'mr hᶜbd ... l' 'ṣ' ḥpšj w hgjšw 'dnjw 'l ... w rṣᶜ ['dnjw] 't 'znw b mrṣᶜ w ᶜbdw l ᶜlm* «Falls der Sklave sagt ... ich will nicht frei ausziehen, dann soll sein Herr ihn zu ... heranführen ... und [sein Herr] soll sein Ohr mit einer Pfrieme durchstechen, und er soll ihm nun für immer als Sklave dienen» (Ex 21,5–6) anzusetzen haben, dann wird deutlich, daß Dtn 15,16–17 entweder diesen Text oder die um die Glosse *w hgjšw 'l hdlt 'w 'l hmzwzh* «und ihn an den Türflügel oder den Türpfosten heranführen» bereicherte Endgestalt von Ex 21,2–6 voraussetzt.[386] Eine Entscheidung in dieser Frage hängt von der Bewertung von *w b dlt* in Dtn 15, 17a ab.

In Ex 21,6 wird nur gefordert, daß die Ohrdurchbohrung vor «Gott», d.h. vor Tür oder Türpfosten stattfinde. Dagegen lautet in Dtn 15,17 die Forderung *w lqḥt 't h mrṣᶜ w ntth b 'znw w b dlt* «so nimm einen Pfriemen und bohre ihn in sein Ohr und in die Tür.»

Diese Anordnung wird entweder so verstanden, daß der Pfriemen durch das Ohr in die Tür zu bohren sei[387] oder der Sklave an der Tür festzuheften sei.[388] Das sei ein Symbol für die ab jetzt gültige Zugehörigkeit des Sklaven zum Haushalt seines Herrn.[389] Von Dtn 15,17 her wird dann

---

[384] Siehe C. Steuernagel, Deuteronomium, 1923², 110; R. P. Merendino, Das deuteronomische Gesetz, 1969, 113–115; G. Seitz, Redaktionsgeschichtliche Studien zum Deuteronomium, 1971, 172.

[385] A. Alt, Die Ursprünge des israelitischen Rechts, 1934, 286 Anm. 2; siehe ferner A. Dillmann, Deuteronomium, 1886, 309; S. R. Driver, Deuteronomy, 1902³, 181–184; G. Nebeling, Schichten, 1970, 88–90, rechnet V. 12–14.16.17a zum vordtn Bestand des Abschnittes; A. Phillips, Deuteronomy, 1973, 107; G. von Rad, Deuteronomium, 1978³, 76–77; I. Cardellini, Sklaven-Gesetze, 1981, 269–276.

[386] Siehe zu Ex 21,5–6 Kap. 5.4.1.3.

[387] G. von Rad, Deuteronomium, 1978³, 74: «... bohre ihn durch sein Ohr in die Türe»; ähnlich H. J. Boecker, Recht und Gesetz, 1976, 158: «... durch sein Ohr in die Türe bohren»; siehe ferner C. Steuernagel, Deuteronomium, 1923², 110; A. Jepsen, Untersuchungen zum Bundesbuch, 1927, 27 mit Anm. 1.

[388] H. Holzinger, Exodus, 1900, 82; R. S. Driver, Deuteronomy, 1902³, 182; H. Junker, Deuteronomium, 1933, 75, spricht von einem «Anheften an die Tür»; P. Heinisch, Exodus, 1934, 165; P. Buis-J. Leclercq, Deutéronome, 1963, 121: «... l'oreille, symbole d'obéissance ... est clouée à la porte.»; J. A. Thompson, Deuteronomy, 1974, 191.

[389] C. Steuernagel, Deuteronomium, 1923², 110, kommentiert «(zugleich) in das Ohr und in die Tür geben = stechen» folgendermaßen: «... die Zeremonie bedeutet, daß der Sklave dauernd an das Haus seines Herrn gebunden sein soll, insbesondere mit seinem Ohr als dem Organ des Gehorchens.» J. A. Thomson, Deuteronomy, 1974, 191.

auch Ex 21,6 als ein Anheften an die Tür, wo die Gottheiten seien, erschlossen.[390]

Diese Argumentation dürfte übersehen, daß sowohl bei der alten Zeremonie der Ohrdurchbohrung vor Göttern (?) als auch bei der vor «Tür und Türpfosten» in Ex 21,6 das Wesentliche die Durchbohrung des Ohrs in Gegenwart des Göttlichen ist. Die symbolische Handlung selbst besteht im Durchbohren des Ohres[391], nicht aber im Anheften an die Tür. Außerdem setzt die Anschauung vom Festnageln des Sklaven an der Tür fälschlich voraus, daß die Götterfiguren an der Tür aufgestellt seien oder Numina bzw. Geister in der Tür hausten.[392]

Das *w b dlt* «und in die Tür» in Dtn 15,17 a läßt sich somit nur als eine Angleichung an Ex 21,6 begreifen und gleichzeitig wohl als ein Mißverständnis des dortigen Nebeneinanders von alter und neuer Praxis der Ohrdurchbohrung.

Diese sekundäre Herkunft von *w b dlt* läßt immer noch die Möglichkeit zu, daß Dtn 15,16–17 in der ersten Gestalt eine Textstufe von Ex 21,5–6 vor Augen hatte, die ihrerseits noch keine Angleichung an das Deuteronomium kannte. Denn nur so läßt sich das gleichzeitige Fehlen der polytheistisch orientierten alten Anordnung in Dtn 15,12–18 und des vom Deuteronomium beeinflußten Kommentars über die Handlung vor Tür und Türpfosten in Ex 21,6 erklären.

Wenn wir außerdem annehmen, daß ursprünglich in Dtn 15,12 die Freilassung aus Schuldknechtschaft behandelt wird, dagegen in Ex 21,2–6 vielleicht allgemein die Freilassung aus Sklaverei, dann gewinnen wir eine Gesamtlösung, die am besten sowohl die Angleichung von Ex 21,2–6 an das Deuteronomium als auch die von Dtn 15,12–15.18 an Ex 21,2–6 erklärt.

Als Zeichen für eine spätere Hinzufügung von Dtn 15,16–17 gewinnt so das *w hjh kj* als einleitende Formel ein neues Gewicht.[393]

Wenn es sich in Dtn 15,12–15.18 grundsätzlich um die Befreiung aus Schuldknechtschaft handelt, dann fällt auch auf das Verhältnis zwischen der *šemiṭṭa*-Verordnung Dtn 15,1–11 und deren Verhältnis zum folgenden Abschnitt V. 12–18 ein neues Licht.

In Ex 21,2 wie auch in Dtn 15,12 wird jetzt aber die neue Regelung getroffen, daß der Sklave nach sechs Arbeitsjahren im siebten zu entlassen sei. In den Kommentaren wird diese Fristregelung entweder mit dem

---

390 H. Holzinger, Exodus, 1900, 82; P. Heinisch, Exodus, 1934, 165; A. Jepsen, Untersuchungen zum Bundesbuch, 1927, 27 mit Anm. 1.

391 Siehe zur Diskussion über die Ohrdurchbohrung und Parallelen die Angaben bei B. Baentsch, Exodus, 1900, 190; Z. W. Falk, Exodus XXI 6, VT 9, 1959, 86–88.

392 Siehe zu dieser Annahme zu Anm. 306–307. 315–320.

393 Siehe hierzu R. P. Merendino, Das deuteronomische Gesetz,1969, 115 mit Anm. 39; I. Cardellini, Sklaven-Recht, 1981, 275 mit Anm. 31.

Sabbat und Sabbatjahr in Verbindung gebracht[394] oder es wird jeder Zusammenhang mit diesen bestritten.[395]

Eine Beurteilung des Abhängigkeitsverhältnisses zwischen der Regelung in Ex 21,2 und Dtn 15,12 wird von der Beobachtung auszugehen haben, daß diese Texte «parallele Bearbeitungen»[396] darstellen. Dabei wird offen bleiben müssen, ob es sich um Bearbeitungen «einer gemeinsamen älteren Grundlage oder parallele Kodifikationen alten Gewohnheitsrechtes»[397] handelt.

Die Freilassung im siebten Jahr läßt sich grundsätzlich nicht durch Verweis auf außerbiblisches altorientalisches Recht erklären. Wenn wir von KH § 117 mit der Freilassung nach drei Jahren aus Schuldknechtschaft zum Vergleich heranziehen, erscheint die biblische Regelung als besonders

---

5.4.3. Synopse der Texte Ex 21,2–6 und Dtn 15,12–18

Ex 21,2–6

[2]*kj tqnh ʿbd ʿbrj šš šnjm jʿbd w b šbʿt jṣ’ l ḥpšj ḥnm*
[3]*’m b gpw jb’ b gpw jṣ’*
’m bʿl ’šh hw’ w jṣ’h ’štw ʿmw
[4]*’m ’dnjw jtn lw ’šh w jldh lw bnjm ’w bnwt h ’šh w jldjh thjh l ’dnjh w hw’ jṣ’ b gpw*
[5]*w ’m ’mr j’mr h ʿbd* [’hbtj ’t ’dnj ’t ’štj w ’t bnj][a)] *l’ ’ṣ’ ḥpšj*
[6]*w hgjšw ’dnjw*[b)] *’l…* [h ’lhjm][c)] [w hgjšw ’l h dlt ’w ’l h mzwzh][d)] *w rṣʿ* [’dnjw][e)] *’t ’znw b mrṣʿ w ʿbdw l ʿlm*

a) Spätere Erweiterung, siehe Dtn 15,16.

b) In Zusammenhang mit der Einfügung in V.5 könnte auch die 2. p. m. durch *hgjšw ’dnjw* ersetzt worden sein.

c) *ha’^{ae}lohîm*, das jetzt monoteistisch zu verstehen ist, wird entweder durch den Kontext so bestimmt – könnte also auch als erste Stufe polytheistisch gelesen werden – oder ersetzt eine andere Formulierung. Letzteres ist wahrscheinlicher.

d) Angleichung an die im Deuteronomium geforderte Kultzentralisation.

e) In Zusammenhang mit der Erweiterung über die Zeremonie vor Tür und Türpfosten – siehe d – eingefügt.

---

394 B. Baentsch, Exodus, 1900, 189, «Die Freilassung gerade im 7. Jahre beruht auf einer Einwirkung der Sabbathidee»; G. von Rad, Deuteronomium, 1978[3], 75–76; M. Noth, Exodus, 1978[6], 143. 154; I. Cardellini, Sklaven-Gesetze, 1981, 245 mit Anm. 21; siehe auch H. Phillips, Criminal Law, 1970, 73–79.

395 A. Dillmann, Deuteronomium, 1886[2], 309; H. Holzinger, Exodus, 1900, 81; P. Heinisch, Exodus, 1934, 164; A. Clamer, Exode, 1956, 187.

396 C. Steuernagel, Deuteronomium, 1923[2], 110.

397 C. Steuernagel, Deuteronomium, 1923[2], 110.

hart.[398] Die Fristen von Ex 21,2 und Dtn 15,12 sind deshalb nur vom Sabbat-Gedanken her begreifbar und hängen unmittelbar vom 6-7–Schema des Sabbat ab.

Die Formel *šš šnjm w b šnh h šbʿjt* «sechs Jahre und im siebten Jahr» von Dtn 15,12 steht in einem Widerspruch zur Fortsetzung *m qṣ šbʿ šnjm* «am Ende von sieben Jahren» (Dtn 15,1). Wenn wir annehmen, daß Dtn 15,12 einmal in diese letztere Regelung einbezogen war, dann ergibt sich, daß innerhalb von Dtn 15,1–18 ursprünglich der Erlaß von Darlehen und von Schuldknechtschaft nach Vollendung von sieben Jahren gefordert war.

Dagegen ist das Schema *«sechs-sieben»* fest in Ex 21,2 verankert. Denn es wird zwischen Ex 21,2 und 23,10–12 ein Zusammenhang bestehen. Es dürfte deshalb anzunehmen sein, daß Dtn 15,12 eine Angleichung an Ex

---

Dtn 15,12–18

Hauptfall

12 *kj jmkr lk ʾḥjk* [h ʿbrj ʾw h ʿbrjh][a] *w ʿbdk šš šnjm w b šnh h šbjʿt tšlḥnw ḥpšj m* ʿmk

13 *w*[b] *kj tšlḥnw ḥpšj m ʿmk lʾ tšlḥnw rjqm*

14 *hʿnjq tʿnjq lw m ṣʾnk w m grnk w m jqbk ʾšr brkk JHWH ʾlhjk ttn lw*

15 *w zkrt kj ʿbd hjjt b ʾrṣ mṣrjm w jpdk JHWH ʾlhjk ʿl kn ʾnkj mṣwk ʾt h dbr hzh h jwm*

Unterfall

16 [w[c] hjh kj jʾmr ʾljk lʾ ʾṣʾ m ʿmk kj ʾhbk w ʾt bjtk kj ṭwb lw ʿmk

17 w lqḥt ʾt h mrṣʿ w ntth b ʾznw {w b dlt}[d] w hjh lk ʿbd ʿwlm {w ʾp l ʾmtk tʿśh kn}[e]]

18 *lʾ*[f] *jqšh b ʿnjk b šlḥk ʾtw ḥpšj m ʿmk kj mšnh śkr śkjr ʿbdk šš šnjm w brkk JHWH ʾlhjk b kl ʾšr tʿśh*

a) Glossierung zu *ʾḥjk* «dein Bruder»; siehe auch zu e.

b) V. 13–15 liegt eine Interpretation von V. 12 vor.

c) V. 16–17, eine Angleichung an Ex 21,5–6, deren Kern *kj ʾhbk w ʾt bjtk kj ṭwb lj ʿmk* bildet. Dieser wurde dann in Ex 21,5 auch zum Ausdruck gebracht; H. D. Preuß, Deuteronomium, 1982, 52, schreibt Dtn 15,16–17 ‹Schicht IV› zu.

d) Nachträgliche Angleichung an Ex 21,6.

e) Glossierung in Zusammenhang mit a.

f) Fortführung von V. 12–15; H. D. Preuß, Deuteronomium, 1982, 53, rechnet Dtn 15,12–15,18 zu ‹Schicht III›.

---

398 H. J. Boecker, Recht und Gesetz, 1976, 137, bemerkt: «Die babylonische Regelung ist hier milder als die alttestamentliche.»

21,2 erfahren hat und daß die Anordnung des Deuteronomium ursprünglich nur lautete: *kj jmkr lk ʾḥjk tšlḥnw m ʿmk* «Wenn dein Bruder sich dir verkauft hat, so lasse ihn von dir frei», d. h. nach Dtn 15,1 *m qṣ šbʿ šnjm* «nach sieben Jahren».

Das in Ex 21,2 zugrunde liegende Sabbatschema setzt also die nachexilische Sabbatlehre voraus[399], so daß wir auch von dieser Seite her eine sichere Grundlage für die Datierung von Ex 21,2–6 erhalten. Ferner ergibt sich, daß in Dtn 15,12.16–17 eine Angleichung an Ex 21,2.5–6 erfolgt ist. Dadurch wurden die Differenzen zwischen Befreiung aus Schuldknechtschaft (Dtn 15,12–18) und Entlassung aus der Sklaverei (Ex 21,2–6) verwischt. Da zum Zeitpunkt dieser Textangleichung das theologische Interesse an der Befreiung Israels aus der ägyptischen Knechtschaft im Vordergrund stand, konnten diese früheren sachlichen Probleme keine Bedeutung mehr besitzen.

Wenn somit in Dtn 15,12–18 ursprünglich nur von Befreiung aus Schuldknechtschaft eines «Bruders», d. h. Volksangehörigen die Rede war, dann ergibt sich fast mit Notwendigkeit, daß *hʿbrj* in diesem Zusammenhang wenig sinnvoll ist. Dagegen wäre Ex 21,2 ohne *ʿibrî* unverständlich. Denn auch dort kann es sich nur um Freilassung eines jüdischen Sklaven handeln, so daß *ʿibrî* hier einerseits notwendig und andererseits in seiner Bedeutung klar festgelegt ist. Wir haben deshalb jenen zuzustimmen, die sowohl *hʿbrj* als auch *ʾw hʿbrjh* in Dtn 15,12 als Zusatz ansehen.[400]

5.4.4. Die Beziehungen zwischen Ex 21,2–6 und Dtn 15,12–18 und deren Bedeutung für die Bedeutungsbestimmung von *ʿibrî*

Die Beziehungen und Abhängigkeiten zwischen Ex 21,2–6 und Dtn 15,12–18 werden für die Rekonstruktion der Textentwicklung und der Geschichte Israels mit höchst unterschiedlichen Ergebnissen interpretiert.

Weit verbreitet ist die Anschauung, daß Dtn 15,12–18 direkt und vollkommen von der Sklavengesetzgebung des Buches Exodus als der älteren abhängig sei.[401] Dagegen haben sich jene ausgesprochen, die eine

---

[399] Siehe Kap. 11.

[400] Siehe zu Anm. 367–370.

[401] A. Alt, Die Ursprünge des israelitischen Rechts, 1934, 286 Anm. 2, beschreibt das Abhängigkeitsverhältnis folgendermaßen: «Der Deuteronomiker zitiert da in V. 12 und 16 f. die Grundbestimmungen aus dem entsprechenden Abschnitt des kasuistisch-formulierten Teiles des Bundesbuches (Ex 21,2 und 5 f.) mit Abänderungen und knüpft an diese Zitate seine predigtmäßigen Ermahnungen.» Siehe ferner A. Dillmann, Deuteronomium, 1886, 309, der Dtn 15,12–18 als eine Wiederholung von Ex 21,2–6, bezeichnet nur daß ausdrücklich seine Gültigkeit auch für die hebr. Sklavinnen ausgesprochen, ferner die Unterstützung der Abziehenden geboten und die Ohrdurchbohrung nicht vor Gericht verlangt werde; S. R. Driver, Deuteronomy, 1902[3], 181; J. Hempel, Die Schichten des Deuteronomiums,

gemeinsame Grundlage in mündlicher Tradition oder Gesetzesüberlieferung suchen[402] oder gar einen literarischen Zusammenhang verneinen.[403]

Die oben durchgeführte Analyse von Ex 21,2–6 und Dtn 15,12–18 hat zu erkennen gegeben, daß die Beziehungen zwischen diesen zwei Texten komplizierter sein dürften, als bisher angenommen wurde. Die ursprünglich in der Rechtsmaterie ganz verschiedenen gesetzlichen Vorschriften sind durch spätere Zusätze – Textmodernisierungen – in Dtn 15,12.16–17 aus Ex 21,2–6 aneinander angeglichen worden. Aber auch Ex 21,2–6 weist in V. 6 eine wesentliche Angleichung an die Forderungen des Buches Deuteronomium auf.

Daraus ergibt sich, daß zwischen Ex 21,2–6 und Dtn 15,12–18 nicht ein einfaches zeitliches Verhältnis festzulegen ist. So dürfte es z. B. nicht möglich sein, anhand von diesen zwei Texten die Tradition des Bundesbuches uneingeschränkt als die ältere zu bezeichnen.[404]

Wenn wir das besondere Problem von *ʿibrî* herausgreifen, dann hat sich ergeben, daß Dtn 15,12 von Ex 21,2 abhängig ist und somit nur letztere Stelle für das *ḫabiru-ʿibrî*-Problem relevant ist. Die unauflösbare Verbindung von *ʿaebaed ʿibrî* mit der Freilassung nach dem Sabbat-Schema zeigt, daß es sich um eine Regelung handelt, die erst in nachexilischer Zeit möglich war, da der Sabbat bereits zu einer wesentlichen Institution der jüdischen Gemeinschaft aufgestiegen war. *ʿaebaed ʿibrî* kann somit nur auf einen Menschen dieser Gemeinschaft bezogen sein und ist deshalb mit «hebräischer Sklave» zu übersetzen.

5.4.5. *ʿibrî* in Jer 34,9.14

Herkunft und Abhängigkeit von *ʿibrî* und *ʿibrijjāh* in Jer 34,9.14 von Dtn 15,12–18 wird allgemein anerkannt. Differenzen bestehen nur in der

---

1914, 211 Anm. 1, nimmt an, daß Dtn 15 die Bestimmung von Ex aus dem Gedächtnis reproduziere; G. Nebeling, Schichten, 1970, 87, betont, daß die Regelung von Ex 21,2–6 älter sei als die diejenige von Dtn 15,12–18 und daß der Verfasser des Grundtextes von Dtn 15,12–18 diese ältere Regelung gekannt und bewußt modifiziert habe; H. J. Boecker, Recht und Gesetz, 1976, 158, spricht von einer Umsetzung des kasuistischen Er-Stils in den deuteronomischen Du-Stil; G. von Rad, Deuteronomium, 1978³, 76; I. Cardellini, Sklaven-Gesetze, 1981, 337, stellt fest, daß Dtn 15,12–18 ohne Zweifel Ex 21,2–6 gekannt habe.

402 C. Steuernagel, Deuteronomium, 1923², 110, verweist auf «parallele Bearbeitungen einer gemeinsamen älteren Grundlage oder parallele Kodifikationen alten Gewohnheitsrechtes»; G. Seitz, Redaktionsgeschichtliche Studien zum Deuteronomium, 1971, 172, bezieht sich auf «das herrschende Gewohnheitsrecht», nimmt aber zugleich eine Bekanntschaft von Ex 21,2–6 an; R. Smend, Die Entstehung des Alten Testaments, 1981², 81 hält es für fraglich, daß das Bundesbuch für das Deuteronomium die unmittelbare Vorlage gewesen sei.

403 R. P. Merendino, Das deuteronomische Gesetz, 1969, 106–107, lehnt eine literarische Abhängigkeit von Dtn 15,12–18 von Ex 21,2–6 ab.

404 Vgl. R. Smend, Die Entstehung des Alten Testaments, 1981², 81.

Beurteilung des ursprünglichen oder sekundären Charakters und somit auch in der Datierung. Es wird ferner die Frage diskutiert, ob in Jer 34,8–22 die juristischen Regelungen vorauszusetzen sind, die das Grundgerüst von Ex 21,2–6 und Dtn 15,12–18 bilden.

Den Bericht über den Treubruch der Herren in Jerusalem (Jer 34,8–22) ordnet W. Rudolph der Quelle C zu.[405] Daß diese Quelle die Worte des Propheten nicht immer unverändert wiedergebe, sei auch hier zu spüren: Wenn die Sklavenbefreiung unter Ṣedeqia als Erfüllung der Gesetzesvorschrift Dtn 15,12ff. (Ex 21,2ff.) dargestellt werde (Jer 34,14f.), so könne das nicht stimmen; denn was damals geschehen sei, sei ein einmaliger Akt gewesen, der sich auf alle Schuldsklaven erstreckt habe; das Gesetz dagegen verlange ihre Freilassung jeweils nach sechs Dienstjahren, so daß solche Entlassungen je nach dem Dienstantritt fortwährend vorgekommen seien. Und selbst, wenn man annehmen wollte, das Gesetz sei lange nicht eingehalten worden (vgl. Jer 34,14b), so daß jetzt auf einmal alle, die mehr Dienstjahre hatten, zur Entlassung gekommen seien, so wären doch alle die, die weniger als sechs Jahre in der Schuldsklaverei waren, dabei nicht in Frage gekommen. Die Verknüpfung mit dem deuteronomischen Gesetz sei also sekundär, aber sie sei gerade der Anlaß, weshalb der Verfasser der Quelle C auf jenen Vorfall zu reden gekommen sei: nun habe er an einem schlagenden Einzelbeispiel nachweisen können, wie recht er mit seinem ständigen allgemeinen Vorwurf habe, daß die Leute von Jerusalem «nicht auf die Worte Jahwes hörten». Daraus erkläre sich auch, warum er neben der kategorischen Unheilsweissagung Jer 21,1–10 diese eine Episode aus der ganzen Zeit der Belagerung mitteile.

Dagegen gelangte H. Weippert in ihrer ausführlichen Analyse der Prosareden des Jeremiasbuches in der Bewertung von Jer 34,8–22 zu einem anderen Ergebnis.[406] Sie will in Jer 34,13–22 eine tatsächlich von Jeremia vorgetragene Rede sehen, die auf das deuteronomische Sklavengesetz Bezug nehme und die mit einer sekundären Einleitung in den Versen 8–12 versehen sei. Es ergebe sich, daß als Verfasser der Rede V. 13–22 am ehesten Jeremia in Frage komme. Die Situationsschilderung in den Versen 8–12 stamme von einem Berichterstatter, wahrscheinlich von Baruch.[407]

Eine ähnliche Interpretation von Jer 34,8–22 hat auch I. Cardellini vorgelegt.[408] Er geht davon aus, daß sich die Freilassung aller israelitischen Schuldsklaven zugetragen habe, als das babylonische Heer Nebukadnezars 589/8 v. Chr. Jerusalem belagert habe.[409] Die dtr-Hand, die diesen dramatischen Augenblick im Leben des Propheten wieder lebendig werden lasse,

[405] W. Rudolph, Jeremia, 1968³, 222–223.

[406] H. Weippert, Prosareden, 1973, 86–106.

[407] H. Weippert, Prosareden, 1973, 99–100. 106.

[408] I. Cardellini, Sklaven-Gesetze, 1981, 312–323.

[409] I. Cardellini, Sklaven-Gesetze, 1981, 322–323.

erzähle diese Geschichte der Freilassung, die zunächst von allen akzeptiert, kurze Zeit später aber wieder rückgängig gemacht worden sei. Der Bruch dieses Bundes habe nicht nur den Namen Jahwes entweiht, er werde auch als Nichtbeachtung des Gesetzes Dtn 15,12–18 verstanden. Es bleibe schwierig, Jeremias Zitat für sekundär zu halten, um so mehr, als es nicht einfach ein Zufall sein könne, daß gerade in das Jahr 590/89 auch ein Sabbatjahr gefallen sein könne. Was jedoch die Einsetzung eines Sabbatjahres im Jahre 590/89 betreffe, so sei zu sagen, daß man sich auf dem Boden einer Hypothese über eine Institution bewege, deren Geschichte dunkel sei. I. Cardellini benützt die Zuschreibung von Jer 34,14a an den Propheten Jeremia sodann auch für die Datierung der Sklavengesetze.[410]

Die mit Jer 34,8–22 verbundenen Probleme greift auch W. Thiel in seiner Darstellung der deuteronomistischen Redaktion (= D) des Jeremia-Buches auf.[411] Er nimmt an, daß der Bericht über die Freilassung der Sklaven (34,8–22) von D stark bearbeitet worden sei. Das zeige nicht nur die außerordentliche Häufigkeit von deuteronomistischen Sprachelementen in der Predigt V. 12 ff. und die Predigtform überhaupt, sondern auch der Umstand, daß der behandelte Gegenstand in diesem Abschnitt eine erhebliche sachliche Verschiebung gegenüber dem vorausgehenden Bericht (V. 8b–11) erfahre.

Der Bericht liege deutlich abgegrenzt in V. 8 b–11 vor.[412] D habe ihm ihre Überschrift vorangesetzt und ihr den Beginn des Berichts in einem Infinitivsatz angepaßt. Der Bericht habe von einer allgemeinen Sklavenfreilassung ohne ausdrückliche Beschränkung auf die Angehörigen des eigenen Volkes gesprochen. Dieser ursprüngliche Bericht liege in V. 8 b.9aα *(ḥpšjm).* 10 f. vor.

Die Rücknahme der Sklavenfreilassung habe den Propheten Jeremia mit einem Gerichtswort Jahwes auf den Plan gerufen.[413] Die Herausarbeitung des Jahwewortes aus der D-Predigt sei mit Gewißheit möglich und umfasse V. 13a–18.

Der D überlieferte Text, ein Bericht mit abschließendem Prophetenspruch sei in 8 b–9 a*.10–13a.18* erhalten. Die Überarbeitung von D bestehe, von den Einsätzen in den Bericht V. 8a.9aβ*b abgesehen, in der Zufügung einer Gerichtspredigt (13b–22), in den sie den überlieferten Prophetenspruch aufgenommen habe.

Das Zitat aus Dtn 15,12 schreibt W. Thiel der deuteronomistischen Redaktion D zu.[414]

---

410 I. Cardellini, Sklaven-Gesetze, 1981, 363. 368.

411 W. Thiel, Deuteronomistische Redaktion, 1981, 38–43.

412 W. Thiel, Deuteronomistische Redaktion, 1981, 39–40.

413 W. Thiel, Deuteronomistische Redaktion, 1981, 40–42.

414 W. Thiel, Deuteronomistische Redaktion, 1981, 42–43.

Die Entstehung von D verlegt W. Thiel gegen das Ende der Exilszeit.[415]

Eine Beurteilung des Verhältnisses zwischen Jer 34,8–22 und der Sklavengesetzgebung in Ex 21,2–6 und Dtn 15,12–18 wird davon auszugehen haben, daß an erster Stelle nur die Vorschrift des Deuteronomiums zitiert wird.[416] Es ergibt sich somit die Frage, ob die in Dtn 15,12–18 geregelte Freilassung von jüdischen Schuldsklaven im Sabbatjahr[417] mit der Freilassung von Jer 34,8–22 juristisch und sachlich gleichzusetzen ist.

Eine Interpretation von Jer 34,8–22 wird von der Beobachtung ihren Ausgang zu nehmen haben, daß zwischen der Sklavenfreilassung des Königs Ṣedeqia, die als *drwr* «Freilassung» bezeichnet wird, und dem speziellen Gesetz Dtn 15,12–16, das als Vorbild in Jer 34,8–22 gilt, ein Widerspruch besteht. Denn die «Freilassung» (*drwr*) des Königs bezieht sich auf alle Sklaven, während Dtn 15,12–18 nur auf hebräische = jüdische Sklaven beziehbar ist.

Aus diesem Sachverhalt sind verschiedene Schlußfolgerungen gezogen worden. B. Duhm hat V. 8–11 als Bericht aufgefaßt und V. 12–22 einem späteren Ergänzer zugeschrieben.[418] W. Rudolph meint dagegen, daß der Verweis auf Dtn 15,12–16 dem Bearbeiter zu verdanken sei.[419] W. Thiel will sogar den D überlieferten Text in V. 8 b–9 a*.10–13a.18* wiedererkennen.[420]

Die Deutung der Freilassung *(drwr)* als eines Bundes durchzieht Jer 34,8–22 vom Anfang bis zum Ende und schafft die Grundlage für die Verbindung mit Dtn 15,12–16. Es dürfte deshalb nicht möglich sein, zwischen V. 8–11 und V. 12–22 eine grundsätzliche Differenz im Sinne B. Duhms anzusetzen.[421] Desgleichen ist es auch nicht zulässig, mit W. Rudolph nur die Verbindung mit Dtn 15,12–16 einem späteren Redakteur zuzuschreiben[422] oder mit W. Thiel in V. 8 b–9a*.10–13 a.18* die Vorlage für D zu sehen.[423]

Die Grundlage für Jer 34,8–22 bildet ein Bericht über die Ausrufung einer Freilassung durch den König (*qr' drwr*, V. 8b) und deren Rückgängigmachung durch die Sklavenbesitzer. Ob und inwieweit Jeremia hierzu Stellung genommen hat, ist aus dem Bericht nicht mehr zu ersehen, dürfte aber wahrscheinlich sein. In der Fassung von Jer 34,8–22 wird diese Freilassung im Anschluß an Dtn 15,12–16 als Bundesbruch interpretiert.

---

415 W. Thiel, Deuteronomistische Redaktion, 1981, 113–114.

416 M. David, OTS 5 (1948), 63–79; M. Weippert, Landnahme, 1967, 86 Anm. 2; H. Weippert, Prosareden, 1973, 90; W. Thiel, Deuteronomistische Redaktion, 1981, 42.

417 Siehe Kap. 5.3. und Kap. 11.

418 B. Duhm, Jeremia, 1901, 279–284.

419 W. Rudolph, Jeremia, 1968³, 224–225.

420 W. Thiel, Deuteronomistische Redaktion, 1981, 40.

421 Siehe Anm. 418.

422 Siehe Anm. 419.

423 Siehe Anm. 420.

Es kann somit keinem Zweifel unterliegen, daß Jer 34,8–22 sowohl nach Jeremia zu datieren ist als auch Dtn 15,12–16 voraussetzt. Aus Jer 34,8–22 lassen sich jedoch keine Gründe entnehmen, die eine Datierung dieses Stückes in die spätexilische Zeit gewinnen ließen.[424] Wahrscheinlicher ist Jer 34,8–22 erst in nachexilischer Zeit entstanden. Hierfür spricht, daß eine nachexilische Stufe des Dtn[425] vorausgesetzt wird.

Wenn wir die Entstehung von Jer 34,8–22 spät ansetzen, besteht keine Möglichkeit, im *ᶜibrî* (V. 9) den Angehörigen der Klasse sozial Entrechteter im Sinne A. Alts zu sehen.[426] Aus V. 9b geht unmittelbar hervor, daß mit *ᶜibrî* ein «jüdischer Bruder» gemeint ist.[427]

Das Zitat von Dtn 15,12 in Jer 34,8.14 setzt noch die Vorlage ohne den späteren Zusatz *'w hᶜbrjh* voraus.[428] Es ist deshalb anzunehmen, daß in V. 9 sowohl *hᶜbrj 'w hᶜbrjh* als auch 9b eine spätere Angleichung an den inzwischen erweiterten Text von Dtn 15,12 darstellt. Es kann somit keinem Zweifel unterliegen, daß in Jer 34,8–22 eine zweifache Verbindung mit Dtn 15,12–18 gegeben ist und der *ᶜibrî* mit *jhwdj* identisch ist.

In Jer 34,8–22 besitzen wir somit ein wertvolles Zeugnis für das nachexilische Verständnis von Dtn 15,12–18 und den nachexilischen Sprachgebrauch, in dem der *'ḥ* «Bruder, Volksgenosse» als *ᶜibrî* oder *jhwdj* «Jude» bezeichnet wird.

5.5. *ᶜibrî* im Buche Exodus – Ex 1,15.16.19; 2,6.7.11.13; 3,18; 5,3; 7,16; 9,1.13; 10,3

Die *ᶜibrî*-Stellen des Buches Exodus werden in der Forschung als ein einheitlicher Block behandelt.[429] Sie haben in der Diskussion über die *ḫabirū-ᶜibrîm* seit F. J. Chabas (1862)[430] ein besonderes Gewicht gewonnen, da aus ihnen eindeutig hervorzugehen schien, daß die «Hebräer» als eine ethnische Einheit zu verstehen seien, die aus Ägypten ausgewandert sei und sich dann in Palästina festgesetzt habe.

[424] W. Rudolph, Jeremia, 1968³, XVII, schreibt die Quelle C, der er auch Jer 34,8–22 zuordnet, einem exilischen Deuteronomiker zu; W. Thiel, Deuteronomistische Redaktion, 1981, datiert D um 550.

[425] Siehe Kap. 5.4.2. zu Dtn 15,12–18.

[426] W. Rudolph, Jeremia, 1968³, 222.

[427] W. Rudolph, Jeremia, 1968³, 222, übersetzt *jhwdj 'ḥjhw* mit «seinen jüdischen Volksgenossen»; H. Weippert, Prosareden, 1973, 86 Anm. 266, betrachtet V. 9 b als korrupt; W. Thiel, Deuteronomistische Redaktion, 1981, 40, sieht in V. 9 b eine Angleichung von D an Dtn.

[428] Siehe auch Kap. 5.4.2.1.

[429] Siehe z. B. M. Weippert, Landnahme, 1967, 89–84; K. Koch 19 (1969), 52–62; N. P. Lemche, StTh 33 (1979), 10. 13–16.

[430] Siehe Kap. 2.1.

Während in der älteren Auffassung vor der Entdeckung der ägyptischen Texte über die *ʿprw* die biblische Darstellung des Aufenthaltes der Hebräer in Ägypten als eine zuverlässige historische Nachricht verstanden wurde, brachte im Jahre 1862 der Vorschlag von F. J. Chabas, die biblischen Hebräer mit den in ägyptischen Texten erwähnten *ʿprw* zu identifizieren, neue Elemente in die Diskussion ein.[431] Denn einerseits glaubte man nun, für den Aufenthalt der Vorfahren Israels in Ägypten außerbiblisches beweisendes Material in Händen zu haben, und andererseits erweckten die Bedenken gegen eine voreilige Gleichsetzung der biblischen *ʿibrîm* mit den *ʿprw*, gegen die vor allem chronologische, sprachliche und sachliche Gründe sprachen, erneut Zweifel an der biblischen Berichterstattung über einen Aufenthalt Israels oder seiner Vorfahren in Ägypten.

Seit langem ist in der Ägyptologie bezweifelt worden, daß von den ägyptischen Dokumenten her ein Aufenthalt der Hebräer in Ägypten nachweisbar sei. Nachdem die Gleichsetzung *ʿprw* = *ʿibrîm* als Bezeichnung einer ethnischen Einheit wegen der Erkenntnis, daß die *ḫabirū* = *ʿprw* als soziologische Gruppen zu verstehen sind, aufgegeben werden mußte, und auch sprachliche Differenzen gegen eine simple Gleichung *ʿprw* = *ʿibrîm* sprechen, blieb nur mehr als Begründung für die Historizität eines Aufenthaltes der Hebräer in Ägypten die aus ägyptischen Dokumenten wiederum nicht abstützbare Überzeugung übrig, daß der Bericht im Kern wahr sein müsse, er seine Ausgestaltung aber Mythos und Sage verdanke.[432]

Dort jedoch, wo Israel in einem ägyptischen Dokument erwähnt wird[433], befindet es sich bereits im Lande, ohne daß daraus irgendwie zu entnehmen wäre, daß es sich vor oder nach Pharao Merenptah in Ägypten befunden habe.[434]

Wenn es somit bisher nicht möglich war, von ägyptischen Texten her einen Aufenthalt der biblischen Hebräer in Ägypten und deren Auszug und spätere Festsetzung in Palästina nachzuweisen[435], wird die Bibelwissenschaft um so mehr auf ihre genuine Aufgabe verwiesen, die biblischen Texte in ihrer Selbständigkeit und Eigenart zu begreifen, ohne dabei vorrangig und zweckentfremdet im Dienste historisierender und fundamentalistischer Interessen zu stehen. In erster Linie wird deshalb zu klären sein, wie die *ʿibrî*-Belege des Buches Exodus zu datieren sind und welche Folgerungen sich hieraus für das Verständnis von *ʿibrî* ergeben.

---

[431] Siehe Kap. 2.1.

[432] Siehe Kap. 2. Anm. 3.

[433] E. Edel, aus dem Siegeslied des Merenptah (um 1219 v. Chr.), in: TGI 1968², 40, übersetzt die Stelle mit: «Israel liegt brach und hat kein Saatkorn»; J. Wilson, in: ANET 1969³, 378 mit Anm. 18.

[434] Siehe zu den verschiedenen Interpretationen der Israel-Stele u. a. H. Engel, Die Siegesstele des Merenptah. Kritischer Überblick über die verschiedenen Versuche historischer Auswertung des Schlußabschnittes, Bib 60 (1979), 373–399.

[435] Siehe zur Diskussion u. a. H. Engel, Die Vorfahren Israels in Ägypten, 1979.

N. P. Lemche geht davon aus, daß in der Pascha-Legende Ex 1–15 drei verschiedene Gebrauchsweisen von *ᶜibrî* «Hebräer» zu unterscheiden seien.[436] In Ex 1,15.19; 2,7 liege eine kollektive Erwähnung von *ᶜbrjwt* «hebräischen Frauen» und in 2,6 von *jldj hᶜbrjm* «hebräischen Kindern» vor. Der zweite Gebrauch sei nur in einem Falle, Ex 2,13 erkennbar. Moses versuche, streitende Hebräer zu versöhnen. Der dritte Gebrauch bestehe in der Bezeichnung Jahwes als *JHWH 'lhj hᶜbrjm* «Jahwe, Gott der Hebräer» (Ex 3,18; 5,3; 7,16; 9,1.13; 10,3).

N. P. Lemche folgert aus diesem Wortgebrauch in Ex 1–15, daß hier *ᶜibrî* bereits eine «nationale» Bedeutung erlangt habe, aber noch nicht einen nationalen Ehrentitel darstelle. Denn Spuren früherer soziologischer Bedeutung beeinflußten noch die spätere. Ferner seien in allen Beispielen die Israeliten jene Hebräer, die unter den Ägyptern als Flüchtlinge (Fremde) lebten und als Sklaven behandelt worden seien, zwei Ideen, die nach späterem israelitischen Verständnis mit dem Ursprung der Nation verbunden seien.[437] Er gelangt deshalb über *ᶜibrî* in Ex 1–15 zu folgendem Schluß: "Thus in the 'Paschal Legend' we are confronted with Hebrew in a transitory meaning. On the one hand it is a national designation, on the other it is a national designation still influenced by the sociological understanding of the term during the second millennium. It is not possible on the basis of only the 'Paschal Legend' to date a shift of emphasis from a sociological designation to a national one, but it might provide us with a clue to determine a *terminus ante quem*.»[438]

Diese Interpretation der *ᶜibrî*-Belege in Ex 1–15 rechtfertigt N. P. Lemche mit seiner Anschauung über die Frühgeschichte Israels, in der er voraussetzt, daß die Hebräer als Flüchtlinge (und Fremde) in Ägypten gewesen seien[439], und einer Frühdatierung von Ex 1–15.[440]

Von einer frühen Datierung der Belege für den Gottesnamen *JHWH 'lhj hᶜbrj(j)m* «Jahwe, Gott der Hebräer» geht auch P. Weimar aus. Er lehnt entgegen H. Schult[441] eine nachexilische Datierung dieser Stellen ab.[442] Im Gegensatz zu N. P. Lemche hebt P. Weimar zu Recht hervor, daß der Adressat dieser Wendung der Pharao, König von Ägypten ist. Denn sowohl in der vorjahwistischen Exodusgeschichte als auch in dem davon abhängigen jahwistischen Werk sei die Selbstbezeichnung Jahwes als «Gott der Hebräer» durch den Gegensatz zum Pharao bedingt, wodurch sie

---

436 N. P. Lemche, StTh 33 (1979), 13.

437 N. P. Lemche, StTh 33 (1979), 15 und Anm. 42.

438 N. P. Lemche, StTh 33 (1979), 15–16.

439 Siehe z. B. N. P. Lemche, StTh 33 (1979), 15 mit Anm. 42.

440 N. P. Lemche, StTh 33 (1979), 15 mit Anm. 42; 16 mit Anm. 43, «period of the Israelite monarchy».

441 H. Schult, DBAT 10 (1975), 26.

442 P. Weimar, Die Berufung des Mose, 1980, 112 Anm. 73.

diesem gegenüber als eine besondere Würdebezeichnung Jahwes erscheine und dadurch sowohl die religiöse als auch die ethnische Besonderheit des Volkes Israel angezeigt sei.[443]

Wenn P. Weimar so einerseits eine frühe Datierung des von ihm bearbeiten Materials vornimmt, so hebt er andererseits zu Recht hervor, daß in der Wendung «Jahwe, der Gott der Hebräer» *ʿibrî* als Element einer «Würdebezeichnung Jahwes» erscheine und dadurch die religiöse und ethnische[444] Besonderheit der Israeliten hervorgehoben werde.

M. Noth hat im Gebrauch von *ʿibrî* der alttestamentlichen Erzählung vom Aufenthalt Israels in Ägypten noch die spezielle soziologisch-rechtliche Bedeutung des Wortes «Hebräer», die er von *ḫabiru* ableitet, erkennen wollen. Er frischt in diesem Zusammenhag einen Teil der Hypothese F. J. Chabas' wieder auf und hebt unter Berufung auf den Leidener Papyrus wieder hervor, daß Hebräer und *ʿprw* bei Bauarbeiten beschäftigt gewesen seien. Er schreibt: «Besonders bemerkenswert ist eine Stelle aus einem auf einem Leidener Papyrus erhaltenen Musterbrief aus der Zeit des Pharaos Ramses II. (1292–1225 v. Chr.), in dem die Rede ist von der Ausgabe von Getreideproviant an ‹die Leute des Heeres› und ‹an die *ʿpr*, die Steine ziehen für den Großen Pylon von ... (Name des Gebäudes) ... des Ramses, des Geliebten des Amon' ...[445] Diese Angaben führen geschichtlich in die unmittelbare Nähe der Erzählung von 2. Mos. 1. Nicht als ob die in dem Papyrus erwähnten ‹Hebräer› mit den unterdrückten Israeliten von 2. Mos. 1 identisch sein müßten; denn für die Ägypter wie für die ganze damalige Welt des alten Orients war ‹Hebräer› ein ziemlich umfassender Begriff, der sehr viel mehr einschloß als nur die Israeliten in Ägypten. Aber die Erzählung von der Unterdrückung zeigt die Israeliten in der Tat in der Lage solcher ‹Hebräer› = *ʿpr*, und zwar speziell in der Zeit des Pharaos Ramses II. ... Der Erzählungsgegenstand von der Unterdrückung in Ägypten schließt also recht bestimmte geschichtliche Elemente ein, die für das Verständnis und die Datierung des Ägyptenaufenthaltes Israels von Wichtigkeit sind und die vermutlich von Anfang an mit der erzählenden Überlieferung des Themas von ‹Herausführung aus Ägypten› weitergegeben worden sind.»[446]

Dagegen sucht H. Schult durch eine Spätdatierung von Ex 1–15 eine sichere Basis für *ʿibrî* als Ethnikon zu gewinnen.[447]

---

[443] P. Weimar, Berufung des Mose, 112–113 mit Anm. 75.

[444] P. Weimar, Berufung des Mose, 113, spricht davon, daß die Wendung «Jahwe, der Gott der Hebräer» die «ethnische Besonderheit des Jahwe-Volkes» hervorhebe. Es geht aus dem Kontext nicht hervor, ob hiermit allgemein auf ein besonderes israelitisch-jüdisches Element hingewiesen wird oder auf die spezielle ethnische Theorie über einen volksmäßigen Zusammenhang zwischen den *ḫabirū* und den Hebräern angespielt wird.

[445] Siehe Kap. 2 zu Anm. 158–159.

[446] M. Noth, Exodus, 1978[6], 11; siehe ferner 37.

[447] H. Schult, DBAT 10 (1975), 26.

Aus der skizzierten Diskussion dürfte bereits hervorgehen, daß auch die Hebräer-Stellen der Exoduserzählungen in erster Linie das Problem der Datierung aufwerfen.

5.5.1. *(JHWH) ʾᵃᵉlohê haᶜibr(ijj)îm* «(Jahwe, der) Gott der Hebräer» – Ex 3,18; 5,3; 7,16; 9,1.13; 10,3

Die nur auf Ex 3–10 beschränkte Gottesbezeichnung (JHWH) *ʾlhj hᶜbrj(j)m* «(Jahwe, der) Gott der Hebräer» wurde zu den *ḫabirū*-Texten in Beziehung gesetzt.[448] In dieser Formel sei JHWH wegen der Israeliten eingefügt, so daß der Gottesname allein *ʾlhj hᶜbrjm* laute. Dieser Gottesname erinnere an die *«ilâni Ḫâbirū»* der hethitischen Verträge, in denen die Götter der *ḫabirū* angerufen werden.[449] Aus der postulierten Parallelität von *ʾlhj hᶜbrjm* mit *«ilâni Ḫâbirū»* folgert M. P. Gray sodann: "From the foregoing evidence, it is clear that the tradition of the *ᶜibrîm* in Egypt, as it is recorded in Genesis and Exodus, is comparable to the information about the *Ḫâbirū* gained from the nonbiblical texts.»[450]

Eine exakte Parallele zwischen den «Göttern der *ḫabirū*» und «Jahwe, Gott der Hebräer» sehen auch andere Forscher als sicher vorhanden an.[451]

Da die «Götter» (DINGIR.MEŠ[452]) der *ḫabirū* in den hethitischen Texten als Plural nicht ohne weiteres mit dem *ʾlhj hᶜbrj(j)m* «Gott der Hebräer», wo *ʾlhjm* allgemein schon wegen des vorangesetzten *JHWH* als Singular verstanden wird[453], zu identifizieren sind, ist diese Argumentation von Grund auf als verfehlt zu betrachten.[454]

---

448 M. P. Gray, HUCA 29 (1958), 178–179.

449 M. P. Gray, HUCA 29 (1958), 152–154. 178.

450 M. P. Gray, HUCA 29 (1958), 178–179, schließt sich hier J. Lewy, Ḫābirū and Hebrews, 1939, 620, an, der bereits folgende Argumentation vorgetragen hatte: "Finally, when, in Ex. 5, the biblical narrative is based upon the supposition that Israel had a legitimate claim upon the worship of the 'god of the Hebrews', this recalls the above-mentioned official recognition of the 'gods of the *ḫābirū*' by the Mitannian kings which, of course, implies that the *ḫābirū* were free to adhere to the gods they had venerated before their immigration into the Mitannian state."

451 J. Bright, History of Israel, 1981³, 95, schreibt: "It is interesting that *ᶜApiru,* on concluding an agreement or treaty, would sometimes take oath by 'the gods of the *ᶜApiru*' – an expression that parallels exactly 'the God of the Hebrews' found in Ex 3:18; 5:3; 7:16"; so auch W. Kornfeld, Religion, 1970, 34.

452 J. Bottéro, Ḫabiru, 1972/75, 17, Nr. 112–124; siehe auch V. V. Ivanov, Assyriologica 1, 1974, 39–40.

453 Die Formel *JHWH ʾlhj hᶜbrj(j)m* zählt allgemein nicht zu den Belegstellen für ein biblisches *ʾlhjm* «Götter».

454 M. Weippert, Landnahme, 1967, 93, lehnt eine Verbindung der *ilāni (ša) ḫabirū* der hethitischen Staatsverträge mit dem *ʾlhj hᶜbrj(j)m* ausdrücklich ab.

In diesem Zusammenhang ist auch die Hypothese A. Jirkus, daß ein Gott *Ḫabiru* bezeugt sei und der Plural «Götter» (DINGIR.MEŠ) in DINGIR.MEŠ *(ša) ḫabirū* einen «Plural der Fülle» darstelle, der von den Hethitern nach Palästina gekommen sei und vielleicht auch den hebräischen Sprachgebrauch, die eine Gottheit Israels mit *'lhjm* zu bezeichnen, erkläre, zu erwähnen.[455]

Inzwischen konnte klargestellt werden, daß es weder einen Gott *Ḫabiru* gibt[456], noch einen «Plural der Fülle» in dem von A. Jirku postulierten Sinne.[457]

Es dürfte somit keine Beziehung zwischen der Gottesbezeichnung *JHWH 'lhj hʿbrj(j)m* «Jahwe, der Gott der Hebräer» und außerbiblischen Texten in Betracht kommen.[458] Die exakte Bedeutung der Gottesbezeichnung *JHWH 'lhj hʿbrj(j)m* ist deshalb direkt aus Ex 3–10 selbst zu ermitteln.

Es wurde vorgeschlagen, innerhalb der jahwistischen Geschichtsdarstellung das Vorkommen der Wendung *'lhj hʿbrj(j)m* «Gott der Hebräer» mit jeweils drei Belegen auf zwei aus einer vorjahwistischen Tradition übernommene Formzusammenhänge aufzuteilen, d. h. Ex 3,18 sowie 5,3 an 7,16 und 9,13 sowie 10,3 an 9,1 anzuschließen.[459] In der vorjahwistischen Exodusgeschichte sei die Wahl des Wortes «Hebräer» anstelle von «Israel» in der Wendung «Jahwe, der Gott der Hebräer» von der Erzähllogik her diktiert worden, um auf diese Weise gerade die ethnische Besonderheit des Jahwe-Volkes hervorzuheben. Dieser sachliche Grund gelte für das jahwistische Werk nicht mehr in gleichem Maße. Es sei vielmehr anzunehmen, daß die Wahl der Wendung «Gott der Hebräer» bei J vor allem literarisch-theologische Gründe habe, weil gerade sie es ermögliche, die Ankündigung des Befreiungshandelns Jahwes in Ex 3,18 (und Ex 5,3) mit der «Plagengeschichte» zu verbinden.[460]

---

[455] A. Jirku, *ilu Ḫa-bi-ru* = der Stammesgott der Ḫabiru-Hebräer?, OLZ 24 (1921), 246–247; ders., Neues keilschriftliches Material zum Alten Testament, ZAW 39 (1921), 156–158; ders., Die Wanderungen der Hebräer, 1924, 15–16. 18–20; ders., JKF 2 (1952/53), 214.

[456] W. von Soden, Note, 1954, 135; ders., AHw, S. 338: *ḫawiru* «Gatte» 2, hat nachgewiesen, daß *Ḫabiru* (Tākultu 124,60) mit «Gatte» zu übersetzen ist und dieser neuassyrische Gottesnahme deshalb aus der Diskussion über die *ḫabirū* auszuscheiden hat; siehe auch M. Weippert, Landnahme, 1967, 73 Anm. 3.

[457] H. Gustavs, Der Gott Ḫabiru, ZAW 40 (1922), 313–314; ders., Was heißt *ilâni Ḫabiri?*, ZAW 44 (1926), 25–38; B. Landsberger, Ḫabiru und Lulaḫḫu, 1930, 325–328; J. Bottéro, Ḫabiru, 1954, 71–78. 82–84; A. Goetze, Note, 1954, 81–82 (*Ḫapiri* gods); H. Otten, ZA 52 (1957), 216–223; M. Weippert, Landnahme, 1967, 73 Anm. 3.

[458] M. Weippert, Landnahme, 1967, 93; N. P. Lemche, StTh 33 (1979), 14 Anm. 39.

[459] P. Weimar, Die Berufung des Mose, 1980, 112–113.

[460] P. Weimar, Die Berufung des Mose, 1980, 113–114.

Die enge Begrenzung der Gottesbezeichnung *'lhj hᶜbrj(j)m* «Gott der Hebräer» auf einen Zusammenhang[461] und die Tatsache, daß in allen Fällen der Adressat dieser Wendung der Pharao, König von Ägypten, ist, und sich keine anderweitigen plausiblen Gründe für den Gebrauch dieser Wendung innerhalb des Jahwisten angeben lassen, haben zum Schluß geführt, daß auf dieser Gottesbezeichnung bei J kein eigenes Gewicht liege.[462]

In dieser Interpretation der Belege für *'lhj hjᶜbrj(j)m* «Gott der Hebräer» wird die von H. Schult vorgenommene nachexilische Datierung[463] ausdrücklich abgelehnt.[464] An ihrer Stelle wird angenommen, daß möglicherweise der unter der Regierung des Asa von Jerusalem (912–873) und des Bascha von Israel (909–886) wieder aufgeflammte Konflikt zwischen den beiden Reichen das auslösende Moment für die Entstehung der jahwistischen Geschichtsdarstellung gewesen sei.[465]

Eine Beurteilung der Gottesbezeichnung *JHWH 'lhj hᶜbrj(j)m* wird am besten von der Beobachtung ausgehen, daß sie doch wohl die Formel *(JHWH) 'lhj jśr'l* voraussetzt.[466] Sie kann demnach nicht älter sein als die Bezeichnung «Israel» für die Gesamtheit der Jahwe-Verehrer. Die Voraussetzungen für die Entstehung der Formel und deren Begrenzung geben zu erkennen, daß es sich um eine literarische Konstruktion handelt, die den religiös-ethnischen Gegensatz zwischen den Ägyptern und den «Hebräern» hervorheben soll.[467]

In Ex 7,16 und 9,1 wird das Verhältnis zwischen der Gottheit und ihren Verehrern durch das Nebeneinander von *JHWH 'lhj hᶜbrjm* «Jahwe, der Gott der Hebräer» und *ᶜmj* «mein Volk» klar formuliert. Die *ᶜibrîm* «Hebräer» werden somit als die Menschengruppe ausgewiesen, die das *ᶜm* «Volk» Jahwes konstituieren. Durch diese Einheit von Gott und Volk wird dem Verweilen in Ägypten jeder Grund entzogen: das Volk kann seinem Gott in Ägypten nicht «dienen» (*ᶜbd*), da es dort dem Pharao untersteht. Es ist deshalb offensichtlich, daß *ᶜibrî* hier den ethnisch-religiösen Gegensatz zwischen den Juden und den Ägyptern umschreibt. Dies wird auch in Ex 3,18; 5,3[468]; 9,13; 10,3 vorausgesetzt.

---

461 P. Weimar, Die Berufung des Mose, 1980, 113 Anm. 77, spricht von einer deutlich strukturell-literarischen Verbindung.

462 P. Weimar, Die Berufung des Mose, 1980, 113, Anm. 77.

463 H. Schult, DBAT 10 (1975), 26.

464 P. Weimar, Die Berufung des Mose, 1980, 112 Anm. 73.

465 P. Weimar, Die Berufung des Mose, 1980, 139.

466 M. Weippert, Landnahme, 1967, 93; H. Schult, DBAT 10 (1975), 26; P. Weimar, Die Berufung des Mose, 1980, 113.

467 P. Weimar, Die Berufung des Mose, 1980, 113, betont, daß in «Jahwe, der Gott der Hebräer», die ethnische Besonderheit des Jahwe-Volkes in der vorjahwistischen Schicht betont werde.

468 Das Fehlen von JHWH vor *'lhj hᶜbrjm* dürfte als Auslassung zu verstehen sein.

Wenn es somit keinem Zweifel unterliegen kann, daß die *'lhj hᶜbrj(j)m*-Belege nur als Zeugnisse für ein Gentilizium *ᶜibrî* zu werten sind, scheidet die Möglichkeit aus, sie in irgendeiner Weise mit den *ᶜprw* der ägyptischen Quellen zu vergleichen und daraus historische Folgerungen abzuleiten.[469] Im Gegensatz zu solchen Versuchen ergibt sich vielmehr, daß diese Stellen zeitlich wohl jenen anderen biblischen zuzuordnen sind, die gleichfalls *ᶜibrî* nur als Gentilizium kennen. Von einer Spätdatierung der anderen *ᶜibrî*-Belege her hat deshalb H. Schult gefolgert, daß auch die Formel *'lhj hᶜbrj(j)m* «Gott der Hebräer» in der Spätzeit einzuordnen sei.[470]

Die Formel *'lhj hᶜbrj(j)m* dürfte in der Tat eine Frühdatierung dieser Stellen ausschließen. Denn für eine Frühdatierung kann nur die allgemeine Hypothese, daß das jahwistische Werk in der vorexilischen Epoche anzusiedeln sei, als Beweis vorgelegt werden. Abgesehen von der allgemeinen Fragwürdigkeit dieser Argumentation[471] sprechen gegen sie auch Momente, die direkt im Zusammenhang mit *ᶜibrî* selbst stehen. Denn die Unmöglichkeit, zwischen den ägyptischen *ᶜprw* und den *ᶜibrîm* «Hebräern» einen tatsächlichen Zusammenhang herzustellen, schließt es aus, in den *ᶜibrîm* von Ex 3,18; 5,3; 7,16; 9,1.13; 10,3 eine historische Realität der vorexilischen Zeit zu sehen. Wir haben es hier unmittelbar mit einer Anschauung zu tun, die das Volk Jahwes direkt aus Ägypten kommen läßt und damit begründet, daß Jahwe und das Volk der Hebräer zusammengehören. Diese Geschichtskonstruktion ist aber erst in der nachexilischen Zeit entstanden.[472]

Wenn wir somit vom Verfahren eines Zirkelschlusses absehen und aus den biblischen Berichten über die *ᶜibrîm* «Hebräer» in Ägypten und Nachrichten über die *ᶜprw* im Dienst der Pharaonen keine historischen Anhaltspunkte oder gar Beweise für einen Aufenthalt Israels in Ägypten ableiten, dann liegt es nahe, die *'lhj hᶜbrj(j)m*-Stellen den anderen nachexilischen *ᶜibrî*-Belegen gleichzustellen. Wir gewinnen so zugleich einen weiteren Hinweis für eine Spätdatierung des sog. Jahwisten.

5.5.2. *ᶜibrî* in Ex 1,15.16.19; 2,6.7.11.13

Im Abschnitt Ex 1,15–21 werden die Hebammen mit *ᶜbrjh* als Angehörige einer bekannten Volksgruppe, die von den Ägyptern verschieden ist, bezeichnet.

---

469 Kap. 2.3.; siehe ferner zu Anm. 446.

470 H. Schult, DBAT 10 (1975), 26.

471 Siehe zum Problem der Spätdatierung des Jahwisten u. a. V. Vorländer, Entstehungszeit, 1978, 82–142; H. H. Schmidt, Auf der Suche nach neuen Perspektiven für die Pentateuchforschung, VTS 32, 1981, 375–394 zu Anm. 22.

472 Siehe Kap. 12.

Die Zuordnung von Ex 1,15–21 zu einer der Quellenschriften ist umstritten. Die Erzählung wird entweder als alt angesehen und E beigesellt[473] oder als ein später romanhafter Bericht ohne jeden Anhaltspunkt für frühe Entstehung oder Fixierung.[474]

Der Gebrauch von *'brjh* als Gentilizium sowie die Art der Erzählung, die einen ausgestalteten Kommentar zu V. 22 darstellt, lassen keine Hinweise auf ein hohes Alter des Textes erkennen. In *'brjh* haben wir dagegen einen Anhaltspunkt für die Gleichstellung des Textes mit den anderen späten *'ibrî*-Belegen.

M. Noth sieht in Ex 2,4.7–10 a eine nachträgliche Ausschmückung von Ex 2,1–3.5–6.10 b durch das besondere, die Spannung des Hörers bzw. Lesers erhöhende Element der Stillung des Knaben durch seine eigene Mutter.[475] Dieser Schicht ist auch V. 6bβ zuzurechnen.

Die Erzählung über Moses Flucht zu den Midianitern (Ex 2,11 ff.) gehört nach M. Noth kaum zum allerältesten Bestand der Überlieferung.[476] Da Ex 2,11–14 der Schlußredaktion des Exodus-Buches zuzurechnen sein dürfte[477], wird dieser Abschnitt sicher dem nachexilischen Endstadium der Pentateuchwerdung einzuordnen sein.[478]

5.6. *'ăbram ha'ibrî* «Abram der Hebräer» – Gen 14,13

Dem Verständnis von *'ibrî* in Gen 14,13 kommt innerhalb der Diskussion über die Beziehungen zwischen den *ḫabirū* und den *'ibrîm* eine besondere Bedeutung zu. Denn Gen 14,13 wird entweder als der älteste Beleg für *'ibrî* angesehen oder als ein ganz später, der mit Sicherheit in die nachexilische Zeit zu datieren sei.

---

473 M. Noth, Exodus, 1978⁶, 12, meint, daß Ex 1,19–21 als ein Fragment von E anzusehen sein werde, daß als elohistisches Sondergut schon in die literarische Zusammenstellung des alten Pentateucherzählungsguts (JE) und schließlich auch in den Gesamtpentateuch Aufnahme gefunden habe; W. H. Schmidt, Exodus, 1974 ff., 17–18; P. Weimar, Die Berufung des Mose, 1980, 122 Anm. 92, bezeichnet Ex 1,15–22 als «jehowistische» Geschichte; ders., BZAW 146, 1977, 26–29.

474 H. Schult, DBAT 10 (1975), 26.

475 M. Noth, Exodus, 1978⁶, 14; siehe auch W. H. Schmidt, Exodus, 1974 ff., 54–55; P. Weimar, Die Berufung des Mose, 1980, 213–214 mit Anm. 33; 218–219.

476 M. Noth, Exodus, 1978⁶, 21–23, ordnet Ex 2,11–4, 23 J und E zu, abgesehen von kurzen summarischen Bemerkungen von P; siehe auch zu Ex 2,11–25 W. H. Schmidt, Exodus, 1974 ff., 80–88.

477 P. Weimar, Die Berufung des Mose, 1980, 19 Anm. 9, zu Ex 2,11–22. Er bestimmt Ex 2,11–14 als ein sekundär eingeführtes Verbindungsglied, das er als «nachjehowistische Erzählung» ansieht, die auf den Verfasser des Exodus-Buches zurückgehe.

478 H. Schult, DBAT 10 (1975), 26.

Die Frühdatierung von Gen 14,13 ist allgemein mit einer historisierenden Interpretation der Vätergeschichten und der Gestalt Abrahams verbunden. *ᶜibrî* kommt in diesem Zusammenhang die Rolle zu, einen direkten Kontakt zwischen Abraham und den *ḫabirū* herzustellen.

5.6.1. Frühdatierung von Gen 14,13

Bereits A. Jirku hat Gen 14 in der Diskussion über die Beziehungen zwischen den *ḫabirū* und den *ᶜibrîm* eine Schlüsselrolle zugedacht. Gegen die Spätdatierung der Stelle wendet er ein, daß die Bezeichnung *ᶜibrî* gut zu verstehen sei. Sein Argument lautet folgendermaßen: «Uns ist diese Namensgebung nach den obigen Ausführungen freilich nicht mehr fremd. Sehen wird doch, daß es gerade in der 1. Hälfte des 2. Jahrtausends im Alten Oriente Brauch war – wir nannten 2 Beispiele aus Mesopotamien und 1 aus Syrien –, die einzelnen Angehörigen des *Ḫabirū*-Volkes als *Ḫabirai* ‹der Herbräer› zu bezeichnen; mit dem Niedergange des Hebräervolkes hört diese Bezeichnung in der Literatur auf. Woher hätte nun der angebliche jüdische Verfasser der nachexilischen Zeit, wenn er einen Bericht aus den Tagen Abrahams wirklich ‹archäologisch richtig› nachbilden wollte, seine Kenntnis gerade von dieser singulären Namensgebung ‹N.N. der Hebräer› schöpfen sollen; zu einer Zeit, da die Urkunden, aus denen wir diesen Sprachgebrauch kennen lernen, schon seit Jahrhunderten in Schutt und Staub versunken lagen. Bei dieser in Gn. 14 sich findenden Bezeichnung ‹*Abraham der Hebräer*› wird und kann es sich eben um nichts anderes handeln als um die im 2. Jahrtausend v. Chr. übliche Benennung einzelner Angehöriger des Volkes der *Ḫabiru*-Hebräer. Daß sie sich aber in Gn. 14 überhaupt findet, ist uns das untrügliche Zeugnis dafür, daß dieses Kapitel auf eine Keilschrifturkunde aus den Tagen Abrahams, in denen diese Benennung ‹N. N. der Hebräer› noch üblich war, zurückgehen muß. Anders läßt sich m. E. der hier vorliegende Fragenkomplex nicht beantworten, womit Gn. 14 zum literarisch ältesten (wenn auch vielleicht überarbeiteten) Abschnitte des Alten Testamentes wird.»[479]

Für A. Jirku ist demzufolge «Abram der Hebräer» ein *ḫabiru* «Hebräer» der Amarnazeit und Glied der Volksmasse, die er zu dieser Zeit in Syrien-Palästina eindringen läßt.[480]

Die von A. Jirku repräsentierte Interpretation hat dann W. F. Albright groß ausgebaut und erneut in veränderter Form zur Geltung gebracht.[481] Auch er unternimmt den Versuch, Abraham dem Milieu der *ḫabirū* zuzu-

---

[479] A. Jirku, Die Wanderungen der Hebräer, 1924, 28–29.

[480] A. Jirku, Die Wanderungen der Hebräer, 1924, 29–31.

[481] St. E. Hardwick, Change and Constancy, 1966, 112–119 (The *Habiru–ᶜApiru* and the Patriarchs).

ordnen und damit gleichzeitig als historische Persönlichkeit zu erweisen.[482] Er geht von der Identität von *ḫabiru* und *ᶜibrî* aus und bestimmt beide mit «donkey caravaneers.»[483] Durch ihre Verbindungen mit Mesopotamien haben nach W. F. Albright diese *ḫabirū* = *ᶜibrîm* den nach Mesopotamien weisenden Teil des Alten Testaments nach Westen mitgebracht. Die Einordnung von Abraham in das Milieu der *ḫabirū* erlaubt es ihm ferner, den Vater Israels als historische Persönlichkeit vorzustellen.[484]

Die ganze Konzeption W. F. Albrights wurde mit dem Argument abgelehnt, daß die *ḫabirū* der altorientalischen Quellen des 2. Jts. keine «caravaneers» Karawanenführer noch überhaupt *ḫabirū* gewesen seien, sondern kleinviehzüchtende «Randnomaden» im Übergang zum seßhaften Leben.[485] Auch die Anschauung, daß die *ḫabirū* = Hebräer mesopotamische Literatur nach Westen gebracht hätten, wurde zu Recht kritisiert.[486]

Während die These A. Jirkus und W. F. Albrights nur noch vereinzelt aufgegriffen und verteidigt worden ist[487], hat die Verbindung Abrahams mit den *ḫabirū* und der Versuch, in ihm eine historische Persönlichkeit zu sehen, neben schärfster Ablehnung[488] ebenso auch volle[489], teilweise oder insoweit volle Zustimmung gefunden, als Abraham tatsächlich einem Milieu und einer Zeit zuzuweisen sei, in der auch die *ḫabirū* bezeugt seien. Die Väter Israels werden in diesem Sinne zur Klasse der *ḫabirū* und deren Lebensweise gerechnet.[490] Dadurch wird es möglich, die Zwischenkategorie

---

482 W. F. Albright, YGC, 1968, 64–79 (Hebrews and *ᶜApiru*). 233–234 q. 234 r; ders., BA 36 (1973), 7–19; ders., Prolegomenon, 1970, 9–10; ders., CAH 2/2 A, 1975³, 113.

483 Siehe Anm. 482.

484 Siehe Anm. 482.

485 Siehe zur Diskussion über die These W. F. Albrights die Literaturangaben bei M. Weippert, Abraham der Hebräer? Bemerkungen zu W. F. Albrights Deutung der Väter Israels, Bib 52 (1971), 407–432; Th. L. Thompson, Historicity of the Patriarchal Narratives, 1974, 184–195; W. G. Denver, The Patriarchal Traditions, in: IJH, 1977, 118–119; H. Engel, Die Vorfahren Israels in Ägypten, 1979, 140 mit Anm. 17–18, zu der «als nicht haltbar erwiesenen Grundthese *ᶜApiru* = ass caravaneers».

486 M. Weippert, Bib 52 (1971), 407–432.

487 Siehe z. B. A. M. Badawi, ASAE 42 (1943), 22.

488 Siehe z. B. außer der in Anm. 485 aufgeführten Literatur u. a. R. de Vaux, Histoire ancienne d'Israël I, 1971, 217–220 (Les Patriarches ne sont pas des marchands caravaniers); H. Engel, Die Vorfahren Israels in Ägypten, 1979, 140 Anm. 18, stellt fest, daß W. F. Albright nach der Veröffentlichung seines unglücklichen Artikels «Abram the Hebrew. A New Archaeological Interpretation» (BASOR 163, 1961, 36–54) gegenüber Anfragen taub gewesen sei und alle Kritik ignoriert habe.

489 Siehe z. B. A. Arazy, Appellations of the Jews, 1977, 20. 36–39.

490 J. Bright, A History of Israel, 1980³, 95, schreibt z. B., "In view of this, while we may not lightly identify the Hebrew ancestors with the *ᶜApiru* (specifically not with those of Amarna), it is legitimate to think of them as belonging to this class." E. L. Ehrlich, Geschichte Israels, 1980², 9, verbindet mehrere Probleme zu folgender Gesamtschau: «Die philologische Verknüpfung von *ᶜApiru* mit dem hebräischen *ᶜIbrî* (Hebräer) bereitet

der «Frühisraeliten» einzuführen[491], die Israeliten hauptsächlich der aramäischen Wanderbewegung zuzuzählen[492] und teilweise die Widersprüche zu vermeiden, die einer vollen Übernahme der Hypothese W.F. Albrights widersprechen.

Die Übertragung der *ḫabirū*-Lebensweise auf Abraham erlaubt so einerseits eine historische Auffassung der Person Abrahams und gleichzeitig die Trennung zwischen der sozialen Gruppe der *ḫabirū* und dem Volk der Hebräer.[493]

Schwierigkeiten, gleichwohl würde die Funktion der *ᶜApiru (Ḫabiru)* zu den in der Genesis geschilderten Merkmalen der Hebräer und ihren Wanderungen passen, obwohl die Hebräer keinesfalls mit den *ᶜApiru* identisch sind, denn *ᶜApiru* ist kein Volks-, sondern ein Gattungsname. In irgendeiner Weise könnten die Hebräer jedoch zu den *Ḫabiru* gehört haben». Eine wenig präzise Definition des *ḫabirū*-Problems liegt auch bei G. Fohrer, Geschichte Israels, 1979², 37 vor. Denn er schreibt: «Leitet man *ᶜibrî* von *Chapiru* ab, so ergibt sich – da eine einfache Gleichsetzung ausscheidet –, daß die Frühisraeliten eine Gruppe in dem Ganzen der *Chapiru* gebildet haben können. Auch sie wurden so genannt, weil sie als Wanderhirten viel umherzogen und also zu den minderberechtigten Fremden zählten. Dem entspricht durchweg die Art, wie sie in den Erzählungen der Genesis geschildert werden. Wenn man also nicht auf die Volkszugehörigkeit, sondern auf die Lebensweise sieht, ist wohl anzunehmen, daß Gruppen der Frühisraeliten – unter ihnen die Patriarchen – zu denen gehörten, die man damals *Chapiru-ᶜApiru* nannte». Von der Gleichung *ḫabiru* = *ᶜibrî* her folgert N.K. Gottwald, JSOT 7 (1978), 41, daß Abraham als *ᶜibrî* zu den «dropouts» gehöre.

491 Siehe z.B. K. Schubert, Israel im Altertum, 1970/77, 24, der schreibt: «Die westsemitischen Protoisraeliten gehörten zweifellos zu den sogenannten *Chab/piru/Apiru.*» G. Fohrer, Geschichte Israels, 1979², 37; siehe auch W. Kornfeld, Religion, 1970, 33–34, etwas einschränkend: «Im äußersten Fall waren die Protoisraeliten nur ein Element der *Hapiru*, mit denen sie mehr die gemeinsame Lebensweise als die Abstammung verband.»

492 S. Herrmann, Gedichte Israels, 1980², 78, beläßt trotz starker Betonung der aramäischen Wanderung eine Verbindung der Patriarchen zu den *ḫabirū* als Möglichkeit bestehen. Er schreibt: «Die Annahme, daß der übergreifende Zusammenhang die aramäische Bewegung in der zweiten Hälfte des 2. Jahrtausends v. Chr. war, hat die größte Wahrscheinlichkeit. Daß allerdings diese Zuwanderer aus der Steppe schon zu ihrer eigenen Zeit oder wenig später eine Selbstbezeichnung hatten, daß man sie alle oder auch nur einen Teil von ihnen *chapiru* nannte, entbehrt der sicheren Grundlagen, wenn auch diese Hypothese nicht a limine auszuschließen ist.» Diese Hypothese dürfte bei S. Herrmann ihren Grund in der Annahme haben, daß gegenüber den früheren Versuchen, den Begriff *ḫabiru* soziologisch zu umschreiben, die Neigung wachse, unter *ḫabiru* Leute eines gemeinsamen Volkstums zu verstehen (a.a.O., S. 78 Anm. 41).

493 M. Greenberg, Hab/piru and Hebrews, 1970, 200: "The possibility – and it is more, than that – remains that the Patriarchs – as individuals and families – may have been *hapiru* ... their *hapiru* status..."; Ed., Encyclopedia Judaica 7, 1971, 1034; "...it is certain that Abraham was called *ᶜivri* because he fulfilled certain 'pre-biblical' social structure identifications". Eine ähnliche Hypothese vertritt im Anschluß an E. Sellin auch F.H. Hallock, The Ḫabiru, 1939, 843–844, der annimmt, daß zwischen Hebräern = *ḫabirū* und Israeliten zu unterscheiden sei. Denn alle Israeliten seien zwar Hebräer = *ḫabirū*, aber nicht alle

Während in den Hypothesen A. Jirkus und W. F. Albrights ein von Osten einwanderndes Volk der *ḫabirū* oder Wanderungen von *ḫabirū*-Gruppen vorausgesetzt werden, geht J. Lewy von einem Appellativum *ᶜibrî* aus.[494] In der Deutung von Gen 14,13 findet er in der Übersetzung von *ᶜibrî* mit περάτης «der Herübergekommene» ein zutreffendes Verständnis von *ḫabiru* als (nomadischem) Eindringling[495] oder «resident alien».[496] In diesem Zusammenhang wurde Abraham auch mit Idrimi von Alalaḫ in Beziehung gesetzt.[497]

Während J. Lewy generell das hohe Alter von Gen 14 zur Grundlage seiner Überlegung gemacht hatte[498], versucht M. P. Gray diese Position J. Lewys ausdrücklich zu beweisen.[499] Das Verhältnis zwischen Abraham und den *ḫabirū* wird hierbei folgendermaßen im einzelnen bestimmt: "It cannot be denied that Abraham as he is described in Genesis appears to travel a great deal with flocks and herds, living in a tent as a nomad. But it must be emphasized that Abraham is denoted an *ᶜibrî* just at that moment when he takes decisive military action; in short, the term *hāᶜibrî* ‹immigrant› is used in reference to Abraham at the time when his actions most closely resemble those of the *Ḫâbirū*.»[500]

In der Hypothese J. Lewys dient eine besondere Etymologie von *ḫabiru* = *ᶜibrî*[501] und die Annahme, daß περάτης in Gen 14,13 eine zutreffende Übersetzung von *ᶜibrî* darstelle, in Verbindung mit der Anschauung, daß Gen 14 ein früher vorexilischer Text sei, als Grundlage der Argumentation.

Wir stehen so vor dem Ergebnis, daß es sowohl Vertretern der ethnischen als auch der soziologischen Auffassung der *ḫabirū* möglich ist,

---

Hebräer = *ḫabirū* seien Israeliten gewesen. "Abram der Hebräer" (Gen 14,13) sei deshalb nicht der "pious hero of the faith". Diese Unterscheidung zwischen Hebräern = *ḫabirū* und Israeliten habe sich bis I Sam 13,8; 14,21 erhalten.

494 J. Lewy, OLZ 30 (1927), 744–745; M. P. Gray, HUCA 29 (1958), 175.

495 J. Lewy, OLZ 30 (1927), 828; ders., HUCA 28 (1957), 6–7.

496 J. Lewy, HUCA 28 (1957), 7.

497 M. P. Gray, HUCA 29 (1958), 175; siehe auch Y. Muffs, JJS 33 (1982), 105.

498 Siehe zu Anm. 494–496.

499 M. P. Gray, HUCA 29 (1958), 176.

500 M. P. Gray, HUCA 29 (1958), 176. Eine ähnliche Argumentation liegt auch bei N. A. van Uchelen, Abraham de Hebreër, 1964, 114, vor, da auch er in der Angleichung Abrahams an die *ḫabirū* eine Möglichkeit sieht, ihn als Krieger zu bestimmen; J. A. Emerton, The Riddle of Genesis XIV, VT 21 (1971), 435 Anm. 7, vertritt eine ähnliche Anschauung. Er schreibt hierzu folgendes: "There is nothing in the story of Gen. XIV to argue against the dating of it before the time of David. Incidentally, the fact that Abraham is described as a Hebrew in verse 13 is compatible with (although is does not demand) such a dating, for the word is recorded as having been used shortly before the time of David (1 Sam. IV 6,9; XIII 3,7, 19; XIV 11,21; XXIX 3)."

501 Siehe Kap. 3 zu Anm. 87–106; Kap. 8 Anm. 67.

Abraham oder die Patriarchen generell mit den *ḫabirū* in Verbindung zu bringen und daraus eine Historizität Abrahams abzuleiten. Die Hypothesen von A. Jirku, W. F. Albright und J. Lewy haben dabei eine breite und bis heute andauernde Wirkung erzielt.[502] Diese Ergebnisse werden teilweise auch von Vertretern der Altorientalistik verteidigt[503] und als Beweise für die Historizität Abrahams angesehen.[504]

An die historisierende Interpretation von *ʿibrî* in Gen 14,13 lehnen sich auch jene an, die zwar Gen 14 nicht als streng historischen Bericht ansehen, aber im Wort *ʿibrî* doch ein Element alter Überlieferung erblikken[505] oder annehmen, daß *ʿibrî* hier etwa mit «Proto-Israelit» zu übersetzen sei.[506]

5.6.2. Spätdatierung von Gen 14,13

Ein besonderes Problem stellen Gen 14,13 und Jon 1,9 für jene dar, die nur diese zwei Stellen als spät ansehen, aber alle anderen als vorexilisch. Gen 14,13 wird innerhalb dieser Richtung entweder als Archaisierung verstanden[507] oder außer Betracht gelassen.[508]

---

502 Siehe zu Anm. 1–21; siehe ferner U. Cassuto, Genesis II, 1964, 302, der schreibt: "Be this as it may, it appears that the name under discussion [= *ʿibrî*], like the Biblical term 'children of Eber' (compare X 21), denotes a very broad-based class, in which Abram and his offspring formed only a single group."

503 Siehe z. B. F. H. Hallock, Ḫabiru, 1939, 840. 844; F. M. de Liagre Böhl, Opera minora, 1953, 479; H. Schmökel, Geschichte des alten Vorderasien, 1957, 234; E. A. Speiser, Genesis, 1964, 103; M. Anbar, Or 41 (1972), 386; M. B. Rowton, JNES 36 (1977), 195.197.

504 Siehe besonders H. Schmökel, Geschichte des alten Vorderasien, 1957, 234; E. A. Speiser, Genesis, 1964, 103, argumentiert z. B. folgendermaßen "Hence the fact that the author himself refers here to Abraham as a Hebrew is strong presumptive evidence that the document did not originate with Israelites. This deduction receives independent support from various other details in the chapter before us, and it opens up in turn unexpected vistas which bear on the historicity of Abraham."

505 H. Cazelles, The Hebrews, 1973, 22–23, bestimmt Abraham von Gen 14,13 als typischen *ḫabiru* der Armanazeit; so auch U. Worschech, Abraham, 1983, Anm. 60, "detribalized individual" (Rowton).

506 M. Weippert, Bib 52 (1971), 424, dürfte damit den Wortgebrauch von *ʿibrî* wohl fälschlich historisieren.

507 A. Alt, Die Ursprünge des israelitischen Rechts, 1934, 292 Anm. 2; ders., Hebräer, 1959, 105; R. de Vaux, Histoire ancienne d'Israël I, 1971, 203, bezeichnet Gen 14,13 und Jon 1,9 als «archaismes délibérés.»

508 So K. Koch VT 19 (1969), 38.40, der von der Rätselhaftigkeit von Gen 14 her ohne nähere Begründung schließt, daß man *ʿibrî* in Gen 14,13 außer Betracht lassen könne.

5.6.3. Datierung von Gen 14 und Bedeutungsbestimmung von Gen 14,13

Die Bezeichnung Abrahams als eines *ʿibrî* in Gen 14,13 steht innerhalb eines Textes, der in die spätnachexilische Zeit zu datieren ist.[509]

ʿibrî wird in Gen 14,13 als Ethnikon verwendet.[510] Es hat innerhalb von Gen 14 die Aufgabe, die Besonderheit Abrahams hervorzuheben und ihn von den anderen Königen abzusetzen.[511] In Gen 14,13 läßt sich deshalb *ʿibrî* nur als nachexilische Formulierung aus dem lebendigen Sprachgebrauch verstehen, die aufs beste beleuchtet, wie in dieser Zeit *ʿibrî* verstanden wurde. Es besteht somit kein Anhaltspunkt für einen archaisierenden oder sonstwie ungewöhnlichen, dunklen Sprachgebrauch in Gen 14,13. *ʿibrî* in Gen 14,13 kann deshalb nur als ein eindeutiges und zeitlich leicht bestimmbares Zeugnis für *ʿibrî* als national-religiöse Selbstbezeichnung des nachexilischen Judentums gelten, die vor allem dem Stammvater Abraham zukommen mußte.[512] Die griechische Übersetzung von *ʿibrî* mit ὁ περάτης bildet kein Gegenargument.[513]

5.7. *ʿibrî* «Hebräer» in Jon 1,9

Da über die nachexilische Entstehung der Jona-Erzählung fast eine allgemeine und wohl auch gut begründete Einigkeit besteht[514], ergibt sich

---

509 Siehe zur Diskussion über die Datierung von Gen 14 u. a. H. Weippert, Landnahme, 1967, 94–101; R. de Vaux, Histoire ancienne d'Israël I, 1971, 208–212; W. Schatz, Genesis 14, 1972, 144–157; H. Schult, DBAT 10 (1975), 23; N. P. Lemche, StTh 33 (1979), 9, mit Anm. 28; J. Doré, La rencontre Abraham – Melchisédech et le problème de l'unité littéraire de Genèse 14, in: FS Cazelles, 1981, 75–95; M. Peter, Die historische Wahrheit in Genesis 14, in: FS Cazelles, 1981, 97–105; H. Donner, Geschichte 1, 1984, 82–83.

510 M. Weippert, Landnahme, 1967, 101; ders., Bib 52 (1971), 424; H. Schult, DBAT 10 (1978), 23; C. Westermann, Genesis 2, 1981, 235.

511 C. Westermann, Genesis 2, 1981, 235, übersieht diese Funktion von *ʿibrî* in Gen 14,13.

512 Abraham wuchs in exilisch-nachexilischer Zeit die Rolle einer Identifikationsfigur des jüdischen Volkes zu, die man nur unter gleichzeitiger Historisierung seiner Gestalt glaubte voll wirksam gestalten zu können, siehe hierzu u. a. Sh. N. Eisenstadt, Max Webers antikes Judentum und der Charakter der jüdischen Zivilisation, 1981, 153; O. Loretz, Vom kanaanäischen Totenkult zur jüdischen Patriarchen- und Elternehrung, 1981, 149–204.

513 Siehe Kap. 8.1.10 und 8.2.

514 H. W. Wolff, Jona, 1977, 54–56, denkt eher an die frühhellenistische als an die spätpersische Zeit. O. Kaiser, Einleitung, 1978^{4}, 179, frühhellenistische Epoche; R. Smend, Die Entstehung des Alten Testamentes, 1981^{2}, 178, spätere persische, frühhellenistische Zeit. Für eine vorexilische Frühdatierung sind z. B. B. Porten, Baalshamem and the Date of the Book of Jonah, in: FS Cazelles, 1981, 237–244; G. M. Landes, Linguistic Criteria and the Date of the Book of Jonah, ErIs 16 (1982), 147*–170*. Weder B. Porten noch G. M. Landes behandeln das Problem des Vorkommens von *ʿibrî* im Buche Jona.

innerhalb der verschiedenen Erklärungen der Beziehungen zwischen den *ḫabirū* und *ᶜibrîm* nur das Problem der Bewertung von Jon 1,9.

Die Vertreter der Frühdatierung sehen in *ᶜibrî* von Jon 1,9 entweder eine aus dem Rahmen fallende Archaisierung[515] oder die Wiederaufnahme bzw. das Wiederaufleben älterer Terminologie.[516] Es wurde auch versucht, *ᶜibrî* in Jon 1,9 unter Berufung auf G zu eliminieren, um so die angebliche Geschlossenheit der frühen Belege zu sichern.[517]

Die Stelle Jon 1,9 wird von K. Koch bei den von ihm «Philister»-Stellen genannten Belegen für *ᶜibrî* eingeordnet.[518] Die Aussage des fliehenden Jona «Ich bin Hebräer und verehre Jahwe, den Gott des Himmels» (Jon 1,9) sei undeutlich formuliert. Denn es bleibe offen, ob der Erzähler meine, daß «Hebräer» und «Verehrer des Himmelsgottes» gleichbedeutend seien, oder der Hebräer als Jahwe-Verehrer von anderen Hebräern abzugrenzen sei.[519] Die Erzählung sowie die konkrete Situation ließen nicht an das Aufgreifen eines archaisierenden Namens denken. Es liege die Annahme näher, daß der in altisraelitischer Zeit gebräuchliche Ausdruck auf uns verborgenen Kanälen sich bis in die Zeit des Jonabüchleins erhalten habe. Die Frage, warum sich Jona gegenüber Volksfremden als «Hebräer» bezeichne, sei von dem Geschehen in Jafo, einem Landstrich, der ehedem von Philistern besiedelt worden sei, her zu erklären. Gerade Philistern gegenüber werde schon in altisraelitischer Zeit gern von Hebräern geredet. Die einfachste Erklärung sei wohl, daß die Philister selbst Bewohner des palästinischen Berglandes als Hebräer ansprächen. Angesichts der räumli-

---

[515] A. Alt, Hebräer, 1959, 105; K. Koch, VT 19 (1969), 40, schreibt: «Nur der nachexilische Beleg im Jonabüchlein fällt aus dem Rahmen, er wird deshalb von den Exegeten als Archaisierung empfunden»; R. de Vaux, Histoire ancienne d'Israël. I, 1971, 203, schreibt: «Il faut attribuer une valeur ethnique aux deux emplois isolés du mot, Jon., 1,9 (cf. le v. 8) et Gen., XIV, 13, mais les deux cas sont des archaïsmes délibérés»; H. Cazelles, Hebrews, 1973, 3, vertritt eine ähnliche Hypothese: "As for Jonah 1:9, it is an isolated text from a period which tends to use archaic expressions."

[516] A. Arazy, The Appellations of the Jews, 1977, 20–21. 36–39, dürfte so zu verstehen sein.

[517] J. Lewy, HUCA 28 (1957), 6–7, bemerkt hierzu folgendes: "...Jonah 1,9 being of doubtful value, on the one hand, because, as was observed by Baeck, the use of *ᶜibrî* as designation of Jonah may well be inspired by the narrator's desire to give his tale an archaic coloring and, on the other hand, because the Greek version sul stitutes for *ᶜibrî 'ānōkī* 'I am a Hebrew' or, rather, 'I am an alien' δοῦλος κυρίου ἐγώ 'I am a servant of the Lord' ".; M. P. Gray, HUCA 29 (1958), 186, geht dann einen Schritt über J. Lewy hinaus und schreibt: "The Septuagint shows that this reference to an *ᶜibrî* in the Masoretic text is based on a faulty tradition... The Hebrew text, then, appears to have read originally *ᶜbd JHWH*, abbreviated to *ᶜbd j'*, a reading which would easily be misread and miscopied *ᶜbrj.*" J. A. Bewer, Jonah, 1912, 37, bemerkt zu 1,9, daß G das *j* von *ᶜibrî* als Abkürzung für *JHWH* angesehen habe.

[518] K. Koch, VT 19 (1969), 43–44.

[519] K. Koch, VT 19 (1969), 43 Anm. 1.

chen Nachbarschaft der Philisterstädte sei das den meisten Israeliten bekannt. Da der Ausdruck in der Sprache der Israeliten seine – wenn damals auch selten verwendete – Entsprechung gehabt habe, habe man noch in nachexilischer Zeit von sich selbst und den eigenen Leuten diese Vokabel gebraucht, sobald es um das Verhältnis zu den Philistern gegangen sei. Offen bleibe freilich, ob die Philister unter «Hebräern» nur Israel verstanden hätten oder auch andere Völkerschaften.

Gegen diese Argumentation wurde wohl zu Recht geltend gemacht, daß K. Koch den hypothetisch geforderten Sprachgebrauch der Philister zu stark überdehne, wenn er annehme, daß die Seeleute von Jafo philistäischer Herkunft gewesen seien und die alte Tradition der Philister noch lebendig gewesen sei.[520]

Im Rahmen seiner Unterscheidung zwischen einer älteren soziologischen Bedeutung von *ḫabiru* = *ᶜibrî* und dem Gebrauch von *ᶜibrî* in nachexilischer Zeit als einer Art ehrenhafter nationaler Bezeichnung ordnet N. P. Lemche Jon 1,9 als erstes Zeugnis für den letzteren Gebrauch ein.[521] Diese zeitliche und inhaltliche Festlegung in die Spätzeit verbindet er mit der Annahme, daß auch in Jon 1,9 noch ein Hinweis auf das alte Verständnis des *ḫabiru* = *ᶜibrî* als eines «Flüchtlings» enthalten sei.[522] Es dürfte kaum zu betonen sein, daß aus dem Wortgebrauch in Jon 1,9 allein kein Nachleben einer alten Grundbedeutung von *ḫabiru* = *ᶜibrî* nachweisbar ist.

Der eindeutige Gebrauch von *ᶜibrî* in Jonah 1,9 als Selbstbezeichnung eines Angehörigen der nachexilischen jüdischen Volks- und Religionsgemeinschaft[523] wird am besten als Zeugnis für den damaligen Sprachgebrauch verstanden.[524]

5.8. Ergebnis

Die biblischen Belege für *ᶜibrî* sind alle in die nachexilische Zeit zu datieren. Mit *ᶜibrî* wird ein Angehöriger der nachexilischen jüdischen[525]

---

520 N. P. Lemche, StTh 33 (1979), 10 Anm. 29.

521 N. P. Lemche, StTh 33 (1979), 23, schreibt: "The example in the book of Jonah may be the earliest proof of a national application used as such by an Israelite, and thus the development in the application of the designation Hebrew into a kind of a honorific national name belongs to the post-exilic period."

522 N. P. Lemche, StTh 33 (1979), 10 Anm. 29, hält folgendes fest: "But even in this case there is a hint of the ancient understanding of Hebrew as 'fugitive' since Jonah according to the fictitious stetting of the scene may declare himself a refugee from his own country."

523 Ein spezielles Problem stellt die Zuordnung von V. 9 zu einer redaktionellen Schicht des Jona-Buches dar, siehe z. B. P. Weimar, Literarische Kritik, 1982, 225–230.

524 M. Weippert, Landnahme, 1967, 88; H. W. Wolff, Jona, 1977, 91.

525 Siehe zu «Jude» u. a. H. Schmid, Die «Juden» im Alten Testament, 1976, 17–29.

Gemeinschaft bezeichnet. Die ethnischen, religiösen und nationalen Momente der jüdischen Gemeinschaft werden in diesem Wort zusammengefaßt und zu einer emotionalen Einheit verschmolzen.

Aus der Spätdatierung der *ᶜibrî*-Belege folgt, daß aus ihnen weder unmittelbar auf einen historischen Zusammenhang zwischen den *ḫabirū* und den Hebräern zu schließen ist, noch von einer der für *ḫabiru* vorgeschlagenen Etymologien her die nachexilische Bedeutung von *ᶜibrî* direkt zu ermitteln ist.

Es ergibt sich somit, daß den Belegen für die *ḫabirū-ᶜprw-ᶜprm* die biblischen für *ᶜibrî* als eine selbständige und in sich geschlossene Gruppe gegenüberzustellen sind.

Kapitel 6: *ᶜbr* «Eber» – Stammvater der *ᶜibrîm* «Hebräer»?

Der in den biblischen genealogischen Listen aufgeführte *ᶜbr* «Eber (Gen 10,21.25; 11,14–17) wird in der Diskussion über die *ḫabirū* und *ᶜibrîm* «Hebräer» auf unterschiedliche Weise mit den *ḫabirū*, den Hebräern oder mit beiden in Beziehung gesetzt. Neuestens werden auch die Texte aus Ebla zur Deutung von *ᶜbr* «Eber» herangezogen. Ferner ist in diesem Zusammenhang auch *ᶜbr* in Nu 24,24 zu berücksichtigen.

6.1. *ᶜbr* «Eber» (Gen 10,21.25; 11,14–17) in Beziehung zu den *ḫabirū* und den *ᶜibrîm*

Seit den Anfängen der Auseinandersetzungen über die *ḫabirū* und *ᶜibrîm* im vergangenen Jahrhundert ist der nur in genealogischen Listen erwähnte *ᶜbr* «Eber» auf sehr verschiedene Weise in die Diskussion einbezogen worden.

Im Rahmen der Beweisführung für die Richtigkeit seiner Hypothese, daß alle Israeliten Hebräer seien, aber nicht alle Hebräer Israeliten, zieht F. Böhl auch den Stammvater *ᶜbr* «Eber» mit in die Betrachtung ein. In den Nachrichten über Eber sieht er eine Mitteilung über unvordenklich alte Völkerverhältnisse und Bevölkerungsschichten Kanaans. Er meint, *ᶜbr* «Eber» mit der hebräischen Schicht Kanaans gleichsetzen zu können.[1]

A. Jirku hat die genealogischen Auskünfte von Gen 10 und 11 gleichfalls als Bestätigung für seine Theorie über die Hebräer angesehen. Er liest aus der Völkertafel heraus, daß die Hebräer schon in den ältesten Zeiten von den Israeliten unterschieden worden seien, was der Verfasser derselben dadurch zum Ausdruck bringe, daß er in dem bekannten Sprachgebrauch dieses Kapitels den Eber, den Heros eponymos der Hebräer, zum «Vater vieler Söhne», d. h. Völker mache, die nicht nur als «Söhne» Israels nach der gesamten Überlieferung nicht aufgefaßt werden könnten, sondern als deren jüngster «Urenkel» schließlich Abraham erscheine, der selbst erst wieder als der Ahnherr Jakob-Israels aufgefaßt werde.[2] Aus der Völkertafel ergebe sich, daß die Eber, d. h. die Hebräer als ein weit größeres Volk anzusehen seien als die Israeliten.[3] Wenn in den Genealogien von Gen 10

[1] F. Böhl, Kanaanäer und Hebräer, 1911, 67–68.

[2] A. Jirku, Die Wanderungen der Hebräer, 1924, 10.

[3] A. Jirku, Die Wanderungen der Hebräer, 1924, 10–11.

und 11 Eber als «Stammvater» einer ganzen Reihe von Völkern erscheine, so werde es natürlich niemanden geben, der diese Genealogien gleich in Geschichte umsetzen wolle. Denn sie hätten nicht einen historischen, sondern einen geographischen Hintergrund. Aber auf Grund der keilschriftlichen Angaben über das Volk der *ḫabirū* sähen wir nun doch, daß diese Ansetzung Ebers als «Vater» einer solchen Menge von Völkern nicht eine reine Erfindung oder eine tendenziöse Verherrlichung des Heros eponymos der Hebräer sei. Darin stecke eben eine richtige geschichtliche Erinnerung an die immerhin bedeutende Rolle, die die *ḫabirū* im 3. und 2. Jahrtausend v. Chr. im Alten Orient gespielt hätten.[4] Zur Zeit der Entstehung dieser Genealogien sei die Bedeutung der *ḫabirū* schon vorbei gewesen. Dennoch glaubt er, daraus folgern zu können: «Wenn aber am Ende dieser Genealogie über ᶜEber als seine Nachkommen im vielfachen Gliede Abraham und seine Leute erscheinen, so kann man von vorneherein annehmen, daß auch diese Angabe nicht frei erfunden sein wird.»[5]

In der ethnischen Interpretation der *ḫabirū* bieten sich genealogische Auskünfte von selbst als eine Bestärkung der traditionellen ethnischen Auffassung über die *ḫabirū-ᶜibrîm* dar. Es ist deshalb kaum verwunderlich, daß F. Böhl und A. Jirku auch Gen 10 und 11 in diese Diskussion einbezogen haben.

Obwohl J. Lewy *ᶜibrî* als Appellativum und nicht als Ethnikon ansah, deutete auch er die genealogischen Auskünfte über Eber streng historisch aus. Die Vorfahren wie die Brüder des Patriarchen Abraham, des Hebräers, seien für die Genealogien von Gen 10,21 ff.; 11,10 ff.; 22,10 ff. keineswegs Aramäer, sondern *bnj ᶜbr*, also Hebräer, obwohl Ebers Nachkommen Peleg, Reᶜu, Serug, Naḫor und Ḫaran durch alle anderen Quellen als Aramäer des westmesopotamischen Gebietes erwiesen würden. Die ältesten Überlieferungen (Gen 29,1; 10,25; 11,16 ff.) wüßten noch, daß die Aramäer verhältnismäßig späte Eindringlinge aus der syrisch-arabischen Steppe seien, so daß sie im Hinblick auf diese Wanderung in der Tat als *bnj ᶜbr*, als *ᶜibrîm* anzusprechen seien. Daneben aber stehe schon frühzeitig eine andere Betrachtungsweise, die die gleichen Stämme nicht so sehr nach ihrer Herkunft aus der Steppe und ihrer hiermit zusammenhängenden beruflichen Zusammenhanglosigkeit («Nomaden») klassifiziere, als vielmehr ihrer sprachlichen und nationalen Zugehörigkeit und ihrem Wohnsitz in historischer Zeit Rechnung trage und deshalb die aramäisch sprechenden Verwandten Abrahams auch Aramäer nenne und nach Westmesopotamien versetze. Ein Ausgleich, der die frühgeschichtlichen und die besser bekannten geschichtlichen Verhältnisse bzw. beide Einteilungsprinzipien miteinander zu vereinigen suche und in der Folge die allgemeine appellativische Bezeichnung *ᶜibrî* und das spezielle Ethnikon *'arammî* bzw. die «hebräi-

---

[4] A. Jirku, Die Wanderungen der Hebräer, 1924, 27.

[5] A. Jirku, Die Wanderungen der Hebräer, 1924, 27.

schen» Ahnen der Israeliten und die Aramäer ohne Einschränkung einander gleichsetze, habe unter diesen Umständen nahe gelegen, und so erscheine einerseits Jakob Dtn 26,5 geradezu als «zugrundegehender Aramäer», andererseits die aramäische Sprache als «das Hebräische». In der Völkertafel sei die jüngere Betrachtungsweise jedoch nicht durchgedrungen und so seien nicht nur die LXX zu Gen 14,13 Zeugen für den später völlig vergessenen appellativischen Sinn von *ᶜibrî*, sondern – wenigstens mittelbar – auch die alten Genealogien, die aufgrund der ihnen vorliegenden ältesten Überlieferung die Stammbäume der *bnj ᶜbr* so gestaltet hätten, wie wir sie jetzt in Gen 10,21 ff. und 11,16 ff. lesen.[6]

J. Skinner hat in seinem Genesiskommentar gleichfalls *ᶜbr* als Eponym der *ᶜibrîm* «Hebräer» mit den *ḫabirū* in Beziehung gesetzt. Die historischen Schwierigkeiten seien zu beheben, wenn man die mit *ᶜbr* bezeichneten *ḫabirū* = *ᶜibrîm* nicht mit den Eindringlingen des Buches Exodus gleichsetze, sondern in ihnen eine frühere Welle nomadischer Einwanderer sehe, zu denen auch die Vorfahren Israels gehörten.[7] Ähnliche Gedanken haben auch G. E. Kraeling[8] und H. H. Rowley[9] vorgetragen.

Eine zentrale Stellung hat K. Koch in seiner Schau der Hebräer der genealogischen Nachricht über *ᶜbr* «Eber» eingeräumt.[10] Er geht von der Voraussetzung aus, daß hebr. *ᶜibrî* von dem Ahnherrn *ᶜbr* nicht zu trennen sei, der sowohl für P wie auch für J in Gen 10,21 ff.; 11,14 ff. als Völkerahnherr gelte.[11] Nach Gen 10,21 ff. habe Sem nur einen Sohn, eben Eber, den Ahnherrn der Hebräer. Sem sei demzufolge keine größere Volksgruppe, sondern eine Art Ehrentitel der Hebräer, dessen Herkunft nicht mehr auszumachen sei.[12] Wenn der Einsatz der Heilsgeschichte nicht in Gen 12, sondern in Gen 8,21 f. zu suchen sei[13], werde Israels Entstehung in einen weiten Kreis, in eine Heilsgeschichte der *ᶜibrî*-Völker eingezeichnet.[14] Nach der Völkertafel von Gen 10 umfaßten die späteren Stammbäume noch Abkömmlinge des *ᶜbr*. Diese Völkerschaften spielten also eine andere Rolle als die übrigen in der Völkertafel erwähnten Zweige der Menschheit. Das Einfügen von Hebräer-Genealogien in die fortlaufende Erzählung in J könne nur bedeuten, daß diese Völker im Schatten Israels unter dem

---

[6] J. Lewy, Ḫabiru und Hebräer, OLZ 30 (1927), 832–833.

[7] J. Skinner, Genesis, 1930², 217–218.

[8] G. E. Kraeling, The Origin of the Name «Hebrews», AJSL 58 (1941), 246–247.

[9] H. H. Rowley, From Joseph to Joshua, 1950, 54–55, bemerkt hierzu folgendes: "Indeed, the Old Testament itself indicates that Hebrews, a gentilic formed from the eponymous ancestor Eber, covered a much wider group of peoples."

[10] K. Koch, VT 19 (1969), 39. 71–81.

[11] K. Koch, VT 19 (1969), 39.

[12] K. Koch, VT 19 (1969), 73.

[13] K. Koch übernimmt hier die These R. Rendtorffs, siehe O. H. Steck, Genesis 12,1–3 und die Urgeschichte des Jahwisten, 1971, 537–538 Anm. 36 und 39.

[14] K. Koch, VT 19 (1969), 73.

gleichen göttlichen Walten sich ausbreiteten und ihre jeweils gottgewollte Heimat so fänden wie Israel sein Gelobtes Land. Die Hebräer-Völker würden von J auch darin übereinstimmend gezeichnet, daß sie fast alle eine Sechser- oder Zwölfergruppierung aufwiesen. Für J sei Jahwe, der Gott Sems, als – zumindest potentieller – Gott aller Söhne Ebers nicht bloß Phrase, sondern eine in der Geschichte erkennbar waltende Wirklichkeit.[15]

Aus Nu 24,22.24, die einer nachjahwistischen Redaktion zuzuweisen seien, ergebe sich, daß nach der Bileamsage mit Eber die im letzten Bileamlied genannten Völker Israel, Moab, Edom, Amalek und Kain gemeint seien. Diese Erklärung passe aufs beste zu dem, was J als Söhne Ebers in seiner Genealogie ausgewiesen habe. Also habe sich der umfängliche Hebräer-Begriff, der nicht nur Israel, sondern eine Reihe festumrissener Nachbarvölker umfasse, bis in die nachexilische Zeit hinein gehalten.[16] Desgleichen werde von diesem Ansatz aus das Hebräer-Gesetz im Bundesbuch Ex 21,1–6 verständlich. Der hebräische Sklave, der sechs Jahre dienstverpflichtet und im siebenten Jahr freizulassen ist, meine gewiß nicht den Sklaven überhaupt, sondern nur eine bestimmte Art von Sklaven. Es handle sich um einen Angehörigen der *ᶜibrî*-Völker, wobei die Israeliten selbstverständlich einbegriffen seien.[17]

Das J Werk sehe zwar in Israel den erstgeborenen Sohn Jahwes und Träger einer besonderen Verheißung, kenne aber einen weiteren Kreis von Hebräer-Völkern, die mit Israel verwandt seien. Der Grund für diese Sicht sei in der Ideologie des Großreichs David zu sehen. Denn kaum habe sich unter David ein Königtum in Israel ausgebildet, habe es weit über die Grenzen des Zwölfstämmeverbandes hinausgedrängt. David sei es nach II Sam 8 anscheinend binnen kurzem gelungen, die benachbarten Moabiter, Ammoniter, Aramäer und Edomiter seinem Staat einzuverleiben und durch ein kompliziertes System von Vasallenstaaten und unterworfenen Provinzen zu verwalten. Hinter dieser Großreichsbildung habe außer roher militärischer Gewalt auch eine tragfähige Ideologie gestanden, von der sowohl David wie auch seine nicht-israelitischen Untertanen durchdrungen gewesen seien. David habe sich bei seinem Vorgehen auf eine Verwandtschaft mit Israel berufen. Sein Großreich decke sich überraschenderweise mit dem Wohngebiet der Hebräervölker im jahwistischen Werk. Es ergebe sich mit Sicherheit, daß der Gedanke einer Zusammengehörigkeit der Hebräervölker bis in die frühe Königszeit, in der J sein Werk abgefaßt habe, für bestimmte Kreise Israels von religiöser Bedeutung gewesen sei.[18]

Die Grundlage der historischen Rekonstruktion, die K. Koch vorgetragen hat, bilden mehrere Voraussetzungen, von denen die wichtigsten die

---

[15] K. Koch, VT 19 (1969), 73. 75.

[16] K. Koch, VT 19 (1967), 77–78.

[17] K. Koch, VT 19 (1969), 78.

[18] K. Koch, VT 19 (1969), 78–81.

Frühdatierungen von J[19] und der *ᶜibrî*-Belege[20], sowie die Annahme der historischen Zuverlässigkeit der genealogischen Listen sein dürften. Den größeren allumfassenden Rahmen bildet letztlich die Annahme, daß es möglich sei, von einem Kreis von Hebräervölkern zu sprechen, zu denen auch Israel gehöre.

Wenn wir die zuletzt erwähnte Rede von den Hebräervölkern betrachten, dann dürfte klar sein, daß K. Koch hiermit die ältere Tradition der ethnischen Deutung der *ḫabirū* weiterführt, die davon ausging, daß die Hebräer entweder mit der ethnischen Gruppe der *ḫabirū* identisch seien oder daß sie von einer der *ḫabirū*-Gruppen abstammten und als solche in die Wohnsitze des späteren Israel eingewandert seien.[21]

Ferner dürfte zu fragen sein, ob es zulässig sein kann, den genealogischen Listen in Gen 10 und 11 historisch zuverlässige Informationen zu entnehmen. K. Koch leitet aus der Frühdatierung von J ab, daß in den genealogischen Listen historische Erinnerungen und Anschauungen aus der Zeit Davids überliefert seien. Es wird jedoch, von einem kritischen Standpunkt aus gesehen, kaum möglich sein, aus diesen Listen irgendwelche Daten über Israels wahre ethnische Vorfahren oder über einen Kreis von Hebräervölkern zu entnehmen.[22]

Wir werden deshalb nicht in der Annahme fehlgehen, daß K. Koch auch in seiner historischen Auswertung der genealogischen Angaben über *ᶜbr* «Eber» P. A. Munch folgt. Dieser hatte auch die Genealogien als direkte Quellen über ein früheres Hebräertum der Israeliten angesehen. Denn die Lebensweise der späteren Israeliten als frühere *ḫabirū* = *ᶜprm* = *ᶜibrîm* «Vorübergehende, Umherstreifende, Halbnomaden» sei nämlich auch in den Stammbäumen bewahrt worden.[23] Er schreibt hierzu: «In diesen ‹Stammbäumen› werden eine Reihe von Völkern und Stämmen dadurch als (ursprüngliche) Hebräer bezeichnet, daß sie als Nachkommen eines gemeinsamen Urahnen ᶜEber betrachtet werden. Dabei handelt es sich, soweit die betreffenden Stammesnamen uns noch bekannt sind, ausschließlich um solche Völker und Stämme, die wir noch in historischer Zeit als an den Grenzen des Kulturlandes zeltende, bzw. aus der Wüste ins Kulturland übersiedelnde, zur Ansässigkeit neigende, Nomaden oder Halbnomaden kennen.»[24]

---

[19] K. Koch, VT 19 (1969), 81, frühe Königszeit.

[20] K. Koch, VT 19 (1969), 40–71.

[21] Siehe Kap. 3 und Kap. 7.2.

[22] Siehe auch die kritischen Anmerkungen zur These K. Kochs bei C. H. J. de Geus, The Tribes of Israel, 1976, 185–186; S. Herrmann, Geschichte Israels, 1980², 78 Anm. 41; H. Donner, Geschichte 1, 1984, 71.

[23] P. A. Munch, Die wirtschaftliche Grundlage des israelitischen Volksbewußtseins vor Saul, ZDMG 93 (1939), 223.

[24] P. A. Munch, ZDMG 93 (1939), 223.

Er folgert hieraus ferner, daß diese Genealogien nicht auf Grund einer Kenntnis von der rassischen Zugehörigkeit dieser Völker aufgestellt worden seien, daß ihre faktische Grundlage vielmehr eine in der jahwistischen Tradition noch lebende Erinnerung von dem (vom Zeitpunkt des Jahwisten gesehen einstigen oder jetzigen) «Hebräertum» der betreffenden Stämme sei.[25]

Es wurde auch geltend gemacht, daß *ᶜbr* «Eber» keine alte Tradition verkörpere.[26] H. Gunkel zog es wohl deshalb vor, *ᶜbr* nicht mit den *ḫabirū* zusammenzusehen, sondern eher an einen Zusammenhang mit den Landschaftsbezeichnungen *ᶜbr hjrdn* «Jenseits des Jordans», je nach dem Standpunkt des Sprechenden östlich oder westlich vom Jordan, und dem *ᶜbr hnhr* «Jenseits des Flusses», dem Land westlich von Syrien und Palästina oder gar einem *ᶜbr* in der syrischen Wüste zu denken.[27]

C. Westermann leitet aus der Notwendigkeit, Eber als Personenname zu verstehen, ab, daß mit *ᶜbr* nicht die *ḫabirū* gemeint sein könnten. Als Heros eponymos der Israeliten könne Eber deswegen nicht gemeint sein, weil, worauf U. Cassuto hingewiesen habe, die Bezeichnung der Israeliten als *ᶜibrîm* gewöhnlich entweder von Nichtisraeliten oder im Gespräch mit Nichtisraeliten gebraucht werde. Es könne auch deswegen nicht der spezifische Stammvater Israels sein, weil außer Israel viele andere Völker von ihm hergleitet würden. Nur in dem späten Zusatz Gen 10,21b klinge eine solche Bedeutung an.[28]

Im Falle des Stammvaters *ᶜbr* «Eber» dürfte auf Grund der bisher geführten Diskussion in erster Linie zu entscheiden sein, ob der Name von einer Landschaftsbezeichnung abzuleiten, oder mit *ḫabiru* bzw. *ᶜibrî* in Beziehung zu setzen ist.

Für einen Landesnamen könnten die Bildungen von Landschaftsbezeichnungen mit *ᶜbr* sprechen.[29] Es ist deshalb verständlich, daß dieser Weg schon mehrmals beschritten wurde[30] und vor allem auch ὁ περάτης in Gen 14,13 für diese Deutung geltend gemacht wurde.[31]

---

[25] P. A. Munch, ZDMG 93 (1939), 225.

[26] H. Cazelles, The Hebrews, 1973, 2, schreibt: "The notion of an *ᶜbr* population wider than Israel does not seem to belong to the old Israelite traditions, but comes from an international concept by which Abraham, the father of nations (Gen. 17; P) or father of the Keturah tribes (Gen. 25; J), could include among this descendants more than Israel."

[27] H. Gunkel, Genesis, 1910³, 91.

[28] C. Westermann, Genesis, BK I/1, 1976², 701.

[29] AHw, S. 181: *Eber nāri* «Transmesopotamien, Syrien»; CAD E, S. 8: *eber nāri* 2. "Beyond (i. e., west of) the River (Euphrates) (geographical term referring to Upper Syria, etc.)".

[30] F. Hommel, Die altisraelitische Überlieferung, 1897, 257–258; H. Gunkel, Genesis, 1910³, 91. 156, bezeichnet ᶜEber als Landesnamen, wobei er offen läßt, ob *ᶜbr* von *ᶜbr h jrdn*, *ᶜbr h nhr* oder an ein drittes ᶜEber in der syrischen Wüste zu denken sei; S. Landersdorfer, TQ 104 (1923), 212–214.

[31] Siehe Kap. 8.1.10.

Da jedoch ein Land *ᶜbr* «Eber» nicht bekannt ist[32] und auch ὁ περάτης nur als eine späte Etymologie von *ᶜibrî* anzusehen ist, vermögen diese Erklärungen von *ᶜbr* «Eber» in der Genealogie kaum zu überzeugen. Sie können aber auch nicht ausgeschlossen werden. Denn es bleibt möglich, daß *ᶜbr* eine Abkürzung von *Eber nāri* ist. Nehmen wir dagegen an, daß *ᶜbr* in Gen 10,21.25; 11,14–17 direkt von *ḫabiru* = *ᶜbr* abzuleiten sei, dann fehlt uns jede Erklärungsmöglichkeit für diesen Sachverhalt der Überlieferung. Falls diese Annahme richtig wäre, ergäbe sich nur, daß das Wort *ḫabiru* hier in einem völlig neuen Sinne verwendet würde. Auch ein unmittelbarer Zusammenhang mit *ᶜibrî* wäre auf diesem Wege nicht gegeben.

Es sind auch jene zu erwähnen, die in *ᶜbr* «Eber» eine Wortbildung sehen, die von *ᶜibrî* aus geschaffen worden sei[33] und womit das Ziel verfolgt werde, für die *ᶜibrîm* «Hebräer» einen gemeinsamen Stammvater zu postulieren.[34]

Unabhängig von jeder Hypothese über die Herkunft von *ᶜbr* wird daran festzuhalten sein, daß wir es in den Genealogien mit *«historischen»* Rekonstruktionen zu tun haben, aus denen weder «geschichtliche Erinnerungen» über frühere Völkerbewegungen noch über einen weiteren Kreis von Hebräervölkern[35] zu destillieren sind.

Es dürfte auch die Hypothese F. Hommels auszuschließen sein, daß *ᶜibrî* ein Nomen ᶜEber voraussetze.[36]

Alle Überlegungen zu *ᶜbr* werden davon auszugehen haben, daß Gen 10,21.25 J[37] und Gen 11,14–17 P[38] zuzuordnen sind. Wir gelangen damit frühestens in die exilische Zeit. Die Belege für Eber scheiden somit auf jeden Fall als mögliche historische Zeugnisse über einen Zusammenhang zwischen *ḫabirū* und *ᶜibrîm* «Hebräern» aus. Diese späten Konstruktionen über frühere ethnische Verhältnisse können deshalb auch keinen ernsten

32 Siehe Kap. 6.3. zu Nu 24,24.

33 P. Jensen, TLZ 34 (1909), 532, sieht diese Ableitung von *ᶜibrî* als denkbar an; F. Schmidtke, Die Einwanderung Israels in Kanaan, 1933, 44, argumentiert z. B.: «Sekundär von *ᶜibrî* wurde dann der Name des Stammvaters *ᶜēber* gebildet»; siehe auch A. Malamat, JAOS 88 (1968), 166; ders., Ursprünge und Frühgeschichte, 1978, 53; Ch. Bermant – M. Weitzman, Ebla, 1979, 185–186.

34 M. Greenberg, Ḫab/piru and Hebrews, 1970, 281 Anm. 37, schreibt: "The biblical genealogists will then have combined the fact that the Patriarchs were *ᶜivrim* with the fact of their kinship with other Aramean and Arabic tribes to create the eponymous ancestor Eber, from whom all descended."; siehe auch ders., The Ḫab/piru, 1955, 93 f. Anm. 44. Da B. Landsberger, KlF 1 (1930), 329, den Stammesheros Eber als «ein künstliches Gebilde der Gelehrten» bezeichnet, dürfte er gleichfalls hier zu nennen sein.

35 So z. B. P. A. Munch, ZDMG 93 (1939), 225.

36 F. Hommel, Die altisraelitische Überlieferung, 1897, 257.

37 H. Gunkel, Genesis, 1910^3, 91–92; C. Westermann, Genesis. BK I/2, 1976^2, 699–701.

38 H. Gunkel, Genesis, 1910^3, 155–156; C. Westermann, Genesis. BK I/2, 1976^2, 747. 749.

Ausgangspunkt für Diskussionen über die Verbindung der Israeliten mit anderen semitischen Gruppen abgeben.[39]

Als Ergebnis dieser Überlegungen ist deshalb festzuhalten: Wenn wir annehmen, daß Eber am ehesten *ᶜibrî* zur Grundlage hat, dann erweist sich auch *ᶜbr* «Eber» als Zeugnis für das Gentilizium *ᶜibrî* und dessen Verwurzelung im nachexilischen Sprachgebrauch.

6.2. *ᶜbr* in den Texten von Ebla?

Am Anfang der Parallelisierung von *ᶜibrî* mit Material aus Ebla steht der Hinweis von G. Pettinato auf die Ähnlichkeit zwischen dem Königsnamen Ebr(i)um und *ᶜbr* «Eber» in Gen 10,21. Es erschien auf Grund der neuen Texte möglich, eine direkte Verbindung zwischen dem Vater aller Hebräer und dem Ahnen Abrahams herzustellen. G. Pettinato bemerkte zu diesem Problem: "The kinship of the first three kings [= Igriš-Ḫalam, Ar-Ennum, Ebrum] is unfortunately not very clear, but Ebrum and his two! successors [= Ibbi-Sipiš[40], Dubuḫu-Ada, Irkab-Damu] are respectively father, son and grandson. Among these kings the most interesting, also for his biblical reminiscences, is surely Ebrum, whose name is written *Eb-uru-um,* with two possible readings: *Eb-ru₉-um,* whose resemblance to Eber, the father of the Semits according to Gen 10:21, is truly surprising, or *Eb-rí-um*[41], which inevitably elicits *ᶜibrî,* ‹Hebrew›. Of the two possibilities I would choose the second.»[42]

Dagegen hat P. Matthiae erwogen, daß der Name Ebrum in Syrien-Palästina erhalten geblieben und auf diese Weise in die biblische Genealogie gelangt sein könnte.[43]

Eine direkte Verbindung zwischen dem biblischen *ᶜbr* «Eber» und den Ebla-Texten hat auch M. Dahood hergestellt. Er schreibt diesbezüglich

---

[39] Siehe Kap. 7.3.

[40] D. O. Edzard, ARET 2, 1981, 15, zu Nr. 3 VI 4, schlägt anstelle von *Sí-piš* die Lesung *Zi-kir* vor.

[41] D. O. Edzard, ARET 2, 1981, 13 III 3; 39 II 4: Ib-rí-um.

[42] G. Pettinato, The Royal Archives of Tell Mardikh-Ebla, BA 39 (1976), 47; ders., Un impero inciso nell-argilla. Milano 1979, 315, s. v. Ebrium, läßt die früheren Bemerkungen auf sich beruhen.

[43] P. Matthiae, Ebla in the Late Early Syrian Period: The Royal Palace and the State Archives, BA 39 (1976), 109, bemerkt hierzu folgendes: "If something of the ancient splendor of Ebla has remained in the tradition of the Syro-Palestinian area, it is perhaps only the name of the great king Ebrum, which probably became Eber in biblical tradition and was inserted in Shem's genealogy." P. Matthiae, Ebla. An Empire Rediscovered, 1980, 294, s. v. *Ibrium* erwähnt die Gedanken von 1976 nicht mehr.

folgendes: «Anche altri nomi conosciuti per la prima volta dal Genesi, come Esau, Ishmael ed Eber, l'antenato del popolo ebraico, compaiono ora in queste tavollette.»[44]

Wenn wir die bisherige Forschungsgeschichte in Betracht ziehen, stehen wir erneut vor dem Problem, ob eine Zusammenschau des neuen Materials aus Ebla mit dem biblischen über *ᶜbr* «Eber» und die *ᶜibrîm* «Hebräer» möglich ist oder ob wir es im Sinne B. Landsbergers mit einer Neuauflage von «fantômes d'homonymie»[45] zu tun haben.

Die Reaktionen auf die neuen Vorschläge sind nicht einstimmig. A. F. Rainey, der von der Hypothese ausgeht, daß die *ḫabirū* weder linguistisch noch soziologisch mit den *ᶜibrîm* «Hebräern» zusammenzubringen seien, meint, daß *ᶜibrî* vom KN Ibrium abgeleitet werden könnte. Er schreibt mit Ausblick auf die Zukunft der Ebla-Bibel-Forschung folgendes: "If the latter term [= *ᶜibrî*] does turn out to derive from the name of Ibrium, king of Ebla in the late third millennium B.C.E., then at least one biblical 'parallel' from Ebla will have served a positive purpose, viz. to eliminate all the theories about *ᶜapiru* = *ᶜibrîm*.»[46]

Das neue Problem, ob zwischen Ibrium und *ᶜbr* «Eber» ein Zusammenhang besteht, ist inzwischen bereits Bestandteil der Geschichtsdarstellungen über Israel geworden. Es wird aus der Sekundärliteratur übernommen, daß der Name Eber in Ebla belegt sei. Hieraus werden dann weitere Beweise für die Historizität der Patriarchen abgeleitet. Diese Beziehungen zeigten zwar nicht eine Erwähnung der biblischen Patriarchen selbst, sondern in erster Linie, daß das obere Mesopotamien und Nordsyrien in der mittleren Bronzezeit von einer Bevölkerung besiedelt gewesen seien, die mit den Vorfahren Israels verwandt gewesen sei und daß sie aus diesem Gebiet ausgewandert seien.[47] Die Hebräer wiederum, die von Eber abgeleitet werden, sowie das Wort *ᶜibrî*, werden in diesem Zusammenhang auch mit den *ḫabirū* in Beziehung gebracht. Die hebräischen Vorfahren der Israeliten gelten ferner als Angehörige der *ḫabirū*-Klasse.[48]

Nachdem auf außerbiblischem Gebiet nur sehr allgemeine Äußerungen über mögliche Zusammenhänge zwischen dem KN Ibrium und Eber sowie den *ᶜibrîm* gemacht und diese von bibelwissenschaftlicher Seite

---

[44] M. Dahood, Ebla, Ugarit e l'Antico Testamento, CC 129/2 (1978), 334–335; so auch D. N. Freedman, Ebla and the Old Testament, 1982, 328–329.

[45] B. Landsberger, Note, 1954, 161; A. Archi, The Epigraphic Evidence from Ebla and the Old Testament, Bib 60 (1979), 559, bemerkt zu den Andeutungen von G. Pettinato, daß sich diese auf einem höchst hypothetischen Niveau bewegten.

[46] A. F. Rainey, IEJ 30 (1980), 251. Es bleibt unklar, wie H.-P. Müller, Die Texte aus Ebla. Eine Herausforderung an die alttestamentliche Wissenschaft, BZ 24 (1980), 162, das Problem sieht.

[47] J. Bright, A History of Israel, 1980³, 78.

[48] J. Bright, A History of Israel, 1980³, 91. 94–95.

aufgenommen worden sind, besteht die Gefahr, daß diese Vermutungen nun innerhalb der Bibelwissenschaft ein Eigenleben gewinnen.

Es ist zugleich festzuhalten, daß auch Vorbehalte gegen eine Zusammenschau von eblaitisch Ebrium mit biblisch Eber und ᶜ*ibrî* bestehen. Ch. Bermant – M. Weitzman argumentieren, daß Ebrium vielleicht von hurritisch *iwri* «Herr»[49] abzuleiten sei, während ᶜ*ibrî* der Name eines Volkes oder ursprünglich der einer sozialen Klasse gewesen sei. Die Ähnlichkeit zwischen beiden Namen sei oberflächlich und es sei zwischen ihnen kein Zusammenhang erkennbar.[50] Was den Vergleich des eblaitischen Königsnamens mit ᶜ*br* «Eber» von Gen 10,21 betreffe, so hänge die Reaktion auf die neue Deutung von der Haltung zur fundamentalistischen Einstellung ab. Der Nicht-Fundamentalist werde wohl der Meinung von P. Matthiae zuneigen, daß der Name in der syro-palästinischen Tradition lebendig geblieben und in der Form ᶜ*br* «Eber» in die biblische Genealogie eingeführt worden sei. Es bestünden jedoch Vorbehalte gegen diese Annahme. Denn im Zusammenhang von Gen 10,21 sei Eber als Heros eponymos anzusehen. Für den Fundamentalisten ergäben sich zeitliche Schwierigkeiten, den biblischen Eber mit Ebrum in Übereinstimmung zu bringen. Er habe jedoch den Trost, daß Eber ein wirklicher Personenname sei.[51]

Wenn wir ᶜ*ibrî* von *ḫabiru* ableiten[52], für letzteres ein westsemitisches ᶜ*b/pr* ansetzen und uns dem soziologisch-rechtlichen Verständnis der *ḫabirū* anschließen, besteht keine Möglichkeit, mit einem KN Ebrum bzw. Ibrium einen Zusammenhang herzustellen.[53] Ein ähnliches Ergebnis erzielen wir auch bei ᶜ*br* «Eber» der genealogischen Listen. Denn auch dieses Wort ist entweder von *ḫabiru*, ᶜ*ibrî* oder einem anderen Wort abgeleitet, so daß ein Zusammenhang mit dem Königsnamen Ebrium bzw. Ebrum kaum möglich erscheint.

Zusammenfassend ist deshalb festzuhalten, daß ein Zusammenhang zwischen biblischem ᶜ*ibrî* «Hebräer» und ᶜ*br* «Eber» mit Ebrium ausgeschlossen sein dürfte. Das Problem einer Zusammenschau der Ebla-Texte und der biblischen Aussagen über ᶜ*ibrî* und ᶜ*br* konnte wohl nur dort entstehen, wo eine vereinfachte Sicht der seit 1862 andauernden Diskussion über die ᶜ*prw* und ᶜ*ibrîm* und der seit 1890 über die *ḫabirū* und ᶜ*ibrîm* den Ausgangspunkt der Überlegungen bildete.

---

49 E. Laroche, GLH, S. 85: *ewri* «seigneur, roi»; siehe auch P. Fronzaroli, Note sul contatto linguistico a Ebla, VO 3, 1980, 36–37.

50 Ch. Bermant – M. Weitzman, Ebla, 1979, 185.

51 Ch. Bermant – M. Weitzman, Ebla, 1979, 185–186.

52 Siehe Kap. 8.3.

53 Zu einem negativen Ergebnis müßten auch jene kommen, die *ḫabiru* und ᶜ*ibrî* vollkommen trennen und letzteres von ᶜ*br* «jenseits (des Jordans)» ableiten und ᶜ*ibrî* direkt mit der Einwanderung der Hebräer-Israeliten verknüpfen.

6.3. *ᶜbr* in Nu 24,24

Für die Erklärung von *ᶜibrî* wurde auch *ᶜbr* in Nu 24,24 von mehreren Forschern herangezogen.

Die Parallelität von *ᶜbr* in Nu 24,24 mit der ethnisch-geographischen Bezeichnung *ktjm*[54] hat die Hypothese begünstigt, daß es sich bei *ᶜbr* gleichfalls um eine solche handle und *ᶜibrî* folglich den Ursprung aus demselben kennzeichne.[55]

K. Koch ordnet Nu 24,22.24 der nachjahwistischen Redaktion zu.[56] Die Stelle weissage, daß Assur einst Kain gefangen nehmen werde, dann aber Schiffe (?) der Kittäer kommen werden, die ihrerseits Assur bedrängen, zugleich aber auch ᶜEber «bis zum Untergang» bedrohen werden. Der Zusammenhang lege entgegen M. Noth nahe, der meine, daß sich die Lage von Eber schlechterdings nicht mehr feststellen lasse, daß damit die im letzten Bileamlied genannten Völker gemeint seien, also Israel, Moab, Edom, Amalek und Kain. Die Erklärung passe aufs beste zu dem, was J als Söhne Ebers in seiner Genealogie ausgewiesen habe. Also habe sich der umfängliche Hebräer-Begriff, der nicht nur Israel, sondern eine Reihe festumrissener Nachbarvölker umfasse, bis in die nachexilische Zeit gehalten. Denn ein nachjahwistischer Redaktor, der von einer Gefahr seitens der Kittäer spreche, also aus der Ägäis, sei vor der Perserzeit nicht denkbar.[57]

Es wurde auch der Versuch unternommen, *ᶜbr* «Eber» vom Stammesnamen *Ḥbr* her zu erklären.[58]

Eine Lösung des mit *ᶜbr* in Nu 24,24 gegebenen Problems suchte man auch in der Vokalisierung derselben als Verbalform.[59]

Wenn man die mit einer Interpretation von Nu 24,24 verbundenen Schwierigkeiten in Betracht zieht, dann dürfte es bisher kaum geglückt sein, hierin alte geschichtliche Erinnerungen nachzuweisen und damit die Vorstellung von einem größeren Kreis von Hebräervölkern. Auch als Landschaftsname ist *ᶜbr* nicht zu erweisen. Es wird wegen der späten Entstehung dieses Spruches[60] immerhin in Betracht zu ziehen sein, daß eine Anspielung

---

[54] HAL, S. 480: *ktjjm* «Kittäer».

[55] S. Landersdorfer, TQ 104 (1923), 212–214, sieht in Eber die Bezeichnung eines Gebietes oder wenigstens eines Landstriches westlich von Assur; G. E. Kraeling, AJSL 58 (1941), 252, denkt an «ancient Mitanni – territory which included the region that lay ‹across› the river (Euphrates) – the district around Harran to which Jahwistic tradition points as the home of Abram.»

[56] K. Koch, VT 19 (1969), 77–78.

[57] K. Koch, VT 19 (1969), 78 Anm. 1.

[58] W. Wifall, Jr., Asshur and Ebla, or Asher and Ḥeber? A Commentary on the Last Balaam Oracle, Num 24,21–24, ZAW 82 (1970), 110–114.

[59] D. Vetter, Seherspruch und Segensschilderung, 1974, 49.51 mit Anm. 551, im Anschluß an W. F. Albright, The Oracles of Balaam, JBL 63 (1944), 223 Anm. 113.

[60] Siehe z. B. HAL, S. 480: *ktjjm* 4.

auf *ᶜbr* in Gen 10 und 11 vorliegen könnte. Umgekehrt scheint es jedoch ausgeschlossen zu sein, daß Nu 24,24 zum Angelpunkt einer Erklärung von Gen 10 und 11 gemacht werden könnte.

6.4. Zusammenfassung

Aus den genealogischen Angaben in Gen 10,21.25; 11,14–17 über *ᶜbr* und die Erwähnung von *ᶜbr* in Nu 24,24 lassen sich keine Argumente für die Existenz einer Gruppe von Hebräer-Völkern gewinnen. Ob nun das *ᶜbr* «Eber» der genealogischen Listen auf *ḫabiru* oder auf *ᶜibrî* zurückzuführen ist, im Kontext der Genealogien bezeugt es nur die historischen Anschauungen, die den Verfassern derselben zu eigen waren. Aus ihnen lassen sich keine zusätzlichen Argumente zum Thema *ḫabirū-ᶜibrîm* gewinnen, die über das hinausführten, was ein Vergleich der biblischen *ᶜibrîm*-Stellen mit den Zeugnissen über die *ḫabirū* und *ᶜprw* ergeben hat.[61] Auch die Texte von Ebla ermöglichen keinen Zugang zu einer neuen Deutung von *ᶜbr* «Eber» oder *ᶜibrî* «Hebräer».

Untauglich dürfte der Versuch sein, von der äußerst umstrittenen Stelle Nu 24,24 her eine Aufklärung über *ᶜbr* «Eber» und *ᶜibrî* zu erhalten.

---

[61] Siehe Kap. 2–3.

Kapitel 7: Von den *ḫabirū* = *ʿprw* = *ʿprm* zu den *ʿibrîm* «Hebräern»

Das Problem des Kategorienfehlers in der historischen Einordnung der biblischen *ʿibrî*-Belege

In der Diskussion über die *ʿibrîm* «Hebräer» wurden seit den Vorschlägen von F. Chabas im Jahre 1862 eine Reihe von Lösungsvorschlägen unterbreitet, die sich verschiedenen Modellen zuordnen lassen.[1]

In diesem Zusammenhang wird auch aufzuzeigen sein, daß die Schlußfolgerungen, die in und außerhalb der Bibelwissenschaft aus dem ägyptologischen, keilschriftlichen, keilalphabetischen und biblischen Material gezogen wurden, zumeist an einem Fehler leiden, der in der Logik als Kategorienfehler bezeichnet wird. Dieser entsteht durch Gebrauch eines Wortes in der Argumentation ohne Berücksichtigung der zeitlichen Differenzen, die die Wortgeschichte bestimmen.[2] Negation oder falsche Bewertung der Zeitepochen in der Geschichte des Gebrauchs der Wörter *ʿprw*, *ḫabiru* und *ʿibrî* liegen fast allen bisherigen Lösungsversuchen in verschiedenem Grade zugrunde und bedingen auch deren Scheitern oder Ungenügen.

7.1. Die soziologische und rechtliche Deutung von *ʿibrî*

Der Umbruch, der in der Altorientalistik von einer ethnischen zu einer soziologischen Auffassung der *ḫabirū* führte[3], sollte sich alsbald auch auf die Bibelwissenschaft auswirken. Denn in deutlichem Anschluß an die in der deutschen Assyriologie entwickelte soziologische Deutung der *ḫabirū* und der Zuordnung des Wortes zu den Appellativa wird im Jahre 1934 sowohl von A. Alt[4] als auch von M. Noth[5] gleichzeitig ein soziologisches

---

[1] In diesem Zusammenhang sind einige kleinere Wiederholungen von Ausführungen, die in Kap. 2–6 gemacht wurden, unvermeidbar. Es dürfte aber doch von Nutzen und wohl auch vonnöten sein, die verschiedenen Argumentationsmodelle nach Gruppen zu ordnen.

[2] Siehe zum Kategorienfehler und den damit zusammenhängenden Problemen Kap. 7.3.

[3] Siehe Kap. 3.

[4] A. Alt, Die Ursprünge des israelitischen Rechts, 1934, 291–293.

[5] M. Noth, Erwägungen zur Hebräerfrage, 1934, 99–112.

Verständnis von *ʿibrî* gefordert. Da A. Alt die Priorität zusteht[6], wird die neue Interpretation von *ʿibrî* zumeist mit seinem Namen verbunden.

Eine in Ansatz und Konsequenzen für die Frühgeschichte Israels völlig verschiedene Konzeption einer soziologischen Deutung des Hebräer-Problems hat denn G. E. Mendenhall vorgetragen.[7]

Außerhalb des streng bibelwissenschaftlichen Gebietes hatte bereits der Soziologe M. Weber eine soziologische Interpretation von *ʿibrî* in Ex 21,2 vorgelegt. Da seine Gedankengänge über das antike Judentum auf heute kaum noch kontrollierbaren Wegen auch auf die Bibelwissenschaft eingewirkt haben dürften, sind auch seine Äußerungen in diesem Zusammenhang zu berücksichtigen.

7.1.1. Max Weber (1864–1920) – *ḫabirū* und Hebräer im Rahmen seiner Darstellung des antiken Judentums[8]

In seiner Darstellung des antiken Judentums bespricht M. Weber auch die Beziehungen zwischen den Hebräern und den *ḫabirū*. Für die Beurteilung seines Beitrages ist zu berücksichtigen, daß «Das antike Judentum» vom Oktober 1917 bis Dezember 1919 im Archiv für Sozialwissenschaft und Sozialpolitik erschienen ist und wohl auch erst seit Beginn des Jahres 1917 in diese Form gebracht worden ist.[9]

Diese Zeitangaben sind insoweit von besonderer Bedeutung, als für ihn F. Böhls Beitrag zum *ḫabirū*-Problem[10] die letzte Arbeit war, auf der er aufbauen konnte.[11]

In Anlehnung an F. Böhl hält er es nicht für wahrscheinlich, daß *ḫabiru* von *ḥbr* «Genosse» abzuleiten sei und sich daraus etwas über einen «Schwurbund» der Hebräer ergebe. Er hält nur eine Identifikation der *ʿibrîm* mit den *ḫabirū* für möglich und wahrscheinlich.[12]

M. Weber hat aus der älteren Literatur die Unterscheidung zwischen nördlichen SA.GAZ und südlichen *ḫabirū* übernommen.[13] Erstere seien aus Mesopotamien zugewandert, während letztere als die *ʿibrîm* «Jenseitigen»,

[6] M. Noth, Erwägungen zur Hebräerfrage, 1934, 107 Anm. 1, bezieht sich bereits auf A. Alt. Der These A. Alts haben sich dann u. a. auch W. von Soden, OLZ 38 (1935), 431; G. von Rad, Hebräer, in: ThWNT 3, 1938, 359, angeschlossen.

[7] Siehe 7.1.3.

[8] M. Weber, Das antike Judentum, 1920.

[9] W. Schluchter, Altisraelitische religiöse Ethik und okzidentaler Rationalismus, 1981, 13 mit Anm. 8 (S. 59–60).

[10] F. Böhl, Kanaanäer und Hebräer, 1911.

[11] M. Weber, Das antike Judentum, 1920, 82 Anm. 3.

[12] M. Weber, Das antike Judentum, 1920, 81–82 mit S. 82 Anm. 3.

[13] M. Weber, Das antike Judentum, 1920, 134.

d. h. wohl die Ostjordanischen, anzusehen seien. Die *ʿibrîm* seien deshalb nur als Teil der Gruppen zu betrachten, die dann zu Israel zusammengewachsen seien.[14]

Lange vor der soziologisch-rechtlichen Interpretation von Ex 21,2 durch A. Alt hat M. Weber eine in diesem Zusammenhang höchst beachtenswerte Interpretation von Ex 21,2 versucht. Er schreibt hierzu: «Dort [= im Bundesbuch] wird der Schuldsklave als ‹hebräischer Knecht› bezeichnet (Ex 21,2 ebenso im Seisachthiebeschluß Zedekias Jer. 34,9–14 und Deut. 15,12). Der Ausdruck stand hier *vielleicht* in Erinnerung an den Sprachgebrauch alter Seisachthie-Verträge des Stadtadels mit den Bauern im Gegensatz zum nicht ‹hebräischen›, das hieße in diesem Fall stadtsässigen, Patrizier. Auf ähnlichen Gründen könnte die an sich auffällige Unterscheidung der bei den Philistern verknechteten Stammesgenossen als ‹Hebräer› von ‹Israel› I Sam. 14,21 beruhen.»[15]

Der Gedanke, der von M. Weber selbst noch mit einem kursiven *«vielleicht»* versehen vorgetragen wird, erscheint dann bei A. Alt unter Heranziehung der soziologisch-rechtlichen Anschauung über die *ḫabirū* als eine sichere Interpretation.[16] Da A. Alt sich mit den Darlegungen von P. A. Munch weitgehend einig weiß[17], und dieser auf M. Weber aufbaut[18], dürfte es nicht auszuschließen sein, daß die soziologisch-rechtliche Deutung A. Alts von *ʿibrî* in Ex 21,2 ihren Ursprung bei M. Weber hat oder von dort einer der Anstöße kommt, die A. Alt bewegt haben.

Während bei M. Weber die *ḫabirū* und *ʿibrîm* nur am Rande erwähnt werden, haben dann andere versucht, Gedanken aus seinem Werk zur Grundlage ihrer Überlegungen über die Hebräer und die Entstehungsgeschichte Israels zu machen und zu einem System auszubauen. In diesem Zusammenhang sind P. A. Munch und F. Helling zu nennen.

F. Helling sieht in den Hebräern sowohl eine Volksgruppe als auch Leute mit einer niedrigen sozial-rechtlichen Stellung. Er verbindet hiermit die Hypothese von A. Jirku mit der entgegengesetzten, in der *ḫabiru* als ein Appellativum aufgefaßt wird.[19] Er gelangt auf diesem Weg zu folgender Bestimmung der Israel-Hebräer: «Nach der Bibel sowohl wie nach den Keilschrifturkunden waren also die Hebräer in allen Kulturstaaten abhängige, zu Diensten oder Abgaben verpflichtete Leute in deklassierter Stellung. Damit ist der urkundliche Beweis dafür erbracht, daß sich die Hebräer nicht durch die Primitivität ihrer nomadischen Produktionsweise,

[14] M. Weber, Das antike Judentum, 1920, 133–134.

[15] M. Weber, Das antike Judentum, 1920, 134 Anm. 2.

[16] A. Alt, Die Ursprünge des israelitischen Rechts, 1934, 291–294; ders. Erwägungen über die Landnahme der Israeliten in Palästina, 1939, 172 mit Anm. 2.

[17] A. Alt, Erwägungen über die Landnahme der Israeliten in Palästina, 1939, 175 Anm. 2.

[18] Siehe Anm. 24–25.

[19] F. Helling, Die Frühgeschichte des jüdischen Volkes, 1947, 59–60.

sondern durch die Niedrigkeit ihrer rechtlich-politischen Stellung von den Kulturvölkern des alten Orients unterschieden. Dieses sie kennzeichnende Schicksal wird gemeint sein, wenn in den babylonischen Texten Hebräer-Führer als ‹Harbisipak der Hebräer› und ‹Kudurra der Hebräer› und in der Genesis (14,13) der Ahnherr Israels mit dem gleichen Ausdruck als ‹Abraham der Hebräer› bezeichnet werden (A. Jirku WH S. 12.16.18).»[20]

Diese Charakterisierung der Israeliten-Hebräer erlaubt es ihm, die Theorie M. Webers vom jüdischen Pariavolk[21] bereits auf die Patriarchen zu übertragen.[22] Diese Deutung erlaubt es ihm sogar, einen Paria-Gott der Hebräer zu konstruieren. Denn zusammenfassend stellt er fest: «In Wirklichkeit bestand, wie wir sahen, die Eigenart der mosaischen Religion darin, daß der Paria-Gott der Hebräer im Gegensatz zu den Schutzgöttern aller landbesitzenden Völker ein revolutionärer Gott der Landeroberung war.»[23]

Die soziologischen Entwürfe M. Webers über das antike Judentum werden von F. Helling als Beweismittel für seine historisierende und fundamentalistische Auffassung der Frühgeschichte Israels verwendet. Im Anschluß an A. Jirku versteht er *ʿibrî* grundsätzlich als ein Ethnikon und verbindet damit die soziologisch-rechtliche Auffassung nur insoweit, als sie seinen Zielen dienlich ist.

In breitem Umfange hat auch P. A. Munch versucht, die Anschauungen M. Webers für eine neue Darstellung der Entstehungsgeschichte Israels nutzbar zu machen.[24] Er entnimmt ihr einzelne Gedanken im Rahmen seiner Ausarbeitung einer Hypothese von der Entwicklung eines besonderen hebräischen Nationalbewußtseins.[25] In seinen speziellen Ausführungen zum Hebräertum kann er sich jedoch im einzelnen nicht auf M. Weber berufen.

---

[20] F. Helling, Die Frühgeschichte des jüdischen Volkes, 1947, 61–62, siehe ferner 144.

[21] M. Weber, Das antike Judentum, 1921, 281–400. Siehe zu dieser Theorie M. Webers u. a. Sh. N. Eisenstadt, Max Webers antikes Judentum und der Charakter der jüdischen Zivilisation, 1981, 171–175; F. Raphaël, Die Juden als Gastvolk im Werk Max Webers, 1981, 224–260.

[22] Während M. Weber, Das antike Judentum, 1920, 281, die Entstehung des jüdischen Pariavolkes bei den vorexilischen Propheten ansetzt, wendet F. Helling diese Terminologie bereits auf die Patriarchenzeit, Israel in Ägypten sowie Mose und sein Werk an.

[23] F. Helling, Die Frühgeschichte des jüdischen Volkes, 1947, 156.

[24] P. A. Munch, Die wirtschaftliche Grundlage des israelitischen Volksbewußtseins vor Saul. Ein Beitrag zur Vorgeschichte Israels, ZDMG 93 (1939), 217–253.

[25] P. A. Munch, ZDMG 93 (1939), 225–253.

7.1.2. A. Alt (1883–1956)[26] und M. Noth (1902–1968)[27] – *ḫabirū* und *ʿibrîm* im Rahmen der territorial- und traditionsgeschichtlichen Lösung des Landnahmeproblems

In seiner Abhandlung zu den Ursprüngen des israelitischen Rechtes gelangt A. Alt zum Ergebnis, daß das kasuistisch formulierte Recht der Israeliten nähere Berührungen zu den außerisraelitischen Rechtsbüchern des alten Orients aufweise.[28] Wie weit diese Beziehungen gingen, ließe sich nach A. Alt leicht entscheiden, wenn sich das kasuistisch formulierte Recht innerhalb und außerhalb des Bundesbuches als in demselben oder wenigstens in ähnlichem Maße von spezifisch israelitischem Geist durchtränkt erweisen ließe wie die anderen Gattungen. Aber dieser Nachweis werde schwerlich gelingen; vielmehr liege offen zutage, daß das kasuistisch formulierte Recht im Hexateuch, wo immer ihm seine ursprüngliche Gestalt erhalten geblieben sei, der uns hinreichend bekannten Eigenart israelitischen Denkens und Wollens gegenüber eine völlig neutrale Stellung einnehme. Nirgends in ihm wirke sich das sonst gerade auch im Recht stark hervortretende israelitische Volksbewußtsein aus, überall werde in ihm wie zumeist auch in den anderen altorientalischen Rechtsbüchern außerhalb Israels nur das Verhältnis von Mensch zu Mensch ohne Rücksicht auf nationale Zusammengehörigkeit oder Verschiedenheit ins Auge gefaßt und rechtlich geregelt. Man habe freilich das Gegenteil aus den Worten folgern wollen, mit denen zugleich der erste kasuistisch formulierte Satz des Bundesbuches über das Recht des Schuldsklaven beginne und die ursprünglich gelautet haben werden: *kj jmkr ʾjš ʿbrj* «Gesetzt, daß ein hebräischer Mann sich verkauft».[29] Denn man habe geglaubt, das Wort «hebräisch» als Nationalitätsbezeichnung des Israeliten verstehen zu dürfen, und wenn diese Auffassung zuträfe, so wäre allerdings die Einwirkung des israelitischen Volksbewußtseins auf das kasuistisch formulierte Recht zum mindesten für diesen einen Punkt bewiesen. Aber schon ein Blick auf die sonstige Verwendung des Wortes *ʿibrî* «Hebräer», «hebräisch» im Alten Testament hätte nach A. Alt vor einer so weitgehenden, durch Geist und Inhalt des kasuistischen Rechts im übrigen nicht bestätigten Schlußfolgerung warnen sollen. Seine Begründung lautet folgendermaßen: «Denn eine echte und volltönende Nationalitätsbezeichnung für den Israeliten ist das Wort wahrscheinlich nicht einmal an den zwei sehr späten Stellen, die man noch am ersten dafür geltend machen könnte [= Gen 14.13; Jon 1,9]; kein Geschichtsschreiber, kein Dichter, kein Prophet gebraucht es jemals in diesem Sinne, und in der Rechtssprache tritt es durchaus nur als Bezeich-

[26] H. Engel, Die Vorfahren Israels in Ägypten, 1979, 147–155.

[27] H. Engel, Die Vorfahren Israels in Ägypten, 1979, 157–163.

[28] A. Alt, Die Ursprünge des israelitischen Rechts, 1934, 290–291; ders., Hebräer, 1959, 105–106.

[29] A. Alt, Die Ursprünge des israelitischen Rechts, 1934, 291.

nung dessen auf, der sich in die Schuldsklaverei verkauft. ... *ᶜibrî* ‹Hebräer› hat demnach in völkischer Hinsicht genau so wenig und in rechtlicher genau so viel zu besagen wie das Wort *ḫabiru* in Keilschrifturkunden des 3. und 2. Jahrtausends v. Chr. aus Babylonien, Mesopotamien, Kleinasien und Palästina, das mit *ᶜibrî* nicht nur der Bedeutung nach übereinstimmt, sondern gewiß auch sprachlich zusammenhängen wird, obwohl eine einwandfreie Ableitung für beide bisher nicht gelungen ist.»[30]

Das Zusammentreffen der nach A. Alt als Klassenbezeichnungen aufzufassenden Wörter *ᶜibrî* «Hebräer» und *ᶜaebaed* «Sklave» in Ex 21,2 löst er auf doppelte Weise. Denn einerseits fordert er als ursprünglichen Text *kj jmkr ʾjš ᶜbrj* «Gesetzt daß ein hebräischer Mann sich verkauft»[31] und andererseits argumentiert er, daß im Text *kj tqnh ᶜbd ᶜbrj* das *ᶜaebaed* «höchstens proleptisch» zu verstehen sei.[32]

Gegen diese Deutung von *ᶜaebaed ᶜibrî* wird eingewendet, daß der rechtlich soziale Terminus *ᶜaebaed* laute.[33] Die Parallelstellen Gen 39,17 und 41,12, wo Josef als *ᶜaebaed ᶜibrî* bezeichnet wird, ließen kein proleptisches Verständnis von *ᶜaebaed* zu. Denn Josef sei hier eindeutig ein in den Augen der Ägypter ausländischer «hebräischer» Sklave. Diese Parallelstellen machten es wahrscheinlich, daß auch in Ex 21,2 und den entsprechenden Texten nicht zwei einander ausschließende rechtlich-soziale Klassifizierungen mit Bezug auf einen Mann angegeben werden sollen, sondern daß hier durch die ethnische Angabe *ᶜibrî* die rechtlich-soziale Bezeichnung *ᶜaebaed* noch näher bestimmte werde.

Die ‹proleptische› Deutung von *ᶜaebaed ᶜibrî*, die den Widerspruch zweier soziologisch-rechtlicher Kategorien in ein zeitliches Nacheinander auflöst und dabei zur Annahme gezwungen ist, daß der Betreffende zunächst ein *ᶜibrî*, d. h. frei, aber in rechtlicher und sozialer Bedrängnis war, sich dann selbst verkaufte und so zum *ᶜaebaed* «(Schuld-)Sklaven» wurde, baut auf der Annahme auf, daß Ex 21,2 ein alter Text sei, der die ursprüngliche Bedeutung von *ᶜibrî* überliefere, und *ᶜibrî* hier genauso zu verstehen sei, wie *ḫabiru* in den Quellen des 3. und 2. Jahrtausends v. Chr.[34]

[30] A. Alt, Die Ursprünge des israelitischen Rechts, 1934, 292–293.

[31] A. Alt, Die Ursprünge des israelitischen Rechts, 1934, 291.

[32] A. Alt, Die Ursprünge des israelitischen Rechts, 1934, 291 f. Anm. 2; M. Noth, Exodus, 1978⁶, 143, schreibt: «Die Formulierung ‹hebräischer Sklave› ist wohl proleptisch gemeint, insofern ein ‹Hebräer› dadurch, daß ein Israelit ihn ‹erwarb›, zum Sklaven wurde».

[33] I. Riesener, Der Stamm *ᶜbd*, 1979, 116–117; siehe zur Kritik an A. Alt auch L.-H. Vincent, RB 44, 1935, 302–304.

[34] A. Alt, Die Ursprünge des israelitischen Rechts, 1934, 293; ders., Hebräer, 1959, 105; M. Noth, Exodus, 1978⁶, 143, bemerkt: «In den Hauptrechtssatz über den Sklaven (V. 2) tauchen zwei *termini technici* auf, die aus der altvorderasiatischen Rechtssprache stammen und vor allem im Zweistromland und in Syrien-Palästina vielfach bezeugt sind, deren exakte Bedeutung aber nicht sicher zu fassen ist. Es handelt sich einmal um den Begriff *ᶜibrî* (‹Hebräer›, ‹hebräisch›)... Sicher ist, daß er nicht eine bestimmte Volkszugehörigkeit

Dagegen ist nicht nur einzuwenden, daß Ex 21,2 ein später Text ist[35], sondern auch zu bemerken, daß die *ᶜibrîm* als eine soziale Klasse oder Gruppe, die besondere rechtliche Regelungen erforderten, sonst in Israel nicht nachweisbar sind.

Die späte Entstehungszeit von Ex 21,2 erklärt auch die Beobachtung, daß in Ex 21,2–11 keine streng kasuistisch formulierten Rechtssätze vorliegen.[36] Der ganze Abschnitt vermittle den Eindruck, daß nicht gerichtliche Auseinandersetzungen im Hintergrund stünden, sondern daß hier ein geltendes Rechtsinstitut beschrieben werde, nach dem man sich in Israel zu richten habe. Der genannte Charakter des Sklavengesetzes sei wohl auch der Grund dafür, daß gerade Ex 21,2 eine der Einbruchstellen des stilfremden «Du» der Anrede geworden sei.

Wenn wir davon absehen, *ᶜibrî* in Ex 21,2 dem *ḫabiru* der Quellen des 3. und 2. Jt. s. v. Chr. unter Außerachtlassung der Zeitdifferenz gleichzustellen, werden wir jenen zuzustimmen haben, die in dieser Regelung ein Gesetz der jüdischen Gemeinschaft sehen, die zwischen Sklaven aus der eigenen Volksgemeinschaft der *ᶜibrîm* «Hebräer» und fremden unterscheidet.[37]

Im System von A. Alt und M. Noth werden durch die soziologisch rechtliche Auffassung von *ᶜibrî* alle Probleme grundsätzlich eliminiert, die bis dahin in der ethnisch-völkischen Auffassung mit den *ᶜibrîm* «Hebräern» als einwandernden Gruppen, aus denen später Israel ganz oder teilweise entstanden sei, verbunden waren. Die als spät anerkannten *ᶜibrî*-Belege Gen 14,13 und Jon 1,9 werden als archaisierender Sprachgebrauch erklärt.[38]

---

bezeichnet, sondern eine rechtlich-soziale Stellung im Rahmen der ‹Stände›-Ordnung altorientalischer Gemeinwesen des 2. Jahrtausends v. Chr. Die ‹Hebräer› waren Leute verschiedener Nationalität, die nicht zur vollberechtigten oder gar privilegierten Bevölkerung gehörten, sondern untergeordnete Dienste übernahmen und übernehmen mußten, allerdings, so weit ersichtlich, in der Regel nicht gerade Sklavendienste.... Der Grund der ‹Erwerbung› dürfte in erster Linie der gewesen sein, daß ein solcher ‹Hebräer› wegen wirtschaftlicher Notlage sich ‹erwerben› lassen mußte.»; ders., Geschichte Israels, 1956³, 39.

35 Siehe Kap. 5.

36 G. Liedke, Gestalt und Bezeichnung alttestamentlicher Rechtssätze, 1971, 51–52.

37 I. Rapaport, The Origins of Hebrew Law, PEQ 73 (1941), 160–164; I. Riesener, Der Stamm *ᶜbd*, 1979, 41–42. 115–117.

38 A. Alt, Die Ursprünge des israelitischen Rechts, 1934, 292 Anm. 2; ders., Hebräer, 1959, 105; M. Noth, Ewägungen zur Hebräerfrage, 1934, 112, hat den späten Gebrauch von «Hebräer» als Nationalitätsbezeichnung, der jedoch im AT noch an keiner Stelle mit Sicherheit nachzuweisen sei, damit erklären wollen, daß dieser vielleicht lediglich auf einer «gelehrten», aber nicht zutreffenden Auslegung der schriftlich fixierten und nicht mehr lebendigen israelitischen Überlieferung beruhe. Weil nach dieser Überlieferung die israelitischen Stämme gelegentlich in bestimmten Situationen von sich sagen konnen, «wir sind ‹Hebräer› », darum habe man schließlich die Worte Israel und Hebräer für gleichberechtigt gehalten.

Obwohl M. Noth das Fortleben des Wortes *ḫabiru* in *ʿibrî* postuliert, leitet er aus der weiten Verbreitung des ersteren ab, daß keinerlei Grund vorliege, die *ḫabirū* der Amarnatafeln in irgendeine sachliche Verbindung mit den israelitischen Stämmen zu bringen, wie denn auch in den Amarnatafeln keine Rede davon sei, daß sie etwa aus der Wüste in das syrisch-palästinensische Kulturland hereinkämen oder vor kurzem hereingekommen wären.[39]

Wenn A. Alt[40] und M. Noth[41] die *ʿibrîm* «Hebräer» als ethnisches Element aus der Landnahmediskussion ausschließen[42], erreichen sie dieses Ziel nur über die rechtlich-soziologische Deutung von *ʿibrî*, die jedoch mit komplizierten historischen Konstruktionen, die alle auf einer Frühdatierung aufbauen, belastet wird. Dies betrifft das geheimnisvolle Weiterleben von *ʿibrî* als rechtlich-soziologischen Terminus in den Gesetzen ebenso wie in den historischen Berichten. Denn auch dort müsse mit einem Wortgebrauch von *ʿibrî* gerechnet werden, der auf ägyptisch-philistäische Tradition zurückgehe[43], oder es wird auch vorausgesetzt, daß ägyptisch *ʿprw* in der Bedeutung dem *ḫabiru* der Keilschriftquellen exakt in seiner soziologisch-rechtlichen Bedeutung entspreche.[44]

Die Problematik dieser Deutung der Wortgeschichte von *ḫabiru–ʿibrî* wird nicht zuletzt auch darin erkennbar, daß die späten biblischen Stellen, in denen *ʿibrî* zweifelsfrei als religiös-nationale Bezeichnung dient, als Archaismen oder Fehldeutungen erklärt werden.[45] Es bleibt so letztlich auch dunkel, warum *ʿibrî* dann in den außer- und nachbiblischen Schriften sich solcher Beliebtheit erfreuen konnte[46] und unbestreitbar als Ethnikon aufgefaßt wurde.[47]

Die von A. Alt und M. Noth[48] vorgetragene Deutung des *ḫabiru–ʿibrî*-Problems hat M. Weippert in seiner breit angelegten Darstellung über die

---

[39] M. Noth, Geschichte Israels, 1956³, 39. 78 Anm. 1.

[40] A. Alt, Erwägungen über die Landnahme der Israeliten in Palästina, 1939, 126–175.

[41] Siehe Anm. 39.

[42] Siehe auch M. Weippert, Landnahme, 1967, 101–102.139–140; C. H. J. de Geus, The Tribes of Israel, 1976, 36–44; E. Bächli, Amphiktyonie im Alten Testament, 1977, widmet dem Zusammenhang zwischen der rechtlich-soziologischen Interpretation der *ḫabirū* – Hebräer und der Arbeitshypothese M. Noths (a. a. O., S. 168) keine Beachtung.

[43] A. Alt, Die Ursprünge des israelitischen Rechts, 1934, 292 Anm. 3, rechnet in I Sam 14,21 mit «israelitischen ‹Hebräern›», die freien Israeliten gegenübergestellt seien; siehe auch M. Weippert, Landnahme, 1967, 88–89.

[44] M. Noth, Geschichte Israels, 1956³, 188, zu den Israeliten als «Hebräern» in Ägypten.

[45] A. Alt, Die Ursprünge des israelitischen Rechts, 1934, 292, Anm. 2; ders., Hebräer, 1959, 105; M. Noth, Erwägungen zur Hebräerfrage, 1934, 112.

[46] Siehe Kap. 9.

[47] A. Alt, Hebräer, 1959, 106, gesteht zu, daß sich aus einigen Hinweisen ergebe, daß *ḫabiru* gelegentlich einem Ethnikon gleichgekommen sein möge; siehe zu M. Noth Anm. 38.

[48] Siehe zu M. Noth Anm. 34.38.

Landnahme der israelitischen Stämme in der neueren wissenschaftlichen Diskussion verteidigt und teilweise modifiziert vorgetragen.[49]

In seiner Ablehnung der Vorschläge von W. F. Albright[50] und G. E. Mendenhall[51] kommt M. Weippert zum Ergebnis, daß die Identität der *ḫabirū*-Leute der altorientalischen Texte des 2. Jahrtausends mit den biblischen Hebräern differenziert zu sehen sei[52]. Er hält fest, daß a) unter der Voraussetzung, daß *ᶜapiru* nach der Nominalform *faᶜil* gebildet ist, die etymologische Verwandtschaft des Wortes mit hebr. *ᶜibrî* begründet werden könne; b) die Situation des *ᶜaebaed ᶜibrî* (Ex 21,2–6) mit den *ḫabirū*-Leuten der *wardūtu*-Verträge von Nuzu vergleichbar sei; c) die Bezeichnung der dem Oberhoheitsanspruch der Philister Widerstand leistenden *ᶜibrîm* vielleicht analog zu der Benennung der gegen die ägyptische Herrschaft rebellierenden Bevölkerungsteile Syrien-Palästinas als *ḫabirū* in den Amarna-Briefen erklärt werden könne, und d) die Stellen in der Josephsgeschichte und den Exoduserzählungen wie die spät und nachalttestamentlichen Belege das Wort *ᶜibrî* als arachaische Volksbezeichnung für die «Israeliten» zu verstehen seien und der Zusammenhang mit den *ḫabirū* höchstens indirekt sei.

Es sei ausgeschlossen, die Ausdrücke «Hebräer» und «Israelit» unbesehen als Synonyma zu betrachten und die «Israeliten» = «Hebräer» pauschal unter die *ḫabirū*-Leute zu rechnen.[53] Sonst sei es auch nicht möglich, die *bnj jśr'l* «Israeliten» der alttestamentlichen Landnahmeerzählungen ohne weiteres als *ᶜibrîm* und *ḫabirū*-Leute anzusehen.[54]

In der von M. Weippert vorgetragenen Modifikation der These A. Alts bildet gleichfalls die Frühdatierung den Ausgangspunkt der Diskussion. Desgleichen werden dann späte Belege für *ᶜibrî* «als archaische Volksbezeichnung für die ‹Israeliten›»[55] interpretiert. Obwohl M. Weippert die Existenz später *ᶜibrî*-Belege bereitwilliger als A. Alt[56] und M. Noth anerkennt[57], hält er doch grundsätzlich an der sozial-rechtlichen Deutung der

---

[49] M. Weippert, Landnahme, 1967; siehe auch ders., Abraham der Hebräer? Bemerkungen zu W. F. Albrights Deutung der Väter Israels, Bib 52, 1971, 407–432; ders., Canaan, Conquest and Settlement of, in: IDBS, 1976, 128.

[50] M. Weippert, Landnahme, 1967, 51–52. 123–139, zu W. F. Albright und seiner «archäologischen Lösung» des Landnahmeproblems.

[51] M. Weippert, Landnahme, 1967, 59–66, nennt die von J. E. Mendenhall gegebene Erklärung der Landnahme «die soziologische Lösung».

[52] M. Weippert, Landnahme, 1967, 101.

[53] M. Weippert, Landnahme, 1967, 102; ders., in: IDBS, 1976, 128.

[54] M. Weippert, in: IDBS, 1976, 128: "It is not possible, however, to establish a positive identification of the *ᶜapiru* with the biblical Hebrews *(ᶜibrîm).*»

[55] M. Weippert, Landnahme, 1967, 101.

[56] A. Alt, Hebräer, 1959, 105, spricht ausführlicher als in «Die Ursprünge des israelitischen Rechts» (1934) vom archaisierenden Sprachgebrauch nachexilischer Schriftsteller.

[57] M. Weippert, Landnahme, 1967, 93–94 (Josephsgeschichte). 94–101 (Gen 14,13).

ᶜibrîm als Ausgangspunkt der Diskussion fest und verbindet damit notgedrungen die Frühdatierung von Ex 21,2[58], sowie die These vom archaisierenden Sprachgebrauch der späten biblischen Schriftsteller.

Die These A. Alts[59] führt so letztlich auch bei M. Weippert zu einer Annäherung an die Vorstellung oder zu einer Identität mit der Theorie, daß *ᶜibrî* einen Bedeutungswechsel durchgemacht habe und der Weg von einer soziologisch-rechtlichen Bezeichnung zu einem Ethnikon führe.[60] In Übereinstimmung mit A. Alt und M. Noth hat auch bei M. Weippert die Deutung des *ḫabiru* – *ᶜibrî*-Problems innerhalb der Erklärung der Landnahme eine wichtige Funktion zu erfüllen. Denn die Trennung der *ḫabirū* von den *ᶜibrîm* «Hebräern» erlaubt eine klare Scheidung zwischen den autochthonen Einwohnern Syrien-Palästinas und einwandernden «Israeliten». Den *ḫabirū* fehle die (halb-)nomadische Lebensweise, so daß sie nicht mit den einwandernden israelitischen Stämmen, die von ihrem Wanderleben ins Kulturland wechselten und sich dort ansiedelten, zusammengebracht werden dürften.[61] Diese Interpretation der *ḫabirū* und *ᶜibrîm* erscheint hier letztlich ganz im Dienste einer speziellen bibelwissenschaftlichen Hypothese über die Landnahme.[62]

7.1.3. G. E. Mendenhall – *ḫabirū* = *ᶜibrîm* im Rahmen der soziologischen Erklärung des Landnahmeproblems

G. E. Mendenhall hat nach A. Alt die soziologische Deutung des *ḫabirū* – *ᶜibrîm*-Problems auf eine neue und radikale Weise aufgenommen.[63] Wäh-

---

[58] M. Weippert, Landnahme, 1967, 86–88. 101 (zu Ex 21,2–6).

[59] Ein Vergleich von A. Alt, Hebräer, 1959, 105–106, mit M. Weippert, Landnahme, 1967, 101, läßt keine wesentlichen Differenzen erkennen.

[60] C. H. J. de Geus, The Tribes of Israel, 1976, 185–187, stimmt hierin M. Weippert zu, fordert aber dann doch ein Nebeneinander von ethnischer und appellativer Bedeutung von *ḫabiru* = *ᶜibrî* seit der Amarnazeit.

[61] M. Noth, Geschichte Israels, 1956³, 39, schreibt hierzu konzis: «Wohl aber ergibt sich aus der Verbreitung dieser Bezeichnung, daß keinerlei Grund vorliegt, die *Ḫabiru* der Amarnatafeln in irgendeine sachliche Verbindung mit den israelitischen Stämmen zu bringen, wie denn auch in den Amarnatafeln keine Rede davon ist, daß sie etwa aus der Wüste in das syrisch-palästinische Kulturland hereinkämen oder vor kurzem hereingekommen wären». M. Weippert, Landnahme, 1967, 66–67.

[62] C. H. J. de Geus, The Tribes of Israel, 1976, 187, betont diese Aspekte bei M. Weippert zu Recht.

[63] G. E. Mendenhall, The Tenth Generation, 1973, 122–141 (The *ᶜApiru* Movements in the Late Bronze Age); ders., Between Theology and Archaeology, JSOT 7 (1978), 28–34; siehe zu G. E. Mendenhall u. a. M. Weippert, Landnahme, 1967, 59–66, der von einer «soziologischen Lösung» der sog. israelitischen Landnahme bei G. E. Mendenhall spricht; A. J. Hauser, Israel's Conquest of Palestine: A Peasants' Rebellion?, JSOT 7 (1978), 2–19; Th. L. Thompson, Historical Notes on «Israel's Conquest of Palestine: A Peasants' Rebellion?» JSOT 7 (1978), 20–27; W. Brueggemann, Trajectories in Old Testament Literature and the Sociology of Ancient Israel, JBL 98 (1979), 163–164.

rend A. Alt sich damit begnügt hat, das Erscheinen von *ʿibrîm* «Hebräern» in sog. frühen und späten Texten soziologisch-rechtlich zu erklären und dabei voraussetzt, daß die Israeliten von außen durch eine sog. Landnahme in den Besitz von Palästina gekommen sind[64], nimmt G. E. Mendenhall an, daß die *ʿibrîm* «Hebräer» mit den *ḫabirū* der Amarna-Zeit identisch seien: Durch eine soziale Revolution seien aus den autochthonen *ḫabirū* die *ʿibrîm* «Hebräer» entstanden.

G. E. Mendenhall deutet die Patriarchen von den *ḫabirū* her und sucht bei ihnen die Ursprünge Israels. Er schreibt: «Abraham and Jacob, as well as others in the patriarchal period, are chieftains not of nomadic tribes but *ᶜApiru* groups which have no legal status and have indeed severed themselves from an earlier political community».[65]

Die Bezeichnung *ʿibrî* für die Israeliten sei der letzte noch bewahrte Wortgebrauch, der früher für jede Zahl von staatenlosen Personen und Gruppen im 2. Jt. v. Chr. üblich gewesen sei. Das Wort sei auf Israel übertragen worden, weil in vorisraelitischer Tradition und Geschichte eine Kontinuität der Abweisung bestehender politischer Systeme, die für die *ḫabirū* kennzeichnend gewesen sei, wirksam gewesen sei: Erst unter der Monarchie hätten sie aufgehört, *ḫabirū* zu sein und seien eine Nation geworden. Der Terminus *ḫabiru* habe folglich aufgehört, ein politischer Begriff zu sein und sei eine «ethnische» Bezeichnung geworden.[66]

N. K. Gottwald hat diese soziologische Hypothese über die *ḫabirū*-«Hebräer» weiter ausgebaut.[67] Er nimmt gleichfalls an, daß von den *ḫabirū* ein direkter Strang zu Israel hinführe. Denn er schreibt: «*ʿapiru,* a social grouping, which constituted a significant antecedent to and, in my view, one direct line of connection with early Israel.»[68] Das frühe Israel hatte nach N. K. Gottwald einen wesentlichen Anteil an *ḫabirū* in sich aufgenommen.[69] Seine Auffassung hat er kurz folgendermaßen zusammengefaßt «In sum, then, I am arguing that the descendants of the Amarna Age *ʿapiru* gained strength in the Palestinian highlands, at first as seperate bands, increasingly as models for peasants to emulate, then as a cultic-socio-

---

[64] Siehe Kap. 7.1.2.

[65] G. E. Mendenhall, The Tenth Generation, 1973, 137.

[66] G. E. Mendenhall, The Tenth Generation, 1973, 137.

[67] N. K, Gottwald, The Hypothesis of the Revolutionary Origins of Ancient Israel: A Response to Hauser and Thompson, JSOT 7 (1978), 37–52; ders., The Tribes of Jahweh, 1979; siehe zu N. K. Gottwald u. a. A. J. Hauser, JSOT 8 (1978), 46–49; Th. L. Thompson, JSOT 7 (1978), 20–27; W. Brueggemann, JBL 98 (1979), 163–164; F. R. Brandfon, Norman Gottwald on the Tribes of Yahweh, JSOT 21 (1981), 101–110; V. Fritz, BASOR 341 (1981), 71; G. L. Prato, Gregorianum 62 (1981), 553–561; A. H. J. Gunneweg, Geschichte Israels, 1982^4, 8; E. Otto, ZAW 94 (1982), 187 mit Anm. 2, der den Einfluß M. Webers (siehe Kap. 7.1.1.) hervorhebt; H. Donner, Geschichte 1, 1984, 125–126.

[68] N. K. Gottwald, The Tribes of Yahweh, 1979, 390.

[69] N. K. Gottwald, The Tribes of Yahweh, 1979, 419–425. 491.

political-military association of previously separate (Elohistic Israel), and finally as a greatly expanded association of former *ʿapiru, shosu*, peasants, and transhumant pastoralists from Canaan and Egypt under the same name Israel, but with a new religious identity of Yahwism. This should begin to make clear the senses in which Israel was both continuous with the earlier *ʿapiru* and at the same time discontinuous. It was continuous in that highland *ʿapiru* probably formed the greater part of Eholistic Israel which in turn entered Yahwistic Israel, contributing their wealth of experience in social struggle against the city-states of Canaan.»[70]

M. Weippert hat die Hypothese von G. E. Mendenhall ausführlich und kritisch untersucht.[71] Er gelangte zu Recht zum Ergebnis, daß es ausgeschlossen sei, die Ausdrücke «Hebräer» und «Iraelit» unbesehen als Synonyma zu betrachten und die «Israeliten» «Hebräer» pauschal unter die *ḫabirū*-Leute zu rechnen. Das Auftreten des Wortes *ʿibrî* nur in bestimmten fest umrissenen Textgruppen widerrate der Meinung, die Begriffe «Hebräer» und «Israelit» seien beliebig austauschbar. Somit sei es auch nicht möglich, die *bnj jśrʾl* «Israeliten» der alttestamentlichen Landnahmeerzählung ohne weiteres als *ʿibrîm* und *ḫabirū*-Leute anzusehen. Da überdies die *ḫabirū* der Amarna Korrespondenz nicht die Rolle spielten, die G. E. Mendenhall ihnen zuschreibe, müsse seine Hypothese der israelitischen Landnahme als ungenügend begründet abgewiesen werden.[72]

G. E. Mendenhall und die Vertreter seiner Richtung bauen ihre Argumentation auf einer unbegründeten Frühdatierung der *ʿibrî*-Belege auf. Es bleibt ferner in ihrem Modell der ‹Landnahme› ohne Erklärung, warum außerhalb des Gebietes von Israel die *ḫabirū* als soziale Gruppe zur Zeit der Entstehung Israels nicht mehr nachweisbar sind, aber auf dem begrenzten Gebiet Israels weiter existiert haben sollen. Außerdem vermag G. E. Mendenhall nicht deutlich zu machen, wie der «political term» *ḫabiru* zu einer « ‹ethnic› designation» werden konnte, nachdem *ʿibrî* sonst politisch ausgedient hatte.

Das von N. K. Gottwald angenommene Zusammenspiel von kontinuierlichen und diskontinuierlichen Elementen in der Frühgeschichte Israels[73] stellt sich historisch als eine wohl unbewußte und modifizierte Wiederaufnahme einer Ansicht F. Böhls dar. Dieser hatte bereits folgendes postuliert: «Israel und Kanaan gehören zusammen. Das ewig Wertvolle zwar, welches Israels Religion ihr unvergängliches Gepräge gibt, bleibt unverständlich ohne die Ereignisse am Sinai und den Aufenthalt in Qadeš, durch welchen die Stämme zu Verehrern des einen Gottes verschmolzen.»[74]

---

[70] N. K. Gottwald, The Tribes of Yahweh, 1979, 496–497.

[71] M. Weippert, Landnahme, 1967, 59–66. 101–102. 123.

[72] M. Weippert, Landnahme, 1967, 101–102.

[73] Siehe zu Anm. 70.

[74] F. Böhl, Kanaanäer und Hebräer, 1911, III.

Innerhalb der Interpretation des *ḫabiru* – *ʿibrî*-Problems von G. E. Mendenhall und seiner Anhänger wird der Übergang von einem soziologischen zu einem ethnischen Gebrauch des Wortes *ʿibrî* von den Autoren als keine besondere Schwierigkeit empfunden. Die Identifizierung von *ʿibrîm* «Hebräern» und *bnj jśrʾl* «Israeliten» erleichert ihnen diesen Kunstgriff.

Auch im Erklärungssystem von G. E. Mendenhall und N. K. Gottwald gründen alle Folgerungen in der Annahme, daß von frühen *ʿibrî*-Belegen auszugehen sei. Von dieser Basis her erscheint es dann folgerichtig, zwischen *ʿibrî* und *ḫabiru* einen unmittelbaren soziologischen, zeitlichen und inhaltlichen Zusammenhang herzustellen. Das Problem des Kategorienfehlers stellt sich auch in diesem Fall mit aller Dringlichkeit.

7.2. Die ethnische Deutung von *ʿibrî*

Die soziologisch-rechtliche Interpretation der altorientalischen und biblischen *ḫabiru*- und *ʿibrîm*-Belege, die als Ausgangspunkt sowohl für eine Erklärung der Entstehung Israels durch Einwanderung als auch durch eine autochtone Entwicklung dient, hat ihr Gegenstsück in der ethnischen Deutung der *ḫabirū* – *ʿibrîm*. Denn auch in der ethnischen Deutung haben wir zwischen Theorien über die Einwanderung der Hebräer/Israeliten und einer Entwicklung Israels innerhalb des kanaanäischen Gebietes zu unterscheiden.

7.2.1. F. Böhl (1883–1976)[75] – Kanaanäer und Hebräer. Eine Ganzheitshypothese

In der Konzeption von F. Böhl wird durch den Titel «Kanaanäer und Hebräer»[76] und gleichzeitig durch den Untertitel «Untersuchungen zur Vorgeschichte des Volkstums und der Religion Israels auf dem Boden Kanaans» bereits genügend angezeigt, daß dem kanaanäischen Element für die Bildung Israels ein gleiches Gewicht wie den Hebräern beigemessen wird. F. Böhl geht davon aus, daß Hebräer ein weiterer Begriff als Israeliten sei. Er faßt dies in den oft wiederholten Satz zusammen: «Alle Israeliten sind Hebräer, aber nicht alle Hebräer sind Israeliten.»[77] Ferner legt er seiner

---

[75] H. Engel, Die Vorfahren Israels in Ägypten, 1979, 186–187 (Franz Marius Theodor de Liagre Böhl [1883–1976]).

[76] F. Böhl, Kanaanäer und Hebräer, 1911.

[77] F. Böhl, Kanaanäer und Hebräer, 1911, 67, siehe auch 89. 90.

Untersuchung die Maxime zugrunde, daß die Israeliten hauptsächlich gegenüber und im Munde von Ausländern Hebräer genannt würden.[78]

Aus den gesamten *ᶜibrî*-Belegstellen und *ᶜbr* (Gen 10,21.25–30; 11,14 ff.; Num 24,24)[79] leitet er sodann die Schlußfolgerung ab: «Hebräer ist die Bezeichnung einer ganzen Völkergruppe, zu der neben anderen auch die Israelstämme gehören. Sich selbst bezeichnet der Israelit mit dem Ehrennamen seines eigenen Stammes und Volkes, der weiteren Perspektive des Auslandes dagegen gilt er – doch nicht konsequent – als Angehöriger der großen Volksgruppe.»[80]

Das Verhältnis zwischen den *ḫabirū* – «Hebräern» und den Israeliten bestimmt er sodann folgendermaßen: «Doch andererseits mag ‹Hebräer› ein noch soviel weiterer Begriff sein als ‹Israeliten› – bei Hebräern innerhalb Kanaans bleibt es denn doch das Nächstliegende, eben an die Israeliten zu denken.»[81] F. Böhl spricht somit von «Israelstämmen oder Hebräern im engeren Sinn».[82]

Von diesem Ansatz her stellt sich dann die Frage, ob die *ḫabirū* der Amarnatafeln mit den Israelstämmen oder Hebräern im engeren Sinn identisch sind.[83] F. Böhl sieht es als wahrscheinlich an, daß die Israeliten bereits zur Amarnazeit die Gebiete um Bethel, Hebron, Beerscheba, Siloh und Gibeon besetzt hatten.[84] Er läßt es jedoch offen, ob nicht doch auch die Teilungshypothese[85] bei der Lösung der Frage zu berücksichtigen sei.

F. Böhl geht allgemein von einer Frühdatierung der biblischen *ᶜibrî*-Stellen aus. Nach I Sam 14,21 hält er es für möglich, daß es zur Zeit Sauls im eigentlichen Kanaan eine mit ‹Hebräer› bezeichnete Bevölkerung gegeben habe, die von Israel unterschieden worden sei.[86] Er postuliert ferner auf Grund der biblischen Genealogie eine ganze Völkergruppe von Hebräern.[87] Ferner nimmt er auf Grund der Identifizierung von Hebräern und Israeliten in Kanaan zur Amarnazeit an, für die Einwanderung und die älteste Geschichte der Israelitenstämme in Kanaan einen Anhaltspunkt von unschätzbarem Wert gefunden zu haben.[88] Es sei nicht zu leugnen, daß die Angaben des AT einer Ansetzung der Einwanderung der Israelstämme in Kanaan in die Jahrzehnte vor der Amarnazeit (Amenophis IV. etwa

[78] F. Böhl, Kanaanäer und Hebräer, 1911, 67.
[79] F. Böhl, Kanaanäer und Hebräer, 1911, 67–72.
[80] F. Böhl, Kanaanäer und Hebräer, 1911, 73.
[81] F. Böhl, Kanaanäer und Hebräer, 1911, 90.
[82] F. Böhl, Kanaanäer und Hebräer, 1911, 90.
[83] F. Böhl, Kanaanäer und Hebräer, 1911, 90.
[84] F. Böhl, Kanaanäer und Hebräer, 1911, 93. 96.
[85] Siehe Kap. 7.2.5.
[86] F. Böhl, Kanaanäer und Hebräer, 1911, 71.
[87] F. Böhl, Kanaanäer und Hebräer, 1911, 67–70. 73.
[88] F. Böhl, Kanaanäer und Hebräer, 1911, 91.

1375–1360) zum mindesten nicht widersprächen.[89] Dieses Israel sei dann nach Ägypten gewandert und von dort weiter nach Palästina ausgezogen.[90]

Für die Argumentation F. Böhls dürfte charakteristisch sein, daß er von mehreren Voraussetzungen ausgeht, die er weder vom keilschriftlichen noch vom biblischen Material her rechtfertigt. Dies trifft für seine Frühdatierung der biblischen *ʿibrî*-Belege[91], für die Forderung von *ḫabirū*-Gruppen zur Zeit Sauls[92] und die einer ganzen Völkergruppe von Hebräern zu.[93] Die Nichtbeachtung der Zeitdifferenz zwischen den außerbiblischen Belegen für die *ḫabirū* und *ʿprw* und den biblischen *ʿibrî*-Stellen führte auch in diesem System notgedrungen zu Schlußfolgerungen weit über die engen Grenzen hinaus, die von den Quellen her gezogen sind.

7.2.2. A. Jirku (1885–1972) – Die Wanderungen der Hebräer

A. Jirku kam in seiner Untersuchung zu den Wanderungen der Hebräer im dritten und zweiten vorchristlichen Jahrtausend zum Ergebnis, daß die fürs erste bestehende Formel F. Böhls «Alle Israeliten sind Hebräer, aber nicht alle Hebräer sind Israeliten» doch nicht das Richtige treffe.[94]

Im Gegensatz zu F. Böhl geht A. Jirku von einer allgemeinen Konkordanz der altorientalischen und biblischen Quellen über die *ḫabirū* und *ʿibrîm* aus. Er schreibt: «Denn was immer uns das Alte Testament über die Hebräer berichtet, es läßt sich gut in Zusammenhang bringen mit dem, was uns die altorientalischen Urkunden sei es von den *Ḫabiru,* sei es von den *ʿprw* erzählen.»[95]

Die zeitliche Differenz zwischen den Quellen des 3. und 2. vorchristlichen Jt.s und den biblischen aus dem 1. Jt. überbrückt er mit Hilfe der «Erinnerungen» bzw. «richtigen geschichtlichen Erinnerung» und der Ablehnung der «reinen» oder «freien» Erfindung.[96]

Von dieser Voraussetzung schreitet A. Jirku dann zu weitreichenden Analogieschlüssen weiter, die den Patriarchen Abraham zum Mittelpunkt haben. Er argumentiert folgendermaßen: «Auch in diesem Falle [= Abrahams Ausgang von Ur in Chaldäa] soll nun nicht behauptet werden, daß wir jetzt alle diese Angaben als bare Münze zu nehmen haben; denn die Kapitel der Genesis, denen wir sie entnehmen, sind keine geschichtlichen

---

[89] F. Böhl, Kanaanäer und Hebärer, 1911, 92.

[90] F. Böhl, Kanaanäer und Hebräer, 1911, 90–96.

[91] Siehe Kap. 5.8.

[92] Siehe Kap. 5.3.1.

[93] Siehe Kap. 6.

[94] A. Jirku, Die Wanderungen der Hebräer, 1924, 12. 31.

[95] A. Jirku, Die Wanderungen der Hebärer, 1924, 26.

[96] A. Jirku, Die Wanderungen der Hebräer, 1924, 27.

Quellen im wahren Sinne des Wortes. Wenn wir aber andererseits auf das blicken, was wir heute über den Zug der *Ḫabiru* wissen – sie sitzen im 3. Jahrtausend v. Chr. im südlichen Mesopotamien, in der 1. Hälfte des 2. Jahrtausends in Anatolien im Bereiche der Hethiter, um dann um das 15. Jahrhundert herum nach Syrien-Palästina vorzudringen –; ist der Weg, den sie nehmen, ein anderer als der der Abrahamsleute? Diejenigen, die uns diese genannten Daten über Abraham überliefert haben, wußten also scheinbar mehr von dem wirklichen Verlauf der Dinge, als es die alttestamentliche Forschung der letzten Jahrzehnte vielfach zugeben wollte. Was uns über Abrahams Zug nach Palästina und seine dortigen Schicksale erzählt wird, ist in keinem anderen Licht zu sehen als in dem, das die Briefe von *El-Amarna* über das Eindringen der *Ḫabiru* in Syrien-Palästina verbreiten.»[97]

Einen Angelpunkt innerhalb seiner Beweisführung stellt dann in Gen 14,13 der Ausdruck *«Abram der Hebräer»* dar.[98] Er lehnt es ab, in Gen 14 einen Midrasch aus nachexilischer Zeit zu sehen. Gen 14 sei nach seinem Stil und Inhalt eine historische Urkunde und bei der sich hier findenden Bezeichnung *«Abram der Hebräer»* handle es sich um nichts anderes als um die im zweiten Jahrtausend v. Chr. übliche Benennung einzelner Angehöriger des Volkes der *Ḫabiru*-Hebräer. Diese Benennung sei ein untrügliches Zeugnis dafür, daß dieses Kapitel auf eine Keilschrifturkunde aus den Tagen Abrahams, in denen diese Benennung «N. N. der Hebräer» noch üblich gewesen sei, zurückgehen müsse. Gen 14 werde so zum literarisch ältesten (wenn auch vielleicht überarbeiteten) Abschnitt des Alten Testaments.[99] Der Abraham von Gen 14 sei eine durchaus richtig gezeichnete Gestalt aus der Zeit von El-Amarna. Dagegen trete uns im vierten Bileam-Spruch und I Sam 13–14 nicht mehr das lebenskräftige und siegreiche Volk der *Ḫabiru*-Hebräer aus der Zeit von El-Amarna entgegen, sondern dem Untergang oder wenigstens der Bedeutungslosigkeit geweihte Teile des einst mächtigen Volkes. Nach der frühesten Königszeit seien dann die in Palästina ansässigen Reste der Hebräer in Israel aufgegangen.[100]

Nach A. Jirku sind die *Ḫabiru*-Hebräer im 15. und 14. Jh. v. Chr. in Syrien-Palästina eingedrungen.[101] In diese sog. «Zeit von El-Amarna» werde das zu versetzen sein, was Gen 14 von *«Abraham dem Hebräer»* berichtet werde. Im 13.–11. Jh. träten uns die Hebräer in Ägypten entgegen, in einer Form und unter Umständen, die stark an den Aufenthalt Israels in Ägypten erinnerten. Die letzte, sicher datierbare Nachricht über die

---

[97] A. Jirku, Die Wanderungen der Hebärer, 1924, 27–28.

[98] A. Jirku, Die Wanderungen der Hebräer, 1924, 28–29.

[99] A. Jirku, Die Wanderungen der Hebräer, 1924, 29.

[100] A. Jirku, Die Wanderungen der Hebräer, 1924, 30.

[101] A. Jirku, Die Wanderungen der Hebräer, 1924, 31–32.

Hebräer als selbständiges Volk gehöre dann in die Tage Sauls. Wir hätten demnach zwischen den beiden Völkern der Hebräer und Israeliten, die bei der Entstehung des später Palästina beherrschenden Volkes mitgewirkt hätten, zu unterscheiden. Die Israeliten seien entgegen F. Böhls Formel «Alle Israeliten sind Hebräer, aber nicht alle Hebräer sind Israeliten»[102] nicht als eine Untergruppe der Hebräer, sondern Hebräer und Israeliten seien als selbständige, ursprünglich durchaus verschiedene Völker anzusehen, «wobei aus der Vereinigung einzelner Teile beider das spätere Volk Israels»[103] entstanden sei. Die Israelstämme seien im Gegensatz zu den Hebräern eher Aramäer.[104] Israel sei mit den beherrschenden Abrahamsleuten zu einem Volk verschmolzen. Seien auch Hebräer und Israeliten gemeinsam nach Ägypten gezogen, so seien sie doch nicht einander völlig gleichzusetzen. Denn noch nach der Rückkehr Israels nach Palästina gebe es in Ägypten Hebräer und die Hebräer des vierten Bileamspruches sowie von I Sam 13–14 seien rund fünfhundert Jahre jünger als die hebräischen Abrahamsleute. Die richtige Formel werde deshalb lauten müssen: *«Neben dem aus einer Vereinigung von Hebräern und Israeliten entstandenen Volke Israel gab es noch Jahrhunderte hindurch selbständige hebräische Volkssplitter, die allmählich vom Schauplatz der Geschichte verschwinden, zum Teil auch wiederum aufgehend in dem schon konsolidierten und geeinigten Israel.»*[105]

Die Argumentation A. Jirkus ist auf der Voraussetzung aufgebaut, daß Gen 14 zum literarisch ältesten (wenn auch vielleicht überarbeiteten) Abschnitte des Alten Testamentes zu erklären sei.[106] Von dieser und anderen Frühdatierungen der biblischen *ᶜibrî*-Belege her gewinnt er die Möglichkeit für einen direkten Anschluß der biblischen Dokumente an die keilschriftlichen über die *ḫabirū* und eine Basis für seine Argumentation mit einer sog. historischen Erinnerung. Die keilschriftlichen Aussagen über die *ḫabirū* wiederum legt er als Zeugnisse für ein größeres Hebräervolk, das in Syrien-Palästina eingewandert sei, aus.

Dagegen wird festzuhalten sein, daß die keilschriftlichen Belege für *ḫabiru* weder die Konstruktion eines größeren Hebräervolkes rechtfertigen, noch die Annahme von Wanderungen oder gar einer Einwanderung desselben nach Syrien-Palästina zulassen. Auch für die Identifikation der Hebräergruppe der Abrahamsleute mit den *ḫabirū* der Armarna-Zeit bieten die außerbiblischen Dokumente keine Anhaltspunkte.

---

[102] Siehe Anm. 77.

[103] A. Jirku, Die Wanderungen der Hebräer, 1924, 31.

[104] A. Jirku, Die Wanderungen der Hebräer, 1924, 32.

[105] A. Jirku, Die Wanderungen der Hebräer, 1924, 32.

[106] A. Jirku, Die Wanderungen der Hebräer, 1924, 29.

Die von A. Jirku vorgetragene Lösung des *ḫabirū* – Hebräer-Problems hat von altorientalischer[107] und bibelwissenschaftlicher Seite[108] schärfsten Widerspruch erregt. Trotz der Einwände von seiten der Altorientalistik hat A. Jirku auch später an seiner Konzeption festgehalten.[109] Von Vertretern der ethnischen Deutung hat er weiterhin Zustimmung erfahren.[110]

In einigen Punkten berührten sich die Gedanken von A. Jirku mit der Darstellung von A. Ungnad.[111] Letzterer nimmt an, daß die Hebräer um 1200 v. Chr. nach Syrien-Palästina eingefallen seien. *Habiräer* = Hebräer sei ursprünglich ein Name für die in Mesopotamien hausenden, mit Schleudern bewaffneten Nomaden. Als «Schleuderer» seien sie auch nach Ägypten gekommen und dort von den Pharaonen für ihre Zwecke ausgebeutet worden. Die Schwäche Ägyptens in der Zeit nach Ramses II. (1297–1230 v. Chr.) hätten diese *Habiräer* benutzt, um das drückende Joch abzuschütteln und um sich in der syrisch-arabischen Wüste mit verwandten *Ḫabiru*-stämmen zu vereinigen. Diese seien dann gemeinsam über das wehrlose Palästina hergefallen. A. Ungnad denkt sich dann die Entstehung Israels folgendermaßen «Das Land wurde eine leichte Beute für sie, und wenn sie auch mit Grausamkeit gegen die heidnische seßhafte Bevölkerung vorgingen, so blieb doch ein großer Teil von dieser übrig, mit dem sie sich vermischten. So wurde der israelitische Staat gegründet, eine Demokratie, die durch Moses in der gemeinsamen Jahwe-Verehrung ihr einigendes Band erhalten hat.»[112]

7.2.3. F. Schmidtke (1891–1969) – Die Einwanderung Israels in Kanaan[113]

Auch F. Schmidtke geht in seiner Darstellung über die *«Hebräer und Ḫabiru»*[114] von der Hypothese aus, daß der Name Hebräer weit über Israel

---

[107] Siehe zu B. Landsberger und J. Lewy Kap. 3 zu Anm. 55. Siehe ferner E. Meyer, GA 2/2, 1955³, 346 Anm. 2.

[108] M. Noth, Erwägungen zur Hebräerfrage, 1934, 103, weist z. B. darauf hin, daß die These A. Jirkus von allen abgelehnt werde, da «Hebräer» nirgends eine ethnographische Bezeichnung sei; M. Weippert, Landnahme, 1967, 68 mit Anm. 5.

[109] A. Jirku, Der Kampf um Syrien-Palästina, 1927, 13–14; ders., Geschichte des Volkes Israel, 1931, 52–54 mit Anm. 7; ders., Neues über die Ḫabiru – Hebräer, JKF 2 (1952/53), 213–214; ders., Geschichte Palästina-Syriens im orientalischen Altertum, 1963, 96–97.

[110] A. M. Badawi, ASAE 42 (1943), 22; A. Pohl, Einige Gedanken zur Ḫabiru-Frage, WZKM 4 (1957), 157–160.

[111] A. Ungnad, Die ältesten Völkerwanderungen Vorderasiens, 1923, 13–16. Obwohl A. Jirku seinen Vortrag zuerst während des deutschen Orientalistentages vom 1.–4. Oktober 1924 hielt (A. Jirku, Die Wanderungen der Hebräer, 1924, 3), findet sich darin kein Hinweis auf die Veröffentlichung A. Ungnads vom Vorjahr.

[112] A. Ungnad, Die ältesten Völkerwanderungen Vorderasiens, 1923, 15–16.

[113] F. Schmidtke, Die Einwanderung Israels in Kanaan, 1933.

[114] F. Schmidtke, Die Einwanderung Israels in Kanaan, 1933, 34–58.

hinausgreife. Denn die Israeliten seien ja nur eine Linie der Nachkommen des Hebräers Abraham.[115] Er schreibt hierzu folgendes: «Es ist also nach den Zeugnissen des AT selbst eine ziemlich große Völkergruppe, der Abraham und seine Leute angehören. Sie umfaßt außer Israel die Edomiter, Moabiter, Ammoniter, Ismaeliter und aramäische Stämme Mesopotamiens und der syrisch-arabischen Wüste. Der Bezirk, in dem diese Völker ansässig sind, reicht von Arabien und Südpalästina bis nach Mesopotamien und Babylonien (Kesed)... Und wenn wir nun auch in unseren Genealogien nicht jede Einzelheit als historische Wahrheit anzusehen haben, so wird jedenfalls so viel deutlich, daß die Hebräer mehr sind als die Israeliten, daß wir nach den alttestamentlichen Quellen einen mesopotamischen, palästinischen und arabischen Zweig der Hebräer anzunehmen haben.»[116]

Die eigentliche *Ḫabiru*-Hebräer-Frage verbindet F. Schmidtke mit den «palästinischen Hebräern».[117] Er unternimmt dabei den Versuch, die Angaben der Keilinschriften über die *ḫabirū* mit den Hebräern des Alten Testaments in Einklang zu bringen. Da *ḫabiru* «Beduine» ein Appellativum sei, werde über die Stammeszugehörigkeit nichts ausgesagt.[118] Die babylonischen, hethitischen und palästinensischen *ḫabirū* bräuchten deshalb nicht der gleichen Bevölkerungsgruppe anzugehören. Sie seien wohl meistens Semiten aus der syrisch-arabischen Wüste gewesen. Die Verbindung zwischen den *ḫabirū* und den Israeliten stellt er sodann folgendermaßen her: «Irgendwo nun, mag es in Mesopotamien gewesen sein, oder, was wahrscheinlicher, in Palästina, da wir aus anderen Quellen nichts über *Ḫabiru* – *ʿIbrîm* in Mesopotamien hören, blieb der Name *Ḫabiru* speziell an den Abrahamsleuten haften und wurde zum Volksnamen. Allzu fest hielt er sich aber auch hier nicht, denn die Nachkommen Abrahams heißen schließlich *Israeliten.*»[119]

Aus der Gleichsetzung von *ḫabirū* und Hebräern leitet er ab, daß Abraham in das 15. bis 14. Jh. v. Chr. gehöre und die *ḫabirū* der Amarnatafeln die biblischen Hebräer seien.[120] Die Schwierigkeit, daß die *ḫabirū* in den Amarnatafeln als Räuber geschildert werden, die Patriarchen dagegen als friedliche Leute, löst er folgendermaßen: «Wenn trotzdem diese Dinge [= kriegerische Taten] im Leben der Patriarchen nur wenig hervortreten, so braucht uns das nicht wunderzunehmen, denn die Erzählungen der Gen sind ja nicht *Geschichte im modernen Sinne,* sondern *Einzel-* und *Familiengeschichte.* Sie interessieren sich weniger für die Vorgänge der hohen Politik als vielmehr für die Vorkommnisse des täglichen Lebens.»[121]

---

115 F. Schmidtke, Die Einwanderung Israels in Kanaan, 1933, 35.

116 F. Schmidtke, Die Einwanderung Israels in Kanaan, 1933, 42–43.

117 F. Schmidtke, Die Einwanderung Israels in Kanaan, 1933, 43–44.

118 F. Schmidtke, Die Einwanderung Israels in Kanaan, 1933, 45.

119 F. Schmidtke, Die Einwanderung Israels in Kanaan, 1933, 45–46.

120 F. Schmidtke, Die Einwanderung Israels in Kanaan, 1933, 50, 52. 56–57.

121 F. Schmidtke, Die Einwanderung Israels in Kanaan, 1933, 56.

Ausgehend von der Datierung des Hebräers Abraham an das Ende des 15. Jh. v. Chr. gewinnt er sodann die Möglichkeit, den Auszug dieser Hebräergruppe aus Ägypten in die Zeit des Pharao Mernephta zu legen und diese Hebräer gegen 1200 als Israel unter Josua in Kanaan eindringen zu lassen.[122] Von den ägyptischen *ʿprw*-Belegen kämen nur zwei Belege aus der Zeit Ramses II. für die Hebräer im engeren Sinn in Betracht.[123]

Nachdem F. Schmidtke die *ḫabirū* als Nomaden und Beduinen bestimmt hatte[124] und die *ḫabirū* der Amarnatafeln mit den Hebräergruppen von Abraham bis Jakob[125], fällt es ihm dann nicht schwer, die Inbesitznahme Kanaans durch die Israeliten als einen langen kontinuierlichen Eroberungsprozeß durch Hebräer aufzufassen. Er schreibt hierzu folgendes: «Israel ist nicht erst unter Josua ins Land gekommen. Der erste Träger des Namens ist *Jakob.* Vor ihm sind verwandte Volkselemente unter Abraham eingedrungen und unter ihm und Isaak in Südpalästina ansässig gewesen. So müssen die Patriarchengeschichten der Gen in den Kreis der Untersuchungen einbezogen werden, obwohl es ein Volk Israel erst seit Jakob gibt. Da aber die Überlieferung die Geschichte des Volkes mit Abraham beginnen läßt, müssen auch wir bis auf Abraham zurückgehen. Das bedarf keiner weiteren Rechtfertigung; denn wir haben uns die ganze Wanderung als einen kontinuierlichen Prozeß der Durchdringung und Assimilierung, des friedlichen und kriegerischen Drängens von Wüstennomaden nach dem westlichen Kulturland vorzustellen. Abraham und Isaak hatten Jakob und seinen Leuten den Weg bereitet. Die Erinnerung an die Väter führte Josua und seine Scharen in das Land zurück, auf das sie durch die Väter einen Anspruch erhoben, der schließlich durch den Erfolg vor dem Forum der Geschichte seine Anerkennung fand.»[126]

Während bei A. Alt und M. Noth die Landnahme völlig von den *ḫabirū*-Hebräern getrennt wird, erscheint sie bei F. Schmidtke als ein Werk der als Ethnikon aufgefaßten Hebräergruppen von Abraham bis Josua. Er baut hierbei auf der Annahme auf, daß die *ʿibrî*-Belege früh zu datieren seien, daß die außerbiblischen und biblischen Quellen die Konstruktion eines größeren Hebräervolkes sowie die Rede von Wanderungen dieser Volksgruppen erlaubten und die *ḫabirū*-Hebräer Nomaden und Beduinen gewesen seien. Es muß kaum betont werden, daß für keine dieser Hypothesen außerbiblische oder biblische Anhaltspunkte gegeben sind.

---

[122] F. Schmidtke, Die Einwanderung Israels in Kanaan, 1933, 56.

[123] F. Schmidtke, Die Einwanderung Israels in Kanaan, 1933, 57.

[124] F. Schmidtke, Die Einwanderung Israels in Kanaan, 1933, 44–45.

[125] F. Schmidtke, Die Einwanderung Israels in Kanaan, 1933, 56; siehe zur Kritik dieser Hypothese A. Barrois, RB 43 (1934), 146.

[126] F. Schmidtke, Die Einwanderung Israels in Kanaan, 1933, 2.

7.2.4. H. Parzen – Die derogative Bedeutung von *ʿibrî*

Der nur wenige Seiten umfassende Beitrag von Rabbi H. Parzen[127] hat auf die Problemstellung *ḫabirū* – *ʿibrîm* einen großen Einfluß ausgeübt. Den Ausgangspunkt seiner Überlegungen bildet die Beobachtung, daß die traditionelle Ableitung des Wortes *ʿibrî* von *ʿbr* «Eber» oder von der Gebietsbezeichnung *ʿbr hnhr* «jenseits des Flusses», das Problem der besonderen Verwendung des Wortes in den biblischen Schriften nicht befriedigend erkläre. Die Behauptung, daß *ʿibrî* in einigen Fällen anachronistisch und in anderen nur im Munde von Fremden von Israeliten gebraucht werde, löse die Probleme in keiner Weise. Auch die alten Übersetzungen, die in *ʿibrî* einfach ein Synonym für «Israelit» und «Jude» sähen, brächten keine endgültige Klärung. So würde im Targum *ʿibrî* in dreifacher Weise wiedergegeben: alle Stellen der Genesis buchstäblich mit *ʿbrjh*. In den restlichen Stellen mit vier Ausnahmen werde das Wort mit *jhwd'j* «Jude» definiert. In den vier Ausnahmen (Ex 21,2; Dtn 15,12; Jer 34,9.14) mit *br jsr'l* «israelitisch».[128]

Seinen eigenen Lösungsvorschlag für das Hebräer-Problem lautet folgendermaßen "I hold that originally the cognomen *Ibri* was a degrading derogatory appellation, a mark of inferiority denoting an alien, a barbarian, a Beduin. This name was used by the more civilized peoples of the ancient Near East to designate the roving and unsettled folk of the desert. It was a mock-name that ridiculed its bearers. And, as so often happens in human history, an epithet hurled at a group in mockery and derision in the course of time loses its stigma and is borne by the group without protest and without consciousness of its original connotation."[129]

Einen Beweis für seine These sieht er in dem Gebrauch des Wortes *ʿibrî* zur Beschreibung eines "slavish state of subjection,"[130] da es nach Meinung der biblischen Schriftsteller diese Bedeutung habe.

In diese einheitliche Interpretation des Wortes *ʿibrî* fügen sich nach H. Parzen auch Jon 1,9 und Gen 40,15 ein. An erster Stelle handle es sich nicht um eine Äußerung jüdischer Loyalität und Stolzes, sondern eher um einen Versuch des Propheten Jonah, seine Identität zu verheimlichen.[131] Wenn in Gen 40,15 Joseph vom «Land der Hebräer» spreche, dann handle

---

[127] H. Parzen, The Problem of the *Ibrim* («Hebrews») in the Bible, AJSL 49 (1932/33), 254–261.

[128] H. Parzen, AJSL 49 (1932/33), 255.

[129] H. Parzen, AJSL 49 (1932/33), 258.

[130] H. Parzen, AJSL 49 (1932/33), 259, mit Verweis auf die Textgruppen Legislation (Ex 21,2; Dtn 15,12; Jer 34,9.14), den Aufenthalt Israels in Ägypten (Gen 41,12; 43,32; Ex 1,15.16.19; 2,6 usw.), und die Unterwerfung durch die Philister (I Sam 4,6.9; 13,3.7.19; 14,11.21 und 29,3).

[131] H. Parzen, AJSL 49 (1932/334), 259.

es sich nicht, wie gewöhnlich angenommen werde, um einen Anachronismus für «Land Kanaan», sondern um das Land der Hebräer oder *ḫabirū*, die ursprüngliche Heimat seines Volkes.[132] Er habe so die Ägypter auf das Gebiet der barbarischen Beduinen verwiesen. Joseph selbst sei auch tatsächlich ein Nachkomme der *ḫabirū*-Stämme gewesen.[133]

Die Drehscheibe seiner Argumentation bildet Gen 14,13.[134] Denn in der Übersetzung περάτης werde die ursprüngliche Bedeutung von *ᶜibrî* festgehalten. Er schreibt hierzu folgendes: "The author by this translation desired to convey to his readers the exact, the literal, and probably the original meaning of *Ibri* (‹Hebrew›)."[135] Als Übersetzung von *ᵓbrm hᶜbrj* schlägt er "Abram the easterner, the wanderer, the alien" vor.[136] In einem eigenartigen Kontrast zu dieser Erklärung steht dann seine Bemerkung, daß der Übersetzer an Stelle von *hᶜbrj* wahrscheinlich *hᶜbr (hāᶜōbēr)* gelesen habe.[137]

H. Parzen hat somit die schon oft geäußerte Ansicht[138], daß mit *ᶜibrî* von den Ansässigen ein Einwanderer benannt werde[139], um den Gedanken erweitert, daß dem Wort grundsätzlich eine derogative Bedeutung anhafte.

Ohne Bezug auf die vorangehende Diskussion räumt H. Parzen Gen 14,13 und der griechischen Übersetzung von *ᶜibrî* mit περάτης eine Schlüsselrolle zu, wobei er von der Voraussetzung ausgeht, daß es sich um eine alte Stelle und bei der Übersetzung um den exakten wortwörtlichen und wahrscheinlich auch ursprünglichen Sinn von *ᶜibrî* handle.[140] Damit wiederholt er Gedanken, die bereits J. Lewy vorweggenommen hatte.[141]

H. Parzen führt die ethnische Interpretation von *ᶜibrî* weiter. Sowohl die *ḫabirū* als auch die *ᶜibrîm* sind nach ihm Teile des "entire nomadic folk between Palestine and the Euphrates.»[142]

Entgegen ihrer ursprünglichen Zielsetzung sollte aber dann die Hypothese von H. Parzen über die grundsätzlich derogative Bedeutung von *ᶜibrî* in abgewandelter Form für die im Ansatz verschiedene soziologisch-rechtli-

---

[132] H. Parzen, AJSL 49 (1932/33), 259–260.

[133] H. Parzen, AJSL 49 (1932/33), 259–260.

[134] H. Parzen, AJSL 49 (1932/33), 256. 260.

[135] H. Parzen, AJSL 49 (1932/33), 256.

[136] H. Parzen, AJSL 49 (1932/33), 256.

[137] H. Parzen, AJSL 49 (1932/33), 256 Anm. 16.

[138] Die Herausgeber von AJSL vermerkten in AJSL 49 (1932/33), 254 Anm. 1, daß H. Parzen das Werk von F. Böhl, Kanaanäer und Hebräer, 1911, nicht gekannt habe. Dies gilt auch von anderer Literatur.

[139] W. Spiegelberg, Der Name der Hebräer, OLZ 12 (1907), 618–620; J. Lewy, Ḫabiru und Hebräer, OLZ 30 (1927), 744–746.

[140] H. Parzen, AJSL 49 (1932/33), 256.

[141] J. Lewy, OLZ 30 (1927), 828.

[142] H. Parzen, AJSL 49 (1932/33), 260.

che Deutung des Wortes von besonderem Interesse sein. Denn sie war geeignet, den von A. Alt u. a. geforderten antinationalen Unterton von *ᶜibrî* zu unterstreichen.[143]

7.2.5. H. H. Rowley (1890–1969)[144] – Von Joseph zu Josua

In den Schweich Lectures von 1948 hat H. H. Rowley versucht, eine zusammenfassende Darstellung der Frühgeschichte Israels zu geben, wobei er dem Problem der *ḫabirū* und Hebräer einen breiten Raum zugesteht.[145]

Der englishe Gelehrte geht von der von ihm als möglich bezeichneten Voraussetzung *ᶜprw* = *ᶜprm* = *ḫabirū* aus.[146] Auf Grund der Schreibung *ᶜpr* in den keilalphabetischen Texten von Ugarit sieht er zwar die Gleichung *ᶜprw* = *ᶜprm* = *ḫapirū*/*ḫabirū* = *ᶜibrî* für möglich, aber nicht als erwiesen an. Sie sei auch von einer anderen Seite her zu untermauern.[147]

Auch H. H. Rowley geht von der Annahme aus, daß die *ḫabirū* eine ethnische Gemeinschaft formen, die sich von dem Ahnen *ᶜEber* (Gen 10,25) ableite und einen breiten Kreis umfasse. Und aus den biblischen Aussagen über die *ᶜibrîm* ergebe sich, daß die *ᶜprw*, *ḫabirū* und Hebräer miteinander in Beziehung zu setzen seien und die *ḫabirū* mehr umfaßten als die Israeliten.[148] Er schließt sich dabei nicht der These F. Böhls «Alle Israeliten sind Hebräer, aber nicht alle Hebräer sind Israeliten»[149] an, sondern befürwortet Überschneidungen zwischen den Begriffen und Differenzen im Wortgebrauch.[150]

H. H. Rowley richtet sein Hauptaugenmerk auf die Wanderung der Hebräer nach Ägypten und den Exodus.[151] Er geht dabei davon aus, daß der erste Einzug der Hebräerstämme (Hebrew tribes) nach Palästina in den Amarna-Briefen widergespiegelt werde, dieser aber von dem späteren

---

[143] Auf H. Parzen verweist z. B. M. Noth, Erwägungen zur Hebräerfrage, 1934, 101 Anm. I; M. P. Gray, HUCA 29 (1958), 18 f. mit Anm. 3+8; vgl. dagegen M. Greenberg, The Ḫab/piru, 1955, 92.

[144] H. Engel, Die Vorfahren Israels in Ägypten, 1979, 127–133 (Harold Henry Rowley [1890–1969]).

[145] H. H. Rowley, From Joseph to Joshua, 1950, 45–56. 109–111. 129. 141–145. 164.

[146] H. H. Rowley, From Joseph to Joshua, 1950, 49. 110.

[147] H. H. Rowley, From Joseph to Joshua, 1950, 51–52.

[148] H. H. Rowley, From Joseph to Joshua, 1950, 52–55.

[149] Siehe zu Anm. 77.

[150] H. H. Rowley, From Joseph to Joshua, 1950, 56: "... it is perhaps better to hold that the areas of meaning of the two terms overlapped than to claim that one was wholly included in the other. We should also recognize that if the terms ᶜAperu, *ᶜprm*, Ḫabiru and *ᶜbrjm* are allowed to be philologically equatable, we must not equate their areas of meaning in the different communities where they were used."

[151] H. H. Rowley, From Joseph to Joshua, 1950, 110.

Angriff unter Josua zu trennen sei.[152] Er verbindet die Ereignisse der Amarnazeit mit Jakob, wobei er die Inbesitznahme von Schekem mit Gen 34 zusammen sieht.[153] Dies führt ihn dazu, Jakob um 1400 v. Chr. zu datieren und Abraham im 17. Jh. anzusetzen[154] und die Josephsgeschichte in der Amarnazeit anzusiedeln.[155]

Von diesem Ansatz her hat er die Möglichkeit, den Zug Josephs und anderer *ḫabirū* nach Ägypten zu postulieren und die *ḫabirū*-Hebräergruppen mit anderen, die in Palästina und Ägypten zu dieser Zeit bezeugt sind, in Beziehung zu setzen.[156] Daran schließe der Exodus um ca. 1230 v. Chr. unter Mose an. Nach zwei Jahren Wanderungen in der Wüste übernehme Josua die Führung und leite die Eroberung in Palästina. Damit werde eine Verschmelzung der unter Josua ankommenden Hebräer mit denen eingeleitet, die bereits seit der ersten Eroberung in der Amarnazeit im Lande seien.[157]

Die Konzeption H. H. Rowleys gründet auf der ideologischen Voraussetzung, daß die biblischen Traditionen über die Eroberung des Landes, den Zug nach Ägypten und den Exodus zwar bearbeitet worden seien, aber dennoch historisches Material enthielten.[158] Die Aufteilung der Eroberung des Landes durch die *ḫabirū*-Hebräer in eine Phase der Amarnazeit und eine unter der Führung Josuas nach dem Auszug aus Ägypten rechtfertigt er mit dem Hinweis auf die Besonderheit der biblischen Darstellung, in der die Ereignisse zusammengesehen würden. Er schreibt hierzu folgendes: "The combining of the two streams of tradition, and the representation of all the tribes as entering the land together after the Exodus from Egypt, would then be responsible for the arrival at Kadesh of the earlier wave being synchronized with the Exodus of the later."[159] Diese Traditionen seien in der frühen Monarchie zu einer fiktiven Einheit vereinigt worden.[160] H. H. Rowley wandelt hier die ältere These von mindestens zwei israelitischen Einwanderungswellen, die mit den sogenannten Lea-Stämmen und

---

[152] H. H. Rowley, From Joseph to Joshua, 1950, 110–113. 164.

[153] H. H. Rowley, From Joseph to Joshua, 1950, 113–114. 164.

[154] H. H. Rowley, From Joseph to Joshua, 1950, 114. 164.

[155] H. H. Rowley, From Joseph to Joshua, 1950, 116. 164.

[156] H. H. Rowley, From Joseph to Joshua, 1950, 110–129. 164.

[157] H. H. Rowley, From Joseph to Joshua, 1950, 129–161. 164.

[158] H. H. Rowley, From Joseph to Joshua, 1950, 110 (historical material). 120 (substantial historical value). 129 (historical events that are reflected in the traditions). 148–149 (historical substance). 155. 162–163.

[159] H. H. Rowley, From Joseph to Joshua, 1950, 139–140. Auf S. 147–148, schreibt er: "I recognize that in the Biblical traditions we have combined, in what appears to be a single account, the reminiscences of a twofold entry into the land. While the traditions are not scientific history, of course, I find in them historical substance in themselves."

[160] H. H. Rowley, From Joseph to Joshua, 1950, 162: "Yet underlying them both was probably the work of collectors of traditions."

den sogenannten Rahel-Stämmen verbunden werden[161], in zwei Hebräer-Einwanderungen ab.

Diese Annahmen über die historische Zuverlässigkeit biblischer Berichte sowie die Auswertung der außerbiblischen Quellen im einzelnen wurden als wenig ertragreich bewertet.[162] Vom Gesichtspunkt der *ḫabirū*-Hebräer-Frage her gesehen liegt hier der Versuch vor, unabhängig von den philologischen Problemen der Gleichung *ḫabirū* = *ʿibrîm* «Hebräer» aufgrund der Amarnatafeln und der biblischen Dokumente eine in zwei Phasen aufgeteilte, aber einheitliche Erklärung der Ableitung des späteren Israels von den *ḫabirū* = *ʿibrîm* «Hebräern» vorzulegen. Die Übernahme der Amphiktyonie-Hypothese von M. Noth und die im Gegensatz hierzu stehende Verbindung von Amphiktyonie mit der Gleichung *ḫabirū* = *ʿibrîm* «Hebräer» wurde als Rückschritt empfunden.[163]

Obwohl H. H. Rowley auf eine allseitige Beachtung der Sekundärliteratur größten Wert legt und den Eindruck erweckt, größtmögliche Objektivität anzustreben, dürfte doch nicht zu übersehen sein, daß er von seinen ideologischen Voraussetzungen her eine sachgemäße Auseinandersetzung mit der in der Altorientalistik geläufig gewordenen soziologisch-rechtlichen Deutung der *ḫabirū* und der damit verbundenen völligen Trennung zwischen *ḫabiru* und *ʿibrî* bei B. Landsberger[164] oder der zwischen den israelitischen Stämmen und den *ḫabirū* bei M. Noth umgeht.[165] So wird man auch von dieser Seite her feststellen müssen, daß H. H. Rowley die *ḫabirū*-*ʿibrîm*-Diskussion nur insoweit berücksichtigt, als sie seiner eigenen Bibelauslegung dient.

H. H. Rowley schließt sich grundsätzlich jenen an, die von einer größeren Völkergruppe der *ḫabirū* – *ʿibrîm* und von einer Einwanderung von Osten her ausgehen.[166] *ḫabiru* = *ʿibrî* ist so für ihn grundsätzlich ein ethnischer Begriff, der diese Bedeutung auch in Israel beibehalten habe, während nur im Norden *ḫabiru* eine soziale Stellung bezeichne.[167] Auch von

---

161 M. Weippert, Landnahme, 1967, 47 mit Anm. 1.

162 M. Noth, VT 1 (1951), 74–80; C. H. J. de Geus, The Tribes of Israel, 1976, 46–47; H. Engel, Die Vorfahren Israels in Ägypten, 1979, 132–133.

163 So sind vielleicht die Bemerkungen von C. H. J. de Geus, The Tribes of Israel, 1976, 47, zu deuten.

164 Siehe H. H. Rowley, From Joseph to Joshua, 1950, 51 Anm. 1; 52 Anm. 9, zu B. Landsberger.

165 H. H. Rowley, From Joseph to Joshua, 1950, 196, tritt an keine der s. v. Noth genannten Stellen seines Buches in eine befriedigende Auseinandersetzung mit M. Noth ein.

166 H. H. Rowley, From Joseph to Joshua, 1950, 53 Anm. 1, schreibt hierzu: "The Hebrews came from Babylonia to Palestine via northern Mesopotamia, yet in neither stage of their imigration did all their kin accompany them."

167 H. H. Rowley, From Joseph to Joseph to Joshua, 1950, 53 Anm. 1, bemerkt hierzu folgendes: "In the north, however, where we know that *Ḫabiru* acquired a social significance, the ethnic consciousness faded and the term fell out of use. The Hebrews of

dieser Seite her wird ersichtlich, daß die Ausnützung des keilschriftlichen Materials über die *ḫabirū* von der Frühdatierung der biblischen *ᶜibrî*-Belege und fundamentalistischen Voraussetzungen her erfolgt.

7.2.6. R. de Vaux (1903–1971)[168] – Der «Schweizer-Vergleich» und die *ḫabirū*

Eine ethnische Interpretation des *ḫabirū*-Problems hat auch R. de Vaux vorgetragen und dabei den «Schweizer-Vergleich»[169] in seine Betrachtung mit einbezogen.[170]

R. de Vaux geht von der Beobachtung aus, daß nach allen bisherigen Erklärungen des Wortes *ḫabiru* sich ergebe, daß dieser Name nicht von den *ḫabirū* selbst stamme. Alle damit verbundenen Schwierigkeiten, die sich aus dem Gleichbleiben des Namens über ein Jahrtausend und von der Etymologie her ergeben, verschwänden bei der Annahme, daß es sich bei *ᶜpr-ḫabiru* nicht um die Bezeichnung einer Klasse, sondern um die eines Volkes handle. Denn dann sei es unnötig, für die Bezeichnung eine Bedeutung oder eine Etymologie zu suchen.[171] Diese Deutung von *ḫabiru* sei zu Unrecht und vorzeitig wegen einer unbedachten Annäherung der *ḫabirū* der Amarna-Zeit an die Hebräer der Bibel aufgegeben, aber neuerdings wieder aufgenommen worden.[172]

Diese Herkunft und Bedeutung von *ḫabiru* sucht er sodann durch Hinweise auf einige Dokumente aus dem keilschriftlichen und ägyptischen Bereich zu stützen.[173]

Palestine, therefore, who retained their ethnic conciousness, though transferred to the name Israel, lost their contacts with their kindred, and no longer felt any ethnic unity with the northern peoples of their own day, though they remembered that their fathers had come from those regions."

[168] K. Engel, Die Vorfahren Israels in Ägypten, 1979, 164–173 (Roland Guerin de Vaux [1903–1971]).

[169] Siehe zur Vorgeschichte dieses Vergleichs die Ausführungen von H. Engel, Die Vorfahren Israels in Ägypten, 1979, 182–183: Herman Theodorus Obbink und der «Schweizervergleich».

[170] R. de Vaux, Le problème des Ḫapiru après quinze années, JNES 27 (1968), 221–228; siehe auch ders., Histoire ancienne d'Israël I, 1971, 106–112 (*Les Ḫabiru/ᶜApîru*). 202–288 (*Les «Hébreux» et les «Ḫabiru»*).

[171] R. de Vaux, JNES 27 (1968), 226; ders., Histoire ancienne d'Israël I, 1971, 110–111.

[172] R. de Vaux, JNES 27 (1968), 226 Anm. 32, verweist auf A. Pohl, Einige Erwägungen zur Ḫabiru-Frage, WZKM 54 (1957), 157–160; H. Schmökel, Geschichte des Alten Vorderasiens, 1957, 232–234; M. G. Kline, The *ḫa-BI-ru*, Kin or Foes of Israel, WThJ 19 (1956/57), 170–176; M. Astour, Les étrangers à Ugarit et le statut juridique des Ḫabiru, RA 52 (1959), 70–76.

[173] R. de Vaux, JNES 27 (1968), 226–227.

Wenn man von der besonderen Situation in Nuzi, wo die ethnische Bezeichnung *ḫabiru* zu einem Appellativ tendiere, absehe, böten die Schweizer, die als Söldner dienten, eine Parallele.[174] Die *ḫabirū* seien deshalb wohl ein ethnisches Element westsemitischen Ursprungs.[175] Die Frage Appellativum oder Ethnikon sei deshalb offen zu lassen.[176]

Zum Problem *ḫabirū* – Hebräer hat R. de Vaux dann in seiner Darstellung der Anfänge Israels ausführlich Stellung genommen.[177] Er geht von der Annahme aus, daß abgesehen von Dtn 15,12–17 und Jer 34,9.14, die ein altes Gesetz zitierten, alle anderen Belege für *ʿibrî* in die Zeit vor der Monarchie zu datieren seien. Das Wort sei dann bis nach dem Exil verschwunden, wo man es isoliert in Jon 1,9 und in dem späten Midrasch Gen 14,13 finde.[178]

Er stellt sich sodann die Frage, ob *ʿibrî* immer ein Ethnikon sei und stets exklusiv die Israeliten bezeichne.[179] Mit Ausnahme des Gesetzes Ex 21,2 habe *ʿibrî* immer eine ethnische Bedeutung; mit Ausnahme von I Sam 14,21 scheine es immer die Israeliten zu bezeichnen. Mit Ausnahme der isolierten Stellen Gen 14,13 und Jon 1,9 sei es auf die Frühzeit Israels vom Aufenthalt in Ägypten bis zum Königtum Sauls beschränkt. Dies scheine darauf hinzuweisen, daß das Wort seinen Ursprung außerhalb Israels habe und seine Anwendung auf die Israeliten von besonderen geographischen und historischen Umständen abhänge.[180]

Welche Beziehung besteht nun zwischen den *ḫabirū* und den Hebräern? R. de Vaux legt dar, daß eine Ableitung des Wortes *ʿibrî* von *ʿap/bîru* möglich sei, aber die Äquivalenz könne nur akzeptiert werden, wenn sie durch andere Argumente noch Unterstützung erfahre.[181] Berücksichtige man die Analogie der Situation, in der sich *ḫabirū* und *ʿibrîm* als Fremde befunden hätten, ihre Mobilität und Verteilung in Raum und Zeit, das Verschwinden der *ḫabirū* etwa zur selben Zeit wie das der «Hebräer» in der Bibel und das seßhafte oder nomadisch-halbnomadische Leben beider, dann könne man die Charakterisierung der *ḫabirū* auch auf die Vorfahren Israels (ancêtres des Israélites) anwenden.[182]

---

174 R. de Vaux, JNES 27 (1968), 228; ders., Histoire ancienne d'Israël I, 1971, 112.

175 R. de Vaux, Histoire ancienne d'Israël I, 1971, 112, bemerkt hierzu folgendes: «On peut donc finalement se demander si les *Ḫabiru/ᶜApîru* n'ont pas été originairement l'un des éléments ethniques qui erraient à la limite du desert dans la première moitié du IIe millénaire et dont le nom, a été transcrit différemment selon les régions».

176 R. de Vaux, JNES 27 (1968), 228.

177 R. de Vaux, Histoire ancienne d'Israël I, 1971, 202–208 (*Les «Hebreux» et les «Habiru»*).

178 R. de Vaux, Histoire ancienne d'Israël I, 1971, 203.

179 R. de Vaux, Historie ancienne d'Israël I, 1971, 203.

180 R. de Vaux, Histoire ancienne d'Israël I, 1971, 205.

181 R. de Vaux, Histoire ancienne d'Israël I, 1971, 206.

182 R. de Vaux, Histoire ancienne d'Israël I, 1971, 206.

Es sei jedoch festzuhalten, daß kein außerbiblischer Text über die *ḫabirū* direkt die Hebräer betreffe.[183] Vor allem sei es unmöglich, die *ḫabirū* der Amarnazeit mit den israelitischen Gruppen zu identifizieren, die die Eroberung Kanaans unternommen hätten. Die *ḫabirū* seien außerdem in Gebieten bezeugt, wo die Vorfahren Israels nie hingegangen seien.[184] Diese Ähnlichkeiten und Differenzen erklärten sich, wenn die Vorfahren der Israeliten Teil einer größeren Gruppe, eben der *ḫabirū* seien. Er gelangt zu folgendem Schluß: «On comprend que les Philistins aient donné aux Israélites qui descendaient contre eux de la montagne palestinienne, le même nom ques les *Ḫabiru* qui habitaient déjà cette montagne à l'époque d'Amarna. On conçoit que les Égyptiens aient assimilé Joseph, vendu chez eux come esclave, et les Sémites descendus après lui aux *ᶜApîru* contre lesquels ils avaient combattu en Canaan et qu'ils avaient ramenés comme prisonniers. Les appellations étaient legitimes, et l'emploi qu'en fait la Bible est justifié, si l'on accepte de considérer, comme nous l'avons proposé, que *Ḫabiru* – *ᶜApîru* était un terme ethnique qui désignait un groupe ou des groupes sémitiques de l'ouest, ‹Amorites› ou ‹Proto-Araméens›, auxquels nous avons rattaché les Patriarches.»[185]

Die von R. de Vaux vorgetragene Deutung des Verhältnisses zwischen den *ḫabirū* und den Hebräern baut grundsätzlich auf einer rigorosen Frühdatierung der *ᶜibrî*-Belege auf. Die dem Schema nicht einzuordnenden Stellen Gen 14,13 und Jon 1,9 werden in teilweisem Anschluß an A. Alt als isolierte Fälle und gewollte Archaismen gedeutet.[186] Da er insgesamt von einer ethnischen Bedeutung von *ᶜibrî* ausgeht, sieht er sich veranlaßt, *ᶜibrî* in Ex 21,2 zwar mit A. Alt als soziologisch-rechtlichen Terminus anzusehen, aber gleichzeitig auch als Archaismus einzuordnen, welcher durch direkte Übernahme aus der Umwelt entstanden sei.[187] Auf diese Weise gelingt es R. de Vaux, einen direkten Zusammenhang zwischen den *ḫabirū* der Amarnazeit und den biblischen *ᶜibrîm* herzustellen[188] und beide als Teile der westsemitischen Amurriter oder Proto-Aramäer anzusehen.[189] Durch die Gleichsetzung dieser *ḫabirū-ᶜibrîm* mit den Patriarchen[190] vermeidet er es,

---

[183] R. de Vaux, Histoire ancienne d'Israël I, 1971, 207 mit Anm. 172, gegen A. Jepsen (AfO 15 [1945/51]), 55–68) und A. Jirku (JKF 2 [1952/53], 213–214).

[184] R. de Vaux, Histoire ancienne d'Israël I, 1971, 207.

[185] R. de Vaux, Histoire ancienne d'Israël I, 1971, 207–208.

[186] R. de Vaux, Histoire ancienne d'Israël I, 1971, 202–203.

[187] R. de Vaux, Histoire ancienne d'Israël I, 1971, 204, schreibt hierzu: «Le terme [= *ᶜibrî*] exprime une servitude temporaire et doit avoir été emprunté aux milieux voisins d'Israël, antérieurement à l'époque monarchique; il serait resté comme un archaïsme dans la langue juridique».

[188] R. de Vaux, Histoire ancienne d'Israël I, 1971, 206.

[189] Siehe zu Anm. 185.

[190] R. de Vaux, Histoire ancienne d'Israël I, 1971, 208.

die *ḫabirū* der Amarnazeit mit den landnehmenden Israeliten zu identifizieren.[191] *ḫabirū*-Hebräer erscheinen so bei der Behandlung der Traditionen über die Patriarchen innerhalb des Kapitels, das dem Problem «Les Traditions Patriarcales et l'histoire» gewidmet ist.[192]

In der ethnischen Deutung der biblischen *ʿibrî*-Belege bei R. de Vaux wird vorausgesetzt, daß auch das Wort *ḫabiru* in dieser Richtung zu verstehen sei.[193] Außerdem wird neben einer Frühdatierung der biblischen Hebräer eine solche der Traditionen über die Patriarchen und deren Historizität gefordert. Sowohl die Interpretation der Texte über die *ḫabirū* als auch jener über die Hebräer dient einer speziellen historisierenden Auffassung über die Vätertraditionen.

Es wird deshalb kaum das Urteil zu umgehen sein, daß R. de Vaux von seiner Interpretation der biblischen Vätertraditionen her eine Konkordanz zwischen den *ḫabirū* und den Hebräern konstruiert hat, wobei die ethnische Bedeutung von *ʿibrî* ihn auch zu einer solchen der *ḫabirū* insgeheim veranlaßt haben dürfte.[194]

7.2.7. W. F. Albright (1891–1971)[195] – Die Historizität des Hebräers Abraham

Die neuere Diskussion über die *ḫabirū* und *ʿibrîm* hat auf bibelwissenschaftlicher Seite W. F. Albright mit seinen zahlreichen Beiträgen in starkem Maße beeinflußt. Seine wechselnden Stellungnahmen zu diesem Problem hängen teilweise vom allgemeinen Fortschritt in der Erforschung des *ḫabirū*-Problems ab, sind aber fundamental von seinem Bestreben gekennzeichnet, die *ḫabirū* zum Erweis eines sogenannten Zeitalters der Patriarchen und der Historizität der Gestalt Abrahams heranzuziehen.[196]

Da eine erschöpfende Darstellung aller Äußerungen W. F. Albrights zum Thema *ḫabirū*-Hebräer außerhalb des Rahmens dieser Arbeit liegt[197],

---

[191] R. de Vaux, Histoire ancienne d'Israël I, 1971, 207: «En particulier, il n'est pas possible d'identifier les *Ḫabiru* de l'époque d'Amarna avec les groupes israélites engagés dans la conquête de Canaan.»

[192] R. de Vaux, Histoire ancienne d'Israël I, 1971, 668.

[193] Siehe zu Anm. 180–181.

[194] Siehe M. Liverani, OA 15 (1976), 145–159; H. Engel, Die Vorfahren Israels in Ägypten, 1979, 165–173, zur Problematik von R. de Vaux' Geschichtskonzeption.

[195] H. Engel, Die Vorfahren Israels in Ägypten, 1979, 136–143.

[196] Siehe zu den verschiedenen Phasen der Forschung W. F. Albrights zum Problem *ḫabirū*-Hebräer und seinen fundamentalistischen Interessen in der Bibelinterpretation u. a. M. Weippert, Landnahme, 1967, 51–57; ders., Bib 52 (1971), 407–432.

[197] Siehe u. a. H. Engel, Die Vorfahren Israels in Ägypten, 1979, 136–143. Für den Zeitraum 1918–1958 siehe St. E. Hardwick, Change and Constancy, 1966.

beschränken wir uns auf seine letzte Stellungnahme zu dieser Frage. Dieses Vorgehen dürfte insoweit gerechtfertig sein, als W. F. Albright hier seine früheren Forschungsergebnisse im Lichte neuen Materials revidiert und neu formuliert hat.

Wesentlich dürfte sein, daß er die keilalphabetische Schreibung *ʿpr* aus Ugarit als Bestätigung für seine frühere Vermutung, dem ägyptischen *ʿpr(w)* liege ein semitisches *ʿpr* zugrunde, angesehen hat. Von dieser Basis aus entschied er sich sodann für die Etymologie *ʿpr* «Staub». Er setzt deshalb die Schreibung *ʿapiru* und die Übersetzung «dusty» an.[198]

Von dieser etymologischen Vorentscheidung aus suchte er seine Hypothese zu untermauern, daß die *ḫabirū* «caravaneers» gewesen seien. Er argumentiert "The use of the word to describe a caravaneer is a perfectly normal semantic development, like the Sumerian expression 'dusty man' (LÚ.SAḪARA), meaning 'groom' or 'chariot attendant'. Similarly, in the Middle Ages the Old French term *pied-poudre,* meaning originally 'dusty foot', passed into English law as 'piepowder' (pedler). It was perfectly natural to call all of these people, whether they were caravaneers, grooms or pedlars, by the term 'dusty' or 'dusty foot'."[199]

Diesen *ḫabirū* ordnet W. F. Albright das sogenannte Zeitalter der Patriarchen zu, so daß es ihm auf diese Weise gelingt, für Abraham einen historischen Rahmen zu konstruieren.[200] Zugleich wird es ihm so auch möglich, den Zusammenhang zwischen Parallelen in der Kultur Mesopotamiens und Israels durch Wanderwellen von Hebräern zu deuten.[201]

Die Darlegungen W. F. Albrights wurden entweder als willkommener Beweis für die Historizität der Väter und insbesondere Abrahams begrüßt[202] oder zurückgewiesen.[203]

Der Kritik an W. F. Albrights Position in der Hebräer-Frage dürfte darin zuzustimmen sein, daß er weder die außerbiblischen Belege für *ḫabirū* = *ʿprw* = *ʿprm* noch die für *ʿibrî* in der Bibel ohne vordergründige fundamentalistische Interessen betrachtet hat. Er mußte deshalb auch notgedrungen davon absehen, die neueren Forschungsergebnisse über die *ḫabirū* in seiner Argumentation zu berücksichtigen.[204]

---

198 W. F. Albright, BASOR 77 (1940), 32–33; ders., YGC, 1968, 65–66 mit Anm. 49; siehe auch ders., Prolegomenon, 1970, 9–10.

199 W. F. Albright, YGC, 1968, 65–66.

200 W. F. Albright, BiAr 36 (1973), 5–19.

201 W. F. Albright, YGC, 1968, 91–92, z. B. zum *ʿaebaed ʿibrî* in Ex 21,2.

202 Siehe z. B. A. Arazy, The Appellations of the Jews, 1977, 38–39.

203 Siehe z. B. M. Weippert, Landnahme, 1967, 51–57. 102; ders., Bib 52 (1971), 407–432; H. Engel, Die Vorfahren Israels in Ägypten, 1979, 140–143.

204 J. Bright, A History of Israel, 1981³, 93–95, ein Vertreter der Albright-Schule (siehe H. Engel, Die Vorfahren Israels in Ägypten, 1979, 144–146), bezieht nun in seinen Ausführungen zum Verhältnis der *ḫabirū* zu den Patriarchen eine Position, die gegenüber

7.2.8. K. Koch – Die Erneuerung der Hypothese über die Hebräervölker

Im Jahre 1969 hat K. Koch mit seinem Beitrag «Die Hebräer vom Auszug aus Ägypten bis zum Großreich Davids»[205] das Problem *ḫabirū* – Hebräer aufgenommen und einer umfassenden Lösung zuzuführen versucht.

K. Koch nimmt an, daß zwischen *ʿibrî* «Hebräer» und dem Namen des Ahnherrn *ʿbr* «Eber» (Gen 10,21 ff.; 11,14 ff.)[206] ein Zusammenhang bestehe.[207] Aus den Hebräer-Stellen von I Sam[208] leitet er ab, daß F. Böhls Axiom «Alle Israeliten sind Hebräer, aber nicht alle Hebräer sind Israeliten»[209] zutreffend sei und daß sich mit «Hebräer» eine weit gespannte ethnologische Vorstellung verbinde.[210]

Über die Hebräer in Ägypten ermittelt er, daß sowohl in der Josefsnovelle als auch in den Exodussagen der Name *ʿibrî* auf die Zugehörigkeit zu einer Völkergruppe ziele. Der nach K. Koch ältere Auszugssagenkranz spreche von «Hebräern», die inmitten der ägyptischen Bevölkerung wohnten und der Gott des Auszugs werde ursprünglich «Gott der Hebräer» genannt.[211]

Diese Deutung der biblischen Aussagen über die Hebräer in Ägypten und deren Auszug verbindet er mit einer besonderen Auslegung der ägyptischen Belege über die *ʿprw*. Aus ihnen ergebe sich, daß die *ʿprw* der Ramessidenzeit sich auf die in Palästina um 1300 eingedrungenen, nachmals israelitischen Stämme bezögen. Sie ließen darüber hinaus vermuten, daß die *ʿibrîm* «Hebräer» der Auszugssagen der gleichen Bevölkerungsschicht zugerechnet worden seien, daß sie aus kriegsgefangenen palästinischen *ḫabirū* bestanden hätten.[212]

Von dieser Position her ist K. Koch gezwungen, der Hypothese entgegenzutreten, daß die ägyptischen *ʿprw* mit den *ḫabirū* aus den El Amarnabriefen identisch seien und diese wiederum mit den Hebräern des Alten Testaments übereinstimmten.[213] Es sei zu berücksichtigen, daß zwi-

---

der W. F. Albrights zurückhaltender ist. Er schreibt: "In view of this, while we may not lightly identify the Hebrew ancestors with the *ʿApiru* (specifically not with those of Amarna), it is legitimate to think of them as belonging to this class." (a. a. O., S. 95.) Die Hypothese W. F. Albrights wird hier nur noch in Grundzügen ohne Rechtfertigung aufrecht erhalten.

205 K. Koch, VT 19 (1969), 37–81.

206 Siehe Kap. 6.

207 K. Koch, VT 19 (1939), 39.

208 Siehe Kap. 5.3.

209 Siehe Anm. 77.

210 K. Koch, VT 19 (1969), 49–50.

211 K. Koch, VT 19 (1969), 62.

212 K. Koch, VT 19 (1969), 67–68.

213 K. Koch, VT 19 (1969), 68.

schen den *ḫabirū* der Amarnabriefe und den *ʿprw* der Ramessidenzeit über ein halbes Jahrhundert liege, in dem sich die Verhältnisse in Syrien-Palästina grundlegend geändert hätten.

Nachdem K. Koch zu dem Ergebnis gekommen ist, daß die in den Inschriften der Ramessidenzeit genannten *ʿprw* sich nicht von den Hebräern des Auszugs trennen ließen und nur ein Teil des größeren Ganzen von Hebräern, von denen die Lea-Stämme als Beduinen bereits unter Haremheb und Sethos I. eine Landnahme unternommen hätten[214], erhebt er aus J, daß in Israel ein Kreis von Hebräer-Völkern bekannt gewesen sei, als deren Stammvater *ʿbr* «Eber» zu gelten habe.[215]

Dieses Wissen um die Zusammengehörigkeit der Hebräervölker bilde auch den Hintergrund für die Ideologie der Eroberung, die das Großreich Davids gezeitigt habe.[216] Der Gedanke einer Zusammengehörigkeit der Hebräervölker sei bis in die frühe Königszeit hinein, in der J sein Werk abgefaßt habe, für bestimmte Kreise Israels von religiöser Bedeutung gewesen.[217]

R. de Vaux hat an dieser Hypothese kritisiert, daß sie zu gewagten Schlußfolgerungen komme. Denn K. Koch spreche die älteste Tradition über den Aufenthalt in Ägypten, den Exodus und die Annahme des Jahwismus nicht den Israeliten, sondern den Hebräern zu.[218]

Wenn wir von der innerbiblischen Problematik der Deutung der Hebräer bei K. Koch absehen und uns auf seinen Vergleich der biblischen Hebräer mit den *ḫabirū* beschränken, dann ergeben sich gleichfalls schwerwiegende Einwände. Denn es wird auch hier als erstes festzuhalten sein, daß K. Koch mit Ausnahme von Gen 14,13 und Jon 1,9[219] auf der Frühdatierung der *ʿibrî*-Belege seine Schlußfolgerungen aufbaut.[220] Unbegründet dürfte auch die Annahme sein, daß die aus Ägypten geflüchteten *ʿibrîm* «Hebräer», die in Palästina eingedrungen seien, ihre frühere Stammeszugehörigkeit längst vergessen hätten[221] und im Laufe der Zeit *ʿprw* nicht mehr eine bestimmte Schicht von Entwurzelten in Syrien-Palästina bezeichnet habe, sondern auf bestimmte Völkerschaften eingeschränkt worden sei, die

---

[214] K. Koch, VT 19 (1969), 70–71.

[215] K. Koch, VT 19 (1969), 71–78.

[216] K. Koch, VT 19 (1969), 78–81.

[217] K. Koch, VT 19 (1969), 81.

[218] R. de Vaux, Histoire ancienne d'Israël I, 1971, 208 Anm. 173; C. H. J. de Geus, The Tribes of Israel, 1976, 107, bemerkt, daß K. Koch an das Dogma des (halb-)nomadischen Lebens der Proto-Israeliten gebunden bleibe.

[219] K. Koch, VT 19 (1969), 40, läßt «das rätselhafte Kapitel Gen XIV außer Betracht» und stellt nur fest, daß der nachexilische Beleg des Jonabüchleins aus dem Rahmen falle.

[220] K. Koch, VT 19 (1969), 40, datiert die Belege am Ende der vorstaatlichen Zeit und an den Anfang der Königszeit.

[221] K. Koch, VT 19 (1969), 69.

in Palästina neu eingedrungen seien.[222] Daraus schließt er auch, daß in der Ramessidenzeit in Palästina die *ᶜprw* neben den Hebräern eine häufig anzutreffende Bevölkerungsschicht gewesen seien.[223] Durch Verbindung von *ḫabirū* und Beduinen gelangt er dann zu folgendem weiterem Schluß: «Das Vordringen der Beduinen und *ᶜapiru* unter Haremheb und Sethos I. scheint mit der Landnahme der Lea-Stämme zusammenzuhängen.»[224]

Weder die ägyptischen noch die keilschriftlichen Quellen erlauben diese Schlußfolgerungen. Denn aus beiden läßt sich weder entnehmen, daß *ḫabirū* – *ᶜprw* eine ethnische Größe bezeichneten, noch läßt sich aus ihnen die Rede von Hebräervölkern auch nur im entferntesten rechtfertigen.

7.2.9. C. H. J. de Geus – *ḫabirū* in der Theorie der Landnahme ohne Einwanderung

Wenn wir von der Erklärung des *ḫabirū*-Hebräer-Problems durch G. E. Mendenhall und die Vertreter dieser Richtung absehen[225], arbeiten alle anderen Deutungen der sogenannten Landnahme mit einer oder mindestens zwei Einwanderungen von Hebräerstämmen[226] oder sie trennen die Einwanderungen der israelitischen Stämme ganz von den sozial-rechtlich verstandenen *ḫabirū*[227] bzw. lassen die *ḫabirū* – *ᶜibrîm* nur eine Teilgruppe der Einwandernden und des sich formenden Israels sein.[228]

Gegen eine Landnahme durch einwandernde nomadische oder halbnomadische Gruppen wendet sich C. H. J. de Geus.[229] Er setzt bereits die sogenannte Patriarchenzeit als erste Periode israelitischer Geschichte an und wendet sich so grundsätzlich gegen die Darstellung der Landnahme durch A. Alt und M. Noth.[230]

C. H. J. de Geus datiert die Patriarchenzeit in die mittlere und späte Bronzezeit[231] und sieht in diesen Gruppen bereits Israeliten. Die Eisodus- und Exodusgruppe sei aus diesen in Palästina seit langem siedelnden Gruppen entstanden.[232] Die Vorfahren Israels sucht er in jener Gruppe

[222] K. Koch, VT 19 (1969), 69 Anm. 3.
[223] K. Koch, VT 19 (1969), 70.
[224] K. Koch, VT 19 (1969), 71.
[225] Siehe Kap. 7.1.3.
[226] Siehe zu H. H. Rowley Kap. 7.2.5.
[227] Siehe zu A. Alt und M. Noth Kap. 7.1.2.
[228] Siehe zu A. Jirku Kap. 7.2.2.
[229] C. H. J. de Geus, The Tribes of Israel, 1976; O. Bächli, Amphiktyonie im Alten Testament, 1977, der sich gleichfalls wie C. H. J. de Geus mit M. Noth auseinandersetzt, geht auf das Problem Hebräer – Israel nicht ein.
[230] C. H. J. de Geus, The Tribes of Israel, 1976, 170–181.
[231] C. H. J. de Geus, The Tribes of Israel, 1976, 171–172.
[232] C. H. J. de Geus, The Tribes of Israel, 1976, 172.

amorritischer Herkunft, deren Zentrum am mittleren Euphrat zu suchen sei, die sich aber schon seit längerem zwischen den kanaanäischen Städten befunden habe.[233] Das Milieu der Patriarchenerzählungen wird unmittelbar als Schilderung dieser Zustände und Beziehungen verstanden. Er schreibt hierzu: "It was from this group that Israel developed. That particular persons or clans maintained contact with related groups on the Upper Euphrates is not exceptional in this period. Moreover it is comprehensible when we see that the stories of the patriarchs continue in the same ecological milieu."[234]

Erst mit beginnender Eisenzeit sei die Dichotomie zwischen den kanaanäischen Stadtstaaten und den im Zwischenland lebenden israelitischen Stämmen[235] aufgehoben worden. Er schildert diesen Übergang der israelitischen Stämme von der Patriarchenzeit zur Staatenbildung folgendermaßen: "Through the use of iron, a tremendous expansion of the area of cultivation became possible, and the political result was the rise of the territorial state, which was more than an enlarged city-state. This transition took more than two centuries, the Biblical period of the Judges. In this period the old contrast between town and country practically came to an end in the hill country, where agriculture became more and more important."[236]

Im Rahmen dieser Ausführungen nimmt C. H. J. de Geus auch zur *ḫabirū*-Hebräer-Frage Stellung.[237] Er schließt sich jenen an, die davon ausgehen, daß im Alten Testament das Wort sich von einem Appellativ zu einem Ethnikon gewandelt habe.[238] Nachdem er keine Schwierigkeit darin sieht, von der Identität der *ḫabirū* der Amarnazeit mit den Hebräern auszugehen, behandelt er das Problem der Beziehung zwischen den «Hebräern» und den «Israeliten».[239] Da die Vorfahren Israels als Teil der amorritischen Bewohner Palästinas in der mittleren und späten Bronzezeit schon für eine längere Zeit autochthon gewesen seien und wir das Wort *ḫabiru* als ein Appellativ in dieser Periode anzusehen hätten, sei es möglich, von den *ḫabirū* der Amarna-Zeit eine Verbindungslinie zu den Hebräern des Alten Testaments zu ziehen.[240] In seiner näheren Erklärung führt er

---

233 C. H. J. de Geus, The Tribes of Israel, 1976, 164–171. 173.

234 C. H. J. de Geus, The Tribes of Israel, 1976, 173; siehe auch 179.

235 C. H. J. de Geus, The Tribes of Israel, 1976, 180, spricht von der Mehrzahl der israelitischen Stämme: "The data from Nuzi or Mari cannot and need not be used in any way to deny the presence in Palestine of the majority of the Israelite tribes during the Late Bronze Age."

236 C. H. J. de Geus, The Tribes of Israel, 1976, 181.

237 C. H. J. de Geus, The Tribes of Israel, 1976, 182–187 («*The ʿApiru*»).

238 C. H. J. de Geus, The Tribes of Israel, 1976, 184–185.

239 C. H. J. de Geus, The Tribes of Israel, 1976, 185.

240 C. H. J. de Geus, The Tribes of Israel, 1976, 187.

dazu aus: "In a juridical context and in the special context of the Amarna letters the word *ᶜibrî/ᶜapiru* can have an appellative function quite unconnected with the ethnic group to which the person(s) so designated belong(s). That is why, under certain circumstances, both Israelites and non-Israelites may be designated in this way. The fact that the word 'Hebrew' is afterwards used in an ethnic sense in the Old Testament assimilates this word to the other *gentilicia* in the Old Testament which are still a mystery to us."[241]

Der am Ende bei C. H. J. de Geus vorgenommene Rückzug ins Mysteriöse beleuchtet am besten das Unbefriedigende an der von ihm vorgetragenen Erklärung. Er gesteht zwar *ᶜibrî* als Ethnikon in späteren Texten zu, wobei aber nicht sichtbar wird, wie er im einzelnen die Belegstellen von *ᶜibrî* datiert und interpretiert. Seine Behandlung von Gen 14,13 und I Sam 4,6.9; 13,3.19; 14,11.21; 29,3 dürfte hierfür instruktiv sein.[242] Die Aussagen zu den *ḫabirū* – *ᶜibrîm* fallen wegen des Verzichts auf eine eingehende Behandlung der Stellen verwirrend aus. Man möchte gern wissen, unter welchen Umständen tatsächlich sowohl Israeliten als auch Nichtisraeliten als *ḫabirū* = *ᶜibrîm* bezeichnet werden konnten.[243]

Die ideologische Grundlage der Argumentation über die *ḫabirū*-Hebräer gibt auch bei C. H. J. de Geus die Frühdatierung eines Teils der *ᶜibrî*-Belege ab.

7.3. Ein Kategorienfehler – Von den *ḫabirū* zu den *ᶜibrîm*

Wenn wir das Problem des Verhältnisses zwischen den *ḫabirū* und den *ᶜibrîm* «Hebräern» vom Standpunkt der Forschungsgeschichte aus betrachten, dann erkennen wir, daß die wissenschaftliche Fragestellung bisher nur darauf ausgerichtet war, ob die *ᶜibrîm* mit den *ḫabirū* zu identifizieren seien oder nicht. Diese Problemstellung ist den Bedürfnissen einer Bibelwissenschaft angepaßt, die in außerbiblischen Dokumenten eine Bestätigung für das biblische und das eigene, daran ausgerichtete Bild über Entstehung und Geschichte Israels erwartet und auch findet. Sicht und Auswertung der biblischen und außerbiblischen Quellen sind hier von den Erfordernissen und Notwendigkeiten bestimmt, die mit der jüdischen Selbstfindung in exilischer und nachexilischer Zeit herrschend wurden[244] und die auch für die christliche Bibelauslegung bislang maßgebend waren.

---

241 C. H. J. de Geus, The Tribes of Israel, 1976, 187.

242 C. H. J. de Geus, The Tribes of Israel, 1976, 185.

243 Siehe zu Anm. 241.

244 Siehe zu dieser Problematik u. a. Sh. N. Eisenstadt, Max Webers antikes Judentum und der Charakter der jüdischen Zivilisation, 1981, 153–154, zu den Komponenten der jüdischen kollektiven Identität.

Von diesem Horizont aus gesehen ergaben die Nachrichten über die *ᶜprw* und *ḫabirū* notwendig eine Bestätigung der biblischen Aussagen über die Entstehungsgeschichte Israels, auch wenn im einzelnen die Interpretationen weit auseinander gehen. Dies trifft für alle Geschichtsrekonstruktionen zu, die von einem Hebräervolk als Kern des späteren Israel sprechen und dabei annehmen, daß *ḫabirū* = *ᶜibrîm* ganz[245] oder teilweise nur zur Bildung Israels beigetragen hätten.[246] Die *ḫabirū* = *ᶜibrîm* «Hebräer» werden unterschiedlich mit Abraham und den Patriarchen[247] oder den Frühisraeliten[248] identifiziert, mit den *ḫabirū* der Amarnazeit[249], mit besonderen Gruppen von *ḫabirū* der Amarna Zeit[250], mit *ḫabirū* = *ᶜprw* aus Ägypten.[251]

---

245 Siehe z. B. zu H. H. Rowley, Kap. 7.2.5.; siehe auch u. a. J. C. L. Gibson, JNES 20 (1961), 236–237; E. B. C. MacLaurin, AJBA 1,4 (1971), 89.

246 Siehe z. B. neuerdings A. H. J. Gunneweg, Geschichte Israels, 1982^4, 23–24.39.42–43.49–50, mit teilweiser Übernahme der Hypothese von G. E. Mendenhall (siehe Kap. 7.1.3); ähnlich auch W. Dietrich, Israel und Kanaan, 1979, 11 Anm. 8.

247 Siehe z. B. zu A. Jirku (Kap. 7.2.2); W. F. Albright (Kap. 7.2.7.); ferner zu «Abram der Hebräer» siehe Kap. 5.6.

248 G. Fohrer, Geschichte Israels, 1979^2, 37, bemerkt z. B. folgendes: «Leitet man *ᶜibrî* von Chapiru ab, so ergibt sich – da eine einfache Gleichsetzung ausscheidet –, daß die Frühisraeliten eine Gruppe in dem Ganzen der Chapiru gebildet haben können. Auch sie wurden so genannt, weil sie als Wanderhirten viel umhergezogen und also zu den minderberechtigten Fremden zählten.»; W. Kornfeld, Religion und Offenbarung, 1970, 33–34, sieht in den Protoisraeliten im äußersten Fall nur ein Element der *ḫabirū*, mit denen sie mehr die gemeinsame Lebensweise als die Abstammung verbunden habe; K. Schubert, Die Kultur der Juden, 1977, 24, spricht gleichfalls von Protoisraeliten: «Die westsemitischen Protoisraeliten gehörten zweifellos zu den sogenannten *Chab/piru/Apiru.*»

249 Die Identifikation der *ᶜibrîm* unter Josua mit den *ḫabirū* der Amarnazeit, die von C. R. Conder, PEQ 22 (1890), 327, vorgenommen, aber ganz verschieden interpretiert wurde (siehe z. B. R. Kittel, Geschichte des Volkes Israel. Bd. 1, $1923^{5\text{-}6}$, 304 f. Anm. 1, der z. B. die Hebräerstämme, die in der Amarnazeit Palästina heimsuchen, auch nach Ägypten eindringen läßt; siehe ferner H. Guthe, Geschichte des Volkes Israel, 1914^3, 15–25; E. Sellin, Geschichte des israelitisch-jüdischen Volkes, 1924, 16–26. 39) und sich noch bei H. H. Rowley, From Joseph zu Joshua, 1950, 164, findet, wird z. B. von M. Noth, Geschichte Israels, 1956^3, 39, energisch abgelehnt; siehe auch u. a. M. Weippert, Landnahme, 1967, 85.102; G. Fohrer, Geschichte Israels, 1979^2, 37–38.

250 G. Fohrer, Geschichte Israels, 1979^2, 37–38, setzt z. B. die Frühisraeliten zeitlich den *ḫabirū* der Amarnabriefe gleich. Die Patriarchen habe man zu den *ḫabirū* gezählt. Sie seien aber nicht mit denen der Amarnabriefe identisch. Seine Begründung lautet folgendermaßen: «Denn einmal waren diejenigen Chapiru, die die kleinen Stadtkönige Palästinas bedrängten, viel zahlreicher als die Sippen der israelitischen Patriarchen. Ferner werden diese als Wanderhirten wohl mit Recht als durchweg friedlich und keineswegs kriegerisch geschildert... Und schließlich lag es im Wesen dieses Wanderhirtentums, daß es vertragliche Übereinkommen mit den Kulturlandbewohnern suchte...»

251 Diese Gruppen spielen in den verschiedenen Konzeptionen der Frühgeschichte eine bedeutsame Rolle. Während in der ethnischen Konzeption diese Gruppen sich aus den nach Ägypten gewanderten *ḫabirū* = *ᶜibrîm* rekrutieren (siehe z. B. H. H. Rowley, From Joseph

Die *ḫabirū* = *ʿprw* = *ʿibrîm* werden auch mit mehreren Gruppen und Wanderungen, die schließlich doch zum Volk Israel führen, gleichgesetzt.[252]

Das traditionelle jüdisch-christliche Geschichtsbild über die Entstehung des Volkes Israel wird auch letztlich im Versuch von A. Alt und M. Noth noch festgehalten, wo die *ḫabirū* = *ʿibrîm* nur noch als wirtschaftlich schwache Gruppe der frühen israelitischen Gesellschaft erscheinen, selbst aber kein Ethnikon mehr sind, das einen Beitrag zur Entstehung Israels liefert.[253] Auch in diesem System hat der *ʿibrî* «Hebräer» der Gesetzestexte noch die Aufgabe, die Einwanderung der späteren Israeliten zu beleuchten und das Verhältnis der Einwanderer zu den bereits ansässigen Landesbewohnern und ihrer Kultur zu beschreiben.

Das Verhaftetsein an traditionelle Vorstellungen über die Früh- und Entstehungsgeschichte Israels schlägt auch außerhalb der Bibelwissenschaft bei jenen durch, die entweder eine soziologische Deutung der *ḫabirū* direkt mit den alten Anschauungen über die Historizität Abrahams und der anderen biblischen Aussagen verbinden[254] oder jeden Zusammenhang zwischen den *ḫabirū* und den *ʿibrîm* in Abrede stellen, weil erstere keine Einwanderer nach Syrien-Palästina seien, die Hebräer aber grundsätzlich als solche zu verstehen seien.[255]

Auch in jenen Erklärungsmodellen, die Israel ganz oder teilweise aus *ḫabirū*-Gruppen entstanden sein lassen, die bereits im Lande waren, bildet die Frühdatierung der *ʿibrîm*-Belege die Grundlage der Argumentation und die Möglichkeit, zwischen den *ḫabirū* und den *ʿibrîm* einen direkten Zusammenhang herzustellen.[256]

---

to Joshua, London 1950, 164), sind in der soziologischen Deutung der *ḫabirū* – *ʿibrîm* diese Gruppen unterdrückte Menschen, so daß die ägyptischen Berichte über die *ʿprw* und die biblischen über die *ʿibrîm* in Ägypten parallel gesetzt werden, siehe z. B. M. Noth, Exodus, 1978^6, 11; A. H. J. Gunneweg, Geschichte Israels, 1979^2, 24, der hierzu bemerkt: «Solche Parallelität beweist freilich nicht die Identität der in den alttestamentlichen und ägyptischen Texten gemeinten Personen. Wohl aber wird der allgemeine Rahmen und das Kolorit der biblischen Überlieferung hier von außerbiblischen Quellen als durchaus real und glaubwürdig erwiesen.»

Eine Mittelstellung nimmt S. Herrmann, Geschichte Israels, 1980^2, 88–89, ein, der es offen läßt, ob die *ʿibrîm* von Ex 1–15 mit H. Helck, TLZ 97 (1972), 180, als Arbeitergruppen (*ʿprw*) oder ethnisch mit nomadischen Schasu gleichzusetzen seien.

252 Siehe besonders H. H. Rowley, From Joseph to Joshua, London 1950, 164.

253 Siehe Kap. 7.1.2.

254 Siehe zu J. Lewy Kap. 3 zu Anm. 96–105. 107.

255 B. Landsberger, Note, 1954, 159–161, bringt hier seine Position besonders deutlich zum Ausdruck.

256 Siehe zu G. E. Mendenhall und N. K. Gottwald Kap. 7.1.3.; ferner Anm. 246; M. C. Astour, in: IDBS, 1976, 384, sieht in der Landnahme der Israeliten "an episode of the final stage of the *Hapiru* movement".

Wenn wir im Gegensatz zu diesen Deutungen von der Annahme ausgehen, daß alle biblischen *ʿibrî*-Belege spät zu datieren sind[257], dann wird allen Überlegungen die Grundlage entzogen, die voraussetzen, daß zwischen den *ḫabirū* und den *ʿibrîm* – und in der Folge auch zwischen den *ʿibrîm* und den Israeliten – ein unmittelbarer Zusammenhang bestehe, sei dieser nun ethnischer oder soziologischer Art.

Die besondere Streuung der *ʿibrî*-Belege und deren späte Herkunft läßt auch nicht die Hypothesen über ägyptisch-philistäischen Sprachgebrauch[258] oder über historische Erinnerungen zu. Weder Entstehung noch Möglichkeiten der Überlieferung dieses Sprachgebrauchs lassen sich befriedigend erklären.

Das Problem *ḫabirū* – «Hebräer» erscheint bei einer Spätdatierung der *ʿibrî*-Belege nur noch in folgender Form möglich zu sein: Ist das Gentilizium *ʿibrî* vom Appellativum *ḫabiru* ableitbar? Sowohl philologische Überlegungen[259] als auch die Parallele *ḫupšu-ḥåpšî*[260] sprechen für diese Lösung.

Rückblickend ergibt sich, daß, vom Gesichtspunkt der Logik und des Sprachgebrauchs aus betrachtet, in den verschiedenen Versuchen einer Zusammenschau der außerbiblischen Quellen über die *ḫabirū* = *ʿprw* = *ʿprm* und der biblischen über die *ʿibrîm* mit dem Ziel und dem Ergebnis, eine totale oder teilweise Identifikation dieser Menschengruppen durchzuführen oder auch eine vollkommene Trennung zu fordern, der Wortgebrauch ohne seine zeitlichen Differenzen beurteilt wurde und diese Verfahren deshalb dem Kategorienfehler unterliegen mußten.[261]

Die Klärung der soziologischen Stellung der *ḫabirū* in den keilschriftlichen Dokumenten konnte auf seiten der Ägyptologie, Akkadistik und Bibelwissenschaft solange nicht voll für eine neue Deutung der Beziehungen zwischen den Wörtern *ḫabiru* und *ʿibrî* nutzbar gemacht werden, als eine Frühdatierung der biblischen Belege die zeitlichen Relationen zwischen denselben verschleierte und in eine falsche Perspektive brachte.

---

[257] Siehe Kap. 5.8.

[258] Siehe zur Hypothese A. Alts die Ausführungen von M. Weippert, Landnahme, 1967, 89.

[259] Siehe Kap. 8.2.

[260] Siehe Kap. 10.

[261] Siehe zu den mit dem sog. Kategorienfehler verbundenen logischen Problemen G. Ryle, Systematisch irreführende Ausdrücke, 1968, 31–62; ders., Begriffskonflikte, 1970, 15–19. Die Verwendung des Begriffs Kategorienfehler ist in diesem Zusammenhang berechtigt, weil die Wörter *ḫabiru* und *ʿibrî* als Appellativum und Gentilizium verschiedenen Klassen angehören. Dieser Sachverhalt gründet bei diesen Wörtern vornehmlich in der zeitlichen Differenz des Wortgebrauchs. Alle Fehlurteile über das zwischen den *ḫabirū* und den *ʿibrîm* bestehende Verhältnis beruhen deshalb letztlich auf einer Mißachtung des Zeitfaktors. Man könnte auch sagen, daß *ḫabiru* einem semiotischen System erster Ordnung und *ʿibrî* einem der zweiten Ebene angehört; siehe zu semiotischen Systemen u. a. K. Füssel, Sprache, 1982, 22–24.

7.4. *ḫabirū* und *ʿibrîm* in ihrer Beziehung zur Entstehungs- und Frühgeschichte Israels

Wenn wir die Beziehungen zwischen den *ḫabirū* und den *ʿibrîm* auf die Gleichung der Wörter (*ḫabirū* = *ʿibrîm*) beschränken, schalten wir notgedrungen die *ḫabirū* und auch die *ʿibrîm* als Elemente der Frühgeschichte Israels aus. Sollten *ḫabirū* tatsächlich in den Gruppen anwesend gewesen sein, die sich zu Israel zusammenschlossen, dann könnten uns darüber nur außerbiblische Dokumente Aufschluß geben. Bis jetzt liegen keine solchen Berichte über einen Anschluß von *ḫabirū* an Israel vor.

Die Spätdatierung der *ʿibrî*-Belege ist von besonderem Belang für die Frage, ob Israel ganz oder teilweise aus Gruppen entstanden ist, die aus Ägypten ausgezogen sind. Die Berichte über *ʿibrîm* «Hebräer» in Ägypten sind insgesamt spät entstanden und stellen deshalb sog. frühere Ereignisse von einem weit entfernten Standpunkt und unter Verwendung zeitgenössischer Wörter dar. Während *ʿprw* alten syrisch-palästinischen und ägyptischen Sprachgebrauch widerspiegelt, bringt uns *ʿibrî* mit dem der nachexilischen jüdischen Gemeinde und deren Geschichtsbild in Berührung.

Wie konnte *ʿibrî* in der nachexilischen jüdischen Gemeinde zu der durch die Bibel und die anderen Quellen[262] bezeugten Bedeutung gelangen?

Wenn wir von dem Ergebnis ausgehen, daß *ʿibrî* an allen Stellen den Angehörigen der jüdischen Gemeinde bezeichnet[263], dann haben wir mit Sicherheit ermittelt, daß *ʿibrî* keine pejorative Bedeutung besitzt.[264] Läßt sich dies bereits für das Wort *ḫabiru* annehmen?

Wenn aus den Dokumenten eindeutig hervorgeht, daß die Ägypter und ihre Verbündeten von den ihnen feindlichen *ḫabirū* wenig günstig dachten, so schließt dies nicht aus, daß die *ḫabirū* selbst und ihre Freunde diese Ansicht nicht teilten. Der *ḫabiru* stand für eine Lebensweise, die, wenigstens in Ansätzen oder voll unter besonderen Gegebenheiten, als Ausdruck von Freiheit, Selbstbestimmung und Unabhängigkeit verstanden, geachtet und angestrebt werden konnte. Die Lebensweise der *ḫabirū* anzunehmen, war, je vom Standpunkt aus, negativ oder positiv zu beurteilen. Wenn es somit nicht als ausgeschlossen zu betrachten ist, daß bereits von *ḫabiru* her *ʿibrî* einen positiven Klang haben konnte, dann dürfte auch verständlich werden, daß es im Rahmen der nationalen Selbstbesinnung nach dem Exil zu einer würdevollen Selbstbezeichnung wurde, um der neu gewonnenen völkischen und religiösen Identität einen lebendigen Ausdruck zu verleihen.

---

262 Siehe Kap. 9.

263 Siehe Kap. 5.

264 Siehe zur Diskussion über die «pejorative Bedeutung» von *ḫabiru* und deren Übertragung auf *ʿibrî* Kap. 7.2.4. zu H. Parzen; siehe ferner M. Liverani, Farsi Ḫabiru, VO 2 (1979), 65–77.

Selbst wenn wir annehmen, daß nicht nur die Feinde der *ḫabirū* das Wort *ḫabiru* zur Gruppenschelte benutzten, sondern dieser Sprachgebrauch auch für weitere Teile der damaligen Gesellschaft Syrien-Palästinas zutraf, besteht keine Schwierigkeit für eine Entwicklung vom Appellativum zum Gentilizium. Denn die ursprüngliche Wortbedeutung war beim Übergang zum Namen (Gentilizium) nicht mehr von Belang.

Zusammenfassend dürfte festzuhalten sein, daß *ʿibrî* uns weder über Wanderungen von *ḫabirū*-Hebräern, noch über den Aufenthalt der Vorfahren Israels in Ägypten Aufschluß zu geben vermag.[265] Über die Entstehungs- und Frühgeschichte Israels erhalten wir von *ʿibrî* her keine Auskunft.[266] In verwandelter Form lebt in der jüdischen Selbstbezeichnung *ʿibrî* «Hebräer» ein uraltes Element der sozialen und politischen Geschichte Syrien-Palästinas weiter.

[265] Das von H. Engel, Die Vorfahren Israels in Ägypten, 1979, 176–177, erzielte Ergebnis, daß der Aufenthalt der Vorfahren Israels in Ägypten von ägyptologischer Seite bisher nicht nachgewiesen werden konnte, wird auch von dieser Seite bestätigt.

[266] Sowohl der Versuch von F. Chabas (siehe Kap. 2) als auch alle anderen Bemühungen, von den *ḫabirū* her Einblick in die Frühgeschichte Israels zu erlangen (siehe Anm. 204), müssen deshalb als gescheitert betrachtet werden.

Kapitel 8: Etymologien zu *ḫabiru* und *ʿibrî*

In den Auseinandersetzungen über Herkunft und Verhältnis zwischen den *ʿprw* und den *ʿibrîm* sowie dann später über die *ḫabirū* – *ʿprw* – *ʿprm* und *ʿibrîm* wurde dem etymologischen Aspekt allgemein große Bedeutung beigemessen.

Wenn am Anfang die Überzeugung F. Chabas' stand, daß die Ägypter den Namen *ʿprw* von den Hebräern selbst übernommen hätten[1], so sollte sich dann die Fragestellung dahin verändern, daß diese Position vollkommen aufgegeben wurde, und jetzt nur noch diskutiert wird, ob *ḫabiru* und *ʿibrî* vollkommen zu trennen sind, oder zwischen beiden Wörtern ein Zusammenhang anzunehmen ist.[2]

Den Bemühungen, von der Etymologie her das Problem der *ḫabirū* und *ʿibrîm* zu lösen oder diesem Aspekt doch eine bedeutsame Rolle zuzubilligen, stehen die Ansichten jener gegenüber, die der Etymologie jeden Wert bei der Lösung der mit den Begriffen *ḫabiru* und *ʿibrî* verbundenen Fragen absprechen. Die Ablehnung der Etymologie wird mit unterschiedlichen Argumenten begründet. Sie erfolgt mit dem Hinweis auf die Homonymie von *ḫabiru* und *ʿibrî*[3], oder auf die Notwendigkeit, die frühere etymologische Betrachtungsweise durch eine soziologische zu ersetzen.[4]

---

[1] F. Chabas, Les Hébreux en Égypte, 1862, 46: «Si donc les Égyptiens ont nommé les Hébreux d'après la véritable désignation ethnique de ces derniers, le groupe hiéroglyphique dont ils auront fait usages sera l'exacte transcription du nom *ʿibrî*, on connaît en effet la fidélité avec laquelle les scribes égyptiens ont représenté les mots sémitiques.»

[2] An diesem Sachverhalt ändert auch A. Jepsen, Die «Hebräer» und ihr Recht, AfO 15 (1945/51), 59 mit Anm. 15, mit seiner Ansicht nichts, daß *ʿpr(w)* die ägyptische Umschrift von *ʿibrî* sei und dies auch für *ḫabiru* zutreffe. Er schreibt hierzu folgendes: «Wir hätten also anzunehmen, daß die Schreiber Palästinas, als sie das Wort *ʿibrîm* in Keilschrift wiedergeben wollten, zu dem ihnen bekannten Wort *ḫabiru* bzw. dem dafür gebräuchlichen Ideogramm SA.GAZ griffen. Das Wort sollte hier also eine Wiedergabe von *ʿibrîm* sein, wozu es um so geeigneter erschien, als es auch fremde, nicht ansässige Menschen bezeichnen konnte. So war gewissermaßen ein doppelter Zweck auf einmal erreicht: der einheimische Volksname war umschrieben, und zugleich erinnerte die ursprünglich appellative Bedeutung des Wortes in etwa an die Situation der Eindringlinge.» (a. a. O., S. 59). Eine besondere Etymologie trägt auch M. F. Th. de Liagre Böhl, JEOL 17 (1963), 139, bei, der erwägt, *ḫabiru* vom Namen des Flusses *Ḫabûr* abzuleiten.

[3] B. Landsberger, Note, 1954, 161.

[4] Siehe zu M. B. Rowton Kap. 3 Anm. 129.

Auch wegen der allseits noch offenen Fragen wird es abgelehnt, der Etymologie eine Bedeutung beizumessen.[5]

Das Argument der Etymologie suchen auch jene aus seiner beherrschenden Position zu verdrängen, die an den Anfang der Entwicklung einen Volksnamen setzen. Denn es sei ohne Nutzen, nach der Erklärung eines Volksnamens zu suchen.[6]

Die Diskussion über den Zusammenhang von *ʿibrî* mit *ḫabiru* und die Bedeutung der beiden Wörter hat durch das Bekanntwerden der keilalphabetischen Schreibung *ʿpr* eine grundsätzliche Neuorientierung erfahren. Denn durch sie wurden mit einem Schlage alle Etymologien außer Kurs gesetzt, die von einer Basis *ḫ/ḥbr* den Ausgang genommen hatten.[7] Zugleich wurde *ʿpr* auch als Beweis für die Differenz von *ḫapiru* = *ʿpr* und *ʿibrî* angesehen, da die Schreibung *ʿpr* für die syllabischen Texte die Schreibung *ḫapiru* fordere und somit jede Gleichsetzung von *ḫapiru* und *ʿibrî* ausgeschlossen sei.[8] Andere haben dagegen einen *b/p*-Wechsel angesetzt und die keilalphabetische Schreibung *ʿpr* als Brücke zwischen *ḫab/piru* und *ʿibrî* eingesetzt.[9] Wenn die ug. Schreibung *ʿpr* auch dazu geführt hat, daß man jetzt generell von einem westsemitischen *ʿb/pr* als Grundlage von *ḫabiru* und *ʿibrî* spricht, so wird doch weiterhin für offen gehalten, ob *ḫapiru* oder *ḫabiru* die sog. richtige Schreibung ist.[10]

Etymologische Vorentscheidungen haben sich auf die einzelnen Hypothesen über die *ḫabirū* und Hebräer unterschiedlich ausgewirkt. Es ist seit längerem in bibelwissenschaftlichen Beiträgen zur *ḫabirū* – Hebräerfrage üblich geworden, der Etymologie wegen der großen geographischen und zeitlichen Ausdehnung der *ḫabiru*-Belege nur die Bedeutung eines Teil- oder Nebenargumentes zuzugestehen. Es wird in diesem Zusammenhang das Argument vorgetragen, daß die Gleichsetzung der *ḫabirū* und der *ʿibrîm* nur auf der Basis einer gleichzeitig nichtphilologischen Evidenz erfolgen dürfe.[11] Wenn in diesem Rahmen die Etymologie von *ʿibrî* weiter-

---

[5] J. Bottéro, Ḫabiru, 1972/75, 23–24; ders., DHA 6 (1980), 202.

[6] R. de Vaux, JNES 27 (1968), 226, schreibt hierzu folgendes: «Les difficultés disparaissent si *ʿApiru – Ḫapiru* n'est pas la désignation d'une classe mais celle d'un peuple, car il n'est plus besoin de lui chercher un sens ni une étymologie.»; ders., Histoire ancienne d'Israël I, 1971, 110–111

[7] Siehe Kap. 8.1.1.

[8] Siehe Kap. 8.1.7.

[9] Siehe zum *b/p*-Wechsel Kap. 8.2.

[10] Während die Wörterbücher die Schreibungen *ḫapiru* (AHw, S. 322) und *ḫāpiru (ḫābiru)* sowie *ḫāpiraja (ḫābiraja)* (CAD Ḫ, S. 84–85) bevorzugen, beläßt es J. Bottéro bei Ḫabiru, 1972/75, 22–23; ders., DHA 6 (1980), 202, bei *ḫabiru*.

[11] Siehe z.B. H.H. Rowley, From Joseph to Joshua, 1950, 52; M. Weippert, Landnahme, 1967, 84, schreibt hierzu folgendes: «Nun genügen freilich rein sprachliche Beweisgründe nicht, um die Identifikation allen Zweifeln zu entziehen. Solange nur linguistisch argumen-

hin verfolgt wird, dann sucht man oft, sei es auf Umwegen oder durch eine Hintertür, in ihr doch eine Stütze für einzelne Hypothesen über die *ḫabirū–ʿibrîm* als Nomaden, Beduinen und deren Wanderungen zu finden. Die unterschiedlichen Auffassungen über die sog. Landnahme der Israeliten beeinflussen dann schließlich doch die Handhabung des etymologischen Argumentes.

8.1. Einzelne Etymologien zu *ḫabiru* und *ʿibrî*

8.1.1. Etymologien, die von *ḫ/ḥbr* ausgehen

Die von A. H. Sayce[12] u. a.[13] verteidigte Ableitung des Wortes *ḫabiru* von der Basis *ḫ/ḥbr* «sich verbünden»[14] wurde von Anfang an kritisiert und abgelehnt.[15] Sie konnte sich nur teilweise durchsetzen.

B. Landsberger hat *ḫabiru* von einem kanaanäischen *ḥabêr* «Bandit» abgeleitet[16], diese Etymologie aber dann später wieder aufgegeben.[17]

Seit dem Bekanntwerden der keilalphabetischen Schreibung *ʿpr*[18] werden diese etymologischen Versuche allgemein als überholt betrachtet und auch von ihren früheren Verfechtern expressis verbis aufgegeben.[19]

---

tiert wird, droht immer die Gefahr, daß wir der Suggestion des Gleichklangs erliegen. Vielmehr kann die Gleichung erst dann als hinreichend begründet gelten, wenn sich auch die Parallelität der Sache wahrscheinlich machen läßt».

[12] A. H. Sayce, PSBA 10 (1888), 496 Anm. 24; ders., PSBA 11 (1889), 347 Anm. 11; ders., On the Khabiri Question, ET 11 (1899/1900), 377; ders., The Khabiri, ET 33 (1921/22), 43–44.

[13] W. M. Müller, Asien und Europa nach altägyptischen Denkmälern, 1893, 396 Anm. zu S. 239; H. Winckler, Geschichte Israels I, 1895, 17; P. Dhorme, JPOS 4 (1924), 166–167; W. W. von Baudissin, Kyrios als Gottesnamen. Bd. 4, 1929, 203.

[14] HAL, S. 276: *ḥbr* «sich verbünden». Siehe zu *ḫibru* «Klan» (AHw., S. 344) in *ḫibrum ša nawîm* u. a. J. Bottéro, Ḫabiru, 1954, 204; A. Falkenstein, ZA 53 (1959), 280 Anm. 2; A. Malamat, JAOS 82 (1962), 144–145; V. H. Matthews, Pastoral Nomadism in the Mari Kingdom, 1978, 65–66; E. Cassin, Communauté tribale et cession immobilière, in: NSP, 1981, 78; J. A. Soggin, VT 31 (1981), 90–91.

[15] C. R. Conder, PEQ 22 (1890), 327; H. Zimmern, ZDPV 13 (1890), 137 Anm. 5; A. Reisner, The Habiru in the El-Amarna Tablets, JBL 16 (1897), 143; F. Böhl, Kanaanäer und Hebräer, 1911, 84–85.

[16] B. Landsberger, ZA 35 (1924), 213 Anm. 1.

[17] B. Landsberger, Note, 1954, 160–161; siehe hierzu die Bemerkung von J. Lewy, HUCA 28 (1957), 9 Anm. 17.

[18] Siehe Kap. 4.

[19] Siehe z. B. E. Dhorme, Recueil, 1951, 761–762; ders., RH 211 (1954) 258 Anm. 7.

8.1.2. *ḫabāru* «fliehen?» (Māri)

Ein neuer Vorschlag der Ableitung von *ḫabiru* wurde aufgrund von *ḫabāru* in den Texten von Māri unternommen.[20] Hebr. *ʿibrî* wird dabei nicht mit in die Betrachtung einbezogen. Es wird damit die von B. Landsberger anhand von BIN VI 226,14[21] vorgetragene Argumentation[22] wieder aufgenommen.

8.1.3. ibira «Kaufmann» und gabiri «Wüste»

Im Versuch von E. Forrer, *ḫabiru* von sum. ibira «Kaufmann»[23] abzuleiten[24], wurde ein Gedanke aufgenommen, den bereits A. H. Sayce am Rande erwähnt hatte.[25]

Dieser Vorschlag fand in der nachfolgenden Diskussion keine Berücksichtigung.[26]

Wenig Beachtung hat auch die Erklärung des Wortes *ḫabiru* von gabiru «Wüste» her gefunden.[27] Denn in dieser Hypothese werden die *ḫabirū* zu voreilig zu Beduinen der Wüste erklärt.[28]

8.1.4. *ubaru* «Ortsfremder, Beisasse; Schutzbürger»

H. Cazelles schlägt vor, *ḫabiru*, *ʿpr* und *ʿibrî* von hurritisch *ewri (apri, ibri)* «Herr»[29] abzuleiten, wobei er gleichfalls einen Zusammenhang mit *ubaru/ubru* «Ortsfremder, Beisasse; Schutzbürger»[30] herstellt.[31]

---

[20] Siehe Kap. 3 Anm. 82; G. Kestemont, Diplomatique et droit international, 1974, 78 Anm. 385, stellt hierzu fest: «le verbe acc. *ḫabāru* signifie clairement *partir sans esprit de retour.*»

[21] Siehe Kap. 3 Anm. 82.

[22] B. Landsberger, Note, 1954, 160–161; siehe auch Kap. 3 Anm. 81.

[23] Siehe AHw, S. 1315: *tamkaru* «Kaufmann, Händler, Finanzier».

[24] E. Forrer, in: RlA 1, 1930, 235.

[25] A. H. Sayce, ET 18 (1906/1907), 232–233; siehe F. Böhl, Kanaanäer und Hebräer, 1911, 89 mit Anm. 1; J. Bottéro, Ḫabiru, 1954, XVII Anm. 2.

[26] J. Bottéro, Ḫabiru, 1954, XVII Anm. 2, beurteilte diese Etymologie folgendermaßen: «Une opinion assez heterodoxe et qui n'a point proliféré.»

[27] G. Dossin, Les Bedouins dans les textes de Mari, 1959, 35–51.

[28] H. Cazelles hat dieser Lösung erst zugestimmt (Syria 35 [1958], 198–217), sie aber dann wieder abgelehnt (The Hebrews, 1973, 17).

[29] E. Laroche, GLH, S. 85: *ewri* «Herr, König».

[30] AHw, S. 1399: *ubaru;* siehe zur soziologischen Stellung des *ubaru* I. M. Diakonoff, Oikumene 3 (1982), 55 Anm. 164.

[31] H. Cazelles, Hébreu, Ubru et Hapiru, Syria 35 (1958), 198–217; ders., The Hebrews, 1973, 19–21.

B. Landsberger hatte bereits vor H. Cazelles Erwägungen darüber angestellt, ob *ḫabiru* vom Hurritischen oder einer Substratsprache abzuleiten sei.[32]

Die von H. Cazelles befürwortete Etymologie wurde mehrfach abgelehnt[33] und dürfte kaum Gefolgschaft finden.

8.1.5. *E/Ibrium,* König von Ebla

In die Diskussion über die Herkunft von *ʿibrî* und des Namens *ʿbr* (Gen 10,21.25; 11,14–17) wurde auch der Name des Königs *Ebrium* von Ebla einbezogen. Es dürfte jedoch nicht möglich sein, zwischen *ʿibrî*, *ʿbr* und dem KN *Ebrium* einen Zusammenhang herzustellen.[34]

8.1.6. *epēru* «verköstigen, versorgen»

Zur Erklärung von *ʿpr* und *ḫapiru* wurde auch auf akk. *epēru* «verköstigen, versorgen»[35] verwiesen.[36]

Diese Etymologie wurde mit dem Hinweis abgelehnt, daß die ug. Entsprechung zu akk. *epēru* nicht *ʿpr,* sondern *ḥpr* ist.[37] Es wurde auch bemerkt, daß dieser Hypothese erst nach Auffindung eines westsemitischen *ʿpr* «verköstigen» zugestimmt werden könnte.[38]

8.1.7. *ʿpr* «Staub» – *ʿapiru* oder *ʿapīru* «vom Staub bedeckt»

Die keilalphabetische Schreibung *ʿpr* wurde mit *ʿpr* «Staub»[39] in Verbindung gebracht. Die *ʿprm* werden infolgedessen als «les (hommes venant)

---

[32] B. Landsberger, Note, 1954, 160.

[33] M. C. Astour, RA 53 (1959), 69–70; R. de Vaux, JNES 27 (1968), 222; N. P. Lemche, StTh 33 (1979), 2.

[34] Siehe hierzu im einzelnen Kap. 6.2.

[35] AHw, S. 223: *epēru* I; CAD E, S. 190: *epēru* «to provide (persons) with food».

[36] A. Goetze, Note, 1954, 162–163, legt seinen Überlegungen ein Verbaladjektiv *epirum (*ʿapirum)* «one provided with food» zugrunde; siehe auch W. F. Albright, JAOS 74 (1954), 225.

[37] *ḥpr* «Verpflegung», siehe z. B. KTU 4.636:3; 4.688:3; AHw, S. 385: *ipru* «Gerstenration, Verpflegung»; CAD I/J, S. 166: *ipru* "barley ration, food allowance for subsistence, field allotted for subsistence"; R. de Vaux, JNES 27 (1968), 222–223; ders., Histoire ancienne d'Israël I, 1971, 109. Siehe auch die Gegenargumente von J. Lewy, HUCA 28 (1957), 9–11; M. P. Gray, HUCA 29 (1958), 170.

[38] M. Greenberg, The Ḫab/piru, 1950, 91.

[39] AHw, S. 222–223: *eperu* «Erde, Staub»; CAD E, S. 184–190: *eperu* «dust, earth»; Ges., S. 608: *ʿpr* «Staub, Erde».

du sable, du desert» verstanden und als «des groupes nomades, campé primitivement en bordure du desert»[40] gedeutet. Diese Etymologie dient dann zugleich als Beweis für die Hypothese, daß die Israeliten eingewandert seien.[41]

R. Borger übernimmt dann die Etymologie von R. de Langhe sowohl für *ʿpr* als auch für *ḫabiru* und fordert deshalb für letzteres die Schreibung *ʿapīru*. Er erschließt sodann aus den differierenden Schreibungen *ʿpr* = *ḫapīru* und *ʿibrî*, daß die *ḫapīrū* und *ʿibrîm* «Hebräer» vollkommen zu trennen seien.[42]

W. F. Albright hat die von *ʿpr* «Staub» ausgehende Etymologie zuletzt nach öfterem Wechsel in seiner Anschauung über die *ḫabirū* und *ʿibrîm* «Hebräer»[43] zur Grundlage seiner letzten Hypothese über die Identität der *ḫabirū* ≡ *ʿibrîm* mit den Vätern Israels und deren Gruppen gemacht.[44] Dieser Vorschlag wurde mit dem Hinweis abgelehnt, daß die *ḫabirū* nicht als Karawanenleute anzusehen seien.[45]

Der Versuch von M. B. Rowton, von *ʿpr* «Staub, Territorium» her den *ḫabiru* Syrien–Palästinas als "a man from the Territory" zu bestimmen[46], wurde mit dem Hinweis kritisiert, daß diese Deutung nicht auf alle Gebiete und Tätigkeiten der *ḫabirū* ausdehnbar sei.[47]

8.1.8. *ʿbr* = *ʿrb*

P. Haupt befürwortet eine Etymologie, in der bei *ʿibrî* mit einer Metathese argumentiert wird und arab. *ʿrb* als Ausgangspunkt dient.[48] Diese Etymologie wurde zeitweise auch von W. F. Albright übernommen.[49] A. Guillaume hat diese Etymologie dann erneut empfohlen.[50] Er sieht in *ʿrb*

---

40 R. de Langhe, Les Textes de Ras Shamra, 2, 1945, 463; siehe auch E. Dhorme, RH 211 (1954), 261: «On peut se demander alors si le qualificatif *ʿapiru*, adopté sous la forme *ḫapiru* par l'écriture cunéiforme, n'était pas une figure pittoresque pour représenter le ‹poussiéreux› qui circulait sur les grands chemins.»

41 R. de Langhe, Les Textes de Ras Shamra, 2, 1945, 463–465.

42 R. Borger, Das Problem der *ʿapīru* («Habiru»), ZDPV 74 (1958), 121–132.

43 Siehe St. E. Hardwick, Change and Constancy, 1966, 116 Anm. 1.

44 W. F. Albright, YGC, 1968, 65–66.

45 M. Weippert, Abraham der Hebräer? Bemerkungen zu W. F. Albrights Deutung der Väter Israels, Bib 52 (1971), 407–432; R. de Vaux, Histoire ancienne d'Israël I, 1971, 110.

46 M. B. Rowton, The Topological Factor in the *Ḫapiru*-Problem, 1965, 385.

47 R. de Vaux, JNES 27 (1968), 224; ders., Histoire ancienne d'Israël I, 1971, 110; N. P. Lemche, StTh 33 (1979), 2 Anm. 3.

48 Siehe W. F. Albright, JBL 37 (1918), 111–143; ders., JBL 43 (1924), 389–390.

49 St. E. Hardwick, Change and Constancy, 1966, 115.

50 A. Guillaume, The Ḫabiru, the Hebrews, and the Arabs, PEQ 78/79 (1946/47), 74–80 (The Root *ʿrb* and its Relation to *ʿbr*).

«Araber» eine Nebenform, die durch Wechsel der Konsonanten aus *ᶜbr* entstanden sei.[51] Er bestimmt sodann die *ḫabirū* als Araber[52] und schreibt: «The *ᶜAbiru* were ‹the wandering ones› or nomads.»[53] Hiermit verbindet er sodann eine weitere Folgerung über einen Wortwandel von *ḫabiru* zu *ᶜabiru*. Er schreibt hierzu folgendes: "Thus, if we are right in believing that the *Ḫabiru* were nomad Arabs, we have ground for conjecturing that the older name *ᶜAbiru* was slowly changed to *ᶜAribu*, and lastly to *ᶜArabu*, the name which Arabes have borne ever since."[54]

Diese Hypothese über das enge Verhältnis von *ḫabirū*, Hebräern und Arabern baut auf der Annahme auf, daß die Söhne Ebers (Gen 10–11) die ganze arabische Halbinsel bevölkert hätten.[55] A. Guillaume stützt sich in seiner Argumentation noch voll auf A. Jirkus ethnische Auffassung der *ḫabirū*[56], ohne die inzwischen entwickelte neue soziologische Auffassung über die *ḫabirū* zur Kenntnis zu nehmen.

8.1.9. *ᶜibrî* – eine Nisbe zu *ᶜbr* «Eber»

Es wurden nicht nur Überlegungen darüber angestellt, ob der Name des Heros eponymos *ᶜEber (ᶜbr)* (Gen 10,21.25; 11,14–17)[57] von *ᶜibrî* aus gebildet sein könnte[58], sondern auch die Ableitung des Gentiliziums *ᶜibrî* vom PN *ᶜbr* als Lösung des etymologischen Problems angeboten.[59]

---

[51] A. Guillaume, PEQ 78/79 (1946/47), 78.

[52] A. Guillaume, PEQ 78/79 (1946/47), 82. 85.

[53] A. Guillaume, PEQ 78/79 (1946/47), 83.

[54] A. Guillaume, PEQ 78/79 (1946/47), 85.

[55] A. Guillaume, PEQ 78/79 (1946/47), 85.

[56] A. Guillaume, PEQ 78/79 (1946/47), 68 Anm. 1–2.

[57] Siehe Kap. 6.

[58] F. Böhl, Kanaanäer und Hebräer, 1911, 85–86; F. Schmidtke, Die Einwanderung Israels in Kanaan, 1933, 44, bemerkt hierzu: «Sekundär von *ᶜibrî* wurde dann der Name des Stammvaters ᶜEber gebildet.»; siehe auch Kap. 6 Anm. 33–34.

[59] M. Greenberg, The Ḫab/piru, 1950, 93, nimmt an, daß dies die Antwort der biblischen Schriftsteller gewesen sei. Er schreibt: "To be sure, it appears they understood *ᶜibrî* to show descent from ᶜEber, but that they extended this gentilic to any of the other descendants of ᶜEber, or, for that matter, to any descendants of Abraham other than Isaac and Jacob is not demonstrable.»; M. G. Kline, WThJ 20 (1957/58), 52: "Deriving from the eponymous ancester ᶜEber the term [= *ᶜibrî*] is probably early ...».

8.1.10 *ᶜibrî* – «der aus dem Land ᶜEber, der von jenseits»

Mehrere Gelehrte leiten *ᶜibrî* von einem Ländernamen ᶜEber *(Eber nāri)*[60] oder von *ᶜbr* «jenseits»[61] ab.[62] Die Hebräer werden in diesen Etymologien grundsätzlich als eine von jenseits, aus dem Osten, dem Land *Eber nāri*, oder Ostjordanland *(ᶜbr)* einwandernde Gruppe verstanden.

Dieses Verständnis von *ᶜibrî* dürfte auch der Übersetzung der LXX zugrunde liegen, die es mit περάτης wiedergegeben hat.[63]

Diese Deutung wurde mit den Argumenten abgelehnt, daß kein Volk sich als die «Jenseitigen» bezeichne[64] und in Gen 14,13 die LXX eine spätere Anschauung widerspiegele.[65]

---

[60] Hebr. *ᶜbr hnhr* «vom Lande westlich vom Euphrat» (Ges., S. 560: *ᶜbr* I 1); siehe z. B. E. A. Speiser, Ethnic Movements, 1933, 41; J. W. Jack, New Light on the Habiru – Hebrew Question, PEQ 72 (1940), 105–106; E. G. H. Krealing, The Origin of the Name «Hebrew», AJSL 58 (1941), 237–253. Eine besondere Hypothese vertritt F. Hommel, Grundriß 1904, 184 Anm. 1: «... Hebräer (*ᶜIbri*) ... kommt von ᶜEber (urspr. ᶜIbr), einem Landschaftsnamen, welcher voller ᶜEber-Peleg (ᶜIbr-Palg) geheißen haben wird,» siehe auch Kap. 6.1.

[61] Siehe hebr. *ᶜbr* I 1. «das Jenseitige eines Flusses, Tales,» (Ges., S. 560); akk. *ebar* «jenseits» (AHw, S. 180), *ebertu* I «jenseitiges Ufer» (AHw, S. 182).

[62] B. Landsberger, Note, 1954, 161, schreibt: «Même l'Hébreu le moins cultivé ne pouvait comprendre *ᶜIbrî* autrement que ‹celui d'au-delà›, et, du point du vue linguistique, il est exclu qu'il ait pu exister un mot d'emprunt qui, au moment de son emprunt, se prêtait a un malentendu,»; siehe auch E. Taeubler, Habiru-ᶜIbhrim, 1950, 581–584; E. Dhorme, RH 211 (1954), 262–264.

[63] Siehe hierzu M. Greenberg, Hab/piru, 1950, 5 Anm. 24, der betont, daß Aquilas Übersetzung περαίτης zeige, daß zu seiner Zeit die jüdische Auslegung *ᶜibrî* vom Substantiv *ᶜēber (hannāhār)* abgeleitet habe. Dies werde auch durch rabbinische Diskussionen bestätigt. M. Greenberg nimmt an, daß περάτης eine Schöpfung der Übersetzer sei und den Zweck habe, *ᶜibrî* von *ᶜbr* «andere Seite» abzuleiten und sei deshalb mit "the one from the other side (of the River Euphrates)" zu übersetzen. Gen 14,13 bezeuge zum ersten Mal diese jüdische Interpretation. Field, Hexapla I 31 Anm. 14, übersetze deshalb περάτης und περαίτης richtig mit «transfluvialis vel transeuphratensis».

[64] F. Schmidtke, Die Einwanderung Israels in Kanaan, 1933, 44.

[65] F. Schmidtke, Die Einwanderung Israels in Kanaan, 1933, 44; N. Noth, Erwägungen zur Hebräerfrage, 1934, 107 Anm. 3, bemerkt: «Es liegt zu nahe, daß der griechische Übersetzer hier ohne selbständiges Wissen um die Sache selbst eine vom Hebräischen aus betrachtete anscheinend sehr einleuchtende Etymologie des Wortes von sich aus hat geben wollen.» Siehe auch Anm. 63 zur jüdischen Exegese.

8.1.11. *ʿbr* «hindurchziehen, überschreiten»

Die Ableitung der Wörter *ḫabiru* und *ʿibrî* von *ʿbr* «überschreiten, vorüberziehen»[66] dürfte die bisher am meisten bevorzugte sein.[67]

8.1.12. *ḫapiru* II, *ʿpr* «redoutable, terroriste, hors-la-loi»

G. Kestemont erwägt eine Unterscheidung zwischen *ḫapiru* I «apatride» und *ḫapiru* II (?) «celui qui sème la terreur». Er läßt es offen, ob ersteres von *ǵ/ʿbr* «partir sans esprit de retour, quitter définitivement (la société humaine organisée)» abzuleiten ist.[68] Das von ihm postulierte *ḫapiru* II verbindet er mit arab. *ʿfr* «faire peur» und folgert dann, daß es am besten mit «redoutable, terroriste, hors-la-loi» zu übersetzen sei.[69]

Da der keilalphabetischen Schreibung *ʿpr* kein entscheidender Wert beizumessen ist[70], beruht diese Hypothese kaum auf einer tragfähigen Basis.

8.2. Von *ḫabiru* zu *ʿibrî*. Wert und Nützlichkeit einer Etymologie

Wenn wir von der Voraussetzung ausgehen, daß das Wort *ḫabiru* ein Appellativum ist und den einer sozialen Klasse oder Gruppierung Zugehörigen bezeichnet[71], *ʿibrî* aber den Gentilizia zuzuordnen ist und den Ange-

[66] Ges., 558–560: *ʿbr* I: qal «1. überlaufen, 2. über etwas hingehen, c) übergehen, übersetzen, d) eine Grenze überschreiten, 3. durchgehen, durchziehen, 4. vorübergehen»; AHw, S. 182: *ebēru* I «überschreiten»; CAD E, S. 10–13: *ebēru* A "to cross (water), to extend beyond (something)".

[67] Siehe z. B. F. Böhl, Kanaanäer und Hebräer, 1911, 88–89, «der (die Wüste oder das Land) durchzieht»; W. Spiegelberg, Der Name der Hebräer, OLZ 12 (1907), 620, «Umherziehender»; A. Ungnad, Die ältesten Völkerwanderungen Vorderasiens, 1923, 15, schreibt: «Hebräer ist ursprünglich ein Name für die in Mesopotamien hausenden, mit ‹Schleudern› bewaffneten Nomaden, und ‹Nomaden› bedeutet auch der Name (wörtlich ‹Hinziehender›)»; J. Lewy, ZA 36 (1925), 26 Anm. 4, *ḫabāru* «eindringen, einbrechen»; ders., OLZ 30 (1927), 744–746; ders., HUCA 28 (1957), 8–13, vermischt wohl *ʿbr* «jenseits» mit *ʿbr* «hindurchziehen, überschreiten»; F. Schmidtke, Die Einwanderung Israels in Kanaan, 1933, 44–45, *ḫabirū* = Wandernde Nomaden, Beduinen; E. A. Speiser, Ethnic Movements, 1933, 41; M. P. Gray, HUCA 29 (1958), 171–172; N. P. Lemche, StTh 33 (1979), 1, schreibt: "The by far most likely etymological explanation is, of course, to associate the word with the [root] *ʿbr*, meaning ‹to transgress› (a border or the like) and the etymology thus suits the modern view of the *ḫabiru* as fugitives excellently."

[68] G. Kestemont, Diplomatique et droit international, 1974, 78 mit Anm. 385; 569.

[69] G. Kestemont, Diplomatique et droit international, 1974, 78. 84. 569.

[70] Siehe Kap. 8.2.

[71] Siehe Kap. 3.

hörigen der jüdischen Volks- und Religionsgemeinschaft benennt[72], dann wird sowohl die (inhaltliche) Identität (≡) als auch die Gleichheit (=) der beiden Wörter ausgeschlossen.

Da diese Erkenntnis sich aus der getrennten Analyse der Quellen in inhaltlicher und zeitlicher Hinsicht ergibt, sind alle Argumente ausgeschlossen, in denen entweder aus der Ähnlichkeit der Wörter auf eine Identität der mit *ḫabirū* = *ʿprw* = *ʿprm* und *ʿibrîm* bezeichneten Menschengruppen geschlossen wird oder aus der Differenz der Schreibungen, besonders dem *b*/*p*-Wechsel gefolgert wird, daß die *ḫabirū* und *ʿibrîm* unter jedem Aspekt völlig zu trennen seien.[73] In diesen Argumentationsmodellen wird positiv oder negativ stillschweigend vorausgesetzt, daß aus einer genügend großen Ähnlichkeit oder Identität von Wörtern auch eine Gleichheit oder Identität der damit bezeichneten Menschengruppen oder aus einer Differenz in der Schreibung die völlige Trennung der Wörter *ḫabiru* und *ʿibrî* gefolgert werden könne.

Wenn wir von Vorentscheidungen über einen Zusammenhang zwischen den *ḫabirū* und den *ʿibrîm* absehen, dann stellt sich uns in erster Linie das Problem, ob das Wort *ʿibrî* von *ḫabiru* = *ʿpr* ableitbar ist. Erst in zweiter Linie ist dann die Frage eines möglichen Zusammenhangs zwischen den mit *ḫabirū* und *ʿibrîm* bezeichneten Gruppen zu beantworten.

Der *b*/*p*-Wechsel zwischen der keilalphabetischen Schreibung *ʿpr* und hebr. *ʿibrî* dürfte entgegen einigen Autoren[74] kein grundsätzliches Hindernis für eine Ableitung des hebr. *ʿibrî* von *ʿpr* bilden. Denn es gibt genügend Zeugnisse für *b*/*p*-Wechsel im syrisch-kanaanäischen Bereich.[75]

Da ug. *ʿpr* ohnehin nicht eine Schreibung *ḫapiru* zu erzwingen vermag und deshalb weiterhin an der Transkription *ḫabiru* festzuhalten ist[76], wird dem Gegenargument, in dem mit dem *b*/*p*-Wechsel als negativem Moment gearbeitet wird, seine Schärfe genommen.

Das Hebräische bezeugt so – wie z. B. im Fall von *nkrj*[77], *ʿrjrj*[78] und *ḥpšj*[79], die als Parallelen angeführt werden[80] – eine Entwicklung, von *ḫab*/*piru* = *ʿabiru* zu *ʿibrî*.[81]

---

[72] Siehe Kap. 5.

[73] B. Stade, Die Entstehung des Volkes Israel, 1907², 120–121 Anm. 14; R. Weill, RE 5 (1946), 251–252; B. Landsberger, Note, 1954, 161; R. Borger, ZDPV 74 (1958), 121–132.

[74] Siehe Anm. 73.

[75] M. Weippert, Landnahme, 1967, 78–81.

[76] J. Bottéro, Ḫabiru, 1972/75, 22; ders., DHA 6 (1980), 202.

[77] Ges. S., 506: *nkrj* «fremd, einem anderen Volke, Stamme oder Geschlecht angehörig.»

[78] Ges. S., 619: *ʿrjrj* «einsam, kinderlos».

[79] Siehe Kap. 10.

[80] A. Alt, Die Ursprünge des israelitischen Rechts, 1934, 293 Anm. 1.

[81] Siehe Kap. 8.3.

Allein diese Weiterentwicklung von **ʿabiru* zu *ʿibrî* sollte bereits vor einer voreiligen Identifikation oder Gleichsetzung der Wörter und der damit bezeichneten Menschen warnen. Die Bedeutung der Wörter ist getrennt und losgelöst von etymologischen Überlegungen zu ermitteln. Erst nach dieser Vorarbeit ist dann ein Vergleich zulässig und der Wert des etymologischen Arguments zu bestimmen.

Im Falle der Wörter *ḫabiru* und *ʿibrî* gelangen wir zum Ergebnis, daß bereits die Wortformen – Substantiv und Gentilizium – und die zeitliche Differenz der Belege eine Identifikation (≡) oder Gleichsetzung (=) der *ʿibrîm* mit den *ḫabirū* ausschließen. Es bleibt nur ein ursprünglicher Zusammenhang der Wörter möglich, der aber weder über die Bedeutung von *ḫabiru* noch über die von *ʿibrî* Aufschluß zu geben vermag. Ein Weiterkommen in der etymologischen Frage wird erst möglich sein, wenn es gelingt, die wahrscheinlich westsemitische Wurzel *ʿb/pr*, die *ḫapiru* = *ʿpr* = *ʿibrî* zugrundeliegt[82], auf Grund neuer Belege besser zu fassen.[83]

Zusammenfassend dürfte somit festzuhalten sein, daß etymologische Erwägungen als einziges Argument ungeeignet sind, in der Frage eines Zusammenhanges zwischen den Wörtern *ḫabiru* und *ʿibrî* eine positive oder negative Entscheidung herbeizuführen. Auch die Differenz der Schreibungen *ʿpr* und *ʿibrî* spricht nicht gegen eine Abkunft des hebr. *ʿibrî* von *ḫabiru*. Es wird deshalb beim jetzigen Stand des zur Verfügung stehenden inschriftlichen Materials die Hypothese am wahrscheinlichsten sein, in der *ʿibrî* von *ḫabiru* abgeleitet wird.

Sowohl die Wortgeschichte von *ʿibrî*, der Gebrauch dieses Wortes in den biblischen Schriften als auch der Stand der Etymologie verbieten die Benutzung der Wörter *ḫabiru* und *ʿibrî* für eine der bibelwissenschaftlichen oder historischen Anschauungen über eine Einwanderung der Hebräer – Israeliten nach Syrien–Palästina. Es ist anzunehmen, daß bereits die Übersetzung von *ʿibrî* mit περάτης in Gen 14,13 eine Einwanderungstheorie voraussetzt[84] und auch alle Etymologien, die in *eber nāri*[85] oder *ʿbr* «durchziehen»[86] ihren Ausgangspunkt sehen, mit verschiedenen Konzeptionen einer Einwanderung der Israeliten oder ihrer Vorfahren arbeiten. In diesen Argumentationen wird unter Mißachtung der Wortgeschichte von *ḫabiru* – *ʿibrî* die Etymologie zur Rechtfertigung historischer Rekonstruktionen herangezogen. Die Etymologie dient hier als Ersatz für fehlende archäologische und epigraphische Dokumentation.

---

[82] W. von Soden, Note, 1954, 159, betrachtete es als fast ausgeschlossen, *ḫabiru* von einer akkadischen Wurzel *ḫb/pr* abzuleiten; siehe auch B. Landsberger, Note, 1954, 160.

[83] Siehe zu Kap. 8.1.2.

[84] Siehe Anm. 63.

[85] Siehe zu 8.1.10.

[86] Siehe zu 8.1.11.

Wenn wir *ᶜibrî* von *ḫabiru* ableiten, dann sind wir gehalten, von den Belegen her die Bedeutung der Wörter zu bestimmen. Hier sind wir zum Ergebnis gelangt, daß weder eine Identität (≡) noch eine Gleichheit (=) möglich ist. Somit scheidet *ḫabiru* – *ᶜibrî* als Beweis für Hypothesen über ein einwanderndes Volk oder eindringende Stämme ohnehin aus. Falls man diese m. E. allein zulässige Methode ablehnt und die Lösung in einem *ᶜbr* «jenseits» (*ᶜibrî* «einer von jenseits») oder *ᶜbr* «umherziehen, eindringen usw.» (= *ᶜibrî* «ein Eindringling») sucht, hat man es wiederum bei der Spätdatierung der *ᶜibrî*-Belege nur mit jüdischen exilisch-nachexilischen Vorstellungen und Etymologien zur Rekonstruktion einer Frühgeschichte Israels zu tun. Es dürfte somit keine Möglichkeit bestehen, das etymologische Argument in irgendeiner Form bei der Rekonstruktion der Entstehungsgeschichte Israels einzusetzen.

8.3. *ḫabiru* – *ᶜibrî* – Ursprung und Wandel eines Wortes

In der Akkadistik sind für *ḫabiru* mehrere Schreibungen der Vokale vorgeschlagen worden: *ᶜāb/piru*[87], *ᶜapīru*[88] und *ᶜab/piru.*[89]

Da sowohl *ᶜab/piru* als auch *ᶜapīru* an etymologische Hypothesen gebunden sind, die keineswegs als wahrscheinlich anzusehen sind[90], dürfte wenigstens vorläufig die Schreibung *ḫabiru* die Grundlage der Diskussion zu bilden haben. Ohne Rücksicht auf Etymologien wäre dann *ḫabiru/ᶜabiru* dem Nominaltypus faᶜil zuzuordnen. Von diesem läßt sich *ᶜibrî* ableiten. Denn die Nomina dieses Typus weisen Entwicklungen zu Segolata der Formen *faᶜl* und *fiᶜl* auf.[91] Daß das Wort die Nisbe-Endung angenommen

---

[87] B. Landsberger, KlF 1 (1930), 328–329; J. Lewy, HUCA 28 (1957), 8 mit Anm. 13, *ḫābiru*, ein Partizip; M. P. Gray, HUCA 29 (1958), 171, *ᶜābiru* ein Partizip von *ᶜbr* «to cross a boundary»; CAD Ḫ, S. 84–85: *ḫāpiraja* («belonging to the class of the *ḫāpiru*»); *ḫāpiru* (*ḫābiru*).

[88] R. Borger, ZDPV 74 (1958), 131–132; A. Alt, Hebräer, 1959, 105; W. F. Albright, YGC, 1968, 65–66.

[89] A. Goetze, Note, 1954, 161–163, *ᶜapirum,* Verbaladjektiv; B. Landsberger, Note, 1954, 160, *ḫapiru;* J. Bottéro, Ḫabiru, 1972/75, 14–27; ders., DHA 6 (1980), 201–213; AHw, S. 322: *ḫapiru.*

[90] Siehe zu 8.1.7. und 8.1.11.

[91] C. Brockelmann, Grundriß der vergleichenden Grammatik der semitischen Sprachen. I. 1908, 73 § 42 d; 146 § 52 gβ; 337 § 119 a Anm.; 340 § 124 a; siehe auch E. Littmann, OLZ 10 (1907), 620 Anm. 1; F. Schmidtke, Die Einwanderung Israels in Kanaan, 1933, 43–44; M. Weippert, Landnahme, 1967, 83–84.

und sich aus *ᶜa/ibray-* dann *ᶜibrî* entwickelt hat, entspricht den Erwartungen, zumal das Afformativ *-aj, -ajum, ī* vor allem zur Bildung von Völker- und Einwohnerbezeichnungen dient.[92]

8.4. Ergebnis

Aus der Differenz der Wörter *ḫabiru* und *ᶜibrî* – Appellativum und Gentilizium – ergibt sich bereits, daß auch bei einer Ableitung des letzteren von ersterem, eine Identität (≡) oder Gleichheit (=) der Wörter ausgeschlossen ist. Wenn wir diese Gegebenheit mit der zeitlichen Differenz zusammensehen, die die Zeugnisse über die *ḫabirū* von den biblischen über die *ᶜibrîm* trennt, dann wird zugleich deutlich, daß auch die Menschengruppen der *ḫabirū* und *ᶜibrîm* weder identisch (≡) noch gleich (=) sein können. Es bleibt somit nur möglich, daß das Wort *ᶜibrî* von *ḫabiru* abzuleiten ist. Die Differenz der Bedeutung, der Weg vom Appellativum zum Gentilizium, wird durch die Zeitspanne, die die Beleggruppen trennt, als möglich und wohl auch als notwendig erwiesen.

Das Wort *ḫabiru* und der Name *ᶜibrî* sind verschiedenen Wortfeldern[93] auf verschiedenen Zeitstufen zuzuordnen. *ḫabiru* und das hier als Analogon heranzuziehende *ḫupšu*[94] sowie *ᶜibrî* und *ḥåpšî* können als Leit- und Schlüsselwörter[95] ihrer jeweiligen Felder gelten. Es bewahrheitet sich auch im Falle von *ḫabiru* – *ᶜibrî* wie auch in dem von *ḫupšu* – *ḥåpšî*, daß das lexikalische System sehr viel verwickelter und weniger fest als das phonologische und das morphologische System ist.[96]

Das Wort *ᶜibrî*, das den Angehörigen der nachexilischen jüdischen Volks- und Religionsgemeinschaft bezeichnet, bot sich von selbst für etymologische Spekulationen, die auf *ᶜbr* «hindurchziehen, überschreiten» oder *ᶜbr* «jenseits» aufbauen, an. Diese bildeten dann wiederum die Grundlage für Gedankengänge über die Herkunft der *ᶜibrîm* «Hebräer». Historisch betrachtet sind deshalb alle Versuche einer Verbindung von Etymologie und historischer Rekonstruktion im Falle von *ᶜibrî* als Fortführung

---

92 Siehe z. B. W. von Soden, GAG § 56 p; H. Bauer – P. Leander, Historische Grammatik der hebräischen Sprache. I. 1922, 501.

93 Siehe zum Begriff Wortfeld H. Schwarz, Zwölf Thesen zur Feldtheorie, in: L. Schmidt, Hg., Wortfeldforschung. Zur Geschichte und Theorie des sprachlichen Feldes. 1973, 426–435.

94 Siehe Kap. 10: Von akk. *ḫupšu* zu hebr. *ḥåpšî* «Freier».

95 H. Gipper – H. Schwarz, Bibliographisches Handbuch zur Sprachinhaltsforschung. Beiheft 2 (1980), 77.

96 O. Ducháček, Über verschiedene Typen sprachlicher Felder und die Bedeutung ihrer Erforschung, in: L. Schmidt, Hg., Wortfeldforschung, 1973, 452.

dieser jüdischen Textinterpretation zu betrachten. Wir bewegen uns hier bereits im Rahmen einer Sicht der Frühgeschichte Israels, in der die biblischen Aussagen unhistorisch verstanden werden.[97] Etymologische Argumente haben in dieser Denkweise nur die Aufgabe, die bereits vorhandene zeitindifferente Interpretation der biblischen Texte zu illustrieren und zu erläutern. Dagegen geht die philologische und historische Auffassung notwendig von altorientalischen und biblischen Dokumenten aus und sieht in der Datierung derselben eine ihrer wichtigsten Aufgaben. Daß sich hieraus zwangsläufig völlig verschiedene Anschauungen über die Frühzeit Israels ergeben, ist durch die unterschiedliche Zeitauffassung, die alle jüdisch-christliche Bibelinterpretation der Antike und des Mittelalters von moderner historischer Lehrweise trennt, mitbedingt.[98]

[97] P. Schäfer, Zur Geschichtsauffassung des rabbinichen Judentums, 1978, 12–16. 23–44.

[98] Unklar ist das Verhältnis zwischen *ʿibrî* und *jśr'lj* (Lev 24,10 f.); siehe hierzu u. a. B. Landsberger, KlF 1 (1930), 329; I. Rapaport, PEQ 73 (1941), 162 Anm. 4: «Prof. Landsberger suggests that *ʿibrî* was a substitute for the lacking gentilic of ‹Israel› »; A. Alt, Die Ursprünge des israelitischen Rechts, 1934, 292 Anm. 3, lehnt B. Landsbergers Vermutung, *ʿibrî* könne der normale Ersatz für das fehlende Gentilizium zu «Israel» gewesen sein, mit dem Hinweis ab, daß «der Israelit» in alter Sprache *'jš jśr'l* «der Mann von Israel» (Jdc 7,14), «(je) ein Israelit *('jš) 'jš m bjt jśr'l* (Lev 17,3 u. ö.) heiße. J. C. L. Gibson. JNES 20 (1961), 235–236, meint, daß «Israel» zu erhaben gewesen sei, um als Nisbe gebraucht zu werden.

Kapitel 9: Die «hebräische» Sprache der Israeliten – Juden. *ᶜibrî* und ἑβραῖος im nach- und außerbiblischen Schrifttum

Die verschiedenen Erklärungen der Entstehung Israels, die mit Einwanderungen von hebräischen oder aramäischen Stämmen aus den östlich von Palästina gelegenen Gebieten oder aus Mesopotamien rechnen und die ferner mit einem Exodus aus Ägypten mit nachfolgender Landnahme argumentieren, haben auch das Problem der hebräischen Sprache Israels zu lösen. Je nach den Hypothesen über die Wanderungswellen fallen auch die Erklärungen über die Entstehung der hebräischen Sprache verschieden aus.

Den Ausgangspunkt der Überlegungen bildet die Annahme, daß das in Israel gesprochene Hebräisch eine Sprache Kanaans ist, also nicht die der Einwanderer selbst.[1] Nur vereinzelt wird daran festgehalten, daß die Hebräer immer schon hebräisch gesprochen hätten und Israel deshalb keine neue Sprache angenommen habe.[2]

Eine klare Lösung des Sprachenproblems bieten jene an, die die Stämme Israels der aramäischen Wanderung zurechnen. Sie nehmen an, daß die Einwandernden vorher einen arabischen oder aramäischen[3] bzw. nur einen aramäischen Dialekt gesprochen haben.[4] M. Noth schreibt hierzu folgendes: "Im AT selbst wird einmal in einer feierlichen kultischen Bekenntnisformel der Ahnherr Israels als ‹Aramäer› bezeichnet (Dtn. 26,5); und die Israeliten haben einmal einen altaramäischen Dialekt gesprochen, ehe sie auf dem Boden des Kulturlandes das dort bodenständige Kanaanäisch, ‹die Sprache Kanaans› (Jes. 19,13) im wörtlichen Sinne, übernahmen,

[1] Siehe zu den älteren und jüngeren Hypothesen über die Geschichte der hebräischen Sprache u. a. W. Baumgartner, Was wir heute von der hebräischen Sprache und ihrer Geschichte wissen, 1959, 208–239.

[2] G. Mendenhall, BiAr 39 (1976), 156; A. Jepsen, «Hebräisch» – Die Sprache Jahwes?, 1977, 199.

[3] W. Baumgartner, Was wir heute von der hebräischen Sprache und ihrer Geschichte wissen, 1959, 223: «Die Hebräer aber werden dann vorher einen arabischen oder aramäischen Dialekt gesprochen haben."

[4] M. Wagner, Die lexikalischen und grammatischen Aramaismen im alttestamentlichen Hebräisch. BZAW 96, 1966, 4–5 mit Anm. 33, zählt die einwandernden Hebräer zu aramäischen Völkerstämmen. Er erklärt so auch Aramaismen im Hebräischen, da die Hebräer Bestandteile der früheren Muttersprache übernommen hätten. Was im einzelnen weggefallen sei, lasse sich kaum mehr genau eruieren, da die Hebräer vor der Landnahme wohl weder ethnologisch noch sprachlich eine Einheit gebildet hätten.

das ihrem Altaramäisch freilich nahe verwandt war. Noch das alttestamentliche Hebräisch zeigt Spuren der Mischung verschiedener Dialekte.»[5]

Eine ähnliche Lösung der Sprachenfrage bieten jene an, die mit einer Einwanderung der Hebräer aus Mesopotamien argumentieren. Auch sie befürworten die These, daß die einwandernden Hebräer ihre ursprüngliche Sprache zugunsten des Kanaanäischen aufgegeben hätten. Im einzelnen wird auch in diesem Zusammenhang nur generell von einem Wechsel der Sprache gesprochen oder das Ammurritische[6], Ostkanaanäische oder Proto-Aramäische[7] als Ausgangspunkt ins Spiel gebracht.

Die biblischen Schriften kennen *ᶜibrî* «hebräisch» als Bezeichnung der Sprache der Juden noch nicht. Dieser Wortgebrauch wird erst in der pseudepigraphischen[8], rabbinischen und neutestamentlichen Literatur, wo auch das Aramäische mit *ᶜibrî* bezeichnet werden kann, üblich.[9]

Diese Benennung der Sprache des nachbiblischen Volkes mit *ᶜibrî* «hebräisch» setzt voraus, daß *ᶜibrî* bereits als Ethnikon gebräuchlich war.[10] Da *ᶜibrî* in erster Linie den Angehörigen der jüdischen Volks- und Religionsgemeinschaft bezeichnet[11], wird auch verständlich, daß *ᶜibrî* je nach den besonderen Umständen auf die «hebräische» oder aramäische Sprache jüdischer Gruppen bezogen werden kann.

---

[5] M. Noth, Geschichte Israels, 1956³, 81.

[6] F. Böhl, Kanaanäer und Hebräer, 1911, 89, hatte bereits die Hebräervölker sprachlich zur amurritischen Schicht gerechnet; A. Ungnad, Die ältesten Völkerwanderungen Vorderasiens, 1923, 15 Anm. 1, nimmt an, daß die einwandernden Hebräer auch die Sprache der auf einer höheren Stufe materieller Kultur stehenden Kanaaniter (Amurriter) angenommen hätten, da damals die Dialekte der semitischen Nomaden sich nur wenig von der amurritischen Sprache unterschieden hätten; G. H. J. de Geus, The Tribes of Israel, 1976, 161–162, sieht im Hebräischen die Sprache der Landesbewohner, die zu den Amurritern Syrien–Palästinas gehört hätten.

[7] R. de Vaux, Histoire ancienne d'Israël I, 1971, 208.

[8] Der Begriff *(lšwn ᶜbrj)* erscheint zum erstenmal in Sir 1,22; R. de Vaux, Histoire ancienne d'Israël I, 1971, 282. Zwecks Vermeidung von Mißverständnissen wird im folgenden Jesus Sirach usw. zu den pseudepigraphischen Schriften erzählt.

[9] W. Gutbrod, in: ThWNT 3, 1938, 374. 376. 392–394; K. G. Kuhn, in: ThWNT 3, 1938, 368–370; siehe ferner M. Hengel, ZThK 72 (1975), 169–171; J. A. Fitzmyer, A Wandering Aramean, 1979, 29–30. 43–46; J. Wanke, Ἑβραῖος, Hebraios, Hebräer, in: EWNT 1, 1980, 892–894.

[10] Ἑβραῖος und Ἑβραῖοι als Bezeichnung des jüdischen Volkes erscheinen zuerst in Judith und Makkabäer 2; R. de Vaux, Histoire ancienne d'Israël I, 1971, 202. Mit Ausnahme von Jon 1,9; Gen 14,13 und I Sam 13,3; 14,21 transkribiert die LXX *ᶜibrî* mit Ἑβραῖος, siehe R. de Vaux, Histoire ancienne d'Israël I, 1971, 203 Anm. 156.

[11] Siehe Kap. 5; K. G. Kuhn, in: ThWNT 3, 1938, 369, bemerkt zu Hebraios im hellenistischen Judentum folgendes: «Ἑβραῖος wird daher als Bezeichnung der Volks- und Religionszugehörigkeit der Juden an solchen Stellen gebraucht, wo nicht allein jeder abwertende Nebenton, wie Ἰουδαῖος ihn hat, vermieden werden, sondern im Gegenteil damit ein hochwertender ehrender Akzent verknüpft sein soll.»

Da ferner *ʿibrî* bedeutungsmäßig als Ethnikon vom Appellativum *ḫabiru* zu trennen ist, lassen sich von ersterem keine Folgerungen über die ursprüngliche Sprache der *ḫabirū* und der «Hebräer» oder die sprachgeschichtliche Zuordnung des «Hebräischen» ableiten.[12]

Bei einer Aufteilung der biblischen *ʿibrî*-Belege in frühe und späte, ergibt sich die Schwierigkeit, daß mit einem Wiederaufleben des Wortes *ʿibrî* und einem Bedeutungswandel innerhalb des Hebräischen gerechnet werden muß. Es wurden mehrere Erklärungen für diesen Sachverhalt angeboten. Die späten Stellen Gen 14,13 und Jon 1,9 wurden, falls sie als solche anerkannt werden, als Archaisierung und Überleitung zum nachbiblischen Wortgebrauch[13], als isolierte Fälle[14] oder als quantité négligeable[15] eingestuft.

Die Schwierigkeiten, die sich bei einer allgemeinen Frühdatierung der biblischen *ʿibrî*-Belege für die Erklärung eines späten und nachbiblischen Wortgebrauchs ergeben, werden mit diesen Lösungen kaum behoben. Dies trifft auch für die Hypothese von verschiedenen Phasen der Wiederbelebung des Wortes *ʿibrî* in vermehrtem Maße zu.[16]

Wenn wir dagegen eine Spätdatierung der biblischen *ʿibrî*-Belege zum Ausgangspunkt wählen, wird es möglich, die biblischen und nachbiblischen Zeugnisse für *ʿibrî/hebraios*[17] als ein Kontinuum ohne Brüche anzusehen. Zugleich können wir auf alle Hypothesen verzichten, die mit einem Bedeutungswandel von *ʿibrî*, mit Archaisierung oder mit einem Wiederaufleben des Wortes argumentieren. Im Gegensatz hierzu bietet die nachexilische Datierung aller *ʿibrî*-Belege die Möglichkeit, im nachbiblischen Gebrauch von *ʿibrî/hebraios* eine direkte Fortführung der nachexilischen jüdischen Sprache zu erkennen. Wir erhalten auf diesem Wege eine weitere Bestätigung für die vorgeschlagene Spätdatierung der biblischen *ʿibrî*-Stellen.

[12] Zu A. Jepsen siehe Anm. 2.

[13] A. Alt, Die Ursprünge des israelitischen Rechts, 1934, 292; ders., Hebräer, 1959, 105.

[14] R. de Vaux, Histoire Ancienne d'Israël I, 1971, 202–203.

[15] K. Koch, VT 19 (1969), 39–40.

[16] A. Arazy, The Appellations of the Jews, 1977, 20–21. 36–40, beläßt es z. B. bei einer unkritischen Nacherzählung eines fundamentalistischen Bibelverständnisses.

[17] Siehe zur Übersetzung von *ʿibrî* mit ʿεβραῖος die Anm. 9 angegebene Literatur; R. de Vaux, Histoire ancienne d'Israël I, 1971, 202–203.

Kapitel 10: Von akk. *ḫupšu* zu hebr. *ḥåpšî* «Freier«

Ein Analogon zu *ḫabiru* – *ʿibrî*

Die Untersuchung der Wörter *ḫabiru*[1] und *ʿibrî*[2] hat zum Ergebnis geführt, daß zwar letzteres von ersterem abzuleiten ist, aber daraus weder Bedeutungsgleichheit noch historische Identität zwischen den damit bezeichneten Menschengruppen folgt. Die Zeitdifferenz macht von vornherein wahrscheinlich, daß zwischen *ḫabiru* und *ʿibrî* ein Bedeutungswandel stattgefunden haben könnte.

Im folgenden wird zu zeigen sein, daß das Wort *ʿibrî* innerhalb der hebr. Sprachgeschichte keinen völlig vereinzelten oder gar unwahrscheinlichen Einzelfall darstellt. Denn Ähnlichkeiten mit der Wortgeschichte von *ʿibrî* weist auch die von hebr. *ḥåpšî* auf. Auf die Parallelität der Entwicklung beider Wörter wurde schon mehrfach hingewiesen.[3] Sie ist auch bereits deshalb von besonderer Bedeutung, weil von *ḥåpšî* her die Möglichkeit aufgezeigt wird, daß ein Begriff aus der sozialen Schichtung der Gesellschaft Syrien–Palästinas des 2. Jt.s in der Bibel weiterlebt, obwohl die damit ursprünglich bezeichnete soziologische Gruppe und ihre gesellschaftlichen Bedingungen inzwischen schon längst verschwunden waren.

10.1. *ḫupšu* in den Keilschriftdokumenten

Aus den akk. Dokumenten geht hervor, daß die *ḫupšū* «Angehörige einer niederen Klasse, oft Soldaten» sind.[4] In den Amarnabriefen[5] treten die *ḫupšū* neben den *ḫabirū* als Element der politischen und sozialen Unruhen auf.[6]

---

[1] Siehe Kap. 3.

[2] Siehe Kap. 5.

[3] Siehe z. B. A. Alt, Die Ursprünge des israelitischen Rechts, 1934, 293; M. Weippert, Landnahme, 1967, 84, schreibt z. B.: «Eine genaue formale Parallele bietet übrigens das Wort *ḥopšî* als hebräisches Äquivalent von akk. *ḫupšu*.»; siehe auch N. P. Lemche, VT 25 (1975), 136–144; ders., VT 26 (1976), 44–45.

[4] AHw., S. 357: *ḫupšu;* CAD Ḫ, S. 241–242: *ḫupšu* A «(a member of one of the lower social orders)»; W. A. Ward, Two Unrecognized *ḫupšu*-Mercenaries in Egyptian Texts, UF 12 (1980), 441–442.

[5] A. F. Rainey, El Amarna Tablets 1978², 73.

[6] A. Altman, The Revolutions in Byblos and Amurru During the Amarna Period and Their Social Background, 1978, 10–24; siehe auch K.-H. Bernhardt, Revolutionäre Volksbewegungen im vorhellenistischen Syrien und Palästina, 1975, 68 Anm. 13.

10.2. Die *ḫb/pṯm* in den keilalphabetischen Texten aus Ugarit[7]

In den keilalphabetischen Texten von Ugarit sind die Schreibungen *ḫbṯ* (KTU 2.17:1; 4.360:8) und *ḫpṯ* (KTU 1.4 VIII 7; 1.5 V 15; 1.14 III 37; 1.103:57; 1.144:3; 2.72:7; 4.382:25) bezeugt. Das Nebeneinander der Schreibungen mit *b* und *p* wird durch den Kontakt mit *ṯ* erklärt.

Mit *ḫb/pṯ* werden Menschen bezeichnet, die aus Schuldknechtschaft entlassen sind.

Ein Verbum *ḫbṯ* «frei sein, werden» liegt in KTU 3.3:4 und 4.430:3 vor. Ein Nomen *ḫbṯ* «Freilassung» o. ä. ist in KTU 1.15 I 6 anzusetzen. Außerdem ist ein Nomen *ḫpṯt* «Freilassung» in KTU 1.4 VIII 7; 5 V 15 bezeugt.

Wesentlich für das Verständnis der sozialen Lage der aus der Schuldknechtschaft Entlassenen dürfte sein, daß sie durch das Freiwerden von den bisherigen Bindungen gegenüber ihrem Herrn wieder in ihre frühere schwache oder inzwischen unter Umständen noch miserablere wirtschaftliche Lage entlassen waren. Sie bildeten so von selbst eine soziologische Gruppe am Rande der Gesellschaft, die sich in concreto wenig von der der *ḫabirū* unterschieden haben dürfte.

10.3. *ḥåpšî, ḥpš* und *ḥpšjt* in den biblischen Texten

Bei den biblischen Stellen zu *ḥåpšî, ḥpš* und *ḥpšjt* ergibt sich das Problem, daß sie zuerst unabhängig von den keilschriftlichen Belegen für *ḫupšu* und den keilalphabetischen für *ḫb/pṯ, ḫpṯ* und *ḫpṯt* zu deuten sind. Erst nach dieser Vorarbeit dürfte die Frage zu stellen sein, ob eine Bedeutungsentwicklung von *ḫupšu* = *ḫb/pṯ* zu hebr. *ḥåpšî* zu verzeichnen ist.

10.3.1. Hi 3,19; 39,5

In Hi 3,19 wird *ḥåpšî* zur Kennzeichnung der Lage benutzt, in der sich ein Sklave in der Unterwelt befindet, wo er nicht mehr an seinen Herrn gebunden ist.

qṭwn w gdwl šm hw'	14	Klein und groß ist dort dasselbe
w ʿbd ḥpšj m 'dnjw	14	und der Knecht ist frei von seinem Herrn
		(Hi 3,19)

[7] Siehe zu *ḫb/pṯ* in den keilalphabetischen Texten u. a. A. Schoors, in: RSP 1, 1972, 27–28; A. F. Rainey, in: RSP 2, 1975, 92. 103–104.

Der Gedanke der Freilassung bestimmt auch die Bildrede:

mj šlḥ pr’[8] *ḥpšj*	12	Wer hat den Wildesel frei laufen lassen,
w msrwt ^{c}*rwr mj ptḥ*	15	und die Fesseln des Esels – wer hat sie gelöst?
		(Hi 39,5)

Über den Wildesel hat der Mensch keine Rechte, weil es ihm noch nicht gelungen ist, ihn in seine Herrschaft zu bringen. Zwischen Wildesel und Mensch bestehen somit weder zweiseitige Beziehungen, noch ein Dominieren, das etwa allein vom Menschen ausginge.[9]

10.3.2. Ps 88,6

Das in Ps 88,6 überlieferte *ḥåpšî*, das schon mehrmals diskutiert wurde[10], bereitet sowohl kolometrisch als auch inhaltlich Schwierigkeiten. Es dürfte deshalb vonnöten sein, erst seine kolometrische Position festzustellen.

Für den Text von Ps 88 seien folgende Kolometrie und Übersetzung vorgeschlagen:

88.1.1.	[šjr mzmwr l bnj qrḥ l mnṣḥ ^{c}l mḥlt l ^{c}nwt		Ein Lied. Ein Psalm der Qorahiten. Dem Chorleiter nach der Flöte (?) zu singen.
88.1.2.	mśkjl l hjmn h ’zrḥj]		Ein maskil Hemans, des Esrachiters]
88.2.1.	*JHWH ’lhj*[11] [j]*šw*^{c}*tj*[12] *jwm‹m›*[13]	16 ‹17› [17]	Jahwe ‹mein Gott›, ‹mein Flehen› ‹am Tage›,
88.2.2.	*ṣ*^{c}*qtj*[14] *b ljlh ngdk*	14	‹mein Schreien› ist in der Nacht vor dir![15]
88.3.1.	*tbw’ lpnjk tpltj*	14	Möge mein Gebet vor dein Angesicht kommen,
88.3.2.	*hṭh ’znk l rntj*	12	neige dein Ohr meinem Jammern!

[8] AHw., S. 837: *parû* I «Onager, Maultier».

[9] Siehe auch Th. Willi, Die Freiheit Israels, 1977, 537.

[10] P. Grelot, *Ḥofšī* (Ps. LXXXVIII 6), VT 14 (1964), 156–263; W. J. Tromp, Primitive Conceptions of Death, 1969, 159; O. Loretz, UF 8 (1976), 129–130; Th. Willi, Israels Freiheit, 1977, 536–537; H.-P. Müller, ZAW 94 (1982), 227 mit Anm. 83.

[11] BHS a-a.

[12] l. *šw*^{c}*h* «Geschrei um Hilfe» (Ges., S. 690).

[13] BHS a-a; H. Gunkel, Psalmen, 1929[4], 382.

[14] l. *ṣ*^{c}*qh* «Geschrei; bes. um Hilfe» (Ges., S. 690).

[15] In 8.2.1.–8.2.2. liegen die Parallelpaare *šw*^{c}*tj*//*ṣ*^{c}*qtj* und *jwmm*// *b ljlh* sowie die Doppelfunktionen von *JHWH ’lhj* und *ngdk* vor.

88.4.1.	*kj śbᶜh b rᶜwt npšj*	15	Denn meine Seele ist von Leiden satt,
88.4.2.	*w ḥjj l š’wl hgjᶜw*	14	mein Leben ist der Unterwelt nahe.
88.5.1.	*nḥšbtj ᶜm jwrdj bwr*	16	Ich zähle zu denen, die in die Grube fahren,
88.5.2.	*hjjtj k gbr ’jn ’jl*	15	bin wie ein hilfloser Mann geworden.
88.6.1.	[b[16] mtjm ḥpšj kmw ḥlljm škbj qbr	[24]	‹Wie› die Toten (bin ich) frei, wie die Durchbohrten, die im Grabe ruhenden,
88.6.2.	’šr l’ zkrtm ᶜwd	[13]	deren du nicht mehr gedenkst,
88.6.3.	w hmh m jdk ngzrw]	[13]	sie sind ja deinem Walten entrückt.]
88.7.1.	*štnj b bwr tḥtjwt*	14	Du hast mich in die unterste Grube versetzt,
88.7.2.	*b mḥškjm b mṣlwt*	13	in Finsternisse, in Tiefen.
88.8.1.	*ᶜlj smkh ḥmtk*	11	Über mich kommt dein Grimm,
88.8.2.	*w kl mšbrjk ᶜnjt*[17]	13	läßt du alle deine Brandungen ‹treffen›.
88.9.1.	*hrḥqt mjdᶜj mmnj*	14	Du hast meine Freunde von mir entfernt,
88.9.2.	*štnj twᶜbwt lmw*	13	mich ihnen zum Abscheu gemacht.
88.9.3.	*kl’*[18] *w l’ ’ṣ’*	9‹12›	‹Ich bin eingeschlossen› und kann nicht hinaus,
88.10.1.	*ᶜjnj d’bh mnj ᶜnj*	14	mein Auge schmachtet aus dem Elend.
88.10.2.	*qr’tjk JHWH b kl jwm*	16	Ich rufe dich, Jahwe, an jedem Tag,
88.10.3.	*šṭḥtj ’ljk kpj*	12	breite die Hände nach dir aus.
88.11.1.	*h l mtjm tᶜśh pl’*	13	Tust du an den Toten Wunder,
88.11.2.	*’m rp’jm jqwmw jwdwk*	17	stehn die Rephaim auf, dich zu preisen?
88.12.1.	*h jspr b qbr ḥsdk*	13	Wird von deiner Gnade im Grabe erzählt,
88.12.2.	*’mwntk b ’bdwn*	12	von deiner Treue im Totenreich?

[16] BHS a.

[17] l. *’njt*, BHS a; HAL, S. 68; *’nh* III pi «widerfahren lassen»; H. Gunkel, Psalmen, 1929⁴, 383.

[18] BHS b; HAL, S. 453: *kl’* I qal 3: Ps 88,9 (adde *’nj*).

88.13.1.	*h jwdᶜ b ḥšk pl'k*	13	Wird in der Finsternis dein Wundertun kund,
88.13.2.	*w ṣdqtk b 'rṣ nšjh*	14	und deine Gerechtigkeit im Land des Vergessens?
88.14.1.	*w 'nj 'ljk JHWH šwᶜtj*	17	Ich aber schreie, Jahwe, zu dir,
88.14.2.	*w b bqr tpltj tqdmk*	15	am Morgen komme mein Gebet vor dich.
88.15.1.	*lmh JHWH tznḥ npšj*	15	Warum verwirfst du Jahwe, meine Seele,
88.15.2.	*tstjr pnjk mmnj*	13	verbirgst dein Antlitz vor mir?
88.16.1.	*ᶜnj 'nj w gwᶜ*[19] *m nᶜr*	14	Ich bin elend und ‹geplagt› von Jugend an,
88.16.2.	*nś'tj 'mjk 'pwnh*[20]	14	muß deine Schrecknisse tragen, ‹daß ich erstarre›.
88.17.1.	*ᶜlj ᶜbrw ḥrwnjk*	13	Deine Zornesgluten ergehen über mich,
88.17.2.	*bᶜwtjk ṣmtwtnj*	13	deine Schrecknisse ‹vernichten› mich.
88.18.1.	*sbwnj k mjm kl h jwm*	15	Sie umgeben mich allezeit wie Wasser,
88.18.2.	*hqjpw ᶜlj jḥd*	11	umringen mich allzumal.
88.19.1.	*hrḥqt mmnj 'hb w rᶜ*	15	Du hast entfernt von mir Freund und Genossen,
88.19.2.	*mjdᶜj mḥšk*[21]	9 + x	meine Bekannten hast ‹du mir verfinstert›.

Ps 88 kennt außerhalb von 88.6.1.–88.6.3. nur Bikola. Es sind deshalb alle Versuche kritisch zu betrachten, die in V. 6 ein Trikolon und ein Bikolon[22] ansetzen oder ein Bikolon mit anschließendem Trikolon.[23] In beiden Fällen entstehen poetische Einheiten ohne die erforderlichen parallelen Wortpaare.

Die prosaische Struktur von V. 6 läßt es kaum zu, diesen Teil des Textes als ursprünglich zu betrachten.[24] Es wird deshalb vorzuziehen sein, in ihm einen Kommentar zu den umrahmenden Bikola V. 5 und 7 zu sehen: Der Beter wird als ein Toter vorgestellt, der frei von allen Bindungen an Gott und Beziehungen zu ihm in die Totenwelt entlassen ist. *ḥåpšî* ist in diesem Kontext voll verständlich und erinnert an den Gebrauch dieses

[19] BHS a; HAL, S. 369: *jgᶜ 3.* «geplagt» cj.; H. Gunkel, Psalmen, 1929⁴, 383–384.

[20] BHS d; H. Gunkel, Psalmen, 1929⁴, 381.

[21] l. *'th mḥšjk, lj;* vgl. BHS b; H. Gunkel, Psalmen, 1929⁴, 384.

[22] H. Gunkel, Psalmen, 1929⁴, 384.

[23] M. Dahood, Psalms II, 1968³, 301; H.-J. Kraus, Psalmen, 1978⁵, 88.

[24] Für die Ursprünglichkeit von V. 6 tritt u. a. P. Grelot, VT 14 (1954), 256, ein.

Wortes in Hi 3,19.[25] Textkorrekturen[26] oder eine Übersetzung *ḥpš* «Stoff»[27] sind unnötig und verkennen den Charakter von V. 6 als nachträglichem Einschub.

10.3.3. I Sam 17,25

In der Erzählung I Sam 17,12–31 wird unter den Israeliten erzählt, daß der Sieger über den Philister Goliath vom König reiche Belohnung erhalten werde. Die Rede lautet: «Aber wer den erschlägt, den wird der König (zum Dank) überaus reich machen; seine Tochter wird er ihm geben, und die Familie seines Vaters wird er *ḥåpšî* machen in Israel» (V. 25).

In diesem Zusammenhang wurde *ḥåpšî* mit «frei von Abgaben» übersetzt.[28] Dagegen wendet H. J. Stoebe ein, daß dies eine aus dem Zusammenhang erschlossene, sonst im AT nicht zu belegende Bedeutungsnuance sei. Es gäbe zwar Analogien dazu in den feudalrechtlichen Verhältnissen von Ugarit, es sei aber fraglich, ob man hier hinter die im AT geläufigen Vorstellungen zurückgehen dürfe.[29]

Auch in diesem Falle wird *ḥåpšî* entsprechend der späten Herkunft und dem romanhaften Charakter des Stückes I Sam 17,12–31[30] nicht als *terminus technicus* aus der früheren syrisch-kanaanäischen Periode oder aus

---

[25] O. Loretz, UF 8 (1976), 130; ders., UF 9 (1977), 165. Th. Willi, Die Freiheit Israels, 1977, 536–537, betont gleichfalls, daß der in Ps 88,6 erreichte Zustand in eindeutig negativem Licht erscheine. Denn die Bitterkeit des Todes bestehe darin, von den vielfältigen Verbindlichkeiten und der Möglichkeit, sie vor Gott zu erfüllen, befreit zu sein. Gott werde den Beter gerade darum vergessen (V. 7), weil er ihm keinen Dienst mehr leisten könne und damit nicht mehr unter der belastenden wie schützenden Hand der Gewalt Gottes stehe.

[26] Siehe HAL, S. 328: *ḥpšj* 3g *k mtj mḥpšt* «wie dem Unheil Verfallene»; H. Gunkel, Psalmen, 1929⁴, 382–383, lehnt die Vorschläge *ḥpšj* «mein Lager», *npšj* «meine Seele», *nḥšbt* «ich zähle»; *nmšltj* «ich gleiche»; *ḥlštj* «ich bin schwach»; *ḥšbtj* «unter den Toten muß ich wohnen» ab.

[27] HAL, S. 328: *ḥpš* «Stoff für Satteldecken»; M. Dahood, Psalms II, 1968³, 304, setzt ein ug. *ḥpṯ* «cots» an und leitet davon hebr. *ḥpšj* «cot» ab. Für *bgdj ḥpš* in Ez 27,20 bietet er die Übersetzung «bedspreads» an und für *b mtjm ḥpšj* in V. 6 dann infolgedessen "In Death is my cot". Für *ḥpš* «cover, couch» siehe auch N. J. Tromp, Primitives Conceptions of Death, 1969, 159.

[28] H. J. Stoebe, Das erste Buch Samuelis, 1973, 324, mit Verweis auf Budde, Dhorme, Hertzberg; J. Gray, Feudalism in Ugarit and Early Israel, ZAW 64 (1952), 55, deutete *ḥåpšî* in I Sam 17,25 von seinem Verständnis von *ḫupšu* in den Amarna Tafeln und in den ug. Texten her: *ḥåpšî* bezeichne "a class set apart for military service and, as such, enjoying certain privileges which are usually associated with the feudal system."

[29] H. J. Stoebe, Die Goliathperikope 1 Sam XVII 1 – XVIII 5 und die Textform der Septuaginta, VT 6 (1956), 403; ders., Das erste Buch Samuelis, 1973, 324.

[30] Siehe hierzu H. J. Stoebe, Das erste Buch Samuelis, 1973, 326–328.

der Königszeit Israels zu verstehen sein.[31] Die Erzählung setzt wohl nicht mehr voraus, daß der Sieger über Goliath von der Lehenspflicht *(ilku*[32], *unuššu*, ug. *unṯ*[33]) befreit werden soll.[34] Mit *ʿśh ḥpšj* «frei machen»[35] wird in I Sam 17,25 nur allgemein angedeutet, daß der Sieger von den Bindungen befreit werden soll, die sonst einen Untertanen an seinen König binden.[36]

In dieser Formel wird man deshalb nur eine höchst allgemeine Beschreibung sehen dürfen, die von einem späten Standpunkt aus erfolgt. Es ergibt sich somit, daß auch *ḥåpšî* in I Sam 17,25 am besten mit «frei» wiedergegeben wird.

10.3.4. Jes 58,6

Ein in die nachexilische Zeit datierbarer Beleg *ḥåpšî* liegt in Jes 58,6 vor:

ptḥ ḥrṣbwt ršʿ	Auflösen ruchloser Fesseln,
htr ʾgdwt mwṭh	die Seile des Jochholzes freigeben,
w šlḥ rṣwṣjm ḥpšjm	Unterdrückte frei entlassen
w kl mwṭh tntqw	und daß du jedes Jochholz zerbrichst.

(Jes 58,6)

Auch im Falle von Jes 58,6 werden mit *ḥpšjm* Freigelassene bezeichnet, die aus ungerechten Bindungen befreit werden sollen.[37]

---

31 Vgl. Anm. 28.

32 AHw, S., 371–372: *ilku* I «Pflichtleistung für Landzuteilung»; CAD I/J, S., 73–81: *ilku A.*

33 AHw, S. 1422: *unuššu* «eine Pflichtleistung für Landzuteilung».

34 Siehe zur Lehnsklausel bei Freiheit von Lehnspflichten in Ugarit B. Kienast, Rechtsurkunden in ugaritischer Sprache, UF 11 (1979), 443. 448 (KTU 3.2:18). 451 (KTU 3.5:20–21).

35 Th. Willi, Die Freiheit Israels, 1977, 537, bemerkt zu Recht, daß *ʿśh* «machen» nicht das zu *ḥåpšî* gehörende Verbum sein kann. Die Formulierung *ʿśh ḥpšj* ist kein terminus technicus mehr, wie z. B. ug. *ḫbṯ* «frei sein, werden» (KTU 3.3:4; 4.430:3; siehe M. Dietrich – O. Loretz, UF 14 [1982], 83–86) oder hebr. *ḥpš* pu, siehe Anm. 56.

36 Th. Willi, Die Freiheit Israels, 1977, 536, meint zutreffend, daß *ḥåpšî* in I Sam 17,25 die Freiheit von Steuern, Militär- oder Frondienst, Pflichten, die normalerweise nicht erlöschen und von denen nur der König, seine Angehörigen und die von ihm Befugten ausgenommen sind, bedeute. Der Sieger über Goliath werde jeder Last und Verpflichtung ledig, die er vorher gegenüber Israel als Ganzem gehabt habe, denn er habe sich um Israel und sein Lebensrecht verdient gemacht.

37 Th. Willi, Die Freiheit Israels, 1977, 534 Anm. 12, hebt zu Recht hervor, daß mit *rṣwṣjm* «Unterdrückte» Leute bezeichnet werden, denen das wirtschaftliche Rückgrat zerbrochen wurde.

10.3.5. *ḥåpšî* in Gesetzestexten – Ex 21,2.5.26.27; Dtn 15,12.13.18; Jer 34,9–11.14.16

Das Nebeneinander von *ᶜibrî* und *ḥåpšî* im Sklavengesetz Ex 21,2 hat aus zwei Gründen besondere Beachtung gefunden. Denn es wurde teilweise vermutet, daß hier noch ein enger Zusammenhang zwischen dem Status des *ᶜibrî* und des *ḥåpšî* bestehe, und zugleich wird allgemein angenommen, daß von Ex 21,2 auch Dtn 15,12–18 und Jer 34,9–16 abhängig seien.

10.3.5.1. Ex 21,2–6

N. P. Lemche, der eine Frühdatierung dieser gesetzlichen Regelung verteidigt, hat in Anlehnung an seine Bestimmung von *ᶜibrî* als Begriff aus vorisraelitischem Recht und als Bezeichnung einer Bevölkerungsgruppe in der monarchischen Zeit Israels auch für *ḥåpšî* eine alte Bedeutung gefordert.[38] Gleichzeitig setzt er analog zu *ᶜibrî* auch die Existenz einer Bevölkerungsgruppe von *ḫupšū* in Israel an.[39] Nach seiner Darstellung ist der *ᶜibrî* nach der Freilassung aus dem Sklavenstand in eine Abhängigkeit zu seinem eigenen Stadtstaat getreten und so zum *ḥåpšî* geworden. Der *ḥåpšî* stehe soziologisch zwischen den Sklaven und dem Freien.[40] Dagegen liege in Dtn 15,12–18 und Lev 25,39 ff. eine sekundäre Weiterentwicklung des Wortes vor und bezeichne die Freilassung des Sklaven.[41]

Diese Deutung von N. P. Lemche wurde vor allem mit dem Hinweis abgelehnt, daß in Israel zu keiner Zeit eine Bevölkerungsklasse der *ḥåpšîm* nachweisbar sei.[42]

Im Gegensatz zu N. P. Lemche hat I. Cardellini aus dem Gebrauch von *ḥåpšî* in Ex 21,2 abgeleitet, daß dieses Wort das israelitische Kolorit der Stelle entscheidend mitbestimme.[43] Denn der *ḥåpšî*-Begriff besage von insgesamt siebzehnmal allein zwölfmal die Befreiung des *ᶜbd* «Sklaven» und

[38] N. P. Lemche, StTh 33 (1979), 1–4. 20, tritt für die Gleichsetzung *ᶜibrî* = *ḫabiru* ein.

[39] N. P. Lemche, StTh 33 (1979), 1–4.

[40] N. P. Lemche, VT 25 (1975), 142; ders., StTh 33 (1979), 2, schreibt hierzu folgendes: "No doubt *ḥpšj/ḫupšu* was a designation for a special social group in Western Asia during the Late Bronze Age. The interesting point is that legislation most likely originally in the Canaanite world has been adapted in the Old Testament and, as preserved in Ex 21,2 ff., in a nearly unchanged form."

[41] N. P. Lemche, StTh 33 (1979), 2.4 mit Anm. 12, rechnet gleichzeitig damit, daß *ḥåpšî* in Dtn 15,12–18 und Jer 34,8–28 ein Zitat aus Ex 21,2 ff. sei und daß es in diesen späteren Texten seine ursprüngliche Bedeutung verloren und in Dtn 15,13.18 bereits die neutrale Bedeutung «frei» angenommenm habe.

[42] Th. Willi, Die Freiheit Israels, 1977, 534 Anm. 13. Die Entgegnung von N. P. Lemche, StTh 33 (1979), 2 Anm. 4, vermag nicht zu überzeugen.

[43] I. Cardellini, Sklaven-Gesetze, 1981, 246–247.

von diesen zwölf Belegen sei die Befreiung zehnmal mit dem Sabbatjahr verbunden.[44]

Nach Th. Willi gehört die Wurzel *ḥpš* ins Obligationenrecht. Sie beschreibe die reguläre Entlassung eines rechtsfähigen Subjekts aus einer Verpflichtung. Ob diese Obligationen durch Vertrag, durch unerlaubte Handlungen oder aus ungerechtfertigter Bereicherung entstanden sind, sei dabei gleichgültig. Nach Lage der Dinge seien es meist Sklaven, die diesen Status erlangten. Bei diesen Sklaven habe es sich meist um Menschen gehandelt, die auf ihre wirtschaftliche Selbständigkeit freiwillig oder gezwungenermaßen verzichtet und sich durch Vertrag in eine abhängige Stellung begeben hätten. Eine Betrachtung im Lichte der Gerechtigkeit Gottes empfinde freilich auch solch alltägliche Verhältnisse als eine Anomalie in einem Volk wie Israel, und der Einzelne werde auf sein Gewissen gefragt, ob er nicht freiwillig durch die Freigabe solcher Schuldsklaven diese Schäden auszubessern bereit sei. Der Zustand, der nach Ablauf eines solchen Dienstvertrages bzw. nach Erfüllung solcher Verpflichtungen eintrete, sei der des *ḥåpšî*, die *ḥåpšî*/ût.[45]

In Ex 21,2.5 steht *ḥåpšî* eindeutig im Gegensatz zum Status des Sklaven und bezeichnet die Freiheit oder Loslösung von allen Bindungen, die für einen Sklaven charakteristisch sind. Es ist somit möglich, den Status des *ḥåpšî* allein in Beziehung zum Sklavenstatus zu bestimmen, ohne daß damit bereits seine neue soziale und soziologische Position schon voll umschrieben wäre.

10.3.5.2. Dtn 15,12.13.18; Jer 34,9–11.14.16

Unabhängig von der Frage, ob und in welcher Weise Dtn 15,12–18 von Ex 21,2–6 abhängig ist[46], läßt sich auch für diese gesetzliche Regelung feststellen, daß *ḥåpšî* hier gleichfalls den aus dem Sklavendasein befreiten Menschen bezeichnet. Der *ḥåpšî* ist nicht mehr ein *ᶜbd* «Sklave», sondern wieder ein voll anerkannter «Bruder» (V. 12) der jüdischen Gemeinschaft.

Dies trifft auch für *ḥåpšî* in Jer 34,8–22 zu. Denn in diesem Abschnitt liegt eine Angleichung an Dtn 15,12–18 vor.[47]

10.3.5.3. Ex 21,26.27

In der Regelung «Wenn ein Mann das Auge seines Sklaven – oder seiner Sklavin – schlägt und es zerstört, so soll er ihn für sein Auge *lă ḥåpšî*

[44] I. Cardellini, Sklaven-Gesetze, 1981, 247 mit Anm. 29, Verweis auf Ex 21,2.5; Dtn 5,12. 13. 18; Jer 5 mal.

[45] Th. Willi, Die Freiheit Israels, 1977, 533–534.

[46] Siehe 5.4.2.

[47] Siehe 5.4.3.

entlassen. Und falls er einen Zahn seines Sklaven – oder seiner Sklavin – ausschlägt, so soll er ihn für seinen Zahn *lă ḥåpšî* entlassen» (Ex 21,26–27) wird das *lă ḥåpšî* gewöhnlich mit «als Freigelassenen» übersetzt.[48]

Die Freilassung wird als Ersatzleistung interpretiert. Denn die geforderte Freilassung bedeute praktisch eine Zahlung in Höhe des Sklavenkaufpreises.[49] Es besteht jedoch auch die Meinung, daß es sich in Ex 21,26–27 nicht um einen echten Sklaven handle, da er anstelle des ausgeschlagenen Zahnes oder des zerstörten Auges die Freiheit erhalte.[50] Die keilschriftlichen Kodizes sähen nie die Freilassung, dagegen jedoch immer eine Geldbuße zugunsten des Herrn des geschädigten Sklaven vor. Es stelle sich so die Frage, ob es sich nicht um einen echten Sklaven, sondern um einen in Knechtschaft geratenen Israeliten handle.[51]

Auch in Ex 21,26–27 dürfte so wie in Ex 21,2 von einem *ʿaebaed ʿibrî* die Rede sein, also von einem Juden, der wegen der beschriebenen Körperverletzung aus dem Sklavenstatus zu entlassen ist und dadurch zu einem *ḥåpšî* «Freien», d. h. Nicht-Sklaven, einem unbehinderten *ʾḥ* «Bruder» innerhalb der jüdischen Gemeinde wird.

10.3.6. *ḥpš* pu «freigelassen werden» und *ḥpšh* «Freiheit» in Lev 19,20

In Lev 19,20–22 wird der Fall einer Beiwohnung einer Sklavin geregelt. Das Gesetz hat folgenden Wortlaut:

> «[20]Und wenn jemand einem Weibe beiwohnt und es handelt sich um eine einem (anderen) Mann verlobte Sklavin, aber losgekauft ist sie nicht oder die Freiheit *(ḥpšh)* ist ihr (sonst noch) nicht gegeben, so findet eine Abrügung statt. Zu Tode gebracht werden sie nicht, sie ist ja nicht freigelassen *(ḥpšh)*. [21]Aber er bringt seine Schuldopfer für Jahwe an den Eingang des Begegnungszeltes in Gestalt eines Bußwidders. [22]Und der Priester schafft ihm Sühne mit dem Bußwidder vor Jahwe für die Verfehlung, die er begangen hat. So wird ihm vergeben wegen der Verfehlung, die er begangen hat» (Lev 19,20–22).[52]

K. Elliger rechnet V. 20–22 dem letzten Stadium von Lev 19 als sekundären Entwurf zu.[53] Er nimmt zugleich an, daß die im wesentlichen negative Formulierung der Rechtsfolge als ein Hinweis darauf zu sehen sei, daß V. 20 kein echter, auf sich stehender Satz alten bürgerlichen Rechts,

---

[48] M. Noth, Exodus, 1978[6], 137.

[49] M. Noth, Exodus, 1978[6], 147; siehe zu dieser Diskussion auch I. Cardellini, Sklavengesetze, 1981, 262 Anm. 84.

[50] I. Cardellini, Sklaven-Gesetze, 1981, 263.

[51] I. Cardellini, Sklaven-Gesetze, 1981, 263.

[52] K. Elliger, Leviticus, 1966, 243.

[53] K. Elliger, Leviticus, 1966, 249. 255.

sondern von vornherein auf die Fortsetzung V.21–22 hin konzipiert sei: jener Fall habe keine bürgerlich rechtlichen, wohl aber kultrechtliche Folgen, weil eine religiöse Schuld vorliege.[54] Hier gelte immer noch das alte Recht, das dem Herrn die freie Verfügung auch über den Körper einräume, gleichgültig, ob es sich um eine echte Sklavin oder um ein in Schuldknechtschaft geratenes weibliches Wesen handle, die beide als *špḥh* «Sklavin» bezeichnet würden. In V. 20 gehe es um ein Mädchen, das der Vater bereits versprochen habe, ehe er sich mit seiner Familie in Schuldknechtschaft begeben mußte. Da es nicht durch Verwandte oder den Bräutigam ausgelöst *(pdh)* worden sei, oder auf andere Weise die Freiheit zurückerhalten habe *(ḥpš)*, werde sein Herr nicht bestraft.[55]

Sowohl das Wort *ḥpšh* «Freiheit» als auch *ḥpš* pu[56] «freigelassen werden» werden wie in Ex 21,2–6; Dtn 15,12–18; Jer 34,8–22 auf die Entlassung aus dem Sklavenstatus bezogen.[57]

10.3.7. *bjt ḥpšj/wt* – II Reg 15,5; II Chr 26,21

Das Vorkommen eines *bt ḫpṯ* in den ug. Texten[58] und von *bjt ḥpšjt* in II Reg 15,5 hat zur Annahme geführt, daß zwischen diesen Bezeichnungen ein Zusammenhang bestehe[59], oder ein solcher ganz zu leugnen sei.[60]

Es besteht die Möglichkeit, daß in *bt ḥpšjt* der im Ug. belegte Terminus *bt ḫpṯ*[61] weiterlebt. Wie der in II Reg 15,5 geschilderte Vorfall zeigt, handelte es sich nicht mehr um ein Haus für *ḫupšu*-Leute, die dem König dienen, sondern nach Verschwinden der *ḫupšū* als einer soziologischen Gruppe um ein Haus, das von dem Teil des Palastes abgetrennt war,

---

[54] K. Elliger, Leviticus, 1966, 249; siehe auch I. Cardellini, Sklaven-Gesetze, 1981, 306–309.

[55] K. Elliger, Leviticus, 1966, 260.

[56] H. Bauer – P. Leander, Historische Grammatik der hebräischen Sprache. I. 1922, 287 § 38 n', stellen *ḥpšh* (Lev 19,20) zu den Passiv Qal Belegen, die der Form nach mit dem Nominal Puᶜal zusammengefallen sind.

[57] K. Elliger, Leviticus, 1966, 260; I. Cardellini, Sklaven-Gesetze, 1981, 308, betont, daß die Frau noch nicht die Freilassung von ihrem Herrn erhalten habe.

[58] Siehe Kap. 10.2.

[59] Siehe u. a. Ch. Virolleaud, Syria 12 (1931), 224; W. F. Albright, JPOS 14 (1934), 131 mit Anm. 162; J. A. Montgomery, HTR 34 (1941), 321; A. Schoors, in: RSP 1, 1972, 27–28, Nr. 21.

[60] T. H. Gaster, JQR 37 (1946/47), 292, löst *btḫpṯ* in *b tḫpṯ* auf; P. Grelot, VT 14 (1964), 256–263, unterscheidet zwischen *ḥpš* I und *ḥpš* II. Er verbindet *bt ḥpšjt* «lieu de réclusion» mit *ḥpš* II «geôle, réclusion. Ug. *bt ḫpṯ* betrachtet er als ein hapax legomenon, das weder mit *ḥpš* I noch mit *ḥpš* II in Verbindung zu bringen sei. Th. Willi, Die Freiheit Israels, 1977, 536, übersetzt *bjt ḥpšj/wt* mit «Haus des Ruhestands»; W. Rudolph, ZAW 89 (1977), 418, sieht in *bjt ḥpšj/wt* einen Euphemismus.

[61] Es bedarf noch der Klärung, inwieweit *bīt ḫupše* (Al. T. 186/7, 2 ff.; 202, 45 [S. 25]) mit ug. *bt ḫpṯ* vergleichbar ist.

in dem der König wohnte und residierte. Auf diese Weise wurde man sowohl der Stellung des aussätzigen Königs als auch dem Charakter seiner Krankheit als Gottesstrafe gerecht.

10.4. Verhältnis zwischen *ḫupšu und ḥåpšî*

Während die keilschriftlichen und auch die keilalphabetischen Quellen die *ḫupšu/ena* als eine soziologische Gruppe kennen, die aus Leuten gebildet wird, die aus der Schuldknechtschaft entlassen sind, sprechen die biblischen Texte nur noch von dem Zustand des «Freiseins» oder der «Freilassung» von Einzelnen. In den juridischen Texten (Ex 21,2–6; Dtn 15,12–18; Jer 34,8–22) wird das Freiwerden aus dem Sklavenzustand als eine Wiederherstellung der Würde des «hebräischen Bruders» verstanden.

Obwohl das Element der Freiheit von den Banden des Sklavendaseins oder der Schuldknechtschaft auch in den hebr. Texten die Grundlage der Bedeutung von *ḥåpšî* bleibt, so hat sich doch der soziologische Kontext gewandelt: In der jüdischen Gemeinde gibt es keine Klasse oder Gruppe von *ḫupšu*-Leuten mehr, sondern nur versklavte oder «freie» Volksgenossen und Brüder.[62]

Zusammenfassend können wir somit festhalten, daß parallel zu *ḫabiru* – *ʿibrî* auch von *ḫupšu* = *ḫb/pṯ* ein Weg zu *ḥåpšî* führt. Während im Ug. noch die Schreibungen *ḫb/pṯ* bezeugt sind, hat sich dann im Hebr. die mit *p* durchgesetzt.

Eine Heranziehung von *ḫupšu* – *ḥåpšî* zur Beleuchtung der Wortgeschichte von *ḫabiru* – *ʿibrî* dürfte somit als berechtigt erwiesen sein.

[62] Siehe zu *'ḫ* «Bruder» u. a. L. Perlitt, Ein einzig Volk von Brüdern, 1980, 34.

Kapitel 11: Sklavenfreilassung und Sabbatgebot

Die in Ex 21,2 und Dtn 15,12 verordnete Freilassung eines hebr. Sklaven im siebten Jahr wird von gegensätzlichen Positionen her erklärt. Es stehen sich vor allem zwei Deutungen gegenüber. Die erstere geht vom Sabbatgedanken aus und nimmt an, die Fristangabe «sechs Jahre, aber im siebten Jahr» sei vom Sabbatjahr beeinflußt[1] und stelle die fortschreitende Verwendung des Sabbatgedankens für den Glauben Israels dar.[2] Obwohl dieser Interpretation eine Reihe von Gelehrten zustimmen[3], ziehen es doch mehrere Kommentatoren vor, die Freilassung nach sechs Jahren mit der Heiligkeit der Zahl sieben zu begründen.[4]

Die an das Zeitschema *sechs–sieben* Jahre gebundene Forderung der Sklavenfreilassung stellt ein besonderes Problem dar. Außerbiblische Parallelen stehen für eine Erklärung nicht zur Verfügung. Es liegt deshalb nahe, diese Fristenregelung mit dem jüdischen Sabbat und Sabbatjahr in Verbindung zu bringen. Sollte diese Annahme zutreffen, dann wäre dies für die zeitliche Festlegung von Ex 21,2 und Dtn 15,12 von größter Bedeutung. Denn so ergäbe sich die Möglichkeit, die in diesen Texten geregelte Sklavenfreilassung von einer neuen Seite her und unabhängig vom *ḫabiru-ʿibrî*-Problem zu datieren.[5] Wir sehen uns so auch von der Sklavengesetzge-

---

[1] I. Cardellini, Sklaven-Gesetze, 1981, 245 mit Anm. 21.

[2] I. Cardellini, Sklaven-Gesetze, 1981, 246.

[3] B. Baentsch, Exodus, 1900, 189, spricht von einer Einwirkung der Sabbatidee; C. Steuernagel, Deuteronomium, 1923², 108, hält es für möglich, daß Dtn 15,1 ff. die Sabbatfeier voraussetze; G. Beer, Exodus, 1939, 120–121, schreibt: «Das Sabbatjahr 23,10–11 ist Auswirkung der Sabbatidee»; D. Correns, Sabbatjahr, 1966, 1635–1636; N. Negretti, Il settimo giorno, 1973, 132–135.

[4] H. Holzinger, Exodus, 1900, 81, «die Sabbatjahrordnung ist aus dem Spiel zu lassen»; A. Junker, Deuteronomium, 1933, 75; P. Heinisch, Exodus, 1934, 164, Heiligkeit der Siebenzahl; A. Clamer, Exode, 1956, 187; M. Noth, Exodus, 1978⁶, 143, bemerkt folgendes: «Das siebente Jahr erscheint hier als Termin einer ‹Wiederherstellung›.» In seiner ausführlichen Arbeit zum Sabbat geht G. Robinson, The Origin and Development of the Old Testament Sabbath, 1975, 117–146, von der Annahme aus, daß Ex 23,10–11; 21,2; Dtn 15,12 und 15,1–11, vorexilisch zu datieren seien und deshalb nichts mit dem Sabbatjahr zu tun hätten. Dies dürfte damit zusammenhängen, daß G. Robinson in der Interpretation von *ʿibrî* in Ex 21,2 und Dtn 15,12 der Frühdatierung und der Hebräer-Hypothese von K. Koch (VT 19 [1969], 78) folgt (a. a. O., S. 132).

[5] I. Cardellini, Sklaven-Gesetzgebung, 1981, 245–246, hat z. B. diesen Weg teilweise beschritten.

bung her mit dem Problem konfrontiert, ob das biblische Sabatgebot vorexilischer oder exilisch-nachexilischer Herkunft ist.[6]

11.1. Datierung der biblischen Aussagen über den Sabbat

Im Streit über Entstehung und Inhalt des biblischen Sabbatgebotes dürfte wenigstens darin Einigkeit bestehen, daß mit Sabbat der siebte Tag der Woche bezeichnet wird, an dem Arbeitsruhe zu herrschen hat. In der Diskussion über den Sabbat wird deshalb gewöhnlich untersucht, welches die Geschichte und die Bedeutung des Wortes *šbt* «Sabbat» ist, wie die Festlegung des Sabbats auf den siebten Tag erfolgte und welchen Ursprungs der Gedanke der Arbeitsruhe ist und wann die Arbeitsruhe am siebten Tag ein integraler Bestandteil des Sabbats wurde. Von größter Bedeutung für die Erforschung der Entstehungsgeschichte des Sabbatgebotes war die Entdeckung, daß in Keilschrifttexten ein Wort *šapattu* «15. Monatstag, Vollmond?»[7] bezeugt ist. Es wurde ferner erkannt, daß auch im Bereich Syrien–Palästinas Neu- und Vollmond gefeiert wurden und daß in den vorexilischen biblischen Texten mit *šbt* «Sabbat» die Feier am Vollmondtag bezeichnet wird.[8] Es steht somit außer Zweifel, daß in vorexilischer Zeit die Sabbatfeier weder auf den siebten Tag gelegt, noch die Feier am Vollmondtag mit einem Gebot der Arbeitsruhe verknüpft war.

Von diesen Aussagen über Feiern am Sabbat- und Vollmondtag sind jene Texte in der Bibel zu unterscheiden, die unmißverständlich von einer Sabbatfeier mit Arbeitsruhe am siebten Tag handeln oder in denen angeblich nur von einer Arbeitsruhe am siebten Tag gesprochen wird.

11.1.1. Das Sabbatgebot im Dekalog – Ex 20,8–11; Dtn 5,12–15

In den beiden Dekalogfassungen des Sabbatgebotes von Ex 20,8–11 und Dtn 5,12–15 liegt der Begriff des Sabbatgebotes, der ein Tag der Ruhe und der siebte Tag zugleich ist, voll entwickelt vor. Dies zeigen die Formulierungen *jwm hšbt* «Tag des Sabbats» (Ex 20,8.11; Dtn 5,13.15) und *jwm hšbj῾j šbt l JHWH* «der siebte Tag ist Sabbat für Jahwe» (Ex 20,10; Dtn

---

[6] J. Meinhold, Zur Sabbathfrage, ZAW 48 (1930), 121–138; A. Lemaire, RB 80 (1973), 161–185.

[7] AHw., S. 1172.

[8] II Reg 4,23; 11,5.7.9; Am 8,5; Hos 11,13; Jes 1,13; A. Lemaire, RB 80 (1973), 162–165. Von den zitierten Stellen dürften II Reg 11,5.7.9 (siehe z. B. Ch. Levin, Der Sturz der Königin Atalja [1982], 38–39) und Jes 1,13 sicher nachexilisch sein.

5,14)[9] voll an. In diesem Zusammenhang ist von Bedeutung, daß Dtn 5,12–15 zeitlich vor Ex 20,8–11 einzuordnen ist.[10]

11.1.2. Ruhe am siebten Tag – Ex 23,12 und 34,21

Die Anordnung des Bundesbuches, *«sechs* Tage lang sollst du deine Arbeit tun, aber am *siebenten* Tage sollst du ‹ruhen›, ‹feiern›, ‹Sabbat feiern› (*tšbt*), damit dein Rind und dein Esel ausruhe und der Sohn deiner Sklavin und der Gastfreund aufatme» (Ex 23,12) und die des Privilegrechtes «Sechs Tage lang sollst du arbeiten, aber am siebenten Tage sollt du ‹ruhen›, ‹feiern›, ‹Sabbat feiern› (*tšbt*); beim Pflügen und bei der Ernte sollst du ‹ruhen›, ‹feiern›, ‹Sabbat feiern› » (Ex 34,21) werden als Hinweise auf eine Arbeitsruhe am siebten Tag gedeutet, die noch nicht mit dem Sabbat verschmolzen worden sei.[11]

Dieser Deutung hat K. Budde mit dem Hinweis widersprochen, daß sowohl in Ex 23,12 als auch in Ex 34,21 *tšbt* nicht mit «du sollst ruhen» oder «du sollst aufhören» zu übersetzen sei. Denn das Verbum *šbt* sei hier denominativ gebraucht und besage deshalb: «Du sollst Sabbath halten.» Da K. Budde für eine vorexilische Datierung dieser Stellen eintritt, erschließt er aus ihnen, daß der Name Sabbat bereits damals schon am siebten Tag gehaftet habe und der Sabbat zu dieser Zeit bereits voll entwickelt bestanden habe.[12]

Im Gegensatz zu K. Budde steht J. Meinhold, der von der Hypothese ausgeht, daß Israel in vorexilischer Zeit noch keinen Sabbat gekannt habe und daß dieser erst spät durch Verlegung der vorexilischen Vollmond-Sabbatfeier auf den siebten Tag, der zugleich Ruhetag gewesen sei[13], entstanden sei. Er ist geneigt, für Ex 23,12 und 34,21 ein *šbt* «ruhen» anzusetzen.[14]

---

[9] F.-L. Hoßfeld, Der Dekalog, 1982, 38.57.251.

[10] F.-L. Hoßfeld, Der Dekalog, 1982, 33–57.

[11] J. Meinhold, ZAW 48 (1930), 131–132; J. Halbe, Privilegrecht, 1925, 185–192; F.-L. Hoßfeld, Der Dekalog, 1982, 57.251.

[12] K. Budde, Antwort auf Johannes Meinholds «Zur Sabbatfrage» ZAW 48 (1930), 143; siehe auch M. Noth, Exodus, 1978⁶, 153–154.217; Ges., S. 805: *šbt* qal 2, nimmt für *šbt* zum Teil die Bedeutung «den Sabbat feiern» an, Lev 23,32; 25,2; F. Zorell, LHA, S. 820: *šbt* qal 2. «in specie: Deus, vel homo iussu Dei, a laborando abstinuit, sacram quietem observavit» Ex 16,30; 23,12; 31,17; 34,21; Lev 23,32; 26,34; siehe auch K. Elliger, Leviticus, 1966, 349 Anm. 2.

[13] J. Meinhold, ZAW 48 (1930), 131–133; J. Halbe, Privilegrecht, 1975, 187–188.

[14] J. Meinhold, ZAW 48 (1930), 131–132; G. Robinson, The Origin and Development of the Old Testament Sabbath, 1975, 173–174. 180–185, lehnt es gleichfalls ab, für Ex 23,12 und 34,21 ein *šbt* «Sabbat halten» anzusetzen.

Während K. Budde von seinem Ansatz her gezwungen ist, bereits eine vorexilische Sabbatfeier am siebten Tag mit Arbeitsruhe zu fordern und hierbei den unauflöslichen Widerspruch zwischen den Aussagen über eine Sabbatfeier am Vollmondtag sowie der angeblichen Forderungen nach Einhaltung der Sabbatfeier am siebten Tag verbunden mit Arbeitsruhe in den angeblich vorexilischen Texten Ex 23,12 und 34,21 in Kauf nehmen muß[15], spricht J. Meinhold im Zusammenhang mit Ex 23,12 und 34,21 von einem Gebot der Arbeitsruhe am siebten Tag, für das es außer diesen Texten keine Parallelen oder Anhaltspunkte gibt.

Wenn für die vorexilische Zeit – abgesehen von Ex 23,12 und 34,12, deren Datierung wir vorläufig als offen betrachten wollen – ein siebter Ruhetag nicht nachzuweisen ist, fehlt für eine Übersetzung von *šbt* mit «ruhen» in Ex 23,12 und 34,21 die erforderliche Grundlage. Hierin ist K. Budde zuzustimmen. Es ist damit zu rechnen, daß an beiden Stellen *šbt* «Sabbat halten» anzusetzen[16] und auch für diese Stellen bereits das volle Verständnis des jüdischen Sabbats in Anschlag zu bringen ist. Das Problem der Datierung von Ex 23,12 und 34,21 erhält somit ein neues Gewicht.

11.1.3. Datierung der Sabbat-Gesetzgebung

Wenn wir von dem Grundsatz ausgehen, daß für das vorexilische Israel weder der Sabbat als Ruhetag und siebter Wochentag noch ein Ruhetag am siebten Tag der Woche nachweisbar ist[17], jedoch für Ex 23,12; 34,21 und auch für die Dekalogfassungen Dtn 5,12–15 und Ex 20,8–11 die voll entwickelte Gestalt des jüdischen Sabbats zu postulieren ist, ergibt sich das Datierungsproblem für das Sabbatgebot in voller Schärfe. Es entsteht von diesem Ansatz her folgende Situation: Es sind alle Versuche auszuschließen, die den jüdischen Sabbat in vorexilischer Zeit ansetzen[18] oder ihn im Dekalog mit dem Hinweis als vorexilisch zu erklären versuchen, daß das

[15] K. Budde, ZAW 48 (1930), 143; A. Lemaire, RB 80 (1973), 178–179, leitet z. B. den siebten Tag der Ruhe von den Babyloniern ab.

[16] Es sind *šbt* I «aufhören, stocken» und *šbt* II «den Sabbat feiern» zu unterscheiden. Letzteres ist vom Nomen *šbt* «Sabbat» abgeleitet. Das in Gen 2,2.3 bezeugte *šbt mn* ist *šbt* II zuzuordnen.

[17] Dieser Sachverhalt dürfte besonders zu betonen sein, da neuerdings die These von K. Budde, ZAW 48 (1930), 139.145, daß *šbt* an keiner Stelle des AT den Vollmondtag bezeichne und dieser nie gefeiert worden sei, von N.-E. Andreasen, ZAW 86 (1974), 455, wieder aufgefrischt und folgendermaßen begründet wurde: "The well-known position of J. Meinhold (the pre-exilic Sabbath was a festival on the day of the full moon, whereas the postexilic Sabbath was a weekly day without work), though once influential, is now generally abandoned". Daß dem nicht so ist, zeigt bereits der Beitrag von A. Lemaire, RB 80 (1973), 161–185.

[18] K. Budde, ZAW 48 (1930), 138–145.

Gebot ursprünglich die Vollmondfeier im Blick gehabt habe und die Verbindung mit dem siebten Tag erst ein Werk der priesterlichen Redaktion sei.[19] Desgleichen vermag auch nicht die Erklärung zu genügen, daß in Dtn 5,12–15 und Ex 20,8–11 die alten Institutionen des «Ruhens am siebten Tag» und der «Vollmond-Sabbatfeier» miteinander fusioniert worden seien.[20]

Wenn wir akzeptieren, daß Ex 20,8–11 zeitlich nach Dtn 5,12–15 einzuordnen ist[21] und letztere Fassung des Sabbatgebotes frühestens in exilischer Zeit konzipiert worden sein kann[22], dann bleibt nur noch zu untersuchen, ob auch für Ex 23,12 und 34,21 eine Spätdatierung vorzunehmen ist. Da eine Ruhezeit am siebten Tag der Woche weder für das vorexilische Israel außerhalb von Ex 23,12 und 34,21 noch eine diesbezügliche altorientalische Parallele nachweisbar sind, scheidet wohl auch für *šbt* in Ex 23,12 und 34,21 die Möglichkeit der Übersetzung mit «ruhen, von der Arbeit ruhen» aus. Es bleibt somit nur die Möglichkeit, *šbt* mit «den Sabbat halten, die Sabbattruhe halten» zu übersetzen. Wenn wir uns für diese Übersetzung entscheiden, dann bleibt bei der gleichzeitigen Annahme, daß die Sabbat-Institution mit dem siebten Tag als Zeit der Ruhe nur exilisch-nachexilisch sein kann, allein der Schluß übrig, daß auch die beiden Stellen Ex 23,12 und 34,21 spät entstanden sein müssen.[23]

11.2. Das Sabbatjahr[24] Ex 23,10–11; Lev 25,2–7

Die Regelung des Bundesbuches über das Sabbatjahr «*Sechs* Jahre lang sollst du dein Land besäen und seinen Ertrag einsammeln, aber im *siebenten* sollst du es sich selbst überlassen und es unbestellt lassen, und die Armen deines Volkes sollen sich davon ernähren, und was diese übriglassen, sollen die Tiere des Waldes fressen. Ebenso sollst du mit deinem Weingarten, deinem Ölbaumgarten verfahren» (Ex 23,10–11) geht unmittelbar dem Sabbatgebot in Ex 23,12 voran. Aus dieser Zusammenstellung und Parallelisierung wurde gefolgert, daß für beide eine ähnliche sakrale Grundlage anzunehmen und mit beiden Institutionen eine *restitutio in integrum* beab-

[19] A. Lemaire, RB 80 (1979), 179; ders., Le Décalogue, 1981, 276–283. 293, stellt als ursprüngliche Form des Sabbat-Gebotes *l' tḥll 't šbttj* vor.

[20] F.-L. Hoßfeld, Der Dekalog, 1982, 57. 251.

[21] F.-L. Hoßfeld, Der Dekalog, 1982, 57.

[22] F.-L. Hoßfeld, Der Dekalog, 1982, 251.

[23] J. Meinhold, ZAW 48 (1930), 131–132, hatte für Ex 34,12 keine vorexilische und für Ex 23,12 deuteronomische Herkunft angenommen.

[24] Siehe zum Sabbatjahr u. a. A. Phillips, Ancient Israel's Criminal Law, 1970, 23–79; H. J. Boecker, Recht und Gesetz, 1976, 78–79; I. Cardellini, Sklaven-Gesetze, 1981, 332 mit Anm. 97.98.

sichtigt sei.[25] Es wurde auch angenommen, daß der sakrale Ursprung des Sabbatjahres in der Vorstellung zu suchen sei, daß die Ruhe im siebten Jahr die Zuordnung des Landes zur Gottheit und deren Eigentumsrecht zum Ausdruck bringe.[26]

Diese Deutung des Sabbatjahres kann sich auf Lev 25,2–7 berufen. Denn das dort beschriebene Sabbat-Jahr fußt ausschließlich auf dem Gedanken der Zugehörigkeit des Landes zu Jahwe.[27] Seinem Arbeitsrhythmus entsprechend muß es Jahre für Tage nehmen. Da zugleich seine Feier wie beim Vieh vom rechten Verhalten des Menschen abhängt, wird die Künstlichkeit der Parallelisierung mit dem menschlichen Sabbat sichtbar. Das gleichzeitig ausgesprochene Verbot (V. 5) zu ernten und zu lesen unterstreicht diese Bezüge. Das zugrundeliegende Brachjahr wird hier von P utopisch formuliert, da eine Ruhe für das ganze Land gefordert wird.[28] Denn es kann nicht angenommen werden, daß durch die Institution des Brachjahres jemals das ganze Land betroffen sein konnte. Dies hätte unweigerlich zu unüberwindbaren Schwierigkeiten in der Versorgung geführt.

Sowohl für Ex 23,10–11 als auch für Lev 25,2–7 ist anzunehmen, daß das Sabbatgebot auf das Land übertragen wurde und die ältere Institution des Brachjahres, die einst mit der Neuverlosung des Gemeindebesitzes verbunden war[29], einem neuen Gedanken, für dessen späte Herkunft auch Neh 10,32 zeugt[30], dienstbar gemacht wurde.

11.3. *Sechs-sieben*-Jahrschema in der Sklavenfreilassung – Ex 21,2 und Dtn 15,12

Das *Sechs-sieben*-Jahrschema erscheint in Ex 21,2 losgelöst von einem größeren Zusammenhang und hat hier sicher nicht seinen Ursprung. In Ex 21,2 wird es vielmehr als zu Recht bestehend vorausgesetzt und ohne Einschränkungen anerkannt. Dagegen steht das *Sechs-sieben*-Jahrschema von Dtn 15,12–18 in einem unmittelbaren Zusammenhang mit der Regelung von Darlehens- und Schuldverhältnissen in Dtn 5,1–11, die nach Verlauf von sieben Jahren durch Erlaß zu regeln sind.[31]

---

25 M. Noth, Exodus, 1978^{6}, 153–154.

26 N. Negretti, Il settimo giorno, 1973, 86–88. 113–112; siehe auch G. von Rad, Deuteronomium, 1978^{3}, 75.

27 K. Elliger, Leviticus, 1966, 349–350.

28 K. Elliger, Leviticus, 1966, 350–351.

29 K. Elliger, Leviticus, 1966, 350–351.

30 Siehe zu Neh 10,32 u. a. A. Phillips. Ancient Israel's Criminal Law, 1970, 78; I. Cardellini, Sklavengesetzgebung, 1981, 332.

31 Siehe zu diesem Abschnitt F. Horst, Das Privilegrecht Jahwes, 1930, 56–78.

Da aus der Rechtsgeschichte des alten Vorderen Orients keine Zeugnisse beizubringen sind, die eine Tradition des Erlasses von Forderungen nach sechs Jahren oder einer Sklavenfreilassung im siebten Jahr bezeugten, ist anzunehmen, daß auch in Ex 21,2 und Dtn 15,12 eine Übertragung des Sabbatgedankens in der Form des Sabbatjahres auf die Sklavengesetzgebung stattgefunden hat.

Von der nachexilischen Datierung der Entstehung des jüdischen Sabbatgebotes und der Einrichtung des Sabbatjahres her ergeben sich bedeutsame Folgerungen für die Datierung der in Ex 21,2 und Dtn 15,12 niedergelegten Satzungen über die Sklavenfreilassung im siebten Jahr. Die von der Wortgeschichte von *ᶜibrî* her nahegelegte nachexilische Datierung der Formulierungen von Ex 21,2 und Dtn 15,12 erhält von dieser Seite her eine neue und unabhängige Bestätigung.

Kapitel 12: *ḫabirū – ibrîm* – ein Problem biblischer oder bibelwissenschaftlicher Historiographie?

Die Historiographie der biblischen Schriftsteller kennt wohl die Kanaanäer und eine Reihe von anderen Völkern als vorisraelitische Bewohner des Landes[1], aber keine *ʿibrîm* «Hebräer». Desgleichen wissen die biblischen Autoren, wenn wir vom Buche Exodus absehen, auch nichts von einem Volk von *ʿibrîm* «Hebräern», von dem Israel abstammte, oder daß Israel durch Zuzug oder Einverleibung einer größeren *ʿibrîm*-Gruppe entstanden sei.

Das im Rahmen von Kap. 2–11 erzielte Ergebnis, daß mit *ʿibrî* ein Angehöriger der nachexilischen jüdischen Gemeinde bezeichnet werde, steht so in dieser Hinsicht in Übereinstimmung mit den biblischen Anschauungen über die Völker, mit denen sich Israel auseinanderzusetzen hatte. Wenn sich aus diesem Sachverhalt auch kritisch gesehen keine streng historischen Folgerungen ableiten lassen, so geht aus ihm doch hervor, daß eine Verknüpfung der *ʿibrîm* «Hebräer» mit der Entstehung Israels als eine wissenschaftlich-historische Konstruktion erst seit dem Bekanntwerden der ägyptischen Dokumente über die *ʿprw* von modernen Positionen aus möglich war.[2]

Das Bemühen, zwischen den Aussagen über die *ʿprw* = *ḫabirū* = *ʿprm* in den ägyptischen und altorientalischen Quellen und die biblischen *ʿibrîm* Beziehungen oder gar Gleichheit, wenn nicht sogar Identität herzustellen, war dabei wohl stets von dem Interesse geleitet, für die biblische Geschichtsdarstellung historische Wahrheit zu beanspruchen. Grundsätzlich bedeutete dies, die wichtigsten Ereignisse derselben, Aufenthalt in Ägypten und Einzug ins Land der Väter, von den außerbiblischen Dokumenten her als historische Wirklichkeit zu erweisen. Diesem Geschichts- und Weltanschauungsgebäude suchte man teilweise durch eine konsequente Historisierung der Gestalt des *ḫabiru* = *'Ăbram haʿibrî* (Gen 14,13) mit einem imposanten Vorbau zu versehen.[3]

Die verschiedenen Versuche, zwischen den *ḫabirū* = *ʿprw* und den *ʿibrîm* eine Konkordanz zu bewerkstelligen, dürften insgesamt fehlgeschla-

---

[1] Siehe z. B. T. Ishida, The Structure and Historical Implications of the Lists of Pre-Israelite Nations, Bib 60 (1979), 461–490.

[2] Siehe Kap. 2.

[3] Siehe Kap. 5.6.

gen sein. Im einzelnen ist daran zu erinnern, daß sie alle darauf angewiesen sind, in der Deutung der *ʿibrî*-Belege eklektisch zu verfahren oder die als spät anerkannten Stellen zu übergehen bzw. als wenig bedeutsam anzusehen.

Wenn diese Deutungsversuche aufgrund der spärlichen Quellenlage bis zum Bekanntwerden der Nuzi-Texte[4] noch verständlich erscheinen, so können jetzt nach Herstellung eines Konsenses über die *ḫabirū* als einer soziologischen Gruppe in Altorientalistik und Ägyptologie[5] alle bibelwissenschaftlichen Argumentationen, die weiterhin mit den *ḫabirū* als einem Ethnikon arbeiten oder mit einem Kreis von Hebräervölkern, keine Glaubwürdigkeit mehr beanspruchen. Wenn deshalb auf bibelwissenschaftlicher Seite hervorgehoben wurde, daß neuerdings wieder die Neigung wachse, unter *ḫabirū* Leute eines gemeinsamen Volkstums zu verstehen[6], dann dürften hier Hypothesen aus dem letzten und dem Beginn dieses Jahrhunderts über die Aramäer und sog. hebr. Völker weiterwirken und die Absicht, an den damit begründeten Konstruktionen über Herkunft und Einwanderung der «Israeliten» weiterhin festzuhalten.[7]

Im Banne traditioneller Anschauungen über das Werden Israels standen wohl auch noch die Ansätze von B. Landsberger[8], J. Lewy[9] und A. Alt[10], die mit der soziologischen Einordnung der *ḫabirū* ernst gemacht haben. Die ideologischen Voraussetzungen dieser Forscher haben konsequent zu ganz unterschiedlichen Ergebnissen geführt. Während J. Lewy die neuen Daten fundamentalistisch interpretierte und zur Bestätigung des bestehenden traditionellen Geschichtsbildes auswertete, sah A. Alt in ihnen eine Möglichkeit, das von ihm selbst erarbeitete Bild der Landnahme auch von dieser Seite her bestätigen zu lassen. Dagegen hat B. Landsberger wohl grundsätzlich richtig zwischen *ḫabirū* und *ʿibrîm* eine saubere Trennung

---

4 Siehe Kap. 3 zu Anm. 199.

5 Siehe Kap. 2–3.

6 Siehe Kap. 5 Anm. 492.

7 Siehe z. B. J. Wellhausen, Prolegomena, 1883², 341; 1927⁶, 320–321; B. Stade, Geschichte des Volkes Israel I, 1887, 110. 113, bezeichnet z. B. die drei Völker der Moabiter, Ammoniter und Edomiter als hebräische; F. Hommel, Grundriß, 1904, 163, schreibt: «Zu den Kanaanäern gehören auch mehrere unter sich eng verwandte Völker, welche erst nach ihnen in und um Palästina ansässig wurden, und sich dann bald ganz kanaanisiert haben; es sind das die alten (der israelitischen Tradition nach ca. 2000 v. Chr. unter Abram von Chaldäa und Mesopotamien aus nach Westen gezogenen) Hebräer, aus welchen im Laufe der Zeit die Moabiter, Ammoniter, ferner die Ḳeṭuräer und Ismaeliter und weiterhin die Edomiter und Israeliten erwachsen sind.» Vgl. B. Landsberger, KlF 1 (1930), 330 Anm. 1.

8 Siehe Kap. 3 zu Anm. 62–66. 68–78. 80. 83.

9 Siehe Kap. 3 zu 67. 87. 91–103. 105.

10 Siehe Kap. 7.1.2.

eingeführt[11], die auf bibelwissenschaftlicher Seite noch immer auf Ablehnung stößt.[12]

Die an B. Landsberger anschließende altorientalistische Erforschung der *ḫabirū*, die den für ihre Entstehung maßgeblichen sozialen und ökonomischen Gründen nachgegangen ist, dürfte gezeigt haben, daß der Ansatz B. Landsbergers grundsätzlich richtig ist und daß keine Möglichkeit besteht, zwischen den *ḫabirū* und den *ʿibrîm* einen soziologischen und zeitlichen Zusammenhang herzustellen. Die Geschichte der *ḫabirū* spielt sich wesentlich im 2. Jt. ab. Sie und ihre gesellschaftlichen sowie ökonomischen Grundlagen gehören bereits vor der Entstehung Israels der Geschichte an.[13]

Dies schließt jedoch nicht aus, daß das hebr. Wort *ʿibrî* vom älteren *ḫabiru* = *ʿpr* abzuleiten ist und daß es in den biblischen Schriften in einem anderen Wortfeld[14] steht und eine völlig neue Bedeutung angenommen hat.[15]

Wenn so zwischen den außerbiblischen Zeugnissen über die *ḫabirū* = *ʿprw* = *ʿprm* und den biblischen über die *ʿibrîm* keine historischen Zusammenhänge herstellbar sind, dann ergibt sich aus diesem Sachverhalt mit Notwendigkeit, daß jedes Argument in einer bibelwissenschaftlichen Darstellung der Entstehung und Frühgeschichte Israels, das sich auf eine Gleichung oder Identität von *ḫabirū* =/≡ *ʿibrîm* stützt, wertlos ist. Mit *ḫabirū* – *ʿibrîm* läßt sich weder eine Landnahme von innen[16] noch von außen[17] rechtfertigen. Auch alle dazwischen stehenden Kompromißlösungen[18] führen in diesem Punkt kaum weiter. Weder aus den *ʿprw*-Belegen läßt sich in Verbindung mit den *ʿibrîm*-Stellen eine «präisraelitische Ägyp-

[11] Siehe zur Problematik der aus dieser Erkenntnis von B. Landsberger gezogenen Folgerungen Kap. 3 zu Anm. 80–86.

[12] A. H. J. Gunneweg, Geschichte Israels, 1982⁴, bemerkt z. B.: «Es kann kein Zweifel sein, daß zwischen den Hebräern des ATs und den akkadischen *chabiru* und den ägyptischen *ʿpr* eine Verbindung bestehen muß ...»

[13] Siehe die in Kap. 3 Anm. 176. 205. 209, genannte Literatur. Dagegen argumentiert z. B. A. H.J. Gunneweg, Geschichte Israels, 1982⁴, 23, generell noch mit «antik-agrarischen Verhältnissen».

[14] Siehe zum Problem des Wortfeldes u. a. I. Riesener, Der Stamm *ʿbd*, 1979, 54–70; J. Trier, Wege der Etymologie. Hg. von H. Schwarz. Berlin 1981.

[15] Siehe Kap. 8.3.–8.4.

[16] Siehe Kap. 7.1.3. zu G. E. Mendenhall und N. K. Gottwald.

[17] Siehe z. B. Kap. 7.1.2. zu A. Alt und M. Noth; Kap. 7.2. zu F. Böhl, A. Jirku, F. Schmidtke, H. H. Rowley, R. de Vaux, W. F. Albright, K. Koch.

[18] Siehe z. B. A. H. J. Gunneweg, Geschichte Israels, 1982⁴, 23–24. 39. 42. 49–50.

tengruppe»[19] aufbauen, noch von den *ḫabirū*-Stellen her folgern, daß im Land anwesende *ḫabirū*-Elemente zu Israel gestoßen seien.[20]

Nach biblischer Auffassung sind die in Ägypten weilenden *ʿibrîm* «Hebräer» und die an den anderen Stellen erwähnten entweder die unmittelbaren Vorfahren «Israels» und der Juden oder mit diesen identisch: Geschichte und Gegenwart werden auf diese Weise im Falle von *ʿibrî* mit einem Wort beschrieben, das in der nachexilischen jüdischen Gemeinde zur Selbstidentifikation diente.

Für die jüdische Gemeinschaft dieser Zeit sind der Sabbat, der Rückblick auf den Aufenthalt in Ägypten und den Auszug aus dem Land des Pharao von größter Bedeutung. Jeder *ʿibrî* «Hebräer» und jede *ʿibrijjāh* «Hebräerin» haben diesen Anspruch auf Befreiung aus Versklavung nach sechs Jahren Dienst im siebten Jahr (Ex 21,2; Dtn 15,12)[21] und auf eine Behandlung, die der Befreiung des Volkes aus dem Land Ägypten (Dtn 15,15; Jer 34,13) entspricht.

Wenn die Befreiung des *ʿibrî* «Hebräers» aus Sklaverei in der Herausführung aus dem «ägyptischen Sklavenhaus»[22] sein Vorbild hat, dann liegt hier eine theologische Rechtfertigung in ‹historisierender› Form nur insoweit vor, als man gewillt ist, in der Herausführung aus Ägypten ein geschichtliches Ereignis zu sehen. Wenn wir uns dagegen entschließen, in der Befreiung aus Ägypten eine nachexilische theologische Verhältnisbestimmung zwischen Israel und seinem Gott anzuerkennen, dann folgt daraus mit Notwendigkeit, daß auch der einzelne in Israel keiner Dauerversklavung verfallen darf. Die jüdischen Theologen haben in Ex 21,2–6 und Dtn 15,12–18 diesen Schritt vollzogen und auch für den wirtschaftlich und rechtlich schwächsten *ʿibrî* = «Hebräer» – Juden die Anerkennung als *ʾḥ* «Bruder» nach jeweils sechs Jahren gefordert.

Herkunft und Bedeutungsgeschichte des Wortes *ʿibrî* «Hebräer» zeigen erneut, daß «Israel» zwar in die altorientalische Umwelt aufs engste eingefügt war, seine Entstehung und Geschichte aber nicht geradlinig aus

---

19 A. H. J. Gunneweg, Geschichte Israels, 1982⁴, 24. 38; H. H. Schmid, Ich will euer Gott sein, 1980, 2. 7, spricht z. B. von ägypto-hebräischen Gruppen und Ägypto-Hebräern.

20 A. H. J. Gunneweg, Geschichte Israels, 1982⁴, 39. 42. 49–50. A. H. J. Gunneweg sieht die galiläischen Stämme insgesamt als *ḫabirū*-Bildungen an, so daß die Frage berechtigt sei, ob diese Stämme überhaupt jemals aus der Steppe eingewandert oder nicht vielmehr ausgewandert seien aus dem sozialen Gefüge der kanaanäischen Städte und Stadtstaaten (a. a. O., S. 42). Er folgert daraus: «Es dürfte der Kompliziertheit der wirklichen Vorgänge entsprechen, wenn man die Entstehung der Amphiktyonie Israels als einen Aspekt jener zweifachen Bewegung der Unterwanderung von der Steppe her und der sozialen Umschichtung aus dem Gefüge des kanaanäischen Feudalsystems heraus versteht» (a. a. O., S. 50).

21 Siehe Kap. 11.

22 Siehe zur Bezeichnung Ägyptens als eines Sklavenhauses *(bjt ʿbdjm)* J. G. Plöger, Untersuchungen zum Deuteronomium, 1967, 113 mit Anm. 204; J. P. Floß, Jahwe dienen – Göttern dienen, 1975, 56–63 (Exkurs 1: «Aus Ägypten, aus dem Sklavenhaus»).

dieser ableitbar sind. Wenn man die nachexilische jüdische Anschauung über die eigene Herkunft und Vergangenheit zur Grundlage eines wissenschaftlichen Vergleichs mit den außerbiblischen Dokumenten wählt, geht man offensichtlich von falschen Voraussetzungen aus. Erst wenn wir uns von der Anschauung befreien, daß die biblischen Autoren aus Absicht Geschichte verzeichnet hätten oder bestrebt gewesen seien, Geschichte in modernem Sinn zu schreiben, eröffnet sich die Möglichkeit einer differenzierten Zusammenschau der biblischen Aussagen über die *ʿibrîm* «Hebräer» mit den ägyptischen, keilschriftlichen und keilalphabetischen Dokumenten über die *ʿprw* = *ḫabirū* = *ʿprm*.

Wenn der vorgelegte Beitrag über die *ḫabirū* — *ʿibrîm* zum Problem der «Landnahme» Israels enttäuschend wenig, nichts beiträgt, dann sollte hierbei nicht übersehen werden, daß auf diese Weise wenigstens falsche Erwartungen als solche herausgestellt werden und der Problemkreis «Landnahme – Entstehung Israels» deutlicher abgegrenzt hervortritt. Der Nullertrag für die Aufhellung der Frühgeschichte Israels wird reichlich durch die Erkenntnis aufgewogen, die wir von *ḫabiru-ʿibrî* her über die Entstehung und Entfaltung des jüdischen Bewußtseins und Selbstverständnisses gewinnen.

Bibliographie*

Albert, H., Geschichte und Gesetz. Zur Kritik des methodologischen Historismus, in: Sozialphilosophie als Aufklärung. Festschrift für Ernst Topitsch. Hg. von K. Salamun. Tübingen 1979, 111–132.

Albright, W. F., Historical and Mythical Elements in the Story of Joseph, JBL 37(1918), 111–143.

–, Contributions to Biblical Archaeology and Philology, JBL 43(1924), 363–393.

–, JPOS 4(1924), 204–211. (Rez. zu D. S. Margoliouth, The Relations between Arabs and Israelites prior to the Rise of Islam, 1924).

–, A New Tablet of the Epic of Al'êyân Baᶜal and Môt, JPOS 14(1934), 115–140.

–, The Vocalization of the Egyptian Syllabic Orthography. AOS.5. 1934.

–, BASOR 77(1940), 32–33. (Notiz zu E. G. Kraeling, BASOR 77(1940), 32).

–, The Smaller Beth-Shan Stele of Sethos I (1309–1290 B. C.), BASOR 125(1952), 24–32.

–, Northwest-Semitic Names in a List of Egyptian Slaves from the Eighteenth Century B. C., JAOS 74(1954), 222–233.

–, Yahweh and the Gods of Canaan. A Historical Analysis of Two Contrasting Faiths. London 1968.

–, Prolegomenon, in: C. F. Burney, The Book of Judges. New York 1970, 9–12.

–, From the Patriarchs to Moses. I. From Abraham to Joseph, BiAr 36(1973), 5–33.

–, The Amarna Letters from Palestine. CAH. 2/2A. 1975[3], 98–116.

Alt, A., Die Ursprünge des israelitischen Rechts. Berichte über die Verhandlungen der Sächsischen Akademie der Wissenschaften zu Leipzig. Philosophisch-historische Klasse. 86. Band, 1. Heft (1934). Leipzig = KSGI.1. 1959, 278–332.

–, Eine syrische Bevölkerungsklasse im ramessidischen Ägypten, ZÄS 75(1939), 16–20.

–, Erwägungen über die Landnahme der Israeliten in Palästina. 1939 = KSGI.1. 1959, 126–175.

–, Neue Berichte über Feldzüge von Pharaonen des Neuen Reiches nach Palästina, ZDPV 70(1954), 33–75.

–, Bemerkungen zu den Verwaltungs- und Rechtsurkunden von Ugarit und Alalaḫ. 5. Die *ḫabiru* = SA.GAZ in Alalaḫ und Ugarit, WO 2(1954/59), 237–243 (Erscheinungsjahr des Artikels 1956).

Alt, A. – Moscati, S., Hebräer, in: RGG 3, 1959[3], 105–106.

Altman, A., The Revolutions in Byblos and Amurru During the Amarna Period and their Social Background, in: Bar-Ilan Studies in History. Ramat-Gan 1978, 3–24.

---

* In der Bibliographie werden nur konsultierte Werke zitiert; siehe zu weiteren bibliographischen Angaben J. Bottéro, Ḫabiru, 1954, V–XXXI; ders., in: RlA 4, 1972/75, 14; ders., DHA 6(1980), 211 Anm. 1–2; M. Greenberg, Ḫab/piru, 1955, XI–XIII (Bibliography) (Neudruck 1961, 97–99: V. Addenda et corrigenda).

Zwecks Verdeutlichung wurden auch dort, wo im Original *ḫabiru/ū*, *ᶜprw* oder *ᶜibrî* in Normalschrift wiedergegeben werden, diese in den Zitaten kursiv gesetzt.

Anbar, M., *'ereṣ hā ᶜibrīm* «le pays des Hébreux», Or 41(1972), 383–386.
Anderson, B. W., The Living World of the Old Testament. London usw. 1958.
Anderson, G. W., The History and Religion of Israel. London 1966.
Andreasen, N.-E., Recent Studies of the Old Testament Sabbath. Some Observations, ZAW 86(1974), 453–469.
–, Genesis 14 in its Near Eastern Context, in: PTMS. 34. 1980, 59–77. (S. 61–62: Abram the Hebrew).
Arazy, A., The Appellations of the Jews (Ioudaios, Hebraios, Israel) in the Literature from Alexander to Justinian. Ann Arbor 1977.
Archi, A., The Epigraphic Evidence from Ebla and the Old Testament, Bib 60(1979), 556–566.
Archi, A. – Biga, M. G., Testi amministrativi di vario contenuto. (Archivio L. 2769: TM.75.G. 3000–4101). ARET.3. 1982.
Arnaud, A., Humbles et superbes à Emar (Syrie) à la fin de l'âge du Bronze récent, in: A. Caquot – M. Delcor, Mélanges bibliques et orientaux en l'honneur de M. Henri Cazelles. AOAT.212. 1981, 1–14.
Artzi, P., «Vox populi» in the el-Amarna Tablets, RA 58(1964), 159–166.
–, Some Unrecognized Syrian Amarna Letters (EA 260,317,318), JNES 27(1968), 163–169.
Astour, M., Les étrangers à Ugarit et le statut juridique des Ḫabiru, RA 53(1959), 70–76.
–, Habiru, in: IDBS 1976, 382–385.
Auerbach, E., Wüste und Gelobtes Land. I. Geschichte Israels von den Anfängen bis zum Tode Salomos. Berlin 1938[2].

Badawi, A. M., Die neue historische Stele Amenophis' II., ASAE 42(1943), 1–23.
Bächli, O., Amphiktyonie im Alten Testament. Forschungsgeschichtliche Studie zur Hypothese von Martin Noth. Theologische Zeitschrift. Sonderband 6. Basel 1977.
Baentsch, B., Exodus. Göttingen 1900.
Baron, S. W., A Social and religious History of the Jews. I. To the Beginning of the Christian Era. New York 1952[2].
Barrois, A., RB 37(1928), 629.
–, RB 43(1934), 145–147. (Rez. zu F. Schmidtke, Die Einwanderung Israels in Kanaan, 1933).
Baudissin, W. W. von, Kyrios als Gottesname im Judentum und seine Stelle in der Religionsgeschichte. Bd. 1–4. Gießen 1929.
Bauer, H. – Leander, P., Historische Grammatik der hebräischen Sprache. I. Halle 1922.
Baumgartner, W., Was wir heute von der hebräischen Sprache und ihrer Geschichte wissen (1944), in: Zum Alten Testament und seiner Umwelt. Ausgewählte Aufsätze von W. Baumgartner. Leiden 1959, 208–239.
Beckerath, J. von, Tanis und Theben. Historische Grundlagen der Ramessidenzeit in Ägypten. Glückstadt usw. 1951.
–, Ein Wunder des Amun bei der Tempelgründung in Karnak, MDAIK 37(1981), 41–49.
Beer, G., Exodus. Tübingen 1939.
Ben-Sasson, H. H., Geschichte des jüdischen Volkes. I. Von den Anfängen bis zum 7. Jahrhundert. München 1978.
Bermant, Ch. – Weitzman, M., Ebla. An Archaeological Enigma. London 1979.
Bernhardt, K.-H., Revolutionäre Volksbewegungen im vorhellenistischen Syrien und Palästina, in: Hermann, J. – Sellnow, I., Hg., Die Rolle der Volksmassen in der Geschichte der vorkapitalistischen Gesellschaftsformationen. Zum XIV. Internationalen Historiker-Kongreß in San Francisco 1975. Berlin 1975, 65–78.

Bertholet, A., Die Stellung der Israeliten und der Juden zu den Fremden. Freiburg i. Br. – Leipzig 1896.

–, Leviticus. Tübingen – Leipzig 1901.

–, Kulturgeschichte Israels. Göttingen 1919.

Bewer, J. A., Jonah. ICC.30. 1912.

Bietak, M., Hyksos, in: LdÄ 3, 1980, 93–103.

Biga, M. G., siehe Archi, A. – Biga, M. G.

Biggs, R. D., siehe Buccellati, G. – Biggs, R. D.

Bilabel, F., Geschichte Vorderasiens und Ägyptens vom 16.–11. Jahrhundert v. Chr. Heidelberg 1927.

Bimson, J. J., Redating the Exodus and Conquest. JSOTSS.5. 1978. (S. 24: *ḫabiru* – *ᶜprw* ≠ *ᶜibrîm*).

Birot, M., Archives royales de Mari. Bd. 14. Paris 1974.

Boecker, H. J., Recht und Gesetz im Alten Testament und im Alten Orient. Neukirchen-Vluyn 1976.

Böhl, F. (M. Th.), Kanaanäer und Hebräer. Untersuchungen zur Vorgeschichte des Volkstums und der Religion Israels auf dem Boden Kanaans. Beiträge zur Wissenschaft vom Alten Testament. Hg. von R. Kittel. Heft 9. Leipzig 1911.

–, Das Zeitalter Abrahams. AO. 29/1. 1931.

–, Babel und Bibel (II). 7. Die Patriarchenzeit, JEOL 17(1963), 125–140. (S. 137–140: *ḫabirū* – Hebräer).

–, Opera minora. Studies en Bijdragen op Assyriologisch en Oudt Testamentisch Terrein. Groningen 1953.

Bonkamp, B., Die Bibel im Lichte der Keilschriftforschung. Recklinghausen 1939.

Borger, R., Das Problem der *ᶜapīru* («Ḫabiru»), ZDPV 74(1958), 121–132.

–, Assyrisch-babylonische Zeichenliste. 2. Auflage (Nachdruck der 1. Auflage mit Supplement. AOAT 33/33A. 1981. (S. 86 f. Nr. 104 ˡᵘ́sa-gaz = *ḫabbātu*, Räuber; *ḫapiru*, Fremdling, Metöke o. ä. cf. RlA IV 14 ff.).

–, Der Codex Hammurapi, in: TUAT 1/1, 1982, 39–80.

Bottéro, J., Le problème des Ḫabiru à la 4ᵉ Rencontre Assyriologique Internationale (Paris, 29 juin – 1ᵉʳ juillet 1953). Cahiers de la société asiatique XII. Paris 1954.

–, Ḫabiru, in: RlA 4, 1972/75, 14–27 (erschienen 1972).

–, Entre nomades et Sédentaires: les Ḫabiru, DHA 6(1980), 201–213.

–, La mythologie de la mort en Mésopotamie ancienne, Mesopotamia 8(1980), 25–52.

–, Les Habiru, les nomades et les sédentaires, in: NSP, 1981, 89–107.

–, La création de l'Homme et sa nature dans le Poème d'Atrahasîs, in: FS Diakonoff, 1982, 24–32.

Botti, G., A Fragment of the Story of a Military Expedition of Tuthmosis III to Syria (P. Turin 1940–1941), JEA 41(1955), 64–71.

Brandfon, F. R., Norman Gottwald on the Tribes of Jahweh, JSOT 21(1981), 101–110.

Breasted, J. H., Ancient Records of Egypt. Vol. 3–4. New York 1906.

Briant, P., Etat et pasteurs au Moyen-Orient ancien. Cambridge – Paris 1982 (S. 38–39: *ḫabiru*).

Bright, J., A History of Israel. London 1981³.

Brockelmann, C., Grundriß der vergleichenden Grammatik der semitischen Sprachen. I. Berlin 1908.

Brugsch, H., Geschichte Ägypten's unter den Pharaonen. Leipzig 1877. (S. 582–583: *ᶜprw* = Hebräer).

–, Dictionnaire géographique de l'ancienne Egypte. Leipzig 1879. (S. 113–117: 'APER).
–, Die Aegyptologie. Abriß der Entzifferungen und Forschungen auf dem Gebiete der aegyptischen Schrift, Sprache und Altertumskunde. Leipzig 1891.
–, Steininschrift und Bibelwort. Berlin 1891.
Buccellati, G. – Biggs, R. D., Cuneiform Texts from Nippur. AS.17. Chicago 1969. (S. 6 und 22: Nr. 6 obv. II 3 SA.GAZ).
–, *ᶜApirū* und *Munnabtūtu* – The Stateless of the First Cosmopolitan Age, JNES 36(1977), 145–147.
Buck, A. de, De Hebreeën in Egypte, in: Varia historica. Aangeboden aan Professor Doctor H. W. Byvanck Ter Gelegenheid Van Zijn Zeventigste Verjaardag Door De Historische Kring Te Leiden. Assen 1954, 1–6.
Budde, K., Die Bücher Samuel. Tübingen usw. 1902.
–, Antwort auf Johannes Meinholds «Zur Sabbatfrage», ZAW 48(1930), 138–145.
Buis, P. – Leclercq, J., Le Deutéronome. Paris 1963.
Bunnens, G., Pouvoirs locaux et pouvoirs dissidents en Syrie au IIe millénaire avant notre ère, Akkadica 17(1980), 65–66.
–, Pouvoirs locaux et pouvoirs dissidents en Syrie au IIe millénaire avant notre ère, in: Les pouvoirs locaux en Mésopotamie et dans les régions adjacentes. Colloque organisé par l'Institut des Hautes Etudes de Belgique 28 et 29 janvier 1980. Bruxelles 1982, 118–137. (S. 136–137: *ḫabiru*)
Burney, C. F., The Book of Judges. London 1920².

Caminos, R. A., Late-Egyptian Miscellanies. London 1954.
Campbell, E. F., The Amarna Letters and the Amarna Period, BiAr 23(1960), 2–22.
–, The Chronology of the Amarna Letters. With Special Reference to the Hypothetical Coregency of Menophis III and Akhenaton. Baltimore 1964. (S. 86 Anm. 48: *ḫabiru*)
Cardascia, G., Le statut de l'étranger dans la Mesopotamie ancienne, Receuils de la société Jean Bodin, 9(1958), 105–117. (S. 113: *ḫabiru*)
Cardellini, I., Die biblischen «Sklaven»-Gesetze im Lichte des keilinschriftlichen Sklavenrechts. Ein Beitrag zur Tradition, Überlieferung und Redaktion der alttestamentlichen Rechtstexte. BBB.55. 1981. (S. 184–187: Die *Ḫabiru* in den Nuzi-Urkunden; S. 250–251; *ḫab/piru*, *ᶜibrî*).
Carmichel, C. M., The Laws of Deuteronomy. Ithaka–London 1974.
Caspari, W., Die Samuelbücher. Leipzig 1926.
–, Heimat und soziale Wirkung des alttestamentlichen Bundesbuches, ZDMG 83(1929), 97–120.
Cassin, E., Nouveaux Documents sur les Ḫabiru, JA 246(1958), 225–236.
–, Communauté tribale et Cession immobilière, in: NSP, 1981, 77–87.
–, Une Querelle de Famille, in: FS Lacheman, 1981, 37–46.
Cassuto, U., A Commentary on the Book of Genesis. Part II. From Noah to Abraham. Genesis VI 9 – XI 32. Jerusalem 1964.
–, A Commentary on the Book of Exodus. Jerusalem 1967.
Cazelles, H., Études sur le Code de l'Alliance. Paris 1946.
–, BiOr 13(1956), 149–151. (Rez. zu M. Greenberg, The Ḫab/piru, 1955).
–, Hébreux, ubru et hapiru, Syria 35(1958), 198–217.
–, Tal'aym, Tala et Muṣur, in: FS Dupont – Sommer, 1971, 17–26.
–, The Hebrews, in: D. J. Wiseman, Ed., Peoples of Old Testament Times. Oxford 1973, 1–28.

–, The History of Israel in the Pre-exilic Period, in: G. W. Anderson, Ed., Tradition and Interpretation. Oxford 1979, 274–319.
Chabas, F., Les Hébreux en Égypte, Mélanges égyptologiques. Ière série, 1862, 42–54.
–, Ramsès et Pithom, Mélanges égyptologiques, IIme série, 1864, 108–164.
–, Hebraeo-Aegyptiaca II, CRAI 1873, 57–67 = Bibliothèque égyptologique, 12. 1905, 301–311.
–, Note à l'appui de l'identification des Hébreux avec les Aperou des hiéroglyphes. En réponse à M. Maspero, CRAI 1873, IVe sér. t. I 174 = Bibliothèque égyptologique. 12. 1905, 373–377.
–, Recherches pour servir à l'histoire de la XIXme dynastie et spécialement à celle des temps de l'Exode. Chalon-s-S. – Paris 1873.
Chiera, E., *Ḫabiru* and Hebrews, AJSL 49(1932/33), 115–124.
Childs, B. S., Exodus. London 1974.
Christophe, L., La Stèle de l'an III de Ramsès IV au Ouâdi Hammâmât (n°12), BIFAO 48(1949), 1–38.
Civil, M., RA 60(1966),92 (zu A. Pohl, TuM 5,8: IV 2).
Clamer, A., Exode. La Sainte Bible. Paris 1956.
Conder, C. R., Monumental Notice of Hebrew Victories, PEQ 22(1890), 326–329.
Cook, S. A., The Old Testament. A Reinterpretation. Cambridge 1936 (S. 94–95: *ḫabiru*).
Cornill, C. H., Geschichte des Volkes Israel von den ältesten Zeiten bis zur Zerstörung Jerusalems durch die Römer. Chicago–Leipzig 1898.
Correns, D., Sabbatjahr, Biblisch-historisches Handwörterbuch. Bd. 3. 1966, 1653–1636.
Couyat, J. – Montet, P., Les Inscriptions hiéroglyphiques du Ouadi Hammâmât. Le Caire 1912.
Coxon, P. W., JSOT 11(1979), 72–76. (Rez. zu R. de Vaux, Early History of Israel I–II, 1978).
Craigie, P. C., The Book of Deuteronomy. Grand Rapids, Michigan 1976.
Crüsemann, F., Die Eigenständigkeit der Urgeschichte, in: Die Botschaft und die Boten. Festschrift für Hans Walter Wolff zum 70. Geburtstag. Hg. von J. Jeremias – L. Perlitt. Neukirchen – Vluyn 1981, 11–29.

Dahood, M., Psalms II. 51–100. The Anchor Bible. 17. 1968[3].
–, Ebla, Ugarit e l'Antico Testamento, CC 129/2 (1978), 328–340.
David, M., The Manumission of Slaves under Zedekiah. (A Contribution to the Laws about Hebrew Slaves), OTS 5(1948), 61–79.
–, The Codex Hammurabi and its Relation to the Provisions of Law in Exodus, OTS 7 (1950), 149–178.
Dawson, W. R. – Uphill, E. P., Who was who in Egyptology. London 1972[2].
Deller, K., Die Hausgötter der Familie Šukrija S. Ḫuja, in: FS Lacheman, 1981, 47–76.
Denver, W. G., The Patriarchal Traditions, in: IJH, 1977, 70–120.
Dhorme, P. (E), Les Ḫabiru et les Hébreux, JPOS 4(1924), 162–168.
–, Recueil Édouard Dhorme. Études bibliques et orientales. Paris 1951.
–, Les Habirou et les Hébreux, RH 211(1954), 256–264.
Diakonoff, I. M., Die hethitische Gesellschaft, MIO 13(1967), 313–366.
–, The Structure of Near Eastern Society Before the Middle of the 2nd Millennium B. C., Oikumene 3(1982), 7–100. (S. 55 f. Anm. 164; 96 – *ḫabiru*).

Dietrich, M. – Loretz, O., Die soziale Struktur von Alalaḫ und Ugarit (IV). Die É = *bītu*-Listen aus Alalaḫ IV als Quelle für die Erforschung der gesellschaftlichen Schichtung von Alalaḫ im 15. Jh. v. Chr., ZA 60(1970), 88–123. (S. 119 mit Anm. 27–29: KI GA RU, *ḫabiru*)
–, Die Inschrift der Statue des Königs Idrimi von Alalaḫ, UF 13(1981), 201–268.
–, Philologische und inhaltliche Probleme im Schreiben KTU 2.17, UF 14(1982), 83–88.
Dietrich, W., Israel und Kanaan. Vom Ringen zweier Gesellschaftssysteme. SBS. 94. 1979.
Dijk, J. J. A. van, siehe Hallo W. W. – Dijk, J. J. A. van
Dillmann, A., Deuteronomium. Leipzig 1886[2].
Donner, H., BiOr 18(1961), 44–45. (Rez., zu J. Vergote, Joseph en Égypte, 1959).
–, «Hier sind deine Götter, Israel!», in: H. Gese – H. P. Rüger, Hg., Wort und Geschichte. Festschrift für Karl Elliger zum 70. Geburtstag. AOAT.18. 1973, 45–50.
Dossin, G., Les Bédouins dans les textes de Mari, in: L'antica Società beduina. StS.2. 1959, 35–51.
Draffkorn, A. E., siehe Foxvog, D. A. – Draffkorn Kilmer A.
–, *Ilāni / Elohim,* JBL 76(1957), 216–224.
Drioton, E. – Vandier, J., L'Égypte. Paris 1962[4].
Driver, S. R., Deuteronomy. ICC.5.1902[3].
–, The Book of Exodus. Cambridge 1911.
–, Notes on the Hebrew Text and the Topography of the Books of Samuel. Oxford 1913[2].
Duchácek, O., Über verschiedene Typen sprachlicher Felder und die Bedeutung ihrer Erforschung, in: Schmidt, L., Wortfeldforschung. Wege der Forschung. Bd. 250. Darmstadt 1973, 436–452.
Duhm, B., Das Buch Jeremia. Tübingen 1901.
Dussaud, R., La pénétration des Arabes en Syrie avant l'Islam. Paris 1955. (S. 179–185: Les Hébreux).

Ebbell, B., Die ägyptischen aromatischen Harze der Tempelinschrift von Edfu, AcOr 17(1939), 89–111.
Ebeling, E., in: H. Gressmann, Hg., Altorientalische Texte zum Alten Testament. Berlin–Leipzig 1926[2]. (S. 373: *ḫabiru* = SA.GAZ).
Ebers, G., Durch Gosen zum Sinai. Aus dem Wanderbuch und der Bibliothek. Leipzig 1881[2].
–, Aegyptische Studien und Verwandtes. Stuttgart–Leipzig 1900.
Edel, E., Die Stelen Amenophis' II. aus Karnak und Memphis mit dem Bericht über die asiatischen Feldzüge des Königs, ZDPV 69(1953), 97–176.
Edzard, D. O., Mesopotamian Nomads in the Third Millennium B. C., in: NSP, 1981, 37–45.
–, Verwaltungstexte verschiedenen Inhalts. Aus dem Archiv L.2769. ARET 2. 1981.
Eerdmans, B. D., Alttestamentliche Studien. II. Die Vorgeschichte Israels. Gießen 1908. (S. 52–56: Die *ʿApriw;* S. 61–65: Die Hebräer und die *Chabiri*).
Ehrlich, E. L., Geschichte Israels von den Anfängen bis zur Zerstörung des Tempels (70 n. Chr.). Berlin 1980[2].
Eichler, B. L., Indenture at Nuzi. The Personal Tidennūtu Contract and its Mesopotamian Analogues. YNER.5. 1973. (S. 47: Personal Tidennūtu and Nuzi Ḫāpiru Documents).
Eisenlohr, A., On the Political Condition of Egypt Before the Reign of Ramses III; Probably in Connection with the Establishment of the Jewish Religion. From the Great Harris Papyrus, TSBA 1(1872), 355–384.

Eisenstadt, Sh. N., Max Webers antikes Judentum und der Charakter der jüdischen Zivilisation, in: W. Schluchter, Hg., Max Webers Studie über das antike Judentum. Interpretation und Kritik. Frankfurt 1981, 134–184.

Eißfeldt, O., Ugarit und Alalach. FuF 28(1954), 80–85 = KS.3. 1966, 270–279. (S. 273–276: *ḫabirū – ᶜibrîm*).

Elliger, K., Leviticus. Tübingen 1966.

Ellison, H. L., The Hebrew Slave: A Study in Early Israelite Society, EvQ 45(1973), 30–35.

Ember, A., Kindred Semito-Egyptian Words, ZÄS 51(1913), 110–121.

Emerton, J. A., The Riddle of Genesis XIV, VT 21(1971), 403–439.

Engel, H., Die Vorfahren Israels in Ägypten. Forschungsgeschichtlicher Überblick über die Darstellungen seit Richard Lepsius (1849). Frankfurter Theologische Studien. Bd. 27. 1979. (S. 179–182: Exkurs I. Ḫa-Bi-ru, *ᶜprw, ᶜprm, ᶜibrîm*. Forschungsgeschichtlicher Überblick und neuere Literatur).

–, Die Siegesstele des Merenptah. Kritischer Überblick über die verschiedenen Versuche historischer Auswertung des Schlußabschnittes, Bib 60(1979), 373–399.

Erbt, W., Die Hebräer. Kanaan im Zeitalter der hebräischen Wanderung und hebräischer Staatengründungen. Leipzig 1906.

Erichsen, W., Papyrus Harris I. Hieroglyphische Transkription. Bibliotheca Aegyptiaca. V. Bruxelles 1933.

Erman, A., Die Literatur der Aegypter. Leipzig 1923.

Falk, Z. W., Exodus XXI 6, VT 9(1959), 86–88.

Falkenstein, A., ZA 53(1959), 280–286. (Rez. zu J.-R. Kupper, Nomades, 1957).

Fauth, W., in: H. Heubner – W. Fauth, P. Cornelius Tacitus, Die Historien. Bd. V. Fünftes Buch. Wissenschaftliche Kommentare zu griechischen und lateinischen Schriftstellern. Heidelberg 1982. (S. 25. 28. 40: *ḫabiru*).

Fecht, G., Die Israelstele, Gestalt und Aussage, in: FS Brunner, 1983, 106–138.

Fensham, F. C., New Light on Exodus 21,6 and 22,7 from the Laws of Eshnunna, JBL 78(1959), 160–161.

–, The Rôle of the Lord in the legal sections of the Covenant Code, VT 26(1976), 262–274.

–, Exodus. Nijkerk 1977[2].

Fitzmeyer, J. A., A Wandering Aramean. Collected Aramaic Essays. Society of Biblical Literature Monograph Series. 25. 1979.

Floß, J. P., Jahwe dienen – Göttern dienen. Terminologische, literarische und semantische Untersuchung einer theologischen Aussage zum Gottesverhältnis im Alten Testament. BBB.45. 1975.

Fohrer, G., Geschichte Israels. Von den Anfängen bis zur Gegenwart. Uni-Taschenbücher. 708. Heidelberg 1979[2].

Follet, R., Ḫabiru, Enciclopedia cattolica. Bd. 6, 1951, 1324–1325.

–, BiOr 12(1955), 182–185. (Rez. zu J. Bottéro, Ḫabiru, 1954).

–, Un défi de l'Histoire: Les Ḫabiru, Bib 36(1955), 510–513. (Rez. zu J. Bottéro, Ḫabiru, 1954).

Forrer, E., Die Inschriften und Sprachen des Ḫatti-Reiches, ZDMG 76(1922), 174–269. (S. 251: DINGIR.MEŠ *Ḫabireš* «Götter der Habiri»).

Foxvog, D. A. – Draffkorn Kilmer, A., Benno Landsberger's Lexicographical Contributions, JCS 27(1975), 3–129. (S. 29: *ḫapiru*)

Friedrich, J., Aus dem hethitischen Schrifttum. AO.24/3. 1925. (S. 18 Anm. 5: Lulaḫḫi – *ḫabiru*).

Fritz, V., Die kulturhistorische Bedeutung der früheisenzeitlichen Siedlung auf der Ḫirbet el Mšāš und das Problem der Landnahme, ZDPV 96(1980), 121–135.
–, The Israelite «Conquest» in the Light of Recent Excavations at Khirbet el-Meshâsh, BASOR 241(1981), 61–73. (S. 71: *ᶜprw-ḫabirū*).
Fronzaroli, P., Note sul contatto linguistico a Ebla, VO 3(1980), 33–46.
Fryatt, D. T., Slavery in the Ancient Near East: 3000–1000 B. C. California State University, Fullerton, M. A. 1978.
Frymer-Kensky, T., Suprarational Legal Procedures in Elam and Nuzi, in: FS Lacheman, 1981, 115–131.
Füssel, K., Sprache, Religion, Ideologie. Von einer sprachanalytischen zu einer materialistischen Theologie. EHS.23/165. 1982.

Galling, K., Geschichte Israels, ThR(NF) 2(1930), 94–128. (S. 105–106: neuere Literatur zu *ḫabirū*-Hebräer).
Gardiner, A. H., The Geography of the Exodus, in: Recueil d'études égyptologiques dédiées à la mémoire de J.-F. Champollion. Paris 1922, 203–215.
–, Late-Egyptian Stories. Bruxelles 1932.
–, Ancient Egyptian Onomastica. Text. Volume I. London 1947. (S. 184 Anm. 1: *ᶜprw*, *ḫabirū*, Hebräer).
–, Egpyt of the Pharaos. An Introduction. London 1961.
–, Geschichte des alten Ägypten. Eine Einführung. Stuttgart 1965.
Garelli, P., Muṣur (Mât Muṣri), DBS 5, 1957, 1468–1474.
–, Nouveau coup d'œil sur Muṣur, in: FS Dupont-Sommer, 1971, 37–48.
Gaster, T. H., The Canaanite Epic of Keret, JQR 37 (1946/47), 285–293.
Gemoll, H., Grundsteine zur Geschichte Israels. Alttestamentliche Studien. Leipzig 1911.
Geus, C. H. J. de, The Amorites in the Archaeology of Palestine, UF 3(1971), 41–60.
–, The Tribes of Israel. An Investigation into Some of the Presuppositions of Martin Noth's Amphictyony Hypothesis. SSN. 18. 1976.
–, VT 29(1979), 238–241. (Rez. zu O. Bächli, Amphiktyonie im Alten Testament, 1977).
Gibson, J. C. L., Observations on Some Important Ethnic Terms in the Pentateuch, JNES 20(1961), 217–238. (S. 234–238: Hebrews).
Gipper, H. – Schwarz, H., Bibliographisches Handbuch zur Sprachinhaltsforschung. Beiheft 2. 1980.
Giveon, R., The Shosu of Egyptian Sources and the Exodus, in: Fourth World Congress of Jewish Studies, Papers Vol. I. Jerusalem 1967, 193–196.
–, Les bédouins Shosu des documents égyptiens. Leiden 1971.
–, Aisiaten, in: LdÄ 1, 1975, 462–471.
–, Hapiru, in: LdÄ 2, 1977, 952–955.
Görg, M., Thutmosis III. und die Š3św-Region, JNES 38(1979), 199–202.
Goetze, A., Note de A. Goetze, in: J. Bottéro, Le problème des Ḫabiru à la 4e Rencontre Assyriologique Internationale. Paris 1954, 161–163.
Gordon, C. H., *'lhjm* in Its Reputed Meaning of Rulers, Judges, JBL 54(1935), 140–144.
–, Parallèles nouziens aux lois et coutumes de l'Ancien Testament, RB 44(1935), 34–41.
–, Ugaritic Handbook. Rome 1947.
–, Marginal Notes on the Ancient Middle East, JKF 2(1952/53), 50–61.
–, Ugaritic Textbook. Rome 1965. (Reeditio 1967. Supplement).
Gottwald, N. K., The Hypothesis of the Revolutionary Origines of Ancient Israel: A Response to Hauser and Thompson, JSOT 7(1978), 37–52. (S. 45–46: *ḫabirū* – *ᶜibrîm*).

–, The Tribes of Yahweh. A Sociology of the Religion of Liberated Israel 1250–1050 B. C. E. Maryknoll, N. Y. 1979.

Graf, K. H., Was bedeutet der Ausdruck: *vor Gott erscheinen* in den Gesetzen des Pentateuch Ex 21,6. 22,7.8, ZDMG 18(1864), 309–314.

Gray, J., Feudalism in Ugarit and Early Israel, ZAW 64(1952), 49–55.

Gray, M. P., The Ḫabirū – Hebrew Problem in the Light of the Source Material Available at Present, HUCA 29(1958), 135–202.

Grdseloff, B., Chronique d'Égypte 39/40(1945), 116–117.

–, Édôm, d'après les sources égyptiennes, RHJE 1(1947), 69–99.

–, Une stèle scythopolitaine du roi Séthos Ier. Comprenant le texte intégral d'une communication intitulée: «Une Rébellion des Hébreux en Palestine du Nord sous le règne de Séthos Ier», lue au Caire, à l'Institut d'Égypte, à la séance du 8 janvier 1945, EtEg 2(1949), 5–34.

Greenberg, M., The Ḫab/piru. AOS. 39. 1955. (Neudruck 1961: S. 97–99: V. Addenda et corrigenda).

–, Hab/piru and Hebrews, in: WHJP 2, 1970, 188–200. 279–281.

–, Ḫabiru (Ḫapiru), in: EJ 7, 1971, 1033–1034.

Grelot, P., Ḥofšī (Ps. LXXXVIII 6), VT 14(1964), 256–263.

Greßmann, H., Die Anfänge Israels (Von 2 Mose bis Richter und Ruth). Göttingen 1922².

–, OLZ 27(1924), 336–338. (Rez. zu A. Jirku, Altorientalischer Kommentar zum Alten Testament, 1923).

Grieshammer, R., OLZ 72(1977), 473–476. (Rez. zu S. Herrmann, Israels Aufenthalt in Ägypten, 1970).

Guillaume, A., The Ḫabiru, the Hebrews, and the Arabs, PEQ 78/79(1946/47), 64–85.

Gunkel, H., Die Genesis. Göttingen 1910³.

–, Die Psalmen. Göttingen 1929⁴.

Gunn, B., in: E. A. Speiser, Ethnic Movements in the Near East in the Second Millennium B. C. The Hurrians and their Connections with the Ḫabiru and the Hyksos, AASOR 13(1931/32. 1933), 38–39 Anm. 93.

Gunneweg, A. H. J., Geschichte Isreals bis Bar Kochba. Stuttgart usw. 1982⁴.

Gustavs, A., Der Gott Ḫabiru, ZAW 40(1922), 313–314.

–, Was heißt *ilâni Ḫabiri?*, ZAW 44(1926), 25–38.

Gutbrod, W., Ἰουδαῖος, Ἰσραήλ, Ἑβραῖος in der griechisch-hellenistischen Literatur, ThWNT 3, 1938, 370–394.

Guthe, H., Geschichte des Volkes Israel. Tübingen 1914³.

Hachmann, R., Kāmid el-Lōz-Kumidi, SBA 7, 1970, 63–94. (S. 88–91: Zalaja von Damaskus und die Hapiru).

Halbe, J., Das Privilegrecht Jahwes Ex 34,10–26. Gestalt und Wesen, Herkunft und Wirken in vordeuteronomischer Zeit. Göttingen 1975.

Hallo, W. W., Biblical History in its Near Eastern Setting: The Contextual Approach, PTMS.34.1980, 1–26.

Hallo, W. W. – Dijk, J. J. A. van, The Exaltation of Inanna. New Haven–London 1968. (S. 65–66: *ḫabiru*).

Hallock, F. H., The Ḫabiru and the SA.GAZ in the Tell El-Amarna Tablets, in: S. A. B. Mercer, The Tell El-Amarna Tablets. Bd. II. Toronto 1939, 838–845.

Hardwick, St. E., Change and Constancy in William Foxwell Albright's Treatment of Early Old Testament History and Religion, 1918–1958. Ann Arbor 1966. (Ph. D. 1965). (S. 112–124: The *Ḫabiru* – *ᶜApiru* and the Patriarchs; Illustrative summary statements; Philological issues; General characteristics of the *ᶜApiru* and the Hebrews).

Haspecker, J., Hebräer, in: LThK 5, 1960, 44–45.

Hauser, A. J., The Revolutionary Origins of Ancient Israel: A Response to Gottwald (JSOT 7 [1978]37–52), JSOT 8(1978), 46–49.

–, Israel's Conquest of Palestine: A Peasants' Rebellion?, Response, JSOT 7(1978), 2–19. 35–36. (S. 12–14: *ḫabiru* – *ᶜibrîm*).

Hecker, K., Grammatik der Kültepe-Texte. Rom 1968.

–, Zur Beurkundung von Kauf und Verkauf im Altassyrischen, WO 11(1980), 64–75.

Heinisch, P., Das Buch Exodus. Bonn 1934.

–, Das Sklavenrecht in Israel und Alten Orient, StC 11(1934/35), 276–290.

Helck, W., Urkunden der 18. Dynastie. Berlin 1955.

–, Urkunden der 18. Dynastie. Übersetzungen zu den Heften 17–22. Berlin 1961.

–, Die Bedrohung Palästinas durch einwandernde Gruppen am Ende der 18. und am Anfang der 19. Dynastie, VT 18(1968), 472–480.

–, Die Beziehungen Ägyptens zu Vorderasien im 3. und 2. Jahrtausend v. Chr. 2., verbesserte Auflage. Wiesbaden 1971.

–, TLZ 97(1972), 178–182. (Rez. zu S. Herrmann, Israels Aufenthalt in Ägypten, 1970).

Helling, F., Die Frühgeschichte des jüdischen Volkes. Frankfurt a. M. 1947. (S. 59–78: *ḫabirū* – Hebräer).

Hempel, J., Die Schichten des Deuteronomiums. Ein Beitrag zur israelitischen Literatur- und Rechtsgeschichte. Leipzig 1914.

–, Die althebräische Literatur und ihr hellenistisch-jüdisches Nachleben. Berlin 1934. (S. 8. 75. 80. 111: *ḫabiru* – *ᶜibrî*).

Hengel, M., Zwischen Jesus und Paulus. Die «Hellenisten», die «Sieben» und Stephanus (Apg 6,1–15; 7,54–8,3), ZThK 72(1975), 150–206.

Herrmann, S., Joseph in Ägypten. Ein Wort zu J. Vergotes Buch «Joseph en Égypte», TLZ 85(1960), 827–830.

–, Israel in Ägypten, ZÄS 91(1964), 63–79.

–, Israels Aufenthalt in Ägypten. SBS.40. 1970.

–, Geschichte Israels in alttestamentlicher Zeit. München 1980².

Hess, J. J., Beduinisches zum Alten und Neuen Testament, ZAW 35(1915), 120–131. (S. 120–121: *ᶜbrjjm*).

Heyes, H. J., Bibel und Ägypten. Abraham und seine Nachkommen in Ägypten. I. Teil. Gen. Kapitel 12–41 inkl. Münster 1904. (S. 146–158: Findet sich der Name *ᶜibrî* resp. *ᶜibrîm* in den ägyptischen Texten?).

–, Joseph in Ägypten. Biblische Zeitfragen. Vierte Folge. Heft 9. Münster 1911¹⁻².

Hodson, R. H., The Habiru. (M. A. 1973 California State University, Fullerton).

Holzinger, H., Exodus. Tübingen 1900.

Hommel, F., Die Altisraelitische Überlieferung in inschriftlicher Beleuchtung. Ein Einspruch gegen die Aufstellungen der modernen Pentateuchkritik. München 1897.

–, Grundriß der Geographie und Geschichte des Alten Orients. Erste Hälfte. Ethnologie des Alten Orients. Babylonien und Chaldäa. München 1904.

Hornung, E., Die Israelstele des Merenptah, in: FS Brunner, 1983, 224–233.

Horst, F., Das Privilegrecht Jahves. Rechtsgeschichtliche Untersuchungen zum Deuteronomium. Göttingen 1930.

Hoßfeld, F.-L., Der Dekalog. Seine späten Fassungen, die originale Komposition und seine Vorstufen. OBO. 45. 1982.

Humbert, P., La Terouᶜa. Analyse d'un rite biblique. Neuchâtel 1946.

Ishida, T., The Structure and Historical Implications of the Lists of Pre-Israelite Nations, Bib 60(1979), 461–490.

Ivanov, V. V., Ḫabiru in Cuneiform Hithite and Luwian Texts, in: Internationale Tagung der Keilschriftforscher der sozialistischen Länder, Budapest, 23.–25. April 1974. Assyriologia I. Budapest 1974, 39–40.

Izre'el, Sh., Two Notes on the Jezer-Amarna Tablets, Tel Aviv 4(1977), 158–165.

Jack, J. W., The Ras Shamra Tablets: their Bearing on the Old Testament. London 1935.

–, New Light on the Habiru-Hebrew Question, PEQ 72(1940), 95–115.

Jacob, B., Der Pentateuch. Exegetisch-kritische Forschungen. Leipzig 1905.

–, Das zweite Buch der Tora. o. O. 1945.

Jagersma, H., Israels Geschichte zur alttestamentlichen Zeit. Konstanz 1982 (S. 26–29: I. Einschub: *'Apîru* und Hebräer; S. 34–35: «Der Hebräer Abram»).

Janssen, J. M. A., A travers les publications égyptologiques récentes concernant l'Ancien Testament, in: L'Ancien Testament et l'Orient. Orientalia et Biblica Lovaniensia. I. 1957, 29–63.

Jastrow, M. Jr., Egypt and Palestine, 1400 B. C., JBL 11 (1892), 95–124.

–, «The Men of Judah» in the El-Amarna Tablets, JBL 12(1893), 61–72.

Jensen, P., Die philologische und die historische Methode in der Assyriologie, ZDMG 50(1896), 241–262.

–, TLZ 34(1909), 531–532. (Rez. zu J. A. Kundtzon, Die El-Amarna-Tafeln, 1907).

Jepsen, A., Untersuchungen zum Bundesbuch. Stuttgart 1927.

–, Die «Hebräer» und ihr Recht, AfO 15(1945/51), 55–68.

–, Von Sinuhe bis Nebukadnezar. Dokumente aus der Umwelt des Alten Testaments. A. Jepsen, Hg. Stuttgart usw. 1975. (S. 104: *ḫabirū*).

–, «Hebräisch» – die Sprache Jahves?, in: Beiträge zur Alttestamentlichen Theologie. Festschrift für W. Zimmerli. Hg. von Donner, H., Hanhorst, R. und Smend, R. Göttingen 1977, 196–205.

Jeremias, A., Das Alte Testament im Lichte des Alten Orients. Leipzig 1906². (S. 313: *Habiri*).

Jirku, A., «Hebräische» und «israelitische» Sklaven. OLZ 21(1918), 81–83.

–, ᶦˡᵘḪa-bi-ru = der Stammesgott der Ḫabiru-Hebräer?, OLZ 24(1921), 246–267.

–, Neues keilschriftliches Material zum Alten Testament, ZAW 39(1921), 144–160. (S. 156–158: 9. *'Elohim* und *ilu/ilâni Ḫabirū/i*).

–, Die Wanderungen der Hebräer im dritten und zweiten vorchristlichen Jahrtausend. AO.24/2. 1924.

–, Der Kampf um Syrien-Palästina im orientalischen Altertum. AO.25/4. 1927². (S. 13–14: *ḫabirū* = Hebräer).

–, Zur Chabiru-Frage, ZAW 46(1928), 208–211.

–, Geschichte des Volkes Israel. Theologische Lehrbücher. Leipzig 1931.

–, Neues über die Ḫabiru – Hebräer, JKF 2(1952/53), 213–214.

–, Geschichte Palästina-Syriens im orientalischen Altertum. Aalen 1963.

Johnstone, W., The Exodus as Process, ET 91(1979/80), 358–363. (S. 362: *ḫabiru*).

Junker, H., Das Buch Deuteronomium. Bonn 1933.

Kapelrud, A. S., Israel. From the Earliest Times to the Birth of Christ. Oxford 1966. (S. 26: *ḫabirū*).

Keel, O., Zeichen der Verbundenheit. Zur Vorgeschichte und Bedeutung der Forderungen von Deuteronomium 6,8 f. und Par., in: Casetti, P., Keel, O., Schenker, A., Hg., Mélanges Dominique Barthélemy. OBO. 38. 1981, 159–240.

Kestemont, G., Diplomatique et droit internationale en Asie occidentale (1600–1200 av. J. C.). Publications de l'Institut orientaliste de Louvain 9. Louvain-la-Neuve 1974.

–, La société internationale mitannienne et le royaume d'Amurru à l'époque amarnienne, OLP 9(1978), 27–32.

Kienast, B., Rechtsurkunden in ugaritischer Sprache, UF 11(1979), 431–452.

–, Die altbabylonischen Kaufurkunden aus Alalaḫ, WO 11(1980), 35–63.

King, P. J., The Contribution of Archaeology to Biblical Studies, CBQ 45(1983), 1–16.

Kitchen, R., Ramesside Inscriptions. Historical and Biographical. I. Oxford 1975.

Kittel, R., Geschichte des Volkes Israel. 1. Band. Palästina in der Urzeit. Das Werden des Volkes. Geschichte der Zeit bis zum Tode Josuas. Gotha 1923[5–6].

Klengel, H., Zur Sklaverei in Alalaḫ, Acta antiqua 11 (1963), 1–15.

–, Einige Bemerkungen zur sozialökonomischen Entwicklung in der altbabylonischen Zeit, Acta antiqua 22/1–4 (1974), 249–257.

Kline, M. G., The *ḫa-BI-ru* – Kin or Foe of Israel?, WThJ 18/19(1955/57), 1–24. 170–184; 20(1957/58), 46–70.

Klostermann, A., Die Bücher Samuelis und der Könige. Nördlingen 1887.

–, Geschichte des Volkes Israel bis zur Restauration unter Esra und Nehemia. München 1896.

Knudtzon, J. A., Die El-Amarna-Tafeln. Vorderasiatische Bibliothek. Erster Teil. Die Texte. Leipzig 1915.

Koch, K., Die Hebräer vom Auszug aus Ägypten bis zum Großreich Davids, VT 19(1969), 37–81.

König, E., On the Ḫabiri Question, ET 11(1899/1900), 238–240.

–, Die Genesis. Gütersloh 1925[2–3].

–, Zur Chabiru-Frage, ZAW 46(1928), 199–208.

Komoróczy, G., Zur Frage der Periodizität der altbabylonischen *mīšarum*-Erlässe, in: FS Diakonoff, 1982, 196–205.

Koning, J. de, Studiën over de El-Amarnabrieven en het Oude-Testament inzonderheid uit historisch oogpunt. Delft 1940. (S. 57–58: De *Aperiū;* S. 219–277: *Ḫabiru.* SA.GAZ. Hebreën).

Kornfeld, W., Religion und Offenbarung in der Geschichte Israels. Innsbruck usw. 1970.

Kraeling, E. G., Light from Ugarit on the Khabiru, BASOR 77(1940), 32.

–, The Origin of the Name «Hebrews», AJSL 58(1941), 237–253.

Kraus, H.-J., Psalmen. BK. 16/1–2. 1978[5].

Krauss, R., Probleme des altägyptischen Kalenders und der Chronologie des Mittleren und Neuen Reiches in Ägypten. Dissertation. Berlin 1981.

Kuhn, K. G., Ἰσραήλ, Ἰουδαῖος, Ἑβραῖος in der nachat.lichen jüdischen Literatur, ThWNT 3, 1938, 360–370.

Kupper, J.-R., Les nomades en Mésopotamie au temps des rois de Mari. Paris 1957. (S. 249–259: Kap. 5 – Les Ḫabiru).

–, Sutéens et Ḫapiru, RA 55(1961), 197–200.

–, The Benjaminites and other nomads, and the Habiru, Chap. 1. V. CAH 2/1. 1973[3], 24–28.

–, Les Hourrites à Mari, RHA 36(1978), 117–124.

Labib, P. C., Die Herrschaft der Hyksos in Ägypten und ihr Sturz. Glückstadt usw. 1936.
Lagrange, M.-J., Les Khabiri, RB 8(1899), 127–132.
Lambert, RA 50(1956), 40–43. (Rez. zu J. Bottéro, Ḫabiru 1954; M. Greenberg, The Ḫab/piru, 1955).
Landersdorfer, S., Die Boghazköi-Texte und die *Ḫabiru*-Frage, TQ 104(1923), 75–83.
–, Über Name und Ursprung der Hebräer, TQ 104(1923), 201–232.
Landsberger, B., Über die Völker Vorderasiens im dritten Jahrtausend, ZA 35(1924), 213–238.
–, Ḫabiru und Lulaḫḫu, KlF 1(1930), 321–334.
–, PEQ 73(1941), 162 Anm. 4 (Mitteilung an I. Rapaport).
–, Note de B. Landsberger, in: J. Bottéro, Le problème des Ḫabiru à la 4e Rencontre Assyriologique Internationale. Paris 1954, 159–161.
Langdon, S. H., The Ḫabiru and the Hebrews. New Material in the Problem, ET 31(1919/1920), 324–329.
Langhe, R. de, Les Textes de Ras Shamra Ugarit et leurs Rapports avec le Milieu Biblique de l'Ancien Testament. II. Gembloux-Paris 1945. (S. 458–466: «Les Ḫabiri – SA(G)GAZ – *ᶜprm*).
Leander, P., siehe Bauer, H. – Leander, P.
Leclercq, J., siehe Buis, P. – Leclerq, J.
Leemans, C., Aegyptische Hieratische Papyrussen van het Nederlandsche Museum van Oudheden te Leiden. Leiden 1853/62.
Lefebvre, G., Romans et contes égyptiens de l'époque pharaonique. Paris 1949.
Lehmann(-Haupt), C. F., ZDMG 50 (1896), 317–327. (Rez. zu H. V. Hilprecht, Assyriaca).
–, Israel. Seine Entwicklung im Rahmen der Weltgeschichte. Tübingen 1911.
Lemaire, A., Le Sabbat à l'époque royale israélite, RB 80(1973), 161–185.
–, Le Décalogue: essai d'histoire de la rédaction, in: A. Caquot – M. Delcor, Hg., Mélanges bibliques et orientaux en l'honneur de M. Henri Cazelles. AOAT. 212. 1981, 259–295.
Lemche, N. P., The «Hebrew slave». Comments on the Slave Law Ex. XXI 2–11, VT 25(1975), 129–144.
–, The manumission of slaves – the fallow year – the sabbatical year – the jobel year, VT 26(1976), 38–59.
–, *Andurārum* and *Mīšarum:* Comments on the Problem of Social Edicts and Their Application in the Ancient Near East, JNES 38(1979), 11–22.
–, ‹Hebrew› as a National Name for Israel, StTh 33(1979), 1–23.
–, «Hebraeerne». Myths over habiru – hebraeerproblemet, DTT 43(1980), 153–190.
Lettinga, J. P., BiOr 5(1948), 107–113. (Rez. zu R. de Langhe, Les Textes de Ras Shamra-Ugarit et leurs Rapports avec le Milieu Biblique. I–II, 1945).
Levin, Ch., Der Sturz der Königin Atalja. Ein Kapitel zur Geschichte Judas im 9. Jahrhundert v. Chr. SBS. 105.1982.
Lewy, J., Der *karrum* der altassyrisch-kappadokischen Städte und das altassyrische Großreich, ZA 36(1925), 19–28.
–, Ḫabiru und Hebräer, OLZ 30(1927), 738–746. 825–833.
–, Les textes paleo-assyriens et l'Ancien Testament, RHR 110(1934), 29–65.
–, Ḫābirū und Hebrews, HUCA 14(1939), 587–623.
–, A New Parallel Between Ḫabirū and Hebrews, HUCA 15(1940), 47–58.
–, Note, in: J. Bottéro, Le problème des Ḫabiru. Paris 1954, 163–164.
–, A propos des Ḫabiru. (Bericht von A. Pohl, in: Or 24(1955), 409).
–, Origin and Signification of the Biblical Term ‹Hebrew›, HUCA 28(1957), 1–13.

Lévi-Strauss, C., Strukturale Anthropologie. Frankfurt 1967. (Anthropologie Structurale. Paris 1958).
Lieblein, J., Handel und Schiffahrt auf dem rothen Meere in alten Zeiten. Nach ägyptischen Quellen. Christiana 1886.
Liagre Böhl, M. F. Th. de, siehe Böhl, F. (M. Th.)
Liedke, Gestalt und Bezeichnung alttestamentlicher Rechtssätze. Eine formgeschichtliche terminologische Studie. WMANT. 39. 1971.
Lipiński, E., Trois hébraïsmes oubliés ou méconnus, RSO 44(1969 [1970]), 83–101. (S. 86–93: II. *bjt hḥpšjt,* «léproserie»).
–, L'«esclave hébreu», VT 26(1976), 120–124.
Littmann, E., OLZ 10(1907), 620 Anm. 1.
Liverani, M., La royauté syrienne de l'âge du bronze récent, in: Le Palais et la Royauté. XIXe Rencontre assyriologique internationale. 1971. Paris 1974, 329–356.
–, Rib-Adda, giusto sofferente, AOF 1(1974), 178–205.
–, Il fuoruscitismo in Siria nella tarda età del bronzo, RSI 77(1965), 315–336.
–, Implicazioni sociali nella politica di Abdi-Aširta di Amurru, RSO 40(1965), 267–277 = Social Implications in the Politics of Abdi-Aširta of Amurru, MANE. 1/5. 1979, 14–20.
–, OA 15(1976), 145–159. (Rez. zu R. de Vaux, Histoire ancienne d'Israël I–II. Paris 1971/73).
–, Farsi Ḫabiru, VO 2(1979), 65–77.
–, Ras Shamra. II. Histoire, in: DBS 9, 1979, 1295–1348. (1308.1346: *ḫabiru*).
–, Un'ipotesi sul nome di Abramo, Henoch 1(1979), 9–18.
Lods, A., Israel from its Beginnings to the Middle of the Eighth Century. London 1932.
Loretz, O., siehe Dietrich, M. – Loretz, O.
–, Zu LÚ.MEŠ SA.GAZ.ZA *a-bu-ur-ra* in den Briefen vom Tell Kāmid el-Lōz, UF 6(1974), 486.
–, Ugaritisch-hebräisch *ḫb/pṯ, bt ḫpṯt – ḥpšj, bjt hḥpšj/wt,* UF 8(1976), 129–131.
–, Die hebräischen Termini *ḥpšj* «freigelassen, Freigelassener» und *ḥpšh* «Freilassung», UF 9(1977), 163–167.
–, Vom kanaanäischen Totenkult zur jüdischen Patriarchen- und Elternehrung. Historische und tiefenpsychologische Grundprobleme der Entstehung des biblischen Geschichtsbildes und der jüdischen Ethik, JARG 3(1978), 149–204.
–, Hebräer in Ebla? Eine Fehlanzeige zu *ᶜibrî* «Hebräer» und dem «Hebräer Abram» (Gen 14,13) (im Druck).
Luke, J. T., Pastoralism and Politics in the Mari Period. A Re-examination of the Character and Political Significance of the Major West Semitic Tribal Groups on the Middle Euphrates, ca. 1828–1758 B. C., Ann Arbor 1965. (S. 272–275: *Ḫabiru*).
Luther, B., Die israelitischen Stämme, ZAW 21(1901), 1–76.

MacLaurin, E. B. C., The Beginnings of the Israelite Diaspora, AJBA 1/4(1971), 82–95.
Madl, H., Literarkritische und formanalytische Untersuchungen zu 1 Sam 14. Bonn 1974. (Dissertation).
Malamat, A., Mari and the Bible: Some Patterns of Tribal Organization and Institutions, JAOS 82(1962), 143–150.
–, King Lists of the Old Babylonian Period and Biblical Genealogies, JAOS 88(1968), 163–173.
–, Ursprünge und Frühgeschichte, in: H. H. Ben-Sasson, Hg., Geschichte des jüdischen Volkes. I. Von den Anfängen bis zum 7. Jahrhundert. München 1978, 1–111.

–, Charismatische Führung im Buch der Richter, in: W. Schluchter, Hg., Max Webers Studie über das antike Judentum. Interpretation und Kritik. Frankfurt 1981, 110–133.

–, Die Frühgeschichte Israels – eine methodologische Studie. Frühgeschichte versus Geschichte, ThZ 39(1983), 1–16.

Mallon, A., Les Hébreux en Egypte. Orientalia. 3. Roma 1921.

Marfoe, L., The Integrative Transformation: Patterns of Sociopolitical Organization in Southern Syria, BASOR 234 (2979), 1–42.

Maspero, G., Les Âperiou sont-ils les Hébreux?, Études de mythologie et d'archéologie égyptiennes. Bd. 3. Paris 1898, 131–134 (S. 131 Anm. 1: «Lu à l'Académie des Inscriptions et Belles Lettres, le 23 mai 1873 (cf. Comptes rendus, 1873, p. 117) et demeuré inédit»).

–, Les contes populaires de l'Égypte ancienne. Paris 1911[4]. (S. 119 Anm. 3: *ᶜprw* ≠ *ᶜibrîm*).

Matthews, V. H., Pastoral Nomadism in the Mari Kingdom (ca. 1830–1760 A. C.). ASORDS. 3. 1978. (S. 159–162: *ḫabirū*).

Matthiae, P., Ebla in the Late Early Syrian Period: The Royal Palace and the State Archives, BA 39(1976), 94–113.

–, Ebla. An Empire Rediscovered. London 1980.

Mayani, Z., Les Hyksos et le Monde de la Bible, Paris 1956.

Mazar, B., The Historical Background of the Book of Genesis, JNES 28(1969), 73–83.

Meek, Th., A New Interpretation of Code of Hammurabi, §§ 117–19, JNES 7(1948), 180–183.

Meinhold, J., Die Entstehung des Sabbats, ZAW 29(1909), 81–112.

–, Zur Sabbatfrage, ZAW 48(1930), 121–138.

Mendenhall, G. E., The Tenth Generation. The Origins of the Biblical Tradition. Baltimore usw. 1973. (S. 122–141: The ᶜApiru Movements in the Late Bronze Age).

–, «Change and Decay in all Around I see»: Conquest, Covenant, and the Tenth Generation, BA 39(1976), 152–157.

–, Between Theology and Archaeology, JSOT 7(1978), 28–34.

Merendino, R. P., Das deuteronomische Gesetz. Eine literarkritische, gattungs- und überlieferungsgeschichtliche Untersuchung zu Dt 12–26. BBB. 31. 1969.

Meyer, E., Glossen zu den Tontafelbriefen von Tell el Amarna, in: Aegyptiaca. Festschrift für Georg Ebers zum 1. März 1897. Wiesbaden 1981. Neudruck der Ausgabe 1897, 62–76.

–, Die Israeliten und ihre Nachbarstämme. Mit Beiträgen von B. Luther. Halle a. S. 1906.

–, Geschichte des Altertums. 2/1. Stuttgart–Berlin 1928[2]. (S. 346 Anm. 2: *ḫabiru*).

Metzger, M., Grundriß der Geschichte Israels. Neukirchener Studienbücher. 2. Neukirchen-Vluyn 1979[5].

Michaeli, F., Le Livre de l'Exode. Neuchâtel 1974.

Miketta, K., Der Pharao des Auszuges. Biblische Studien 8/2. 1903.

–, Die Amarnazeit. Biblische Zeitfragen. 1/10, 1908.

–, Die Entstehung des Volkes Israel, Weidenauer Studien II. Wien 1908, 45–81.

–, Die Amarnazeit. Palästina und Ägypten in der Zeit israelitischer Wanderung und Siedelung. Münster 1910[3].

Millard, A. R., A Wandering Aramean, JNES 39(1980), 153–155.

Miller, J. M., The Israelite Occupation of Canaan, in: IJH, 1977, 213–284.

Montenegro, Duque, A., Colonización de la Península Ibérica por «Pueblos del Mar», Arbor 43/2(1959), 200–214.

Montet, P., Das alte Ägypten und die Bibel. Zürich 1960.

Montgomery, J. A., Soul Gods, HTR 34(1941), 321–322.

Moor, F. de, Les Hébreux établis en Palestine avant l'Exode, RB 1(1892), 388–415; 2(1893), 148–150.
Moran, W. L., Habiru (Habiri), in: New Catholic Encyclopedia 6, 1967, 878–880.
Morgenstern, J., The Book of the Covenant. Part II, HUCA 7(1930), 17–258.
Moscati, S., siehe Alt, A. – Moscati, S.
Müller, D. H., Eine mißverstandene Wendung in den Amarna-Briefen, Semitica Heft 1, 1906 = Sitzungsberichte der Akademie der Wissenschaften Wien. Bd. 153 Abh. 3,3–7.
Müller, H.-P., Die Texte aus Ebla. Eine Herausforderung an die alttestamentliche Wissenschaft, BZ 24(1980), 161–179.
–, Die aramäische Inschrift von Deir ᶜAllā und die älteren Bileamsprüche, ZAW 94(1982), 214–244.
Müller, W. M., Zu den Keilschriftbriefen aus Jerusalem, ZA 7(1982), 64–65.
–, Asien und Europa nach altägyptischen Denkmälern. Mit einem Vorwort von G. Ebers. Leipzig 1893.
–, Die Afri in Palästina, OLZ 16(1913), 256–261.
Muffs, Y., Abraham the Noble Warrior: Patriarchal Politics and Laws of War in Ancient Israel, JJS 33(1982), 81–107. (S. 105–106: VIII: New Light on the *Habiru* Problem.)
Munch, P. A., Die wirtschaftliche Grundlage des israelitischen Volksbewußtseins vor Saul. Ein Beitrag zur Vorgeschichte Israels, ZDMG 93(1939), 217–253.

Na'aman, N., Yenoᶜam, Tel Aviv 4(1977), 168–177.
Nebeling, G., Die Schichten des deuteronomischen Gesetzeskorpus. Eine traditions- und redaktionsgeschichtliche Analyse von Dtn 12–26. Münster 1970. (Dissertation).
Negretti, N., Il settimo giorno. Indagine critico-teologica delle tradizioni presacerdotali circa il sabato biblico. Analecta biblica. 55. Roma 1973.
Negri Scafa, P., Alcune Osservazioni sui Testi HSS XIX 113 e HSS XIX 114, in: FS Lacheman, 1981, 325–331. (S. 328: *ḫabirū*).
Nicholson, E. W., Preaching to the Exiles. A Study of the Prose Tradition in the Book Jeremiah. Oxford 1970.
–, The Book of the Prophet Jeremiah. Chapters 26–52. Cambridge 1975.
Nötscher, F., Biblische Altertumskunde. Bonn 1940.
Noth, M., Erwägungen zur Hebräerfrage, in: Festschrift Otto Proksch zum sechzigsten Geburtstag am 9. August 1934 überreicht von A. Alt, Fr. Baumgärtel, W. Eichrodt u. a. Leipzig 1934, 99–112.
–, Der Aufbau der Palästinaliste Thutmoses III, ZDPV 61(1938), 26–65 = ALA 2, 1971, 44–73.
–, VT 1(1951), 74–80. (Rez. zu H. H. Rowley, From Joseph to Joshua, 1950).
–, Geschichte Israels. 3., durchgesehene Auflage 1956. 1981⁹.
–, Das 2. Buch Mose. Exodus. Das Alte Testament Deutsch. Teilband 5.6., unveränderte Auflage Göttingen 1978.

Oberholzer, J. P., The *ᶜibrîm* in 1 Samuel, in: Studies on the Books of Samuel. Papers read at 3rd Meeting of Die O. T. Werkgemeenskap in Suid-Afrika. Pretoria 1960, 54.
O'Callaghan, R. T., Aram Naharaim. A Contribution to the History of Upper Mesopotamia in the Second Millennium B. C. Roma 1948.
Ohler, A., Israel, Volk und Land. Zur Geschichte der wechselseitigen Beziehungen zwischen Israel und seinem Land in alttestamentlicher Zeit. Stuttgart 1979. (S. 75. 221: *ḫabiru*).
Opitz, D., Zur *Ḫabiru*-Frage, ZA 37(1927), 99–103.

Orlinsky, H. M., Ancient Israel. New York 1954.
Otten, H., Zwei althethitische Belege zu den Ḫapiru (SA.GAZ), ZA 52(1957), 216–223.
Otto, E(berhard), Der Weg des Pharaonenreiches. Stuttgart 1966⁴. (S. 164: *ḫabiru*).
Otto, E(ckart), Hat Max Webers Religionssoziologie des antiken Judentums Bedeutung für eine Theologie des Alten Testaments?, ZAW 94(1982), 187–203.
Otzen, B., Israeliterne e Palaestina. Det gamle Israels historie religion og Litteratur. Kopenhagen 1977. (S. 87–90: 'Apiru problemet).
Owen, D. I., Text Fragments from Arrapḫa in the Kelsey Museum of Art and Archaeology, The University of Michigan, in: FS Lacheman, 1981, 455–468.

Parker, R. A., A Vienna Demotic Papyrus on Eclipse- and Lunar-Omina. Brown Egyptological Studies 2. Providence, Rhode Island 1959.
Parzen, H., The Problem of the *Ibrim* («Hebrews») in the Bible, AJSL 49(1932/33), 254–261.
Paton, L. B., Israel's Conquest of Canaan, JBL 32(1913), 1–53.
Paul, Sh. M., Studies in the Book of the Covenant in the Light of Cuneiform and Biblical Law. VTS. 18. 1970.
Peet, (Th.) E., Egypt and the Old Testament. Boston–Liverpool 1923. (S. 123–125: *ᶜprw*, *ḫabirū*).
–, A Comparative Study of the Literatures of Egypt, Palestine, and Mesopotamia. Egypt's Contribution to the Literature of the Ancient World. London 1931.
Perlitt, L., «Ein einzig Volk von Brüdern». Zur deuteronomischen Herkunft der biblischen Bezeichnung «Bruder», in: D. Lührmann, – G. Strecker, Hg., Kirche. Festschrift für G. Bornkamm zum 75. Geburtstag. Tübingen 1980, 27–52.
Peter, M., Die historische Wahrheit in Genesis 14, in: FS Cazelles, 1981, 97–105. (S. 100: *ᶜibrî*).
Peters, N., Beiträge zur Text- und Literaturkritik sowie zur Erklärung der Bücher Samuel. Freiburg 1899.
Pettinato, G., The Royal Archives of Tell Mardikh-Ebla, BA 39(1976), 44–52.
–, Un impero inciso nell'argilla. Milano 1979.
Phillips, A., Ancient Israel's Criminal Law. A New Approach to The Decalogue. Oxford 1970.
–, Deuteronomy. Cambridge 1973.
–, The Decalogue – Ancient Israel's Criminal Law, JJS 34(1983), 1–20.
Pieper, M., Zum Hyksos-Problem, OLZ 28(1925), 417–419.
Ploeg, J. P. M., van der, Slavery in the Old Testament, VTS 22(1972), 72–87.
Plöger, J. G., Literarkritische, formgeschichtliche und stilkritische Untersuchungen zum Deuteronomium. BBB. 26. 1967.
Pohl, A., Or 21(1952), 376–377. (Zu: Säve-Söderberg, OS 1(1952), 5–14).
–, Or 24(1955), 318–319. (Zu: J. Bottéro, Le problème des Ḫabiru, 1954).
–, Or 26(1956), 428. (Rez. zu: M. Greenberg, The Ḫab/piru 1955).
–, Einige Gedanken zur Ḫabiru-Frage, WZKM 54(1957), 157–160.
–, Or 27(1958), 114–115 (Bericht über A. Jirku).
Posener, G., Textes égyptiens, in: J. Bottéro, Le Problème des Ḫabiru à la 4e Rencontre assyriologique internationale. Paris 1954, 165–175.
Postgate, J. N., Nomads and Sedentaries in the Middle Assyrian Sources, in: NSP, 1981, 47–56.
Prášek, J. V., On the Question of the Exodus, ET 11(1899/1900), 401–402.

Prato, G. L., Le origini dell'antico Israele nell'analisi socioreligiosa di N. K. Gottwald, Gregorianum 62(1981), 553–561.
Preuß, H. D., Verspottung fremder Religionen im Alten Testament. BWANT. 92. 1971.
–, Deuteronomium, EdF. 164. 1982.
Puukko, A. F., Das Deuteronomium. Eine literarische Untersuchung. Leipzig 1910.

Rad, G. von, Israel, Juda, Hebräer im AT, in: ThWNT 3, 1938, 357–359.
–, Das 5. Buch Mose. Deuteronomium. Göttingen 1978[3].
Rainey, A. F., Institutions: Family, Civil, and Military, in: RSP 2, 1975, 69–107.
–, El Amarna Tablets 359–379. Supplement to J. A. Knutzzon, Die El-Amarna-Tafeln. AOAT 8. 1978[2].
–, IEJ 30(1980), 250–251. (Rez. zu J. J. Bimson, Redating the Exodus and Conquest, 1978).
–, IEJ 30(1980), 131–132. (Rez. zu J. van Seters, Abraham in History and Tradition, 1975).
Ranke, H., in: H. Gressmann, Hg., Altorientalische Texte zum Alten Testament. Berlin. Leipzig 1926[2]. (S. 94: *ḫabiru*).
Rapaport, I., The Origins of Hebrew Law, PEQ 73(1941), 158–167.
Raphaël, F., Die Juden als Gastvolk im Werk Max Webers, in: W. Schluchter, Hg., Max Webers Studie über das antike Judentum. Interpretation und Kritik. Frankfurt 1981, 224–262.
Redford, D. B., The «Land of the Hebrews» in Gen XL 15, VT 15(1965), 529–532.
–, A Study of the Biblical Story of Joseph (Genesis 37–50). VTS. 20. 1970.
Reisner, G. A., The Ḫabiri in the El Amarna Tablets, JBL 16(1897), 143–145. (S. 145: *ḫabirū* = Kassiten).
Ribichini, S. – Xella, P., «La valle dei passanti» (Ezechiele 39:11), UF 12(1980), 434–437.
Riesener, I., Der Stamm *ᶜbd* im Alten Testament. Eine Wortuntersuchung unter Berücksichtigung neuerer sprachwissenschaftlicher Methoden. BZAW.149. 1979. (115–121: *ᶜibrî*).
Robinson, G., The Origin and Development of the Old Testament Sabbath. A Comprehensive Exegetical Approach. Hamburg 1975. (Dissertation).
Robinson, H. Wheeler, The History of Israel. Its Facts and Factors. London 1938.
Robinson, Th. H., A History of Israel. I. Oxford 1932.
Röllig, W. – Soden, W. von, Das akkadische Syllabar. Rom 1967[2].
Römer, W. H. Ph., Sumerische 'Königshymnen' der Isin-Zeit. Leiden 1965. (72 Anm. 384: s a - g a z).
Rowley, H. H., Ḫabiru and Hebrews, PEQ 74/75(1942/43), 42–53.
–, From Joseph to Joshua. Biblical Traditions in the Light of Archaeology. London 1950. Reprinted 1952, XIII–XIV, Corrigenda et addenda.
Rowton, M. B., The Topological Factor in the Ḫapiru Problem, AS.16. 1965, 375–387.
–, The Physical Environment and the Problem of the Nomads, in: La civilisation de Mari. XVe Rencontre Assyriologique Internationale. 1966. Paris 1967, 109–121.
–, The Woodlands of Ancient Western Asia, JNES 26(1967), 261–277.
–, Autonomy and Nomadism in Western Asia, Or 42(1973), 247–258.
–, Urban Autonomy in a Nomadic Environment, JNES 32(1973), 201–215.
–, Enclosed Nomadism, JESHO 17(1974), 1–30.
–, Dimorphic Structure and the Problem of the *ᶜapirû – ᶜibrîm*, JNES 35(1976), 13–20.
–, Dimorphic Structure and Topology, OA 15(1976), 17–30.
–, Dimorphic Structure and the Tribal Elite, in: Al-Bahit. Festschrift Joseph Henninger zum 70. Geburtstag am 12. Mai 1976. St. Augustin bei Bonn 1976, 219–257.
–, Dimorphic Structure and the Parasocial Element, JNES 36(1977), 181–197.

–, Economic and Political Factors in Ancient Nomadism, in: NSP, 1981, 25–36.
Rudolph, W., Jeremia. Tübingen 1968³.
–, Joel – Amos – Abadja – Jona. Gütersloh 1971.
–, Ussias «Haus der Freiheit», ZAW 89(1977), 418.
Ryle, G., Systematisch irreführende Ausdrücke, in: R. Bubner, Hg., Sprache und Analysis. Texte zur englischen Philosophie der Gegenwart. Göttingen 1968, 31–62.
–, Begriffskonflikte. Göttingen 1970.

Saarisalo, A., New Kirkuk Documents Relating to Slaves. Helsinki 1934.
Säve-Söderbergh, T., The *ᶜprw* as Vintagers in Egypt, OS 1(1952), 5–14.
–, Four Eighteenth Dynasty Tombs. Private Tombs at Theben. I. Oxford 1957.
Safren, J. D., *merḫûm* and *merḫûtum* in Mari, Or 51(1982), 1–29. (S. 14–15: E. J. Bottéro, *Ḫabiru* 21, Text 26:26; S. 27: 4. C.-F. Jean, RA 42(1948), 71, Text 10:36).
Salonen, A., Agricultura mesopotamica. Helsinki 1968.
Sapin, J., La géographie humaine de la Syrie-Palestine au deuxième millénaire avant J. C. comme voie de recherche historique, JESHO 25(1982), 1–49. 113–186. (S. 153–176: *ḫabiru* – *ᶜibrîm*).
–, Quelques systèmes socio-politiques en Syrie au 2° millénaire avant J.-C. et leur evolution historique d'après des documents religieux (Légendes, rituels, sanctuaires), UF 15(1983), 157–190.
Sasson, J. M., JBL 93(1974), 294–296. (Rez. zu G. E. Mendenhall, The Tenth Generation. 1973).
Sayce, A. H., Babylonian Tablets from Tel El-Amarna, Upper Egypt, PSBA X, June 5, 1888, 488–525.
–, On the Khabiri Question, ET 11(1899/1900), 377.
–, Recent Biblical and Oriental Archaeology. Were there Hittites in Southern Palestine?, ET 15(1903/04), 280–284.
–, The Archaeological Analysis of the Book of Genesis. The Genealogy of Abraham, ET 18(1906/1907), 232–233.
Schäfer, P., Zur Geschichtsauffassung des rabbinischen Judentums. Studien zur Geschichte und Theologie des rabbinischen Judentums. Arbeiten zur Geschichte des antiken Judentums und des Urchristentums. Bd. 15. Leiden 1978, 23–40.
Schäfer-Lichtenberger, Ch., Stadt und Eidgenossenschaft im Alten Testament. Eine Auseinandersetzung mit Max Webers Studie «Das antike Judentum». BZAW.156.1983. (S. 185 Anm. 73: *ᶜapiru*).
Schall, A., Hebräisch I. Sprache, in: LThK 5, 1960², 49–50.
Schatz, W., Genesis 14. Eine Untersuchung. EHS. 23/2. 1972.
Scheil, V., Notules. VII. Les Ḥabiri au temps de Rim Sin, RA 12(1915), 114–116.
Schluchter, W., Altisraelitische religiöse Ethik und okzidentaler Rationalismus, in: W. Schluchter, Hg. Max Webers Studie über das antike Judentum. Interpretation und Kritik. Frankfurt 1981, 11–77.
Schmid, H., Die «Juden» im Alten Testament, in: Wort und Wirklichkeit. Eugen Ludwig Rapp zum 70. Geburtstag. Hg. B. von Benzing, O. Böcher und G. Mayer, Mesenheim am Glan 1976, 17–29.
Schmid, H. H., Ich will euer Gott sein, und ihr sollt mein Volk sein, in: Kirche. Festschrift für Günther Bornkamm zum 75. Geburtstag, hg. von D. Lührmann, G. Strecker, Tübingen 1980, 1–25.

–, Auf der Suche nach neuen Perspektiven für die Pentateuchforschung, VTS 32 (1981), 375–394.
Schmidt, W. H., Exodus. BK. 2/1. 1974 ff.
–, Exodus, Sinai und Mose. Erwägungen zu Ex 1–19 und 24. EdF. 191. 1983. (S. 29–31: II Israel in Ägypten c) «Hebräer» – Bezeichnung der sozialen Stellung oder der Volkszugehörigkeit?).
Schmidtke, F., Die Einwanderung Israels in Kanaan. Breslau 1933. (S. 34–58: Hebräer und Ḫabiru).
–, Chabiru, in: LThK 2, 1958², 999–1000.
–, Israel, Israeliten, in: LThK 5, 1960², 803–809.
Schmitt, H.-Ch., Die nichtpriesterliche Josephsgeschichte. Ein Beitrag zur neuesten Pentateuchkritik. BZAW. 154. 1980.
Schmitt, J. J., Pre-Israelite Jerusalem, PTMS. 34.1980, 101–121. (S. 106: *ḫabiru*).
Schmökel, H., Geschichte des Alten Vorderasien. Leiden 1957.
Schneider, H., Das Buch Exodus. Die Heilige Schrift in deutscher Übersetzung. Echter-Bibel. I. Würzburg 1965.
Schoors, A., Literary Phrases, in: RSP 1, 1972, 1–70.
Schubert, K., Die Kultur der Juden. Teil I. Israel im Altertum. Wiesbaden 1977.
Schult, H., Eine einheitliche Erklärung für den Ausdruck «Hebräer» in der israelitischen Literatur, DBAT 10(1975), 22–40.
Schulz, A., Die Bücher Samuel. Münster 1919.
Schwally, F., Miscellen. A. Lexicologisches 7) *nqbh* Frau, Weibchen, ZAW 11(1891), 181–183.
Schwarz, H., Zwölf Thesen zur Feldtheorie, in: Schmidt, L., Wortfeldforschung. Wege der Forschung. Bd. 250. Darmstadt 1973, 426–435.
Seebaß, H., Geschichtliche Zeit und theonome Tradition in der Josephs-Erzählung. Gütersloh 1978.
–, David, Saul und das Wesen des biblischen Glaubens. Neukirchen-Vluyn 1980.
–, VuF 27(1982), 89–91. (Rez. zu H.-Ch. Schmitt, Die nichtpriesterliche Josephsgeschichte, 1980).
Seidel, H., TLZ 103(1978), 496–499. (Rez. zu M. Vogel, Onos Lyras, 1973) (Sp. 497: *Ḫabiru* – Gott).
Seitz, G., Religionsgeschichtliche Studien zum Deuteronomium. BWANT. 93. 1971.
Sellin, E., Geschichte des israelitisch-jüdischen Volkes. Erster Teil. Leipzig 1924.
Seters, J. Van, The Hyksos. A New Investigation. New Haven – London 1966.
–, Abraham in History and Tradition. New Haven usw. 1975.
Siclen III, Van Ch. C., siehe Wente, E. F. – Siclen III Van, Ch. C.
Skinner, J., A Critical and Exegetical Commentary on Genesis. ICC.1.1930².
Smend, R., VT 29(1979), 242–244. (Rez. zu C. H. J. de Geus, The Tribes of Israel, 1976).
–, Die Entstehung des Alten Testaments. Stuttgart usw. 1981².
Smith, S., The Statue of Idri-mi. London 1949.
Soden, W. von, siehe Röllig, W. – Soden, W. von.
–, OLZ 38(1935), 433–434. (Rez. zu A. Saarisalo, New Kirkuk Documents relating to Slaves, 1934).
–, Ist *Ḫab/piru* ein akkadisches Wort? in: J. Bottéro, Le problème des Ḫabiru à la 4ᵉ Rencontre Assyriologique Internationale. Paris 1954, 157–159.
–, Der Nahe Osten im Altertum, in: Propyläen Weltgeschichte 2, 1962, 39–133. (S. 48: *ḫabirū*).

Soggin, J. A., The History of Ancient Israel: A Study in Some Questions of Method, ErIs 14(1978), 44*–51*.

–, «Ḥeber der Qenit». Das Ende eines biblischen Personennamens?, VT 31(1981), 89–92.

Spalinger, A. J., The Northern Wars of Seti I: An Integrative Study, JARCE 16(1979), 29–47.

Speiser, E. A., Ethnic Movements in the Near East in the Second Millennium B. C. The Hurrians and their Connections with the Ḫabiru and the Hyksos. AASOR. 13. 1931/32. 1933, 13–54.

–, Genesis. The Anchor Bible.1. Garden City N. Y. 1964.

Spiegelberg, W., Der Name der Hebräer, OLZ 10(1907), 618–620.

–, Der Aufenthalt Israels in Aegypten im Lichte der aegyptischen Monumente. Straßburg 1904(2).

–, OLZ 26(1923), 203–204. (Rez. zu M. Mallon, Les Hébreux en Égypte, 1921).

Stade, B., Geschichte des Volkes Israel. I. Berlin 1887.

–, Die Entstehung des Volkes Israel. Ausgewählte akademische Reden und Abhandlungen. Gießen 1907[2], 99–21 (Rede vom 1. Juli 1897).

Staerk, W., OLZ 43(1940), 343. (Zu: J. Lewy, Ḫabirū and Hebrews, HUCA 14(1939), 587–623).

Steck, O. H., Genesis 12,1–3 und die Urgeschichte des Jahwisten, in: H. W. Wolff, Hg., Probleme biblischer Theologie. Gerhard von Rad zum 70. Geburtstag. München 1971, 525–554.

Steindorff, G., Israel in einer altägyptischen Inschrift, ZAW 16(1896), 330–333.

Steuernagel, C., Das Deuteronomium. Göttingen 1923[2].

Stoebe, H. J., Die Goliathperikope 1 Sam XVII 1-XVIII 5 und die Textform der Septuaginta, VT 6(1956), 397–413.

–, Das erste Buch Samuelis. Kommentar zum Alten Testament. Bd. VIII/1. Gütersloh 1973.

Tadmor, H., Que and Muṣri, IEJ 11(1961), 143–150.

Taeubler, E., Ḫabiru – ᶜIbhrim, in: Alexander Marx Jubilee Volume. On the Occasion of his Seventieth Birthday. English Section. New York 1950, 581–584.

Thiel, W., Die deuteronomistische Redaktion von Jeremia 26–45. Mit einer Gesamtbeurteilung der deuteronomistischen Redaktion des Buches Jeremia. WMANT. 52. 1981.

Thompson, J. A., Deuteronomy. Leicester 1974.

Thompson, Th. L., The Historicity of the Patriarchal Narratives. The Quest for the Historical Abraham. BZAW. 133. 1974. (S. 184–186: Abraham and the Ḫapiru Caravans).

–, The Joseph and Moses Narratives, in: IJH, 1977, 149–180. 210–212.

–, Historical Notes on «Israel's Conquest of Palestine: A Peasants' Rebellion?», JSOT 7(1978), 20–27.

Trier, J., Wege der Etymologie. Hg. von H. Schwarz. Berlin 1981.

Tromp, N. J., Primitive Conceptions of Death and the Nether World in the Old Testament. Biblica et Orientalia. 21. Rome 1969.

Uchelen, N. A. van, Abraham de Hebreeër. Een literair – en historisch-kritische studie naar aanleiding van Genesis 14:13. SSN.5. 1964.

Ungnad, A., Die ältesten Völkerwanderungen Vorderasiens. Ein Beitrag zur Geschichte und Kultur der Semiten, Arier, Hethiter und Subaräer. Kulturfragen, Heft 1. Breslau 1923.

–, Joseph, der Tartan des Pharao, ZAW 41(1923), 204–207.

Uphill, E. P., siehe Dawson, W. R. – Uphill, E. P.

Vandier, J., siehe Drioton, E. – Vandier, J.
Vaux, R. de, Le problème des Ḫapiru après quinze années, JNES 27(1968), 221–228.
–, Histoire ancienne d'Israël des origines à l'installation en Canaan. I. Études bibliques. Paris 1971. (S. 105–112: Les Ḫabiru/ᶜApîru; S. 202–208: Les «Hébreux» et les «Ḫabiru»).
Vergote, J., Joseph en Égypte. Louvain 1959.
Vetter, D., Seherspruch und Segensschilderung. Ausdrucksabsichten und sprachliche Verwirklichungen in den Bileam-Sprüchen von Numeri 23 und 24. Calwer Theologische Monographien. A 14. Stuttgart 1974.
Vigouroux, F., Hébreu 1., in: DB 3, 1912, 513–515.
Vicent, L.-H., RB 44(1935), 302–304. (Rez. zu A. Alt, Die Ursprünge des israelitischen Rechts, 1934).
Virolleaud, Ch., Un poème phénicien de Ras-Shamra, Syria 12(1931), 192–224.
–, La Mort de Baal, Poème de Ras-Shamra (I* AB), Syria 15(1934), 305–336.
–, La légende de Keret rois des Sidoniens. Paris 1936. (S. 74 Anm. 2: *ᶜbrm*).
–, CRAIBL 1939, 329–330.

Wäfler, M., Nicht-Assyrer neuassyrischer Darstellungen. AOAT 26. 1976. (S. 171–176: Muṣri).
Wagner, M., Die lexikalischen und grammatikalischen Aramaismen im alttestamentlichen Hebräisch. BZAW 96.1966.
Wagner, V., Zur Systematik in dem Codex Ex 21,2–22,16, ZAW 81(1969), 176–182.
Wanke, E., 'Εβϱαῖος, Hebraios, Hebräer, in: EWNT 1, 1980, 892–894.
Ward, W. A., Two Unrecognized *ḫupšu*-Mercenaries in Egyptian Texts, UF 12(1980), 441–442.
Waterhouse, S. P., Syria in the Amarna Age: A Boderland Between Conflicting Empires. Ann Arbor 1965. (S. 192–199: Appendix IV. The SA.GAZ «Movement» in Syria).
Weber, M., Das antike Judentum. Gesammelte Aufsätze zur Religionssoziologie III. 6., photomechanisch gedruckte Auflage. Tübingen 1976. Erstauflage 1920. (Siehe auch Kap. 7.1.1. Anm. 9).
Weeks, N., Man, Nuzi and the Patriarchs. A Retrospect, Abr-Nahrain 16(1975/76), 73–82.
Weidner, E. F., Politische Dokumente aus Kleinasien. Die Staatsverträge in akkadischer Sprache aus dem Archiv von Boghazköï. BoSt. 8. 1923. (S. 31 Anm. 5: SA.GAZ = *ḫabirū*).
Weill, R., Les *ᶜpr-w* du Nouvel Empire sont des Ḫabiri des textes accadiens; ces Ḫabiri (exactement Ḫapiri) ne sont pas des «Hébreux», RE 5(1946), 251–252.
Weimar, P., Untersuchungen zur Redaktionsgeschichte des Pentateuch. BZAW. 146. 1927.
–, Die Berufung des Mose. Literaturwissenschaftliche Analyse von Exodus 2,23–5,5. OBO.32.1980.
–, Literarische Kritik und Literarkritik. Unzeitgemäße Beobachtungen zu Jon 1,4–16, in: L. Ruppert, P. Weimar, E. Zenger, Hg., Künder des Wortes. Beiträge zur Theologie der Propheten. Josef Schreiner zum 60. Geburtstag. Würzburg 1982, 217–235.
Weinfeld, M., Deuteronomy and the Deuteronomic School. Oxford 1972.
Weingreen, J., Saul and the Ḫabirū, Fourth World Congress of Jewish Studies, Papers, I. Jerusalem 1967, 63–66. Eng. section.
Weinheimer, H., Hebräer und Israeliten, ZAW 29(1909), 275–280.
–, Die Einwanderung der Hebräer und der Israeliten in Kanaan. ZDMG 66(1912), 365–388.
Weinstein, J. M., The Egyptian Empire in Palestine: a Reassessment, BASOR 241(1981), 1–28. (S. 17: *ᶜApiru*).

Weippert, H., Die Prosareden des Jeremiabuches. BZAW. 132. 1973.

Weippert, M., Die Landnahme der israelitischen Stämme in der neueren wissenschaftlichen Diskussion. Ein kritischer Bericht. FRLANT. 92. 1967.

–, Abraham der Hebräer? Bemerkungen zu W.F. Albrights Deutung der Väter Israels, Bib 52(1971), 407–432.

–, Canaan, Conquest and Settlement of, in: IDBS, 1976, 125–130.

Weitzman, M., siehe Bermant, Ch. – Weitzman, M.

Wellhausen, J., Der Text der Bücher Samuelis. Göttingen 1871.

–, Prolegomena zur Geschichte Israels. Berlin 1883²; 1927⁶.

Wente, E.F. – Siclen III Van, Ch.C., A Chronology of the New Kingdom, in: Studies in Honor of G.R. Hughes. SAOC. 39.1976, 217–261.

Westenholz, A., Early Cuneiform Texts in Jena. Kopenhagen 1975. (S.16: No.8, IV: 2, SA.GAZ).

–, Old Sumerian and Old Akkadian Texts in Philadelphia Chiefly from Nippur. I. Malibu 1975. (S.32: Nr.43, SA.GAZ).

Westermann, G., Genesis. 1. Teilband. Genesis 1–11. BK.1/1. 1976².

–, Genesis. 2. Teilband. Genesis 12–36. BK.1/2. 1981.

Wiedemann, A., Ägyptische Geschichte. 1. Abteilung. Gotha 1884. (S.491–492: *ᶜprw*).

Wifall, W.R., The Tribes of Yahweh: A Synchronic Study with a Diachronic Title, ZAW 95 (1983), 197–209 (S.207–209: *ᶜapiru*).

Wifall, W. Jr., Asshur and Eber, or Asher and Ḥeber? A Commentary on the Last Balaam Oracle, Num 24, 21–24, ZAW 82(1970), 110–114.

Wilhelm, G., Zur Rolle des Großgrundbesitzers in der hurritischen Gesellschaft, RHA 36(1978), 205–213. (S.211: *ḫabirū* – Nuzi).

Willi, Th., Die Freiheit Israels. Philologische Notizen zu den Wurzeln *ḥpš*, *ᶜzb* und *drr*, in: H. Donner, R. Hanhart, R. Smend, Hg., Beiträge zur Alttestamentlichen Theologie. Festschrift für Walther Zimmerli zum 70. Geburtstag. Göttingen 1977, 531–546.

Williams, A.L., Hebrew, in: Hastings, J., Ed., A Dictionary of the Bible. Edinburgh. 2, 1900, 325–327.

Williams, R.J., JNES 25(1966), 68–69. (Rez. zu R.A. Parker, A Vienna Demotic Papyrus, 1959).

–, Egypt and Israel, in: The Legacy of Egypt. Edited by J.R. Harris. Oxford 1971², 257–290.

–, Ägypten und Israel, in: TRE 1, 1977, 492–505.

Winckler, H., Geschichte Israels in Einzeldarstellungen. I–II. Leipzig 1895–1900. (I, S.17–20: *Ḫabiri*).

–, Die Hebräer in den Tel-Amarna-Briefen, in: Semitic Studies in Memory of A. Kohut. Berlin 1897, 605–609.

–, Die Hebräer in den Tel-Amarna-briefen, Altorientalische Forschungen. 3. Reihe. Bd. 1. 1901. Leipzig 1902, 90–94.

–, in: KAT, 1903³, 196–198.

–, Vorläufige Nachrichten über die Ausgrabungen in Boghaz-koi im Sommer 1907, 1. Die Tontafelfunde, MDOG 35(1907), 1–59 (S. *25 = *ḫabiri*).

Wiseman, D.J., Abraham reassessed, in: A. Millard – D.J. Wisman, Essays on the Patriarchal Narratives. Leicester 1980, 139–156. (S.143–149: Abraham the Hebrew).

Witzel, Th., Die Ausgrabungen und Entdeckungen im Zweiströmeland. Biblische Zeitfragen. Vierte Folge. Heft 3/4. Münster 1911¹⁻².

Wilson, J.A., The *ᶜEperu* of the Egyptian Inscriptions, AJSL 49(1932/33), 275–280.

–, The Burden of Egypt. An Interpretation of Ancient Egyptian Culture. Chicago 1951.

Wohl, H., The Tablet of Agaptaḫa, JANES 4(1972), 85–90. (S. 87 mit Anm. 2: *ḫapiru*).
Wolff, H. W., Jona. BK. XIV/13. 1977.
Wolski, J., Wschód starożytny w świetle najnowszych badán, RBL 5(1952), 137–138.

Yeivin, S., The Origin and Disappearance of the Khab/piru, in: Akten des 25. Internationalen Orientalistenkongresses. Moskau 1960. Bd. 1. Moskau 1962, 439–411.
–, The Age of the Patriarchs, RSO 39(1963), 277–302. (S. 277–285: I. The Patriarchs and the *Ḫab/piru*).

Ziegler, J., Septuaginta. Duodecim prophetae. Göttingen 1967^2, 245–246.
Zimmern, H., Palästina um das Jahr 1400 vor Chr. nach neuen Quellen, ZDPV 13(1890), 133–147.
–, Die Keilschriftbriefe aus Jerusalem, ZA 6(1891), 245–263.

Nachträge

Donner, H., Geschichte des Volkes Israel und seiner Nachbarn in Grundzügen. Teil 1: Von den Anfängen bis zur Staatenbildungszeit. Das Alte Testament Deutsch. Ergänzungsreihe. Bd. 4/1. Göttingen 1984. (S. 70–71: Exkurs: Die Hebräer). Zitiert: Geschichte 1.
Dosch, G. – Deller, K., Die Familie Kizzuk – Sieben Kassitengenerationen in Temtena und Šuriniwe, in: FS Lacheman 1981, 91–93. (S.113: [lú]*ḫa–bi–ru* TF_1 426 [IM 70985]).
Freedman, D. N., Ebla and the Old Testament, in: T. Ishida, Ed., Studies in the Period of David and Solomon and other Essays. Tokyo 1982, 309–335.
Owen, D. I., A SA.GAZ Tablet from Ur in the John Frederick Lewis Collection, OA 21 (1982), 73–80, Tf. I. (Neuer Beleg für LÚ SA.GAZ FLP 1302:3).
Wilhelm, G., Die Keilschrifttafeln aus Kāmid el-Lōz, in: Frühe Phöniker im Libanon. 20 Jahre deutsche Ausgrabungen in Kāmid el-Lōz. Mainz 1983, 40–42.
Worschech, U., Abraham. Eine sozialgeschichtliche Studie. EHS 23/225. 1983.
Liverani, M., Communautés rurales dans la Syrie du II[e] millénaire A. C., Recueils de la Société Jean Bodin pour l'histoire comparative des institutions 41 (1983), 147–185.
Na'aman, N., The Town of Ibirta and the Relations of the [c]Apiru and the Shosu, Göttinger Miszellen 55 (1982), 27–33.

Nachtrag zu S. 57: ARM 22,151,18; 153,8. Nach freundlicher Mitteilung von Prof. J.-M. Durand ist in ARM 22,153,8 zu lesen: 7 *lú tu-ru-uk-ku-ú*[[k]i] *ḫa*-X-*bi-ru*. Dies ergibt sich aus dem inzwischen möglich gewordenen Join von ARM 22,153 mit 22,170. Siehe ferner den PN *ḫa-bi-ra-nim* ARM 23,582,6.

Verzeichnis der Abkürzungen

A. Allgemeines

a. a. O.	am angeführten Ort.
akk.	akkadisch.
bzw.	beziehungsweise.
cj.	coniectura, konjiziert.
dtr.	deuteronomistisch.
e/Ed.	Editors, edited (by).
h/Hebr.	hebräisch, das Hebräische.
hg.	herausgegeben.
Hg.	Herausgeber.
KN	Königsname.
l.	lies.
p.	persona(e).
pi	Pi^{c}el.
pl.	Plural.
pt.	Partizip.
pu	Pu^{c}al.
qal	Qal.
Rez.	Rezension.
sem.	semitisch.
sg.	Singular.
sog.	sogenannt.
sum.	sumerisch.
u/Ug.	ugaritisch, Ugaritisches, das Ugaritische.
V.	Vers.

B. Zu Literaturzitaten

AASOR	Annual of the American Schools of Oriental Research.
Abr-Nahrain	An Annual published by the Department of Middle Eastern Studies University of Melbourne.
AcOr	Acta orientalia. Societates orientales Batava, Danica, Norvegica.
Acta antiqua	Acta antiqua Academiae scientiarum Hungaricae.
AfO	Archiv für Orientforschung.
AHw	Soden, W. von, Akkadisches Handwörterbuch (Bd. I–III. Wiesbaden 1965–1981).
AJBA	Australian Journal of Biblical Archaeology.
AJSL	American Journal of Semitic Languages and Literatures.

Akkadica	Périodique bimestriel de la Fondation Assyriologique Georges Dossin.
ALA	Noth, M., Aufsätze zur biblischen Landes- und Altertumskunde (Hg. H. W. Wolff. Bd. 1–2. 1971).
Al. T.	D. J. Wiseman, The Alalakh Tablets (London 1953, nach Nr.).
ANET	Ancient Near Eastern Texts Relating to the Old Testament (Pritchard, J. B., Ed., Third Edition with Supplement. Princeton 1969).
AO	Der Alte Orient.
AOAT	Alter Orient und Altes Testament.
AOF	Altorientalische Forschungen.
AOS	American Oriental Series.
Arbor	Revista general de investigación y cultura (Madrid).
ARET	Archivi Reali di Ebla. Testi.
ARM	Archives royales de Mari (siehe AHw, S. X).
AS	Assyriological Studies (Chicago).
ASAE	Annales du Service des Antiquités de l'Égypte.
ASORDS	American School of Oriental Research Dissertation Series.
Assyriologia	Assyriologia (Budapest. Bd. 1, 1974 = Internationale Tagung der Keilschriftforscher sozialistischer Länder, Budapest, 23–25. April 1974).
AT	Altes Testament; atl. = alttestamentlich.
BA	Biblical Archaeologist.
BASOR	Bulletin of the American Schools of Oriental Research.
BBB	Bonner biblische Beiträge.
BDB	Brown, F., Driver, S. R., Briggs, C. A., A Hebrew and English Lexicon of the Old Testament. Oxford 1952 (Corrected impression; first edition 1907).
BHS	Biblia hebraica Stuttgartensia (Stuttgart 1967/77).
BiAr	Biblical Archaeologist.
Bib	Biblica (Rom).
BIFAO	Bulletin de l'Institut Français d'Archéologie Orientale (Le Caire).
BiOr	Bibliotheca Orientalis.
BK	Biblischer Kommentar (Neukirchen-Vluyn).
BoSt	Bohazköi-Studien, hg. von O. Weber (Leipzig).
BWANT	Beiträge zur Wissenschaft vom Alten und Neuen Testament.
BZ	Biblische Zeitschrift.
BZAW	Beiheft zur Zeitschrift für die alttestamentliche Wissenschaft.
CAD	Assyrian Dictionary of the Oriental Institute of the University of Chicago (1956 ff.).
CAH	Cambridge Ancient History (Third edition).
CC	(La) Civiltà cattolica (Rom).
CRAI(BL)	Académie des Inscriptions et Belles-Lettres Comptes rendus des séances de l'année ... (Paris).
DBAT	Dielheimer Blätter zum Alten Testament.
DB	Dictionnaire de la Bible (Paris).
DBS	Dictionnaire de la Bible, Supplément (Paris).
DHA	Dialogues d'histoire ancienne (Besançon).
DTT	Dansk Teologisk Tidsschrift.

EdF	Erträge der Forschung (Wissenschaftliche Buchgesellschaft, Darmstadt).
EHS	Europäische Hochschulschriften (Frankfurt a. M. – Bern).
EJ	Encyclopaedia Judaica (Jerusalem).
ErIs	Eretz Israel.
ET	Expository Times.
EtEg	Études égyptiennes (Le Caire; Second fascicule, 1949).
EvQ	Evangelical Quarterly. A Theological Review.
EWNT	Exegetisches Wörterbuch zum Neuen Testament (Hg. H. Balz – G. Schneider. Stuttgart 1980 ff.).
FRLANT	Forschungen zur Religion und Literatur des Alten und Neuen Testamentes.
FS Brunner	Görg, M., Hg., Fontes atque pontes. Eine Festgabe für Hellmut Brunner. Ägypten und Altes Testament. Bd. 5.1983.
FS Cazelles	De la Tôrah au Messie. Études d'exegèse et d'herméneutique bibliques offertes à Henri CAZELLES pour ses 25 années d'enseignements à l'Institut Catholique de Paris (Octobre 1979). Editeurs M. Carrez – J. Doré – P. Grelot. Paris 1981.
FS Diakonoff	Postgate I, Ed., Societies and Languages of the Ancient Near East. Studies in Honor of I. M. Diakonoff. Warminster 1982.
FS Dupont-Sommer	Hommages à André Dupont-Sommer. Paris 1971.
FS Lacheman	Studies on the Civilization and Culture of Nuzi and the Hurrians. In Honor of E. R. Lacheman on his Seventy-Fifth Birthday April 29, 1981. M. H. Morrison – D. I. Owen, Ed., Winona Lake, Indiana 1981.
FuF	Forschungen und Fortschritte (Berlin).
GA	Meyer, E., Geschichte des Altertums. Zweiter Band. Zweite Abteilung. Der Orient vom zwölften bis zur Mitte des achten Jahrhunderts (Darmstadt 1955³).
GAG	Soden, W. von, Grundriß der akkadischen Grammatik (Rom 1952).
Ges.	Gesenius, W., Hebräisches und aramäisches Handwörterbuch (17. Auflage).
GLH	Laroche, E., Glossaire de la langue hourrite (Paris 1980).
Gregorianum	A Quarterly, published by the Gregorian University (Rome).
HAL	Koehler, L. – Baumgartner, W., Hebräisches und aramäisches Lexikon zum Alten Testament (Dritte Auflage neu bearbeitet von W. Baumgartner. Lieferung 1 ff. Leiden 1967 ff.).
Henoch	Studi storicofilologici sull'ebraismo.
HSS	Harvard Semitic Series.
HTR	Harvard Theological Review.
HUCA	Hebrew Union College Annual.
ICC	International Critical Commentary (Edinburgh).
IDBS	The Interpreters Dictionary of the Bible, Supplementary volume (1976).
Idr.	Dietrich, M. – Loretz, O., Die Inschrift des Königs Idrimi von Alalaḫ, UF 13 (1981), 204–207.
IEJ	Israel Exploration Journal.
IJH	Israelite and Judaean History. J. H. Hayes – J. Maxwell Miller, Ed. (London 1977).

JA	Journal asiatique.
JAOS	Journal of the American Oriental Society.
JARCE	Journal of the American Research Center in Egypt.
JARG	Jahrbuch für Anthropologie und Religionsgeschichte (Saarbrücken).
JBL	Journal of Biblical Literature.
JCS	Journal of Cuneiform Studies.
JEA	Journal of Egyptian Archaeology.
JEN	Joint Expedition with the Iraq Museum at Nuzi (siehe AHw, S. XIII).
JEOL	Jaarbericht van het Vooraziatisch-egyptisch Genootschap Ex Oriente Lux.
JESHO	Journal of the Economic and Social History of the Orient.
JJS	Journal of Jewish Studies.
JKF	Jahrbuch für Kleinasiatische Forschung.
JNES	Journal of Near Eastern Studies.
JPOS	Journal of the Palestine Oriental Society.
JQR	Jewish Quarterly Review.
JSOT	Journal for the Study of the Old Testament.
JSOTSS	Journal for the Study of the Old Testament. Supplement Series.
JSS	Journal of Semitic Studies.
KAT	E. Schrader, Die Keilschriften und das Alte Testament (Dritte Auflage, neu bearbeitet von H. Zimmern – H. Winckler (Berlin 1903).
KH	Kodex Hammurabi (nach Übersetzung R. Borger, in: TUAT 1,1, 1982, 39–80).
KlF	Kleinasiatische Forschungen.
KS	Eißfeldt, O., Kleine Schriften (Bd. 1–6. Tübingen 1962–1979).
KSGI	Alt, A., Kleine Schriften zur Geschichte des Volkes Israel (Bd. 1–3. München 1959).
KTU	Dietrich, M. – Loretz, O. – Sanmartín, J., Die keilalphabetischen Texte aus Ugarit (AOAT 24,1. 1976).
LdÄ	Lexikon der Ägyptologie (Wiesbaden 1975 ff.).
LHA	Zorell, F., Lexicon Hebraicum et Aramaicum Veteris Testamenti (Reeditio photomechanica, Roma 1968).
LThK	Lexikon für Theologie und Kirche (Zweite, völlig neu bearbeitete Auflage. Freiburg 1957–1967).
LXX	Septuaginta.
MANE	Monographs on the ancient near east (Malibu).
MDAIK	Mitteilungen des Deutschen Archäologischen Instituts. Abteilung Kairo.
MDOG	Mitteilungen der Deutschen Orient-Gesellschaft.
Mesopotamia	Copenhagen Studies in Assyriology.
MIO	Mitteilungen des Instituts für Orientforschung.
MLC	Del Olmo Lete, G., Mitos y Leyendas de Canaan segun la tradición de Ugarit (Fuentes de Ciencia bíblica. 1. Madrid 1981).
MT	Masoretischer Text.
NSP	Papers of the 30th International Congress of Orientalists. Mexico City 1976. 30th International Congress of Human Sciences in Asia

	and North Africa. Seminar: Nomads and Sedentary people. Ed. J. S. Castillo, Mexico City 1981.
OA	Oriens Antiquus.
OBO	Orbis biblicus et orientalis.
Oikumene	Studia ad historiam antiquam classicam et orientalem spectantia (Budapest).
OLZ	Orientalische Literaturzeitung.
OLP	Orientalia lovaniensia periodica.
Or	Orientalia (Rom).
OS	Orientalia suecana.
OTS	Oudtestamentische Studiën (Leiden).
PEFQSt	Palestine Exploration Fund. Quarterly Statement (siehe PEQ).
PEQ	Palestine Exploration Quarterly.
PRU	J. Nougayrol u. a., Le Palais Royal d'Ugarit (Paris 1955 ff.) nach S.
PSBA	Proceedings of the Society of Biblical Archaeology.
PTMS	Pittsburgh Theological Monograph Series (Nr. 34 = Scripture in Context. Ed. C. D. Evans, W. W. Hallo, J. B. White).
RA	Revue d'Assyriologie.
RB	Revue biblique.
RBL	Ruch biblijnyi liturgiczny.
RCAU	Heltzer, M., The Rural Community in Ancient Ugarit. Wiesbaden 1976.
RE	Revue d'Égyptologie (Société Française d'Égyptologie).
REg	Revue égyptologique.
RES	Revue des Études Sémitiques.
RGG	Die Religion in Geschichte und Gegenwart (1957/62[3]).
RH	Revue Historique.
RHA	Revue Hittite et Asianique.
RHJE	Revue de l'histoire juive en Égypte (Le Caire).
RlA	Reallexikon der Assyriologie (Berlin/Leipzig 1932 ff.).
RS	Ras-Šamra(-Tafel) aus Ugarit.
RSI	Rivista storica italiana.
RSO	Rivista degli studi orientali.
RSP	Ras Shamra Parallels. I–III (Analecta orientalia 49–51. Rome 1972/81).
SAOC	Studies in Ancient Oriental Civilization (Chicago).
SBA	Saarbrücker Beiträge zur Altertumskunde.
SBS	Stuttgarter Bibelstudien.
SP	Moor, J. C. de, The Seasonal Pattern in the Ugaritic Myth of Baᶜlu (AOAT 16. 1971).
SSN	Studia semitica neerlandica.
StC	Studia Catholica (Nijmegen).
StS	Studi semitici.
StTh	Studia Theologica. Scandinavian Journal of Theology.
Syria	Revue d'art oriental et d'archaéologie (Paris).
Tel Aviv	Journal of the Tel Aviv University Institute of Archaeology.
TGI	Galling, K., Hg., Textbuch zur Geschichte Israels (Tübingen 1979[3]).

THAT	Theologisches Handwörterbuch zum Alten Testament. Bd. I–II (München usw. 1971/76).
ThR	Theologische Rundschau.
ThWNT	Theologisches Wörterbuch zum Neuen Testament (Stuttgart).
ThZ	Theologische Zeitschrift (Basel).
TLZ	Theologische Literaturzeitung.
TO	Caquot, A., – Sznycer, M., Textes Ougaritiques. Tome I. Mythes et légendes (Paris 1974).
TQ	Theologische Quartalschrift (Tübingen).
TRE	Theologische Realenzyklopädie (Berlin, 1 ff., 1977 ff.).
TSBA	Transactions of the Society of Biblical Archaeology.
TUAT	Texte aus der Umwelt des Alten Testaments (O. Kaiser, Hg., Gütersloh 1982 ff.).
TuM	Texte und Materialien.
UF	Ugarit-Forschungen.
UH	Gordon, C. H., Ugaritic Handbook (Rome 1947).
UT	Gordon, C. H., Ugaritic Textbook (Rome 1965. Reeditio 1967).
VO	Vicino Oriente.
VT	Vetus Testamentum.
VTS	Vetus Testamentum, Supplement.
VuF	Verkündigung und Forschung (Beihefte zu «Evangelische Theologie»).
Wb	Wörterbuch der ägyptischen Sprache (Bd. I. Berlin 1926).
WHJP	The World History of the Jewish People (Bd. 2. Jerusalem 1970).
WMANT	Wissenschaftliche Monographien zum Alten und Neuen Testament.
WO	(Die) Welt des Orients.
WThJ	Westminster Theological Journal.
WZKM	Wiener Zeitschrift für die Kunde des Morgenlandes.
YGC	Albright, W. F., Yahweh and the Gods of Canaan (London 1968).
YNER	Yale Near Eastern Researches.
ZA	Zeitschrift für Assyriologie und verwandte Gebiete bzw. vorderasiatische Archäologie.
ZÄS	Zeitschrift für Ägyptische Sprache und Altertumskunde.
ZAW	Zeitschrift für die alttestamentliche Wissenschaft.
ZDMG	Zeitschrift der Deutschen Morgenländischen Gesellschaft.
ZDPV	Zeitschrift des Deutschen Palästinavereins.
ZThK	Zeitschrift für Theologie und Kirche.

C. Bücher des AT

Gen Ex Lev Nu Dtn Jos Jdc I–II Sam I–II Reg Jes
Jer Ez Hos Joel Am Ob Jon Mi Nah Hab Zeph Hag Sach Mal
Ps Hi Prov Ruth Cant Koh Thr Est Dan Esr Neh I–II Chr Sir

Indices

1. Namen und Sachen (in Auswahl)

2. Belegstellen

Ägyptisch

Akkadisch

Ugaritisch

3. Wörter

Ägyptisch, demotisch

Akkadisch

Arabisch

Griechisch

Hebräisch

Hurritisch

Sumerisch, Sumerogramme

4. Bibelstellen (behandelte)